日本像の起源

つくられる〈日本的なるもの〉

伊藤聡

角川選書
653

序論

日本とは何か、日本文化の固有性はどこにあるのかについての議論は、明治以降今日まで何度も繰り返されてきた。これは、〈日本文化論〉といわれるもので、現在でも多くの論考・著作が積み上げられている。近代に〈日本文化論〉が叢生した背景には、国民国家の形成のなかで「日本人」概念の構築が求められたことに加えて、欧米文化・文明の全面的摂取に始まる日本社会の大幅な変化のなかで、日本文化の固有性はどこにあるのかということが切実に問いなおされたからであった。

しかし、このような日本文化の固有性をめぐる議論は、実は近代特有なものではなく、それ以前から行われていたのである。近代以前の日本文化は、古代から近世に至るまで、中国大陸や韓半島からの外来文化の摂取と模倣とその改変・応用を通じて形成されてきたものであった。従って、あらゆる文物・制度・慣習・伎芸には何らかの形で、外来的なものの刻印がある。だがそれだからこそ、外来的要素を含まない日本固有なもの＝〈日本的なるもの〉とは何なのかということが、繰り返し追求されたのである。ただ、ここで結論を先取りして言っておくと、そのときに見いだされた〈日本的なるもの〉とは、実のところ、外来的要素を導入するなかで作り出されたものであって、以前から隠されていたわけではない。

もちろん、前近代の場合には、〈日本文化〉をトータルに論じることは、近世の国学者などを除くとほとんどない。多くの場合、文書や日記などの文言、仏教・神道などの宗教書の一節、和歌についての歌論や注釈、あるいは物語や説話の中で、いわば断片的に、日本の固有性、中国など外国との比較、あるいは優劣論、仏教など外来宗教・思想の日本との親和性や違和などが言表されるのである。本書ではこれらのことを、さまざまなテキストを渉猟して読み解きながら横断的に見ていきたい。

本書の構成は次の通りである。

第一章　自国意識の変遷
第二章　中国へのまなざし
第三章　天竺憧憬
第四章　文字なき国のジレンマ
第五章　武威の国「日本」の創造

第一章は、三国世界観・粟散辺土観・神国思想等の自国イメージの変遷を辿《たど》る。これらに言及するテクストを紹介しつつ、日本列島人が自分たちの国土を、世界の中でどのように位置づけ、対内的対外的にどのような存在と見なしていたかを探る。特に神国思想が、古代から中世にかけて変貌していく様子を跡づける。

第二章では、中国に対する意識の諸相を見る。中国は、日本にとっての文化・文明の供給源であり、軌範・模倣すべき対象であると同時に、それと如何に差異化するかに腐心した。そのことを、吉備真備・徐福・楊貴妃・呉太伯などについての説話の読み解きを通して、日本国人の中国あるいは〈中国的なるもの〉への複雑な心意を辿る。また付随して、日本の韓半島諸国家や琉球に対する態度についても述べる。

第三章は、インドに対する意識である。インドと日本には直接の交流はなかったが、仏教発祥の地としてのインドは、古代・中世の日本国の住人にとって、常に憧れの地であった。ここでは、渡天竺の志を抱いた人々についてのエピソード、日本に渡来したと信じられたインド出身者の説話、さらに日本とインドとを結ぶ文物をめぐる説話や伝説等を通して、日本におけるインド憧憬の諸相を辿りつつ、さらにインド表象が、〈中国的なるもの〉を相対化する役割を担ったことにも言及する。

第四章は文字をめぐる問題である。日本には固有文字がなかったため漢字を受け入れ、さらにそれを元に仮名を発明した。このことが、日本の固有性に関わる言説とどのように関わってきたかを述べる。文字が外来起源であることに堪えられず、日本固有の文字を作りあげていく動きがあったいっぽう、文字がないことに文化的純粋さを見ようとする国学者などが現れるなど、固有文字を持たないことを巡る論争の軌跡を辿る。併せて梵字についても述べる。

第五章は、「武」についてである。「武士道」に代表されるように、日本文化の特徴を武士（サムライ）的なもの（勇武、廉潔等）と結びつけることは多い。「やまとだましひ」「武威」「肉食」といった問題を採り上げながら、「武」が〈日本的なるもの〉の表象と見なすようになるのは近世からの新しい伝統であることを述べる。

以上、五つの切り口から今日私たちが抱いている〈日本的なるもの〉をめぐる思惟と言説の起源を、立体的にあぶり出したいと思う。論述の中心は、古代・中世に置いたが、行論の展開によっては近世に論を及ぼすことにした（特に第二・四・五章）。

本書は、基本的に書き下ろしだが、第二章第五節「琉球と日本」、第五章第三節「肉食と日本人」は、既発表の以下の論考に加除修正を施して、本書中に組み込んだものである。

「近世の琉球研究―白石から信友まで」（『国文学　解釈と鑑賞』七一―一〇、二〇〇六年）

「食とタブー―特に肉食禁忌をめぐって」（小峯和明他編『文学に描かれた日本の「食」のすがた―古代から江戸時代まで』至文堂、二〇〇八年）

なお、本書では文献の引用に当たっては、一部は現代語訳・意訳したが、多くが原文を直接引いている。ただ引用元である底本を忠実に写したのではなく、読解の便宜のために以下のような加工を行った。①漢字は通行字体に訂した。②漢文体（変体漢文も含む）は原則書き下した。③引用元に句読点がないものは私意により付した。また読点のみの場合、句点と読点に分けた。④清濁を分けてない場合、私意により濁点を付した。⑤ふりがなは、底本にある場合は、それを尊重して歴史的仮名遣いにしたが、読者の便宜のために私に振った場合は、現代仮名遣いとした。⑥引用元については、引用文のあとに典拠とその頁を記した。引用の文脈等、より詳しく知りたい方は、直接原典に当たっていただきたい。

また、本書は多くの先行研究に拠っている。それらの論文著作については、巻末にまとめて挙げ、本文中には［　］括弧に名前と刊行年を記した。

目次

序論　三

第一章　自国意識の変遷　一五

一　三国世界観と粟散辺土観　一八
1　三国世界観の形成　一八
2　末法思想　二五
3　粟散辺土観　三一

二　神国思想　三七
1　神国思想の形成　三七
2　百王思想　四五
3　粟散辺土観と神国思想　四八

三　「大日本国」と第六天魔王　五三
1　「大日本国」説と「行基図」　五三
2　第六天魔王神話　六一
3　根本枝葉花実説　六八

四　神国思想と神功皇后説話の変容　七二
1　蒙古襲来と神国意識　七二
2　応永の外寇と神功皇后説話　八四
3　天下人の神国観と壬辰・丁酉倭乱　九〇

第二章　中国へのまなざし　一〇三

一　「大国」中国と「小国」日本　一〇六
1　「大国・小国」観と唐物崇拝　一〇六
2　「和」への意識　一一四
3　日本的華夷意識と韓半島　一一九

二　吉備真備入唐説話 一二四

1　吉備真備の実像と伝説 一二四
2　真備入唐説話 一二八
3　灯台鬼説話と真備 一三五

三　徐福伝説と楊貴妃渡来譚 一四一

1　徐福伝説の日本受容 一四一
2　熱田＝蓬萊説 一四七
3　楊貴妃渡来譚の形成 一五一
4　能『白楽天』について 一五八

四　呉太伯説と対中意識の変貌 一六二

1　東夷としての日本 一六二
2　呉太伯説の受容 一六五
3　近世儒者における呉太伯説肯定論 一六九
4　呉太伯説への批判 一七五
5　日本＝「中国」説 一七九

五　琉球と日本　一九〇
1　琉球へのまなざし　一九〇
2　新井白石の琉球研究　一九三
3　伴信友の琉球研究　一九五
4　神代史と琉球　一九九
5　同種と異種の恣意性　二〇三

第三章　天竺憧憬　二〇九

一　渡天竺の夢　二一三
1　慶政と「南番文字」　二一三
2　明恵の天竺夢想　二一六
3　真如親王の渡天竺譚　二二三

二　天竺僧の来日　二二八
1　婆羅門僧正と行基　二二八

2　達磨と聖徳太子　二三四

3　善無畏と空海　二四〇

三　三国伝来　二四六

1　清涼寺釈迦如来像　二四六

2　三国転生　二五一

3　阿育王塔　二五六

4　五天竺図　二六一

四　渡来する神と土地　二六六

1　飛来する聖地　二六六

2　「日本国」の漂着　二七一

3　インドから来る神々——本地物の世界　二七七

第四章　文字なき国のジレンマ

第四章　文字なき国のジレンマ　二八五

一　文字の渡来と固有文字の非在　二八八

1　文字渡来説　二八八
2　文字渡来をめぐる論争　二九三
3　文字なき国　二九八

二　平仮名・いろは歌・片仮名　三〇六
1　仮名の製作をめぐる伝承　三〇六
2　いろは歌空海製作説の変遷　三一三
3　片仮名と吉備真備　三二二

三　神代文字の創造と展開　三二九
1　仮名日本紀　三二九
2　漢字渡来以前の文字の探求　三三三
3　近世における神代文字の叢生　三三八

四　梵字幻想　三四九
1　梵字の伝来と五十音図　三四九
2　梵字・漢字同祖説と和語　三六〇
3　和歌陀羅尼説　三六五

第五章　武の国「日本」の創造　三七五

一　変容する「やまとだましひ」　三七八
1　「やまとだましひ」と「才」　三七八
2　やまとごころ　三八七
3　近世神道における「やまとだましひ」　三九二
4　国学における「やまとだましひ」　三九八
5　幕末における「やまとだましひ」の展開と「和魂漢才」　四〇六
二　「武威」の国としての日本　四一三
1　文の国日本　四一三
2　天下統一と「武威」　四一四
3　武国としての日本　四一七
4　「武士道」の成立　四二四
三　肉食と日本人　四三〇

1　日本人の身体と肉食　四三〇
2　穢れ観の拡がりと肉食忌避の形成——古代——　四三四
3　殺生罪業観と神祇信仰——中世——　四三九
4　肉食忌避と肉食肯定論の登場——近世——　四四三

終　章　四五五

参考文献　四六二
あとがき　四九〇
引用図版　出典一覧　ix
人物索引　i

第一章　自国意識の変遷

本書の最初であるこの章では、日本の自国意識の、古代から中世にかけての変遷を辿りたいと思う。アジア世界の東端にあって他国と国境を接しない島国という地理的環境と、大陸文化を摂取する中で自らの文明を形づくってきたという文化的条件は、日本の自国意識と他国意識、さらに世界における自らの位置づけに対して影響を及ぼし続けてきた。

島国という環境は、他国と境界を接して、常に現実から他との関わりを構築しなければならなかった大陸の国々と違って、現実とある程度切り離された観念的な領域で、自他認識を作り上げることを可能にした。思想・芸術や制度が初発において常に他国からもたらされるという事実は、他国への劣等感情を生み出したが、そのいっぽう地理的な距離感は、根拠なく自国・自土の優越を誇る心性（つまり井の中の蛙）を育むことにもなった。この劣等意識と優越意識とは、海によって隔てられることで、他国と直接に対峙することが少なかった日本の環境においては、相互に矛盾しつつも並立することが可能だったのである。

右のような問題意識に立って、以下の各節では、古代から中世にかけての日本の自国意識の系譜を具体的に見ていきたい。

第一節「三国世界観と粟散《ぞくさん》辺土観」では、古代から中世にかけての、日本における標準的世界認識たる三国世界観と、院政期から中世にかけて一般化した辺境意識である粟散辺土観の流れを辿る。前者については、仏教の日本定着との関係、後者については、末法思想との関わりについても言及する。

第二節「神国思想」は、「神国」の定義から、奈良から平安時代にかけてのその意識の変遷、さらに末法意識の表れであると同時に、神国思想の変種という特徴を持つ百王思想にも説き及ぶ。

第三節「「大日本国」と第六天魔王」は、日本を大日如来の本国とする説と、その日本国に欲界の支配者である第六天魔王が降りてくる神話を元に、中世神話の世界に見える中世の自国意識の性格を考える。この神話と関連する行基図＝日本地図や、根本枝葉花実説についても述べる。

第四節「神国思想と神功皇后説話の変容」は、鎌倉時代以後の神国思想の変容の過程を辿る。変化のきっかけとなったのは蒙古襲来である。これを契機にして、それまでは劣等意識も含意していた神国思想が、絶対的な自国肯定と排外の意識へと変貌していく。そのことを特に神功皇后の三韓出兵説話の中世における変容、最後に天下人となった秀吉の神国観について、彼の朝鮮侵略と絡めて述べる。

一　三国世界観と粟散辺土観

1　三国世界観の形成

三国世界観とは

古代に起こり、中世の末期まで、日本列島に居住した人々の多くに共有されていた世界像が、三国世界観である。「三国」とは、インド（天竺）・中国（震旦）・日本（本朝）を指し、世界がこの三つを主要な国として構成されているという考え方である〔高木一九八二、佐々木一九八七〕。

このことを、少年時に来日して、豊後国府内のコレジョで学問を修め、日葡羅語に通暁した通訳として活躍したジョアン・ロドリゲス（一五六一～一六三三）の『日本教会史』第一部第二巻第一四巻の記述から確認しておこう。

日本人もシナ人も、昔は三つの国についてしか知識を持っていなかった。そしてそのなかに地球の全陸地が含まれ、残りのすべては四方からこの陸地を取り巻いている海であると考えていた。日本人はこれら三つの国を一般に三国 Sangocu と呼んでいる。すなわち、それは三つの国を意味し、それがあたかも人の住む全世界であるかのように言われている。この三国とは日本、シナ、およびガンジェ川の外と内のインディアで、日本人はそれらの国を日本 Nipon〔Nippon〕、大唐 Taito、天竺 Tengicu と呼ぶ。すなわち日本《ジャパン》、シナ――このシナにはこれに従属している高麗 Coray〔Côray〕とタルターリアが含まれる――およびガンジェ川の外と内のインディアである。そのインディアからは一千年あまり前に、いま日本人が敬っている偶像教の諸宗派が伝来した。それ以前には、日本人はただ高麗 Coray〔Côray〕とシナについて知っていただけである。

（大航海時代叢書『日本教会史　下』〔土井忠生他訳〕一八五頁）

右は中世末期の日本列島の住人の世界認識を解説したものである（中国も同様の認識のように書いてあるが、不正確である）。日本国の住人は、中国及びそれに従属する「高麗（Coray）」とインドのみによって世界が構成されていると信じていたのである。ここで示唆されているように、「三国」観念は「日本人が敬っている偶像教の諸宗派」＝「仏教」との関連において作られたものである。

すなわち、インドにて起こり、中国を経由して日本に至ったという仏教伝来の経路を世界観に拡張応用したのである。これは日本をインド・中国と並ぶ主要三大国と位置づける自尊意識の所産で、その結果として現実に存在する周辺国家の存在は無視される。特に、日本に仏教を初めて伝えた韓半島国家への扱いはその典型で、右の記述に見られるように、中国の従属国家としている。つまり、「三国世界観」とは、東アジア世界に共有された認識では決してなく、日本という辺境地域においてのみ流通していた、主観的世界観なのである（日本育ちのロドリゲスが、現地人と同じ意識を有していることは興味深い）。

「三国」の初見

さて、「三国」の語は、九世紀前半の最澄（七六七〜八二二）の『内証仏法相承《ないしょうぶっぽうそうじょう》血脈譜《けちみゃくふ》』叙を初見とする。同書は、彼自らが相承した円密禅戒四宗五種の血脈の正統性を主張した著作で、弘仁十年（八一九）に起草された（ただし、後世の改竄《かいざん》とする説もある）。その冒頭の序文で最澄は、仏法東漸を説いて、

> 夫れ仏法の源は、中天に出て大唐を過ぎて日本に流る。天竺の付法、已に経伝有り。震旦の相承、亦た血脈を造る。我が叡山の伝法、未だ師々の譜有らず。謹みて三国の相承を纂して、以て一家の後葉に示す。（原漢文）（『伝教大師全集』一、一九九頁）

と述べている。同書は大乗戒壇建立を目指す最澄が朝廷に献上したものである。「三国相承」の語は、正統な仏法が他ならぬ最澄によって日本に伝えられたことを強調するために用いられたのである。

『内証仏法相承血脈譜』におくれること十年、法相宗の僧護命《ごみょう》（七五〇〜八三四）の『大乗法《だいじょうほっ》

相研神章《そうけんじんしょう》』（天長七年〔八三〇〕撰述）にも、「三国」の語は使わないものの、同様の見解が見える〔市野一九九六〕。

能く印度の大士、各々高論を著し、振旦の名僧、共に章疏を製す。是皆凡を転じて聖と作すの勝躅、悪を退け善を進むの梯橙《ていとう》なり。ついに日本をして天下篤く三宝を信じ大小を修学せしむ。（原漢文）
（『大正新脩大蔵経』七一、一頁a）

同書はさらに、世界における日本の位置について、以下のように論を進める。まず、日本国が南贍部洲《なんせんぶしゅう》に附属する二中洲のひとつ「遮末羅洲《しゃまらしゅう》」であるとする（後世のように「粟散辺土」とは考えていないことに注意）。次いで、インドの各国には、小乗のみあるいは大乗のみを学ぶ国であったり、神々を信じて仏法を信ぜず寺院もない国もあり、また外道を奉じて仏法を誹謗するゆえに、多く地獄へ堕ちるとする。さらに中国についても、道士などがいて仏法を誹謗する者がいると指摘する。

対する日本は、このような謗法者はおらず、国をあげて造寺に励み、僧尼も多く、大乗小乗の経論章疏も多く渡来して、それらを学ぶ者少なくなく、さらには仏菩薩《ぶつぼさつ》の権現たる聖人や感応の士人が和光同塵して利生を施すと述べる。つまり、日本こそが純粋の仏教国として、インド・中国を上回る存在として称揚されているのであり、日本の仏教への強い自負が見てとれる。

安然の三国観

「三国」の呼称を、初めて意識的に使ったのが、台密《たいみつ》（天台密教）の大成者とされ、東密《とうみつ》にも多大な影響を与えた学匠として知られる五大院安然《あんねん》（八四一？～九一五？）である。安然の代表的著作のひとつに諸宗の優劣を論じた『教時諍《きょうじじょう》』という書があり、冒頭は以下のように始まる。

夫れ我大日本国に九宗の教有り。人法諍論に三国有り。夫れ三国と言ふは、一に天竺国、二に震旦、三に日本。

（『大正新脩大蔵経』七五、三五五頁ａ）

すなわち、三国をインド・中国・日本とし、以下最澄『請年分表』、空海『秘蔵宝鑰《ひぞうほうやく》』、道詮『群家諍論《ぐんかじょうろん》』、蓮剛『定宗論《じょうしゅうろん》』、最澄『内証仏法相承血脈譜』の異説を列挙しつつ、仏教の中核となる九宗（概《おお》ね南都六宗、天台、真言、禅）を掲げた上で、「三国、諸宗の興廃、時に有りて九宗並び行ふるは、唯だ我が天朝のみ」と、三国の中でただ日本のみに九宗が並び行われていると揚言しているのである。

先述のように、護命は日本における仏教隆盛を論する際に、対抗する思想・宗教の非在を挙げていたが、安然もまた同様のことを言っている。彼の別の著作である『胎蔵金剛菩提心義略《たいぞうこんごうぼだいしんぎりゃく》問答抄《もんどうしょう》』巻二には、次のようにある。

問ふ。天竺外道・二乗、大乗を信ぜず。大唐道士、李老君を称して釈迦仏と為す。復た仏を信ずと雖も、成仏を求めず。……我が日本人は、乃至市厘なりとも成仏を知る。故に瑜伽に云く、「東方に一小国有り。但だ大乗の姓の人なり」と。法相の古徳は判じて日本と為す。（原漢文）

（『大正新脩大蔵経』七五、四八八頁ｃ）

インドの外道や声聞《しょうもん》・縁覚《えんがく》たちは大乗の教えを信じないし、中国では道士たちは老子が釈迦だとしたり（西に去った老子が釈迦、あるいは釈迦の師となったという、いわゆる「老子化胡説《ろうしけこせつ》」のこと）、また仏教を信じていても成仏を求めない。……（それに対し）我ら日本人はどんな取るに足らぬ者でも成仏を知っている。『瑜伽師地論《ゆがしじろん》』には「東方に一つの小国があり、そこの住民は大乗の姓の人々である」とある。「法相の古徳」はこれを日本のことだとしている云々。

ここにある「法相の古徳」とは、法相宗の学僧だった護命を指していると思われる。ただ、『瑜伽師地論』の現流本にはこのような文はなく、護命の言の典拠も未詳である。極めて不審の多い文章なのだが、少なくとも安然が日本を以て大乗相応の地であることを強く主張しようとしていたことは分かる。

なお、日本には仏教に対峙する信仰として神祇信仰（神道）があるという疑問が湧くかも知れないが、護命や安然にとって、求道や救済と無縁な当時の神祇信仰は、仏教と対抗し得るものとは全く認められていないのである。

初期「三国」意識の特徴

では、護命や安然に見られる、九世紀日本における仏教の隆盛への自負心をどう考えたらよいだろうか。

六世紀以降、仏教は次第に日本の地に流通し、特に奈良時代になると、律令国家体制のなかに明確に位置づけられるようになる。東大寺・新薬師寺・元興寺などの中央寺院及び地方における国分寺の造営、「僧尼令」の制定と受戒制度の確立による僧侶の社会的地位の明確化、経典の組織的請来《しょうらい》と写経による普及、寺院における「六宗」の学問の振興等である。平安時代に入ると、最澄・空海・円仁・円珍による天台宗と密教の本格的導入が果たされ、以後は従来の南都六宗にこの二宗が加わり、「八宗」として宗教体制が形成される。

宗学の状況についても、単に大陸の注疏を移入して、書写・読解が行われただけでなく、既に奈良時代において、智光や善珠などが独自の注釈書を著し［山口二〇一三］、更に平安初期には最澄・徳一・護命・空海といった人々が続く。もちろん、輸入学問としての傾向が強いとはいうものの、相当のレベルに達しつつあるという自負が生まれていた。それに加えて、インドにおける仏教衰退の情報、また、中国における唐武宗の廃仏（八四二〜八四六）が、日本仏教への評価の上昇に結びついたのである［佐々木一九八七、市野一九九六、前田一九九九］。

そのことを端的に示すのが（成立は少し降るが）、永観二年（九八四）成立の源 為憲《みなもとのためのり》『三宝絵《さんぼうえ》』である。その中巻序において為憲は、インド・中国における仏教の弾圧・衰退に対置して、日本におけるその隆盛を誇らしげに記す。まずインドについて、玄奘『大唐西域記』の記述

――迦葉が入定したと伝える鶏足山の古い室は竹が茂って人も通わず、孤独園（祇園精舎）の庭も室はなく僧たちも住んでおらず、マガダ国の菩提樹院の観音像も肩より下が土に埋まっていた――を根拠にその衰亡を説明する。さらに中国についても、近時の後周の破仏や、曾《かつ》ての会昌のそれに言及して、多くの経論が焼かれたことを説く。

それに対して日本のことに説き及び、

アナタウト。仏法東ニナガレテサカリニ我国ニトドマリ、アトヲタレタル聖、昔オホクアラハレ、道ヲヒロメ給君、今ニアヒツギ給ヘリ。十方界ニアヒガタク、無量劫ニモ聞ガタキ大乗経典ヲ、ココニシテオホク聞見事、是オボロケノ縁ニアラズ。

（新日本古典文学大系『三宝絵・注好選』七六頁）

と、日本仏教の隆盛を言祝ぐのである。

2　末法思想

末法思想とは

以上述べたように、「三国」意識が起こった九〜一〇世紀は、奈良時代以来の南都の教学の殷賑《いんしん》に加えて、天台宗や真言密教がもたらされた日本仏教の高揚期であった。最澄や護命、安然等の自負は、かかる状況を踏まえたものであった。ところが、一一世紀に入ると、近づきつつある「末法」への不安から、自国意識に変化が見られるようになる〔寺崎一九三四、田村一九五九、數江一九六一〕。

「末法」とは、釈迦の入滅の後、次第に仏法が衰退してついには法滅に至ることを説く、一種の衰退史観である。唐代の人で法相宗の祖である基（六三二〜六八二）の『大乗法苑義林章《だいじょうほうえんぎりんしょう》』巻第六「三宝義林」に次のようにある。

仏滅度の後、法に三時有り。謂く正像末なり。教行証の三を具するを名づけて正法と為し、但だ教行有るを名づけて像法と為し、教のみ有りて余なきを名づけて末法と為す。（原漢文）（『大正新脩大蔵経』四五、三四四頁b）

すなわち、仏滅後しばらくは教法・修行・証果全き正法の時代が続くが、次第に教・行のみあって、証果が期待できない像法（像とは似姿、正法と似て非なるものということ）の時代に移り、さらに教のみ残る末法に至るというのである。これを三時説といい、特に末法の到来をめぐる思惟は一般に末法思想とよばれる〔數江一九六一、高木一九七三〕。

ただ、いつから末法に入るかということについてはさまざまな説がある。その時期については、釈迦の入滅時期がいつだったのか、そして正法・像法がどのくらい続くかということによって変わってくる。まず、釈迦入滅年代については、現在の通説では紀元前五世紀ころとされるが、中国では周穆《ぼく》王五十三年壬申（紀元前九四九年）説あるいは、周匡王四年壬子（紀元前七一二年）説などが存在した。そして、正法・像法の期間としては、五百年・千年説、千年・千年説が普通だった［小沢一九七四］。

中国において末法思想が流行したのは、南北朝期から隋代にかけてだった。この時期は仏教文化が花開いた時代であるとともに、北魏・北周における仏教弾圧（北魏太武帝の破仏〔四四〇〜四五二〕、北周の武帝の破仏〔五七三〜五七八〕）が行われた時代でもあった。永定二年（五五八）撰述の『南岳思大禅師立誓願文《なんがくしだいぜんじりゆうせいがんもん》』に、正法五百年、像法一千年、末法一万年説が記されている。そのほか、慧遠《えおん》（五二三〜五九二）『観無量寿経義疏』下、吉蔵《きちぞう》（五四九〜六二三）『十二門論疏』上などにも同様の説があり、破仏を受けて、「末法」意識の瀰漫《びまん》していた様相が知られる［高雄一九三七］。

日本における末法思想の移入

日本は百済経由で六世紀に仏教が渡来したが、末法思想も早い段階で移入された。その痕跡が、『日本書紀』の仏法渡来記事である。『紀』によれば、欽明天皇十三年壬申の年に、百済の聖明王より仏教がもたらされた。この年は、西暦では紀元五五二年に当たる。この年は仏滅の年とされる周の穆王五十三年（西暦紀元前九四九年）から数えて、ちょうど千五百一年目に当たる。これは偶然ではあり得ない。つまり、正法五百年・像法千年説あるいは造寺堅固《ぞうじけんご》説に基づいて、意図的に作られた年記だと考えられている。また近年では、仏教伝来記事の崇仏論争の話自体も、大陸における廃仏の事蹟を踏まえて創作されたとの見解も出ている［吉田二〇一二］。

日本における「末法」の初見は、弘仁ころ（八一〇～八二四）成立の『日本国現報善悪霊異記《にちほんこくげんぽうぜんあくりょういき》』である。その下巻の序で撰者景戒《きょうかい》は、

今是の賢劫の釈迦一代の教の文を探れば、三の時有り。一は正法五百年、二は像法千年、三は末法万年なり。仏の涅槃したまひしより以来《このかた》、延暦六年歳の丁卯に次《やど》るとしに迄《いた》るまでに、一千七百二十二年を逕《へ》たり。正と像との二を過ぎて、末法に入る。然うして日本に仏の法の伝《つたは》り適《はじ》めてより以還《このかた》、延暦六年に迄るまでに、二百三十六歳を逕《ふ》るなり。

（新日本古典文学大系『日本霊異記』一二七頁）

と述べており、『霊異記』の撰述の動機に、末法への意識があったことが知れる。

ただ、日本における仏法の歩みが末法の初年から始まるという考えは、必ずしも共有されなかった。むしろ、現在を像末とする意識の方が濃厚だったのである。たとえば、前出の最澄であるが、その著『顕戒論《けいかいろん》』巻上「叡山、大天に類せざるの明拠を開示す十二」のなかで、「論じて曰く、滅後の大天は、過人の罪を犯ずることあり。像末の叡山は過人の罪を犯ずることなし」（日本思想大系『最澄』五〇頁）といい、また『守護国界章《しゅごこつかいしょう》』巻上之下にも

当今の人機皆な転変して、都て小乗の機なし。正像稍《やや》に過ぎ已りて、末法太《はなは》だ近きにあり。法華一乗の機、今正しくこれその時なり。（同、二四九頁）

とある。

「三国」意識とは、像法の時代にあって、本家であるインド・中国では仏法が廃れつつあるにもかかわらず、日本のみ隆盛を極めていると見なし、この南閻浮提《なんえんぶだい》に残された、数少ない仏国土だという自負だったのである。

末法思想の拡がり

日本で本格的な「末法」が意識されたのは一一世紀以降であった。永承七年（一〇五二）が入末法元年とされた。藤原資房《すけふさ》『春記』の同年八月二十八日条には、

今日真範僧正参入す。督殿《こうどの》申して云く、長谷寺已《すで》に以て焼亡し了んぬ。只今彼《か》の寺より告げ来《きた》る。真範は彼の寺の別当なり。……霊験所の第一也。末法の最年、此事有り。恐るべし。

と、長谷寺の焼失を入末法と関連づけて恐怖している。また皇円『扶桑略記』永承七年正月十六日条にも、

千僧を大極殿に屈請《くつしょう》し、観音経を転読せしむ。去年冬より疾疫流行す。改年已後、弥《いよいよ》以て熾盛《しじょう》なり。仍て其の災を除かんが為なり。今年始めて末法に入る。（原漢文）

（新訂増補国史大系本、二九二頁）

とある。

その後、一一世紀から一二世紀の貴族の日記には、「末法」「末世」「末代」といった語が散見される［平一九九二］。たとえば、藤原宗忠《むねただ》（一〇六二～一一四一）の日記『中右記』長治元年（一一〇四）六月十九日条には、「今朝、越前国気比《けひ》の神人、陽明門前に群参し、国司為家朝臣の非法を訴へ申すと云々。近日天下大衆神民、大小所旁を論ぜず以て蜂起す。末代の作法何に為《せ》んや」、同月二十一日条には、「近日叡山僧徒相乱し、毎日合戦す。偏に是れ末代に及び、仏法破滅するか」とある。

宗忠の恐怖・悲嘆に典型的なように、この時代の末法思想は王朝貴族たちの衰退・滅亡への予感が、仏法と結びついたものであった。もとより、その後の保元・平治の乱、平家政権の樹立、南都焼亡、鎌倉幕府の成立と平家滅亡、そして承久の乱という歴史的展開は、王朝の滅亡を現実味を帯びたものにしていた。実際、仏法滅亡と王朝滅亡とがセットになって末法思想が盛んに喧伝《けんでん》されたのは、平安末か鎌倉前期のことで、鎌倉後期以後になるとなくなりはしないものの、徐々に下火になっていく。これはとりもなおさず、確実に「武者の世」になったことを意味しているのである。

3　粟散辺土観

粟散辺土観とは

話を元に戻す。末法思想の瀰漫は、三国意識に大きな影響を与えることになった。つまり、仏滅後、千五百年もかかってようやく仏法は日本に到達したものの、わずか五百年後には末法に入ってしまうことへの絶望感である。そこから、自国の辺境性への自覚が生まれる。すなわち粟散辺土観である〔佐々木一九八七〕。

「粟散辺土」（あるいは「辺地」）とは、粟のごとく散在する辺境の小国土を意味し、日本の異名のひとつとして、中世にしばしば使われた。たとえば、『保元物語』「新院御謀反露見幷に調伏の事」に、「我国辺地粟散の境といへども、神国たるによて、惣じては七千余座の神、殊には三十番神、朝家を守奉り給ふ」（渡辺文庫本）云々とある。また、『平家物語』巻十一「先帝身投」では、入水を前にする二位の尼が幼い安徳天皇に、

この国は粟散辺地とて、心うきさかゐにてさぶらへば、極楽浄土とて、めでたき処へ具しまいらせさぶらふぞ。

（新日本古典文学大系『平家物語　下』、二九四〜二九五頁）

などと語っている。

「粟散」の典拠について、たとえば凝然《ぎょうねん》（一二四〇～一三二一）の『梵網戒本疏日珠鈔《ぼんもうかいほんしょにちじゅしょう》』には「仁王経云、十六大国、五百中国、十千小国。無量粟散国已上」（『大正新脩蔵経』六二、一六八頁c）とある。しかし、鳩摩羅什《くまらじゅう》訳『仁王般若波羅蜜経』、不空訳『仁王護国般若経』にも該当するくだりはなく、正確な出典は未詳である。しかし、「仁王経云」としてこの一文は流布していたと思《おぼ》しい。

平安期の『宇津保物語』吹上・上には「種松は十六大国より始めて、粟散国にいたるまで、財を蓄へて侍る者なり」と見える。凝然と同時代人である日蓮『中興入道御消息』の「所謂、五天竺、十六の大国、五百の中国、十千の小国、無量の粟散国、微塵の島々あり。比等の国々は皆大海の中にあり」、室町時代の『義経記』巻五「さらばとて、十六の大国、五百の中国、無量の粟散国まで」などもこれに拠るのだろう。

日本を「粟散国」のひとつと見なす初例とされるのは、延喜十七年（九一七）に成立した『聖徳太子伝暦』である。同書によれば、百済より来日した日羅《にちら》が、観音の化身である幼い聖徳太子に跪《ひざまず》き合掌して、「敬礼救世観世音　伝灯東方粟散王」云々と語りかけた、という。「東方粟散王」とはもちろん日本（の天皇）を指している。『伝暦』に見えた「伝灯東方粟散王」の話は以後の聖徳太子の伝記に頻出し、「粟散国」を以て日本の別称とする理解が拡がった。さらに鎌倉以降になると「辺土」「辺地」と組み合わせて、「粟散辺土（地）」の呼称が定着することになるのである。

鎌倉時代の粟散辺土観

以下、特に鎌倉時代の宗教者の著作から、粟散辺土観の用例を挙げておこう（該当箇所に傍線を付す）。

○貞慶『愚迷発心集』

仏前仏後の中間に生れて、出離解脱の因縁もなく、粟散扶桑の小国に住して、上求下化の修行も欠けたり。悲しみてもまた悲しきは、在世に漏れたるの悲しみなり。恨みてもさらに恨めしきは、苦海に沈めるの恨みなり。いかに況んや、曠劫より以来今日に至るまで、惑業深重にして、既に十方恒沙の仏国に嫌はれ、罪障なほ厚くして、今また五濁乱慢の辺土に来れり。

（日本思想大系『鎌倉旧仏教』五頁）

貞慶（一一五五～一二一三）は法相宗の僧で、後に遁世《とんせい》して笠置に隠棲。笠置上人、解脱上人と称せられた人である。ここで彼は、釈迦の在世中より末代の今に至るまで、出離解脱の機会なく、今生においても日本という「五濁乱慢」の辺境に生を受けてしまったことの絶望を述べている。ただ同書の意図は、そのような状況にあっても、仏法に出会えたことの奇跡性に希望を見いだすべきだというところにあった。

○覚憲『三国伝灯記』

我が日本葦原境は、辺土の中の辺土、小国の中の小国なり。震旦一州、尚ほ百万里の波濤を渡る。月支五印、況んや幾千万の山川を隔てり。茲に因り、昔天竺の《(ママ)》波羅門僧正・善無畏三蔵といひし人、適《たまたま》我が朝に降臨すと雖も、我国の緇素《しそ》、未だ一人として印度に達するを聞かず。蓋し是れ、辺国の然らしむる故なり。（原漢文）

（横内裕人「東大寺図書館蔵覚憲撰『三国伝灯記』――解題・影印・翻刻」〔『南都佛教』八四、二〇〇四年〕一四一頁）

覚憲（一一三一～一二一二）は、信西の子で、貞慶の叔父に当たる。興福寺の住僧（法相宗）。本書はインド・中国・日本の仏教伝来について解説した書である〔市川一九九四〕。右の一節は、仏教誕生の聖地たるインドから絶望的に遠く離れた、その辺境性について説くところである（日本国の者は、誰ひとりとしてインドに行けていないことを嘆いている）。ただ、その後に本節第一項でも言及した護命の説を引きつつ、さらに阿瑜迦王（アショカ王）の仏塔が仏滅後百年には日本に到来したとの説に言及して、「日本国は是れ大乗善根界、人は亦た菩薩種姓の類と謂ふべし」と述べて自分を納得させている（アショカ王の塔〔阿育王塔〕については、本書第三章で詳述する）。

○道元『正法眼蔵』（永平寺本）礼拝得髄

ワガ国ニハ、帝者ノムスメ或ハ大臣ノムスメノ、后宮《こうぐう》ニ準ズルアリ、又皇后ノ院号セルアリ。コレラ、カミヲソレルアリ、カミヲソラザルアリ。シカアルニ、貪名愛利ノ比丘僧ニ似タル僧侶、コノ家門ニワシルニ、カウベヲハキモノニウタズト云コトナシ。ナヲ《（ホ）》主従ヨリモ劣ナリ。況ヤマタ奴僕トナリテトシヲフルモオホシ。アハレナルカナ、小国辺地ニウマレヌルニ、如是ノ邪風トモシラザルコトハ。天竺唐土ニハイマダナシ、我ガ国ニノミアリ。悲シムベシ、アナガチニ鬢髪ヲソリテ如来ノ正法ヲヤブル、深重ノ罪業ト云ベシ。

（日本思想大系『道元　上』三二四〜三二五頁）

日本曹洞宗の祖である道元の右の一節は、世俗権門に対して叩頭《こうとう》し諂《へつら》ってやまない「貪名《とんみょう》愛利ノ比丘僧」を批判するところである。具体的には、帝王や大臣の娘にすぎない者を、皇后に准じたり、（女性である）皇后を院号で呼ぶのは、「天竺唐土ニハイマダナシ」い、間違った風俗であることを「小国辺地」なるがゆえに気づかない（つまり、本来は僧侶が尊ぶべき相手ではない）のだと指摘している（言うまでもなく、道元のこの言辞自体は、露骨な女性嫌悪である）［成沢一九八四］。

○親鸞『高僧和讃』源空和讃

……

善導・源信すゝむとも　本師《ほんじ》源空ひろめずは

片州濁世《へんしゅうぢょくせ》のともがらは　いかでか真宗《しんしゅ》をさとらまし
……
粟散片州《ぞくさんへんしゅ》に誕生して　念仏宗《ねむぶちしゅ》をひろめしむ
衆生化度のためにとて　この土《ど》にたびく〳〵きたらしむ
（日本古典文学大系『親鸞集・日蓮集』八五〜八七頁）

右は親鸞が師の法然（源空）を讃《たた》える和讃だが、法然がいたればこそ「粟散片州」で「濁《じょく》世《せ》」の日本の人民が念仏宗の何たるかを知ったのだとする。法然・親鸞等、鎌倉時代に生まれた新しい浄土門が目指したのは、このような辺土・末代の日本という場にあって、衆生救済の唯一の方途は、他力・専修の念仏しかないと思い定めたところにあったのである。

以上のように、粟散辺土観は中世前期の日本社会において、貴賤《きせん》上下を問わず、共有された時代認識であった。この認識は、次に述べる神国思想が昂揚《こうよう》する中世後期以降になると退潮していく。ただ、文化・文明の中心としての中国に対して、自らを辺境国家と見なす自国意識は、その後も残り続ける。近世はかかる意識を否定する方向に向かうが、近代になると新たな文明化モデルとなった欧米を世界の中心に見立て、自らを「極東の島国」とする意識が台頭することになるのである。

二　神国思想

1　神国思想の形成

神国思想とは

「三国」の観念は、中国に倣った律令体制が確立していく過程において、大陸由来の文化・制度を十分に咀嚼《そしやく》し得たという自負心が生み出したものであったが、このとき同時進行的に培われていった意識がある。それが神国思想である。

神国思想とは、日本が神の国であるという国土意識である。その意味するところは、ここが天照大神の子孫たる天皇によって統治されている国であること、神孫統治のゆえに神々によっていつも守られていること、そのような国土は特別な神聖なる土地だという三つの要素から成る［佐々木一九九七］。

律令制度の導入による新しい国家体制は、統治者の像を、従来の「倭国の大王」から「日本の天皇」へと変換させた。「天皇」は中国の皇帝に倣って構想されたものだが、大きな違いもある。「皇帝」が、至高の存在である天によって擬制的親子関係を認められた天子として、地上世界（天下）を統治する正当性を付与されたのに対し、「天皇」の場合、至高神たる天照大神の血脈であることが正当な統治者たることの根拠となるのである。

神国思想は奈良時代に起こり、以後古代・中世を通じ、そのニュアンスを変えながら、日本人の国家像のある部分を占め続けている。近世以降も同様である。豊臣秀吉が夢想した中国征服の野望（そしてその前哨としての朝鮮国侵略）は、日本神国観を背景としたものだったし（本章第四節）、近代以降の数々の戦争と侵略行為において「神国」が必ず想起された。日中戦争から太平洋戦争に至る時代は、かかる神国意識が最も昂揚し、自らを破滅へと導くこととなったのである。

戦後は表向きはなくなったに見えたが、未だに日本人の自国意識の底流に脈々と受け継がれている。たとえば、二〇〇〇年五月のこと、時の首相森喜朗はある祝賀会のあいさつで「日本の国、まさに天皇を中心としている神の国であるぞということを、国民のみなさんにしっかりと承知していただく」と発言したことがあった（神道政治連盟国会議員懇談会結成三十周年記念祝賀会でのこと）。これは一個人の時代遅れの発言ではなく、日本国民の一定層が持つ感情を代弁したものだったのである。

以下、この節では、このように長く日本人の国土意識に居座り続ける神国思想の形成の過程を辿っていくこととする。

「神国」意識の発生

「神国」の語の初見は、『日本書紀』神功皇后紀の三韓出兵に関する記事である。その前の仲哀紀によれば、仲哀天皇は后であった神功皇后を通じて、或る神より「西の財の国」＝新羅を攻めるようにとの託宣を受けた。そのような国のあることを信じなかった天皇は神罰を受けて死んだ。続く神功紀では、仲哀の死後、彼を死に至らしめた神が誰なのかを問うべくあらためて託宣を請うと、再び皇后に憑依《ひょうい》があり、神が天照大神なることを明かした。この神託に従い、新羅を攻めるべく兵船を出航させる。そのとき外敵の来襲を知った新羅王は次のように言うのである。

新羅の王《こきし》……曰はく、「吾聞く、東《ひむがしのかた》に神国《かみのくに》有り。日本《やまと》と謂ふ。亦聖王《ひじりのきみ》有り。天皇《すめらみこと》と謂ふ。必ず其の国の神兵《みいくさ》ならむ。豈兵《いくさ》を挙げて距くべけむや」といひて、即ち素旆《しろきはた》あげて自ら服《まつろ》ひぬ。
（日本古典文学大系『日本書紀　上』三三八頁）

こうして新羅国王は降伏、続いて百済・高句麗も服属したという。

『古事記』にも記されるこの神功皇后の説話は（ただし『古事記』には「神国」の語はなく、新羅と百済が降伏したことのみを記す）、六〜七世紀の倭国（日本）と韓半島諸国家との関係が生み出したものである［直木一九六四］。韓半島南部にあった小国連合体、馬韓・辰韓・弁韓の三地域は、馬韓が百済に、辰韓が新羅に統一されたのに対し、弁韓は金官国のような有力国は存在したものの、ひとつにまとまることなく、加羅（加耶）と呼ばれた。倭国はここを「任那」と呼んで影響力を持っていた。その後加羅は、百済・新羅の侵食を受け、最終的に五六二年に新羅に併合された。かくて、半島は高句麗・百済・新羅の三国になる。倭国は伝統的に百済と関係が深く、大陸の先進文化は専らこの百済より伝えられた。いっぽう新羅に対しては、旧加羅地方を多く含むことを根拠に朝貢を要求した。

七世紀に入ると、大陸では唐帝国が成立し、半島に影響力を行使し始める。六四五年に高句麗遠征、六四九年には、百済が占拠した旧任那地域の新羅への返還を命じた。そして、六五五年、高句麗・百済が新羅を攻撃したのに対し、新羅は唐に救援を請い、六六〇年には百済が滅ぼされてしまう。倭は曾て失われた韓半島での権益を回復すべく、在留百済王族を国王に封じて、海を渡り新羅・唐と戦うも、白村江において大敗する。ここにおいて百済は完全に滅亡した。さらに六六八年には高句麗も唐・新羅に滅ぼされた。唐の協力を得て、両国を倒した新羅だったが、続いて唐の勢力の排除に乗り出し、六七六年には、唐は撤退、ここに統一新羅が誕生する。

白村江の敗北を契機に、倭は本格的な律令国家体制の建設に向かう。律令を制定し、国号を「日本」と改め、王号を「天皇」とし、恒久的な王城を建設し、官位制度を整備していく。いっぽう新羅も半島唯一の国となり、律令国家への道に邁進《まいしん》する。対倭（日）関係においても、当初は唐との緊張関係にある故に、日本との過度の軋轢《あつれき》を好まず、従来の朝貢関係を維持するも、国家体制が安定してくると、当たり前の対等関係を指向していこうとする。それに対して日本は、従来通りの関係に固執した。いや寧《むし》ろ本格的な律令国家＝小中華となったことで、新羅を西方の夷として明確に位置づけようとした。

ただ、このような態度は、日本の主観に過ぎず、東アジア社会に認知を受けたものではなかったし（天平勝宝五年〔七五三〕に唐の宮廷で起こった席次争いにおいて、当初新羅が上位にあったことは、国際関係上の両国への認識を如実に物語る）、実際のところ日本は、決定的な敗北を喫して韓半島から叩き出されてしまったのである。神功皇后の三韓出兵説話は、このような政治情勢の中で生まれたものである。それは、現実としての負け戦を、「史実」によって逆転させようとする試みであった。だからこそ「神国」という呼称を敢《あ》えて新羅王に言わせているのである。そのことで、日本・新羅関係が本来的に対等ではあり得ないことを、歴史的に証明しようとしたわけである。

記紀成立以後も、新羅と日本の緊張は続く。天平七年（七三五）、新羅は旧来の地域的呼称を改めて、「王城国」と名乗ることとし、そのことを日本に知らせるも、日本側は認めず、使者を追い返した。翌年には報復として、日本側の使者が追い返された。天平宝字三年（七五九）には新羅の追討計画が立てられ、翌年には新羅使が追い返された。現実的な新羅は、宝亀五年（七七四）・十年と日本に遣使するも受け入れられず、以後正式の国交は途絶えるのである。

「神国」意識の展開

その後、八〜九世紀において「神国」なる語はほとんど登場しない。正史においては、神功皇后紀の後に見えるのは、『日本後紀』延暦十六年（七九七）二月十三日条に掲載された『続日本紀』撰進の際の上表文と、『日本三代実録』貞観十一年（八六九）十二月十四日条にある、伊勢神宮に捧げられた告文のみである。

前者では文中、「仁は渤海の北を被《お》ほひて貊種《ばくしゅ》心を帰し、威は日河の東に振るひて毛狄《もうてき》息を屛《ひそ》めしめ、前代の未だ化せざるものを化し、往帝（以前の天皇）の臣ならざるものを臣とす」と桓武天皇の威勢を称えたあと「既にして負扆《ふい》（帝位に即《つ》くこと）に余閑あり、神国の典を留む」とある。

いっぽう後者は、その年の五月、新羅の海賊船二艘が博多に来寇し、豊前の年貢船を襲撃した事件に関連して、更なる来寇を警戒していたさなかに伊勢神宮に派遣された奉幣使が捧げたもので、以下のようにある。

然れども我が日本《やまと》の朝《みかど》は、所謂神明《かみ》之国なり。神明の助け護り賜はば、何の兵寇《あだ》か近き来るべき。況むや掛まくも畏き皇大神《すめおほかみ》は、我が朝の大祖と御座して、食国《をすくに》の天の下を照し賜ひ護り賜へり。然れは則ち他国異類《とつくにびと》の侮を加へ乱を致すべき事を、何ぞ聞し食して、警《いまし》め賜ひ拒《ふせ》ぎ却け賜はず在らむ。……寇賊《あだ》の事在るべき物なりとも、掛けまくも畏き皇大神、国内の諸神達をも唱《いざな》ひ導き賜ひて、未だ発《い》で向《た》たざる前に、沮拒《ふせ》ぎ排却《しりぞ》け賜へ。若し賊の謀《はかりごと》已に熟りて兵船《いくさぶね》必ず来べく在らば、境内《くにのうち》に入れ賜はずして、逐ひ還し漂ひ没れしめ賜ひて、我が朝の神国《かみのくに》と畏れ憚れ来れる故実《ふるごと》を澆《み》だし失ひ賜ふな。

（『読み下し日本三代実録　上巻』四七〇頁）

日本を「神明の助け護り賜」う「神明之国」と位置づけ、敵の兵船を排却・漂没せしめんことを祈念、それが「我が朝の神国と畏れ憚れ来れる故実」すなわち、神功皇后の三韓出兵の故事に倣うものであると説いている。

以上のことから、この時期の「神国」という語は、単なる自尊的呼称ではなく、日本の対外的勢威を強調する際にのみ、特別に用いられた言葉だったことが分かる。前者（『日本後紀』）の場合でも、先に引いたように、「留二神国典一」の前に、桓武が「渤海の北」の「貊種」と「日河（白河?）の東」の「毛狄」を威服させたこと（すなわち渤海使の来朝と蝦夷征討）が記されていることから見て、ここでも「神国」の語は、かかる対外的事跡を踏まえて用いられたと考えられる。

ただ、この語は渤海・蝦夷及び新羅に対して使われ、唐に対して使用されることはない。つまり、日本の本来的神聖性を主張する「神国」なる語は、「大国」である中国に対しては使うことを憚《はばか》り、自国より下と見なす「蕃国」に対してのみに向けた自称表現だったのである。

その後、九〜一〇世紀において「神国」の語は現存する資料の中でほとんど見いだせない。唯一の用例が『宇多天皇日記』仁和四年（八八八）十月十九日条で、

我が国は神国なり。因りて毎朝、四方大中小の天神地祇を敬拝す。敬拝の事、今より始む。後、一日も怠ること無しと云々。（原漢文）　（『宸記集　上巻』七頁）

とある。ただし、右の用例の持つ意味は重要である。なぜなら、ここで使われるような「神国」観こそが後に一般的なものになったからである。

一一世紀に入ると、「神国」の語が、貴族の日記や公的文書の中にしばしば用いられるようになってくる。一一～一二世紀の例を挙げると、藤原行成『権記』長保二年（一〇〇〇）一月二十八日条で「我が朝は神国なり。神事を以て先とすべし」とあるのを皮切りに、藤原実資『小右記』長元四年（一〇三一）八月二十三日条「本朝は神国なり。中にも皇太神の殊助政ごち給なり」、藤原資房『春記』長暦四年（一〇四〇）八月二十三日条「此の国は神国なり。本より警戒を厳しうせず、只だ彼の神助を憑むなり」、寛治四年（一〇九〇）十二月の「白河上皇告文」（石清水文書之一・三）「抑も本朝は神国なり。厄会を転じ、病患を除き給ふことは、偏に厚き御助、広き御恵に在るべしと念行する所なり」、藤原頼長『台記』康治元年（一一四二）十一月二十三日条「日本は神国なり。天子の政を摂行するに、斎月に仏事を行ずるは、公私尤も恐れ有り」、藤原伊通『大槐秘抄《たいかいひしょう》』（応保二年（一一六二）頃成立）「日本をば神国と申て、高麗のみにあらず、隣国のみなおぢて思ひよらず候なり」（『群書類従』二八、一〇頁）、平信範『兵範記』仁安三年（一一六八）十二月二十九日条「本朝は神国なり。国の大事、祭祀に過ぎざるは莫し」などが確認できる。

では、それまでほとんど使われることがなかった「神国」の呼称がなぜ一一世紀以降、自国表現として頻繁に用いられることになったのであろうか。使われ方の特徴を九世紀のそれと比較すると、興味深いことに、この時期になると、九世紀のような対外的な軋轢とは関係無く使われている。つまり、有事・平時を問わず、日本国人たちの自国意識、固有性を示す呼称として共有されるようになったのだった［田村一九八三］。

2　百王思想

百王思想とは

一一世紀の問題として考えた場合、神国思想の弘まりは、まさにこの時代において昂揚する末法思想と粟散辺土との関係を持つとせねばなるまい。末法の世、末世・末代であるとの意識が共有される中、そこからの救済の方途とされたのは浄土信仰であることは周知のことだが、もうひとつが神国思想だった。すなわち、「神国」であることによる、神々による国土・王権・住民の庇護への期待である。

その特に王権庇護の側面から、一一世紀ころより強調されるようになったのが百王思想である。これは、天皇の王統は百代を以て終焉《しゅうえん》を迎えるという説であるが、そのいっぽうで神（特に天照大神と八幡大菩薩）による王権擁護の神話の側面を持つ［大森一九七五、西田一九三六］。「百王」とは本来多くの王という意味の漢語で、日本でも同様の意味で使われていたが、平安後期以降、天皇の代数が七十に届かんとしていた一一世紀中葉（すなわち末法に入ることが意識された時期）ころより、意味ある数字として一人歩きし始める。すなわち、百で天皇の代数が尽きるというのである。その存在を具体的に確認できるのが、長元四年（一〇三一）六月、伊勢斎王嫥子女王に伊勢内宮荒祭宮が憑依して下した託宣である［坂本一九九一］。この中で荒祭宮は、近年の天皇の神（天照大神）への不敬（作法通りでない神事や疎略になった幣帛）を咎《とが》めて以下のように告げる。

神事違礼、幣帛疎薄、古昔に似ず、神を敬せざるなり。末代の事にて深く咎むべからず。……公家を護り奉るに更に他念無し。帝王と吾と相交ること糸のごとし。当時（現在）の帝王は敬神の心無し。次々に出で給ふ皇、亦た神事を勤めざるか。降誕の始めより、已に王運の暦数定まる。然して復た其の間の事有り。百王の運、已に過半に及べり。

（『小右記』同年八月四日条）

天孫降臨の時から、天皇の代数の上限は決まっている。その予定された「百王」まで、もう半分を過ぎたのだぞ、というのである。この当時は後一条天皇の時代、六十八代目に当たる。さらに、末法の世もあと二十数年後に迫っていた。

その後も、公家の日記にはしばしば「百王」の語が載る。特に保元・平治の乱、平家政権と滅亡、承久の乱と続く、一二世紀後半から一三世紀、天皇の代数も八十代に入り、王家の断絶はまさに現実のものとなりつつあると思われた。特に、承久の乱の直前に著された慈円（一一五五～一二二五）の『愚管抄』には「人代トナリテ神武天皇ノ御後百王トキコユル、スデニノコリスクナク八十四代〔順徳天皇〕ニモナリニケル」（巻三）、「末代ザマノ君ノ、ヒトヘニ御心ニマカセテ世ヲ行ハセ給ヒテ、事出デ来ナバ、百王ヲダニ待チツケズシテ、世ノ乱レンズルナリ」（巻七）と、その危機感が切実に綴《つづ》られているのである。

百王鎮護の誓願

このように百王思想とは、末法に対する王権の危機意識が生み出したものだが、その根拠の神話とされたのが、伊勢神宮（及び八幡宮）百王鎮護の誓願譚である［石田一九六六］。たとえば、『保元物語』「将軍塚鳴動幷びに彗星出づる事」には「夫れ天照太神は百王鎮護の誓願浅からず。しかるにいま廿六代御門をのこしたてまつりて、当今の御代に、王法のつきむことの口惜しさよ」（金刀比羅本）、『平家物語』巻第十一「鏡」には「昔天照大神百王を守らんと御誓ひありけるその御誓ひいまだ改らずんば神鏡実頼が袖に宿らせ給へ」とあり、また、保安四年（一一二三）石清水八幡宮別当光清告文には「弥勒寺は、八幡権現の御願、百王鎮護の仁祠なり」とある。前引『愚管抄』にも「猶百王マデタノム所ハ、宗廟・社稷ノ神々ノ御メグミ、三宝・諸天ノ利生ナリ」とある。

つまり百王思想とは、神国なるがゆえの神々の王家守護の保証と王家滅亡の予言とを兼ねたものなのである。ただ、承久の乱における三上皇の配流について、『吾妻鏡』承久三年閏《うるう》十月十日条に「天照大神は豊秋津洲の本主、皇帝祖宗なり。而るに八十五代の今に至り、何故百王鎮護の誓を改め、三帝両親王に配流の恥辱を懐かしめ御《たま》ふや。尤も之を怪しむべし」とあるように、現実の進行が早すぎて、百王鎮護の誓願が守られないで、百代以前に王朝が滅亡するかも知れないとの危機感が示されたりもするのである。右の感覚は、たとえば終末論を翫《もてあそ》ぶ現代人が、自分たちの世代の後に世界・人類の終末が訪れると嘯《うそぶ》きながら、ともすると在生中に早まるかもと怯《おび》えたりするのに似ている。

3　粟散辺土観と神国思想

蒙古襲来以前の神国思想

ついで、粟散辺土観と神国思想の関係についても見ておこう。曾て両者の関係について、粟散辺土などの否定的国土観が、神国思想によって乗り越えられていくものとして捉えられていた。この見方は蒙古襲来以後の神国思想の展開についてはある程度有効だが、一三世紀までについて考えた場合、必ずしも当てはまらない。

この時代においては、粟散辺土観と神国思想は、本地垂迹《ほんじすいじやく》説を媒介にして結びつけられて考えられる傾向があった。たとえば無住『沙石集』巻第一「出離を神明に祈る事」には次のような話が収められている。三井寺の公顕（一一一〇～九三）は天台座主にまでなった学僧だが、自房に全国諸神を勧請して幣帛《へいはく》を捧げていた。その理由を問われた彼は、自分にとって「出離の道」は、「和光の方便を仰ぐ」ために、神々に般若心経や神呪を捧げるほかに方法がないのだと説明して次のように語る。

大聖の方便、国により機に随つて、さだまれる準なし。聖人は常の心なし。万人の心をもて心とすと云ふが如く、法身は定まれる身なし。万物の身をもて身とす。……西天上代の機には、仏菩薩の形を現じてこれを度す。我国は粟散辺地也。剛強の衆生因果をしらず、仏法を信ぜぬたぐひには、同体無縁の慈悲によりて、等流法身の応用をたれ、悪鬼邪神の形を現じ、毒蛇猛獣の身をしめし、暴悪のやからを調伏して仏道に入れ給ふ。されば他国有縁の身をのみ重くして、本朝相応の形をかろしむべからず。我朝は神国として大権迹をたれ給ふ。又我等みなかの孫裔也。気を同じくする因縁あさからず。この外の本尊をたづねば、還つて感応へだたりぬべし。仍つて機感相応の和光の方便を仰いで、出離生死の要道を祈り申さんにはしかじ。

（岩波文庫『沙石集　上』二二四〜二二五頁）

右は、仏菩薩はそのままの姿で利生を施すことが可能であるにもかかわらず、なぜあえて神として日本の地に垂迹するのかという、誰しもが懐《いだ》く疑問への回答となっている。すなわち、仏（大聖）は、方便もてそれぞれの国の機根に相応した姿を以て顕現する。「西天」（インド）や「上代」（正法の時代）においては仏菩薩の姿で済度する。いっぽう我が国は「粟散辺地」なので、そこに住む分からず屋の衆生は、仏法の何たるかを理解できない。そこで仏は、悪鬼・邪神・毒蛇・猛獣となって強制的に仏道に入れてくれるのである、日本の衆生には、神の姿こそが相応《ふさわ》しい。この国は神国であり、住民は神裔《しんえい》である。だから多くの仏菩薩は神として垂迹する。これこそが「和光の方便」（仏が神として顕現することの意味）なのであり、そのようrな神々をないがしろにして仏菩薩のみに頼るのなら、かえって仏意を無にすることになってしまう、というのである。

同様の主張は鴨長明『発心集』の跋文にも見いだせる。そこで長明は、まず「末の世の我等」にとっては、たとえ来世のことであっても神に祈るのが良いとする。その理由は「もろもろの事、祈りを得、所により身に随へる事の勧むるもやすく、又そのしるしも侍る」からである。つまり、誰でも簡単に出来、その効験も確かなのが神への祈りであるというのである。そして次のようにいう。

釈尊入滅の後、二千余年、天竺を去れる事数千里、わずかに聖教伝はり給ふといへども、正像すでに過ぎて、行ふ人もかたく、其しるしも又まれなり。ここに、諸仏菩薩、悪世衆生の辺卑のさかひに生れ、無仏の世にまどひて浮ぶ方なからん事をかんがみ給ひて、我が機にかなはむ為に、いやしき鬼神のつらとなり給へば、かつは悪魔を従へ、仏法を守り、かつは賞罰をあらはして、信心を発さしめたまふ。これ則ち、利生方便のねむごろなるよりおこれるなり。中にも、我が国のありさま、神明の助けならずは、いかにか人民もやすく、国土も穏やかならむ。小国辺卑のさかひなれば、国の力もよわく、人の心も愚かなるべし。

（新潮日本古典集成『方丈記・発心集』三八二頁）

すなわち、長明にとって日本は、時間的には仏滅後二千年以上経った末法、無仏の時代であり、空間的には仏陀《ぶつだ》生誕の天竺より数千里離れた世界の辺境である。だから仏法が伝わったとしても、その実践も効験もほとんど期待できない。だからこそ諸仏菩薩は、このような「小国辺卑」にある愚かな衆生のために、その機根に見合った「鬼神」の姿と現じる。これこそ「利生方便のねむごろなる」ことを示しているのだ、というわけである。

神国思想と末法辺土観の関係

以上の資料について検討しながら佐藤弘夫氏は、その著『神・仏・王権の中世』のなかで、神国思想と末法辺土観の関係を、以下のように的確に説明している〔佐藤一九九八〕。

これらの史料においては、神国を構成する神々の垂迹が、末法辺土の必然的な帰結とされている。これは末法辺土意識が、本地垂迹説をふまえた中世的神国思想の内に論理的に組み込まれていることを意味している。日本が辺土悪国であるからこそ、仏は強大な威力をもつ神として現れねばならなかった。末法辺土なるがゆえに、時機相応の姿をとる神々にすがることが救済への最短距離なのである。かかる論理からすれば、末法辺土の主張なくして神国の強調もありえなかった。末法辺土思想は中世の神国思想の不可欠の一要素をなしていたのである。……末法辺土の強調は必然的に時機相応の救済者として神の威光を上昇させる結果となった。逆に神の威光を宣揚するためには、末法辺土の衆生の劣悪さをいっそう際立たせる必然があった。中世においては神国と末法辺土は決して相克しあう概念ではない。両者は相互に不可欠の関係をなしていたのである。

（同書、三三七〜三三八頁）

中世（特に中世前期）の神国思想は単純な自国優越思想に陥らないものだった。特に衆生救済の方便として神国思想が機能していたことは注目に値する。しかしだからこそ、神（カミ）による救済は日本の空間においてのみ機能し得るものであって、それ以外に及んでいくことは想定されていないのである。

カミ信仰は、普遍的救済思想たる仏法における、日本国という限定的な領域での適応形態（垂迹）なのだという意識は、「神道」として仏道への対抗する存在として揚言していこうとする後代の人たちからすれば、従属そのものにしか見えない。しかし、末法思想に覆われたこの時代において、阿弥陀如来や弥勒菩薩の浄土を希求する浄土信仰に匹敵するような救済思想としての役割を果たし得たのは、本地垂迹の意味をぎりぎりまで問い詰めた公顕のような求道者の思惟の賜物であった。

三　「大日本国」と第六天魔王

1　「大日本国」説と「行基図」

「大日本国」説とは

神国思想が古代とは違った粧《よそお》いで再生しつつあった院政期、もうひとつの国土観が勃興する。これが「大日本国」説、すなわち日本を以て大日如来の本国＝密教相応の勝地と見なす説である。

「大日本国」説は、東密小野流の成尊《せいぞん》（一〇一二～七四）が、大日如来から空海に至る真言八祖の伝記を記した『真言付法纂要抄《しんごんふほうさんようしょう》』（康平三年〔一〇六〇〕成立）の末尾の次の一節に由来する。

抑も贍部洲《ぜんぶしゅう》八万四千聚落《じゅらく》の中に於て、唯だ陽谷の内のみ、秘密の教を盛んにする事、上文に見えたり。昔威光《いこう》菩薩〔摩利支天、即大日化身なり〕、常に日宮に居し、阿修羅王の難を除けり。今遍照金剛として、鎮《とこしな》へに日域《じちいき》に住し、金輪聖王《きんりんじょうおう》の福を増す。神には天照尊と号し、刹《くに》には大日本国と名づく。自然の理、自然の名を立つ。誠に之を職《もと》とする由《ゆへ》なり。

是の故に、南天鉄塔迮《すほ》しと雖も、全く法界心殿を包《かね》たり。東乗陽谷は鄙《ちか》しと雖も、皆是れ大種姓の人なり。明《あきらか》に知りぬ、大日如来加持力の致す所なり。豈に凡愚の識る所ならんや。今正く仏日再び曜して、専ら聖運を仰ぐ。

（『大正新脩大蔵経』七七、四二一頁c）

すなわち、南贍部洲において、「陽谷」（日本）にのみ密教が盛んなること（この事実認識の当否はここでは問わない）の必然性は、密教の請来者（遍照金剛＝空海）、国王（金輪聖王＝天皇）、神（天照尊＝天照大神）、国号（大日本国）が何《いず》れも、大日如来（摩訶毘盧遮那仏陀＝大いに輝ける仏）と関連づけ得ることにおいて表れているというのである。

この書が起点となって、大日如来＝天照大神説が成長していくが、それに伴って国土＝日本国も大日如来の本国と解釈されていく。かかる説は、鎌倉時代の密教関係の著作に数多く見られる。

たとえば、建長二年（一二五〇）以前の成立が確認できる『宀一山秘密記《べんいちさん》』という書がある（「宀一」とは室生の略記）。室生寺のある室生山には、空海が唐から持ってきた如意宝珠を埋めたという伝承がある。中世にはこの伝承から天照大神と大日如来を結びつける秘説が生まれた。それを記したのが本書である。それは、次のように始まる。

最極秘伝に云く、宀一山は、是れ閻浮《えんぶ》第一の霊処、密教相応の勝地なり。凡そ我朝は、大日如来還国《げんごく》の霊地なるが故、国を号して大日本国と名づく。此の国中に一の名山有り。宀一山と号す。山の中に精進峯《しょうじんのみね》有り。其の峯嶺に一顆《か》の宝珠在り。大精進如意宝珠と号す。此れ鉄塔より流伝して三国相承する霊宝なり。是れ大日如来の心肝、諸仏菩薩の通三昧耶形なり。此の宝珠即ち大日遍照の全身、塵数三昧《じんじゆざんまい》の惣体なり。故に国を大日本国と名づくるなり。此の宝珠、跡を神道に垂る。天照大神と名づく。故に天照大神、天の石扉を開き、宀一の巌崛に諸神同等に、宇多の郡に出で給ふ。（原漢文）

（伊藤聡『中世天照大神信仰の研究』二四九～二五〇頁）

我が国は大日如来が帰還する国なるが故に「大日本国」の名があり、その中心にある室生山には、空海が請来して埋納した宝珠がある、これは南天鉄塔《なんてんてっとう》（大日如来の分身である金剛薩埵《こんごうさった》が、龍猛《りゅうみょう》菩薩に密教を伝えた南インドにあったとされる鉄製の塔）より伝わる霊宝で、大日如来の惣体にして、垂迹すれば天照大神である、としている。

大日の本国説は、中世の神話叙述の中に取り入れられている。それが大日印文《いんもん》譚で、中世神話の代表的なモチーフとなる。ここではその一例として、『日本書紀私見聞《しけんもん》（春瑜本）』という室町初期の日本書紀注釈書の一節を挙げよう。

当初《そのかみ》伊弉諾尊、滄溟をみくだし給ふに、大日如来の印文あり。天のサカホコを指下して、さぐり給ふに、前にさわる物更に无し。其のホコを引上げ給ふに、其のホコの滴り一の嶋と成れり。ヲノゴロ嶋と云ふ也。此を始として、大八嶋乃至あまたの国々出来けり。天照

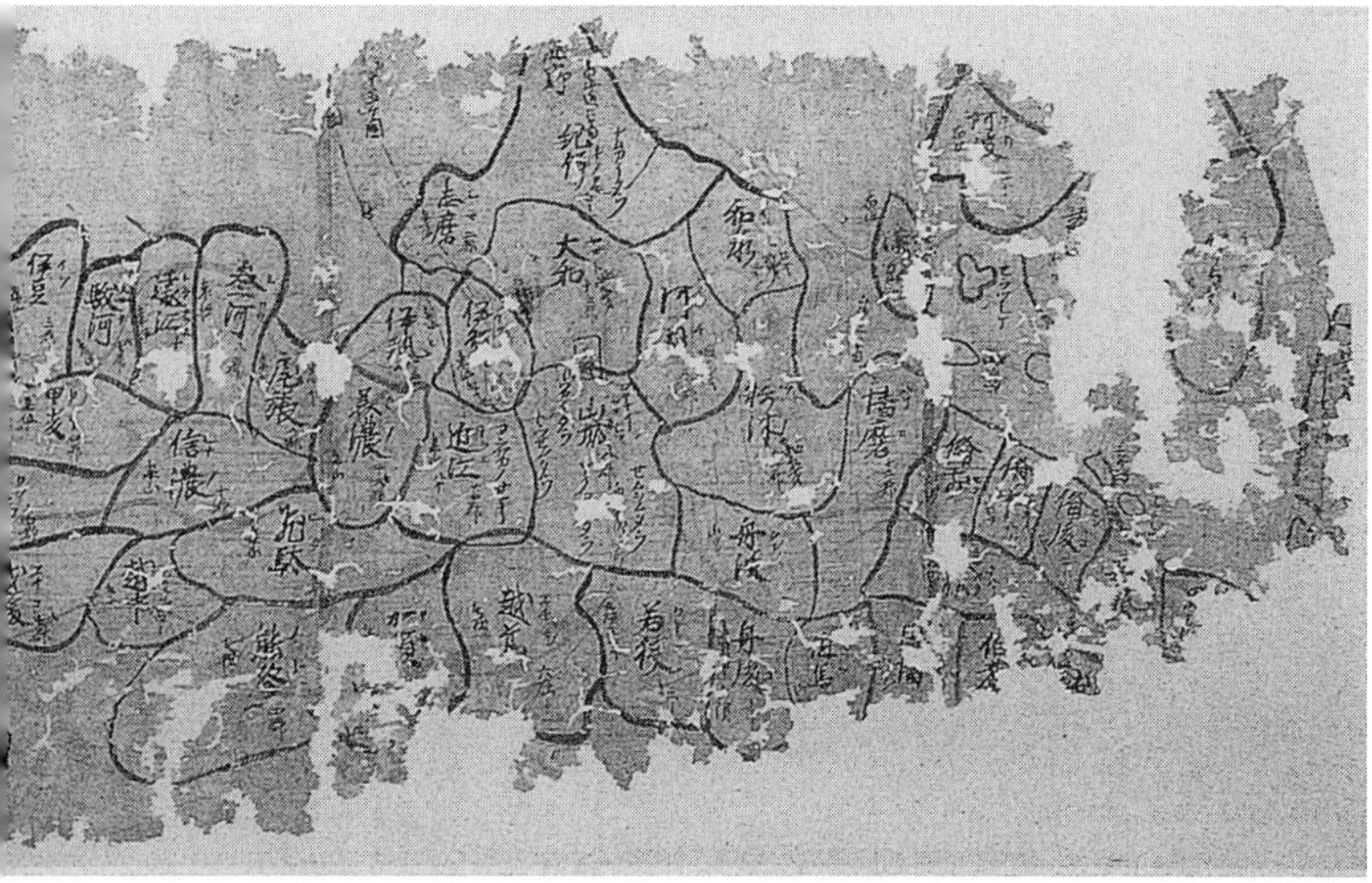

大神、此国の主るじとして、国のスガタを見給ふに、海の底に𑖪𑖽字の形歴然たり。此れ仏法流布の地なるべき事を悦て、此の大日の御手の上に嶋を作りて、大和国とも又は日本国とも云ふ也。日本国とは、秘説には大日の本との国と書けり。即ち大日本国と云ふ、此の故也。（原　変体漢文）

（神道資料叢刊　一〇『日本書紀私見聞』一二九頁）

伊弉諾尊が天上から大海原を見下すと、「大日印文」を発見した。その形は梵字の𑖪𑖽（vaṃ）字だと説明している。密教では個々の仏菩薩を梵字一字で表現して象徴する。それが種子《しゅじ》である。たとえば曼荼羅《まんだら》で諸尊をすべて梵字に置き換えたものを種子曼荼羅という。𑖪𑖽字は金剛界の大日である。

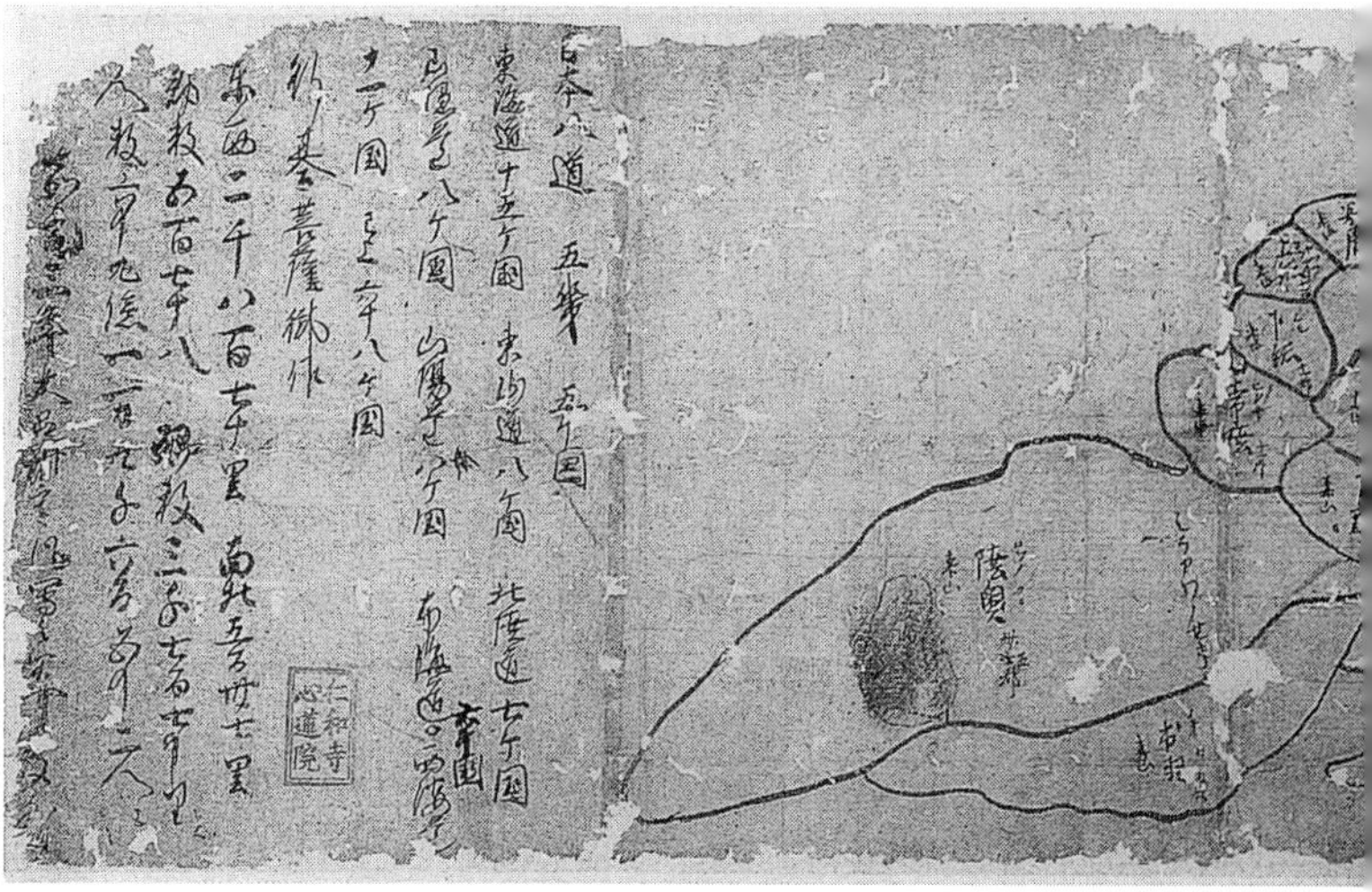

日本図（仁和寺〔京都市〕、鎌倉時代）

つまり、大日如来の象徴が、日本の下に沈んでいるというイメージである。

𑖪𑖽字のイメージは、日本列島の形からも発想されている。『私見聞』は、先に引いた箇所の後に「此国ハ𑖪𑖽字ノ形ナル事ハ、頭ラハ鎮西ニ向、尾ハ奥州ニ向ヘリ」（同前、一三〇頁）と記している。つまり日本国の形状が𑖪𑖽字なのだ。

「行基図」

鎌倉・南北朝時代に作られた日本地図を「行基図」という。なぜなら、「仁和寺蔵日本図」、『拾芥抄』巻中「大日本国図」、「唐招提寺蔵日本図」といった、鎌倉室町期製作の日本図には、製作者が行基であるとうたわれているからである〔海野一九九六、一九九九、伊藤二〇一一〕。

これらの日本図では、そのこととともに、

日本が独鈷《とっこ》形であることが記される。たとえば「拾芥抄図」では、「大日本国図、行基菩薩の図する所なり。此の土、形は独鈷の頭のごとし。仏法滋盛なるに依るなり。其の形、宝形のごとし。故に金銀銅鉄等の珍宝有り。五穀豊稔なり」とある（「唐招提寺図」にも同様の説明が見える）。すなわち日本の形は独鈷形の如きであるが故に、仏法が盛んなのであり、また宝形（如意宝珠）の如きであるが故に、鉱物・五穀に恵まれているというのである。

独鈷とは、密教法具の金剛杵《こんごうしょ》の一種である。金剛杵とは杵《きね》形の把の両端に鈷を付けたもので、鈷の数や形によって呼称が変わり、独鈷とは鈷が両端にひとつずつ付いたものである。金剛杵はまた大日如来の三昧耶形《さまやぎょう》（ものとして化身した姿）であり、従って独鈷も大日如来の化身である。日本列島（本州・四国・九州）の形が、その大日の三昧耶形である独鈷のようであることを以て、日本＝大日如来の本国たることを証しているというわけである。

それにしても、日本地図の製作者に行基が擬されるのはなぜだろうか。行基は奈良時代に民間布教を行った人物である。政府は当初、彼を弾圧したが、東大寺大仏建立に際しては彼の助力が必要となり、後に大僧正の僧位にも即《つ》けた。行基への思慕は死後も続き、民間布者＝聖たちの鼻祖として信仰されるようになる。

特に彼が寺院・道路・港湾などの土木建築に多く携わったと信じられたことにより、中世には勧進聖の祖とも擬されるようになった。行基が日本地図の製作者とされるのは、このような行基信仰を背景としている。それを伝える一書『渓嵐拾葉集』巻第六「山王御事」（百八「真言秘奥抄」）には、次のようにある。

『拾芥抄』所載「大日本国図」（尊経閣文庫〔東京〕、室町時代）

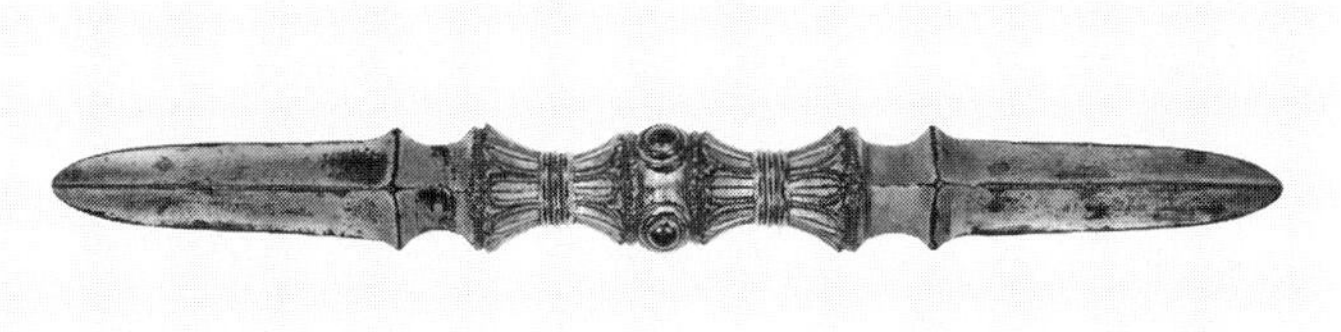

独鈷杵（奈良国立博物館、永安時代）

問ふ。我国を以て独古形と習ふ方如何。答ふ、『行基菩薩記』に云く、日本を其れ独古と云ふ。謂ふ意は、行基菩薩日本を遍歴し、国境を定め、田畠を開き給ふ。其の時、十人にて作るべき田は、十人に変じて雇はる。乃至百人にて作るべき田は百人に変じて雇はる。かくのごとく変作して我が国田畠を開き給ふ。其の時感見せる様を図し給ふ。其の形独古形なりと云々。

（『大正新脩大蔵経』七六、五一九頁ａ）

ここでは、「行基菩薩記」なるものの引用として、行基が諸国遍歴して国境と田畠を分身の術を使って開いた。その過程で日本の形を独鈷形と感得して図したのだとしている。「行基図」の独鈷説以外に日本国を曼荼羅と見立てる所説もあり、鑁字《ばんじ》・独鈷・曼荼羅という大日如来を象徴するさまざまなものが結びつけられ、このようななかより大日印文という神話イメージが造形されてきたのである。

なお、各種「行基図」の中には地図のほか、日本国の国・郡・郷・村・里・田畠の数などの地理情報をはじめ、男女の人口まで書いてあるものもある。たとえば「仁和寺図」には「東西二万八千百七十里、南北五百卅里、郡数五百七十八、郷数三千七百七十里、人数六十九億一万九千六百五十二人」とあり、「唐招提寺図」には「日本国中郡郷村里田畠幷仏宇神宮人家男女等員数目録」として、数々の数字を挙げ、人口についても「男　十九億九万四千八百廿八人、女　二十九億四千八百七人」とある。両図とも途方もない数字であるが、後者には追記して

「経云、人間輪廻生死故不増不減」とあるので、人間世界以外の六道（天・阿修羅・畜生・餓鬼・地獄）に現住する衆生も含めての人口ということなのであろう。

2　第六天魔王神話

第六天魔王神話の形成

「大日本国」説が、中世の開闢《かいびやく》神話（中世神話、中世日本紀）の中に取りこまれていく中で、新しい登場人物が加わる。それが第六天魔王である。

無住『沙石集』の冒頭話「大神宮御事」によると、弘長年中に彼が伊勢参宮をしたおり、彼《か》の地の神官から次のような話をきかされたという。

当社に三宝の御名を忌み、御殿近くは僧なんども詣らぬ事は、昔此国いまだ無かりける時、大海の底に大日の印文有りけるによりて、大神宮御鉾を指入れてさぐり給ひける。その鉾の滴り露のごとくなりける時、第六天の魔王はるかに見て、この滴国となつて、仏法流布し、人倫生死をいづべき相ありとて、うしなはんために下りけるを、大神宮魔王に行きむかひあひたまひて、我三宝の名をもいはじ、我身にも近づけじ、とくとく帰り上り給へと、こしらへ給ひければ、帰りにけり。その御約束をたがへじとて、僧なんど御殿近くまゐらず。社壇にしては経をもあらはにはもたず。三宝の名をもたゞしくいはず。仏をば立ずくみみ、経をば染紙、僧をば髪長、堂をばこりたきなんどいひて、外には仏法をうとき事にし、内には三宝を守り給ふ事にて御坐ゆゑに、我国の仏法、ひとへに大神宮の御守護によれり。

（岩波文庫『沙石集　上』一九頁）

この国が未だなかったとき、大海の底に「大日の印文」があった。大神宮（天照大神）が鉾《ほこ》を指し下ろして探ると、その水滴が霧の如くなった。それを見た第六天魔王は、将来ここに国が出来、そこでは仏法が流布することを予感し、予《あらかじ》め亡きものにせんと下ってきた。それを知った大神は、魔王に向かい「自分は三宝の名を口にしないし、近づけることもしない」と言い含めて、天上に帰らせた。その約束を守るべく、神宮では僧侶が社殿近くに参ることも許さず、お経なども表だって持たせることもさせない。さらに仏法に関わる語の名を正しくいわせず、傍目《はため》には仏法を疎んじているように見せているのであるが、実は仏法をお守りになっているのである。だからわが国の仏法の隆盛は、ひとえに伊勢神宮＝天照大神の守護によるものなのだ、という話である。同様の内容は、本書のほか、神道書・仏書・注釈書・軍記・説話・謡曲・唱導書等々、中世のさまざまなテキストに見える［伊藤二〇一一］。

第六天魔王とは欲界の第六番目の天（他化自在天）の主のことで、地上世界の支配者であると同時に、仏教を障碍《しょうげ》する魔王であった（仏伝には釈迦の成道を妨げようとした話を載せる）。第六天魔王がここに登場するのは、本話が伊勢神宮における仏教忌避の由来譚でもあるからだ。伊勢神宮には仏教忌避の伝統があった。右の傍線部に見えるような仏語の言い換え（忌詞）も平安前期には規定されている（『皇太神宮儀式帳』延暦二十三年〈八〇四〉成立）。ところが、院政期以降中世にかけて僧徒の神宮参詣が盛んになる。かかる矛盾した状態を合理化しようとしたのがこの神話だったのである［彌永一九九八〜九九、片岡二〇〇一、金澤二〇〇五］。

神璽由来譚としての第六天魔王神話

さて、右の『沙石集』所収話には欠けているが、第六天魔王神話を語る多くのテキストには、天照大神が魔王より神璽《しんじ》を請い受けたという話が見える。たとえば、前節で引いた『日本書紀私見聞』には、先の引用のあと「如是国ヲ作リ出シテ、仏法ヲ流布セントシ給ニ、第六天ノ魔王障碍ヲ成ス。依之、大神々璽ヲ魔王ニ乞テ、国土ヲシツメテ仏法ヲ流布シ給」（原文）とある。「神璽」とは、天皇の地位の象徴である三種神器のひとつである八坂瓊曲玉《やさかにのまがたま》のことで、第六天魔王神話のもうひとつのテーマが、天皇位の象徴のひとつ＝神璽の由来を説くことにあったことが分かる。

中世の第六天魔王神話をめぐる諸テキストにおいて、神璽の正体についていろいろに解釈されている。我々は所謂《いわゆる》曲玉の形をしたものとイメージしているが、中世人は必ずしもそう考えてはいなかった。『太平記』では、神璽とは魔王の誓約書だといっている。百二十句本『平家物語』では、誓約のために渡された神璽は、魔王の手印（手形）だったとする。また『三種神祇并神道秘密』という中世後期の両部神道の一書では、その手印は同時に日本の地図（日本ノ差図）であると説かれている。神璽をめぐるイマジネーションが、第六天魔王神話のなかで、さまざまに変容・展開していく様相を、これらのテキストは示している。

○『太平記』巻十六「持明院殿八幡東寺に御座事」

ここに、第六天の魔王鳩《あつま》つて、「この国に仏法弘まらば魔障は弱くして、その力失ふべし」とて、かの応化利生を妨げんと欲す。時に天照太神、かれが障碍を休めんため、「われ三宝に近づかじ」と云ふ誓ひを成し給ひける。これによつて、第六天の魔王、怒りを休めて五体より血を出だし、「尽未来際に至るまで、天照太神の苗裔たらん人を以てこの国の主とすべし。もし王命に違ふ者あつて、国を乱し民を苦しめば、われら十万八千の眷属、朝に翔り夕に来たつてその罰を行ひ、その命を奪ふべし」と、堅く誓約を書いて天照太神に奉る。今の神璽の異説これなり。誠に内外の有様、自余の社壇には替はりて、錦帳に本地を顕す鏡をも懸けず、念仏読経の声を止めて、僧尼の参詣を許さず。これ併《しか》しながら、当社の神約を違へずして、化俗結縁の方便を下に秘する者なるべし。

(岩波文庫『太平記 三』九八頁。底本西源院本)

○百二十句本『平家物語』巻第十一第百九句「鏡の沙汰」

また神璽と申すは、第六天の魔王の押手《おしで》の判なり。「いかなる子細にて帝王の御宝とはなるぞ」と申すに、第六天とは、他化自在天なり。魔王すなはち六欲天の主なり。日本はじめて出で来しかば、「わが欲界」とさだめしところを、天照大神領じ給ふ。「神といひ、仏といひ、一致の体用。つひには仏法流布すべし。許すべからず」とて、三十一万五歳まで魔界と同じ。しかるを天照大神、方便をもつてのたまひけるは、「この国をゆずり給はば、われも魔王の眷属なり」とて、手印を出だし給ふに、「三宝を見べからず」とぞ誓ひある。「さては疑ひなし」とて、押手の判を奉る。「この判あらんかぎりは、神前において魔縁の障碍あるまじ」とかたく誓ひ、わたしたてまつる。されば「今にいたるまで神明の加護つよければ、悪魔もおそれる」とかや。神は正直なれば、御約束をちがひ給はず。「かれが鑑みるところなれば」とて、殿前に出家を辞退し給へり。

（新潮日本古典集成『平家物語　下』二九四頁）

◯真福寺蔵『三種神祇并神道秘密』

……此事ヲ聞シ食シ、天照太神、大ニ悦ヒ御座テ、其ノ儀ナラハ、汝チ何様成ル嶋ノ出来ラン。其形ヲ雲手《クモテ》シテ我ニヱサセヨト仰ラレケル。承リ候トテ、彼魔王ノ手ノ指ハ一千四百候ライケル。是ヲ以テ雲手シテ輪《ハ》違《チカ》ニシテ、墨ヲヌル。天ノ水《ミナ》原ト云料紙ニ押テ、天照太神ニ奉ル。東西ヘ九百九十里、南北ヘ五百五十里ニタラス。国ハ六十余州、山ハ一千四百、谷ハ一千四百。其時、陰陽始テ十支勘テ云。丑寅・未申ヘ長ク、辰巳・戌亥ヘ短ク、国是則手形、即チ日本ノ差《サシ》図也。其名ヲ神璽ト名付ク。神ノシルシトハ申也。即此魔王ノ記シ置ク所也。……

（真福寺善本叢刊『中世日本紀集』四四四〜四四五頁）

王権を根拠付ける神璽が第六天魔王に由来すること、これを言い換えれば、天皇の日本国統治の正当性は、魔王によって保証されているということである。このような認識は、魔王のイメージには、単なる仏法障碍の悪神という以上の性格が付与されていることを窺《うかが》わせる。

魔王＝伊弉諾尊の持つ意味

実は魔王の素性について、伊弉諾尊であるという理解が中世に存在していた。その一例として、真言宗安祥寺流の秘伝『小皮籠』の中の「秘伝〔最秘口・天照大神御事〕」の一節を引いておこう。

此日本国ハ大日ノ本国也。天照大神者大日如来也。天照大神父母ヲハ、イザナキ・イザナミノ尊ト申スナリ。是即伊舎那天・伊舎那后ト習也。即第六ノ天ノ魔王也。此魔王、此嶋ニハ仏法ヒロマリテ、無為界ニ入ル物ノオホカルベシト嘆キ給時、大日如来、魔王ノ御子トナリ給テ、我此国ノ主トシテ、我子孫ヲ此国ノ主ジトナシテ仏法ヲイムベシト申テ、此国ニ化ヲ垂レ給フ。実ニハ魔王ノ御心ヲトリテ、一切衆生ヲ出離セシメ給ハム為也。

（伊藤聡『中世天照大神信仰の研究』一三二頁）

すなわち、日本国が仏法隆盛の地となることを察知した魔王（＝伊舎那天・伊舎那后＝伊弉諾尊・伊弉冊尊）がよからぬことを企まないように、大日如来が魔王をなだめるために「魔王ノ御子」に成ったのが天照大神というわけである。

なお、補足しておくと、伊舎那天とは、本来は色界の第四禅天たる摩醯首羅天（大自在天）の異称だが、日本では欲界の第六天である他化自在天と同一視されることがあった。ここでも伊舎那天は第六天魔王の別名と理解した上で、イシャナ―イザナギの呼称の類似から同一視し、その結果として魔王＝伊弉諾尊と解釈しているのである。

伊弉諾尊はいうまでもなく、日本の造化神である。記紀において伊弉諾尊は天照大神等を産んだ後、世界の統治を任せて神去っている。第六天魔王神話とは、これを参照しつつ、魔王＝伊弉諾尊から大日＝大神への譲国を説いたものである。神璽とはその譲渡の証拠であり、日本国が魔王の国から大日如来の国になったというのが、もうひとつの隠された主題であったと考えられる［伊藤二〇一一］。

魔王の領国たる日本とは、日本を世界の辺境と捉える粟散辺土観に代表される否定的自国意識を象徴し、大日如来の領国たる日本とは、大日本国説や神国思想のような肯定的自国意識を象徴するものである。第六天魔王神話のストーリーは、中世における相反する自国意識の二面性が投影している。つまり、引き裂かれた二つの自国意識を合理的に結びつける説明として第六天魔王神話が構想されたといえよう。第六天魔王神話とはすなわち、中世における二つの自国意識と神仏関係の緊張が生み出した開闢神話なのである［同前、二〇一一］。

3　根本枝葉花実説

吉田兼倶の根本枝葉花実説

自国肯定の意識が三国的世界観に投影した所説に「根本枝《こんぽんし》葉花《ようか》実説《じつせつ》」がある。これは神道を根本に、儒教を枝葉に、仏教を花実に見立て、神道を以て儒・仏二教の根源なりと説くものである［西田一九七八、森二〇一一］。

この説は吉田神道によって喧伝された。吉田神道とは、室町後期に吉田《よしだ》兼倶《かねとも》（一四三五〜一五一一）によって創始された神道説である。神祇大副を世襲する公家であり、且つ「日本紀の家」として『日本書紀』を相伝する卜部吉田家に生まれた兼倶は、応仁の乱のさなかに独特な教説を作り上げた。それが、唯一神道、元本宗源神道《げんぽうそうげんしんとう》（通称吉田神道）とよばれるものである。

兼倶によれば、「神道」とは天地人に遍満する神性（神・霊・魂）であり、仏教も儒教も道教をも包摂する、この教えは天照大神以来、自らが出た卜部氏に脈々と伝えられたものである、と主張した。吉田神道は、兼倶及びその後継者によって、神道の主流の教説となっていく。その教理・祭儀の内実は、密教・陰陽道・両部神道などより作り上げたものだが、今までにない非仏教系の神道流派であり、その登場により神道が独自の宗教として認知されるようになっていく。

兼倶の主著『唯一神道名法要集』は、吉田神道の教理を体系的に述べたものである。彼はその中で諸宗教を以て、「神道」の分派だと説いた後に、それならば仏教の日本への伝来がなぜ必要だったのか（「神国に於て仏法を崇むる由来、何の時代より、何の因縁を以て他国の教法を要するや」）という問いを立て、次のように答えている。すなわち、我が国が開闢してより億万年の後に、釈迦がインドにおいて仏法を開き、それから千五百年かかって欽明天皇の時代に日本に到来した。世の人は仏教を容易に信じなかったが、推古天皇の時代になって、聖徳太子が次のように天皇に奏上した。

第卅四代推古天皇の御宇、上宮太子密奏して言く、吾が日本は種子を生じ、震旦は枝葉に現れ、天竺は花実を開く。故に仏教は万法の花実為《た》り。儒教は万法の枝葉為り。神道は万法の根本為り。彼の二教は、皆是神道の分化なり。枝葉・花実を以て、其の根源を顕す。花落ちて根に帰る故に、今此の仏法東漸す。吾が国、三国の根本たることを明さんが為なり。爾より以来《このかた》、仏法此に流布す已上文。（原漢文）（神道大系『卜部神道　上』七四頁）

種子たる神道が芽吹き枝葉となったのが儒教、そして花実となったのが仏教で、その伝来は花の実が落ちて根に帰るのと同じだというのである。仏教伝来とは、神道こそが諸教の根元であるという真実を明かすためだったというわけである。

根本枝葉花実説の形成

仏教伝来を花実と種子との関係の譬喩《ひゆ》で説くことそれ自体は、兼倶のオリジナルではない。既に鎌倉時代の両部神道において同様の譬喩が使われていた〔西田一九七八〕。その伝書のひとつである『鼻帰書《びきしょ》』は次のようにいう。

日本は独古形、唐土は三古形、天竺は五古形を明かすとは、三古とは蓮花部慈悲胎蔵界、五古は仏部智恵金剛界、独古は金胎不二。精は金胎の種を云ふなり。故に日本を種として、唐土・天竺へ秘法を弘め、種は本へ帰る義有るが故に、秘密は必ず日本へ帰るなり。我国を日本と云ふ義は、三国の智恵日本と云ふなりと云へるが故に、智恵の朗かなるに日を喩へて日本とは云ふなり。正義に云へば智本国と云ふべし。東より日の出づる本の国とは、心得ふべからず。之に依りて大日本国とも云ふなり。八宗九宗の智の中には、真言智勝れたるが故に、此の上智を以て真言行者を大日と云ふなり。故に三国の上智なるが故に、一切衆生の心神とを指して大日本国とは云ふなり。（原漢文）

（神道大系『真言神道　下』五一七頁）

既に述べたように、密教の影響下に成った中世神道の説では、日本を密教法具（三昧耶形）たる独鈷と結びつけ、日本こそ大日如来の本国（大日本国）たる証としたが、その派生としてインド・中国・日本の三国関係を五鈷・三鈷・独鈷として示すことがあった。右はその典型的な記述だが、ここでは三者の関係について、五鈷（インド）＝金剛界、三鈷（中国）＝胎蔵界、独鈷（日本）＝金胎不二と説いて、インド・中国で弘通されていた密教の日本伝来が種（子）が根に帰ることに譬えられている。

　この譬喩の主題は、仏法（あるいは密教）の日本伝来という史実を反転させて、日本こそがこの地上世界における仏法の中心であることを説くことにある。仏法伝来とは、新しい教えの到来ではなく、帰還と解するが故に、植物が花実を結び種となって地上に落ちる譬喩が使われたのである。

　同様の譬喩は、『鼻帰書』のほか『神代巻秘決』、『旧事《くじ》本紀《ほんぎ》玄義《げんぎ》』など鎌倉・南北朝期の神道書にも見える。それを神道・儒教・仏教の三教関係に再編成してみせたのが兼倶であった。この譬喩の元来の意図は、日本と仏教との本源的な結びつきを示すことにあったが、兼倶は神道を仏教に先行するものとして両者を切断し、さらにその神道の派生として仏教を位置づけたのである。

四　神国思想と神功皇后説話の変容

1　蒙古襲来と神国意識

蒙古襲来と「神国」意識の高揚

右に見てきたような神国思想の性格を大きく変えることになるのが、文永・弘安の蒙古襲来である。以下に、その経緯のあらましを述べておく。

文永五年（一二六八）正月、服属を勧告する元国皇帝の国書を携えた高麗の使者が大宰府に到着する（高麗はこのとき既に元に服属していた）。日本側は返書を出さないこととして使者を帰国させた。翌六年九月、再び高麗使が蒙古の国書を届けた。朝廷は返書を作成したが幕府の反対で再び黙殺することになった。その後も数度に亙《わた》り使者が来朝するが、拒否の態度を繰り返した挙げ句、十一年十月に起こったのが文永の役であった。

この戦役の失敗の後も、皇帝フビライはあきらめず、建治元年（一二七五）四月、元使が来朝するが、同年九月彼らを龍ノ口で処刑、弘安二年（一二七九）六月、元使が再び来朝、これも翌月に処刑した。蒙古軍の襲来が確実になった情勢の中、同四年六月に起こったのが弘安の役であった。これもまた、最終的に大風のために軍船が漂没して蒙古軍は退却した。ただフビライはその後も日本侵攻をあきらめず、日本側もその備えを強いられることになり、このことが幕府を疲弊させていくのである。

事件の経緯については以上に留め、ここでは、両戦役の神祇信仰との関わりについて注目しておこう。最初の使者の来朝以降、朝廷では全国の大社や天皇陵に対して勅使を派遣し祈禱・祈願をしばしば行った。以下にそれをまとめた年表を掲げる（［相田一九八二］より作成）。

西暦	年号	事項（丸数字は月を表す）
一二六八	文永五年	①元国皇帝の国書大宰府に到着。②22日、二十二社奉幣。④13日、伊勢神宮に公卿勅使。⑥22日、七山陵（神功・天智・宇多・後三条・後白河・後鳥羽・土御門）に山陵使派遣。
一二七一	文永八年	⑨元の使者到着。⑩25日、後深草上皇、石清水八幡宮御幸。⑫11日、伊勢神宮に公卿勅使。
一二七四	文永十一年	⑩文永の役。28日、八山陵に山陵使派遣。亀山上皇、告文奉上。⑪7日、十六社奉幣。8日、亀山上皇、石清水御幸。9日、亀山上皇、北野・賀茂社御幸。
一二七五	建治元年	①22日、亀山上皇、石清水御幸。②17日、十六社奉幣。④22日、大神宮に公卿勅使。⑨元使を龍ノ口に切る。

一二八一	弘安四年	⑤8日、二十二社奉幣。⑥4日、二十二社に対し、異賊降伏の御祈禱を命ず。4日、石清水八幡宮にて、不断最勝王経・大般若仁王経・尊勝陀羅尼経を修せしむ。18日、異賊降伏を諸社寺に祈る。北野・祇園社に異賊降伏祈禱せしむ。20日、八山陵に山陵使派遣。23日、石清水八幡宮にて法華経百部転読せしむ。弘安の役（~閏⑦）。⑦1日、石清水八幡宮にて大般若経を転読せしむ。26日、石清水八幡宮にて、大般若経・仁王経・尊勝陀羅尼経を修せしむ。閏⑦2日、大神宮に公卿勅使。4日、石清水八幡宮にて一切経転読せしむ。

右から明らかなように、伊勢・石清水八幡をはじめとする十六社・二十二社への奉幣を行い、石清水へは亀山上皇自らが参詣祈願を行ったほか、後三条・後白河・後鳥羽・土御門といった当今の直接の先祖に当たる天皇と、三韓出兵の神功、白村江の当事者だった天智の陵墓に勅使が遣わされている。まさに神々に護られた「神国」であることの証を求めたのである。その結果は覿面《てきめん》であった。何しろ〈神風〉が吹き、蒙古軍が退却したわけであるから……。

この時期の「神国」意識の高揚を示す具体的な例を、菅原長成「贈㆓蒙古国書省㆒牒」（『本朝文集』所収）により見ておこう。これは、文永六年九月に来朝した元の使者に対し、朝廷では評議の末、文章博士の菅原長成（一二〇五～八一）に返牒の案を起草させた。ところが幕府では返牒の必要なしと主張、最終的に黙殺することとなった。結果、長成起草の返牒は送られなかった。

文中、「蒙古之号」を初めて聞くとし、また漢唐とも長く外交関係がなかったことから、通交がないことは致し方ないと述べたあと、軍事的侵攻もあり得るとの示唆に対して以下のように書いている。

> 凡そ天照皇大神、天統を曜かしてより、日本今皇帝、日《ひ》嗣《つぎ》を受くるに至るまで、聖明覃ぶ所、左廟右稷《さびようしよく》の霊、得一無弐《とくいつむに》の盟《ちかい》に属さざる莫し。百王の鎮護孔昭にして、四夷の脩靖紊るること無し。故に皇土を以て永く神国と号す。智を以て競ふべきに非ず、力を以て争ふべきに非ず。一二《つぶさ》に以てし難し。乞ふ、思量せよ。（原漢文）
>
> （新訂増補国史大系『本朝文集』三九九～四〇〇頁）

すなわち、神々に護られた「神国」に対して周辺諸国は敢えて侵すことをしなかったのであり、貴国も同様にするのが肝要であろう、というのである。この後の事態は、幸か不幸かまさに日本が〈神国〉であることを証明することになったのである。

神功皇后説話の中世

蒙古襲来に際して、勅使が派遣された陵墓のひとつに神功皇后陵があった。神功皇后による三韓出兵の説話は、貞観の新羅船来寇の際にも言及されていたが、ここでもまた当然のごとく想起されたのである。

神功皇后説話は、院政期以後の神国意識が醸成されるなかで、少しずつ形を変えつつあった。平安末期から鎌倉初期に生きた歌学者として名高い顕昭《けんしょう》（一一三〇?～一二一〇?）の『古今集註』巻第十七「ワレミテモ……」、及び『袖中抄』第九「シルシノスギ」の引く『江記』（大江匡房の記）の佚文《いつぶん》には、神功皇后、新羅を攻めた時、大将軍住吉明神、副将軍が日吉《ひえ》大神となったが、将門の乱鎮定の時は大将軍日吉、副将軍住吉となったとある。

○『古今集註』巻第十七「ワレミテモヒサシクナリヌスミヨシノキシノヒメマツイクヨヘヌラム」

江記に云く、「住吉明神の託宣に云く、神功皇后、新羅を討つの日、我大将軍と為り、日吉大神副将軍と為る。将門の乱の時は、日吉大将軍と為り、我副将軍と為る。是れ則ち延暦寺建立以後、三千徒の日々の法楽に依り、威光を増す故なり。（原漢文）

（『日本歌学大系』別巻四、三五一頁）

○『袖中抄』第九「シルシノスギ」

神功皇后伐新羅御之時、住吉ハ大将軍、日吉ハ副将軍。将門追討之時ハ、日吉ハ大将軍、住吉ハ副将軍也。三千法施シゲキニヨリテ、日吉位マサリ給ヨシ、江記ニ侍リ。

（橋本不美男・後藤祥子『袖中抄の校本と研究』一九八頁）

神功皇后のときは住吉が上官だったのに、将門の乱のときに立場が逆転したのは、延暦寺開創後、比叡山の衆徒が日々法楽を積んだ賜物だというもので、神功皇后のことより日吉山王の神威の高まりを主眼とする話と思しい。ともあれこの逸話は、その後『古事談』、『続古事談』、延慶本『平家物語』に収められて弘まった。

また、八幡宮周辺では、八幡神が宗廟神であり国土守護の神であるとする性格を強化させていくことの一環として、神功皇后説話の語り直しが進行していた。なぜ神功皇后説話であるかというと、応神天皇＝八幡の軍事上の事跡は、実は胎内にあって母（神功皇后）とともに従軍した新羅攻め以外になかったからである。

石清水八幡宮に関する伝承・縁起を類聚・整理した『宮寺縁事抄』という資料群がある。建久年中（一一九〇～九九）に石清水別当の田中道清（一一六九～一二〇六）が編纂し、道清の子宗清（一一九〇～一二三七）が増補した。このなかには、後に『八幡愚童訓』等に見える干珠・満珠や、「犬」のモティーフが登場している（後述）。

蒙古襲来と神功皇后説話

ただ、新しい神功皇后の三韓出兵の説話が、大々的に展開しはじめるのは蒙古襲来がきっかけとなる。鎌倉後期から室町時代にかけて、神吽《じんうん》『八幡宇佐宮御託宣集』、『八幡愚童訓《はちまんぐどうくん》』（甲本）、前田家本『水鏡』、『太平記』第三九巻「神功皇后新羅を攻めらるる事」、円忠『諏訪大明神絵詞《えことば》』『神功皇后縁起絵巻』等、同話を語る夥しいテクストが、神功皇后の神話を喧伝し始める［久保田一九七二、多田一九九一、清水二〇〇三］。

ここでは、その代表ともいうべき『八幡愚童訓』の内容を紹介しておこう。『八幡愚童訓』は、鎌倉後期に石清水八幡宮周辺で製作された。全く内容を異にする同名の二種類の本があるので、一方を甲本、他方を乙本と呼び分けている。このうち乙本は七章から成る八幡の遷座・霊験・本地譚である。対する甲本は蒙古襲来をめぐる八幡の霊験譚だが、はじめの部分において神功皇后説話が語られている。しかし、その内容は記紀を大きく逸脱したものである。

まず気づく相違は話の前提である。記紀においては神託を受けて新羅を攻めるのが発端になっているのだが、ここでは神国にして仏法興隆の地たる日本を、新羅・百済・高麗の王臣たちが征服しようと何度も攻めてきたとしている。いわく、

> 倩《つらつら》異国襲来ヲ算《かぞう》レバ、人王第九開化天皇四十八年ニ二十万三千人、仲哀天皇ノ御宇ニ二十万三千人、神功皇后ノ御代ニ三万八千五百人、応神天皇ノ御宇ニ二十五万人、欽明天皇ノ御宇ニ卅四万余人、敏達天皇ノ御宇ニハ播磨ノ国明石浦マデ着ニケリ。其子孫ハ今世ノ屠児也。推古天皇八年ニ四十三万人、天智天皇元年ニ二万三千人、桓武天皇六年ニ四十万人、文永・弘安ノ御宇ニ至マデ、已上十一箇度競来《きそいきたる》ト云ヘドモ、皆被㆓追帰㆒、多ハ滅亡セリ。
>
> （日本思想大系『寺社縁起』一七〇頁）

すなわち、都合十一回の侵略があったとしている。これらのうち、最後の文永・弘安の役のみが事実だが、それ以外は全くの虚構である。

これらのうち具体的に記されるのが仲哀天皇から神功皇后にかけてである。すなわち、仲哀天皇の御時、異国の軍が攻め寄せて来た。その大将は「塵輪《じんりん》」という、姿は鬼神のごとく身の色赤く、頭は八の怪物で、黒雲に乗って日本にやって来た。多くの人民を取り殺し、遠くから矢を射ても折れ、近くに寄れば気が触れて死んでしまうありさまだった。このままでは人民尽く死に絶えてしまうと、仲哀天皇自ら妊娠中の神功皇后を伴い出陣し、矢を以て塵輪を射殺した。ところが、天皇の身体にも流れ矢が当たり死ぬばかりとなった（記紀でも仲哀は死ぬが、それは神罰ゆえであって敵に殺されたのではない）。天皇は神功皇后に、腹の中の子は王子であると告げ、早く異国を平らげ、王子を位に即けるべしと遺言して果てた。

皇后は悲嘆にくれていたが、突然、天照大神がとりつき、「三韓は既に十万八千艘の軍船を仕立てて数万の兵で押し寄せようとしている。到着する前に異国に発向せよ」と神託を下した。その後、皇后の神占の場に龍神の娘（厳島明神）・水神の娘（宗像明神）が現れ、さらに住吉明神（虚空蔵菩薩の化身）・高良《こうら》明神（月神）父子が翁と若将軍の姿で、皇后を助勢するため出現する（記紀でも住吉神は、天照大神とともに皇后を助勢する存在だが、あくまで神託を告げるのみであって、このように化身が実際に出てきたりしない）。翁＝住吉神は、手始めに三百人の化人を出現させて四十八艘の兵船を建造した。

次いでその舵取りとして常陸にいる安曇磯良《あずみのいそら》（鹿島・春日明神）を招聘《しょうへい》する。さらに秘密兵器として龍宮の娑竭羅《しゃがら》龍王の持つ旱珠・満珠を借り受けることとし、皇后の妹豊姫（河上明神）とともに磯良を龍宮への使者としようとしたが、まだ来ようとしないので、諏方・熱田・三嶋・高良・厳島等の神々が神楽を奏したところ、それに引かれて亀に乗った磯良が到着した。そこで豊姫・高良と磯良は龍宮に下り、旱珠・満珠を借りだした。

かくて神功皇后は、甲冑に身を固め、住吉・高良以下の三百七十五神を率いて船団を進発させ、敵と対峙した。味方の船は四十八艘に対し、敵は八十万八千艘、四十九万六千余人であった。高良明神を使者に立てて降伏を勧告するも、数に勝る敵方（高麗）は嘲弄して止まなかった。そこで高良が旱珠を海中に投ずるや、大海が乾いて平地のようになった。喜んだ敵は船より下りて攻め寄せた。そのとき満珠を投げ入れると元の大海に戻り将兵は溺れ、もりあがった海水は郊野を江湖に変え、民家を押し流し宮殿を水浸しにした。

かくて新羅王等は降伏する。その箇所の原文を次に引いておこう。

依レ之、異国ノ王臣、堪カネテ誓言ヲ立テ申サク、「我等日本国ノ犬ト成、日本ヲ守護スベシ。毎年八十艘ノ御年貢ヲ可レ奉レ備。全不レ可二懈怠一。若敵心アラバ可レシト蒙二天道之責一」申時、皇后、御弓ノ弭ニテ大磐石ノ上ニ、「新羅国ノ大王ハ日本ノ犬也」ト書付サセ給、御鉾ヲ王宮ノ門前ニ立置セ給テ御帰朝在リケリ。犬追物ト云事ハ、異国ノ人ヲ犬ニ象《かたどり》テ敵軍ヲ射ル表示ナルガ故ニ、今ノ世ニ至ル儘《まで》不二断絶一者也。官兵退散シテ後、此石ノ文ヲ末代ノ恥也トテ焼失ントシケレ共、弥《いよいよ》鮮ニ成、今ニ不レ消。若又有二異心一時ハ、瘴煙必競起《きそいおこ》ルト聞ヘケリ。（同前、一七六頁）

記紀では、降伏した新羅王を馬飼《みまかい》（紀では「飼部」、記では「御馬甘」）としたとあるが、ここでは「日本国ノ犬ト成」らんと誓わせ、その証に王宮前の磐石に「新羅王は日本の犬なり」と書いて、矛を王宮前に立てた。これが日本の犬追物の由来である云々とある〔金光哲一九九九〕。もちろん記紀にはこのような記述はない（ただ皇后が杖いていた矛〔記では杖〕を新羅王の門前に立てたことが記される）。

武家の起源神話としての神功皇后説話

以上のように、新しい神功皇后説話では、神々が直接戦争に参加して重要な役割を果たすことになっており、「塵輪」のごとき怪物の登場など原話にない要素も加わり、歴史上の史実というより一種の「神話」としての性格を強めている。それもさることながら、より特徴的なのは先にも述べたように、記紀の話が神託に基づく侵略譚であるのに対し、この話では異国（新羅）の侵略による「防衛戦争」であると位置づけられていることである。その理由はいうまでもなく、外国の侵略だった文永・弘安の役の反映として作り出されたことによる。

さらに注目すべき点は、新羅蔑視の視線の強調である。もちろん記紀の原話も、奈良時代における日本・新羅関係の悪化を反映して十分侮蔑的ではあるが、「新羅国王は日本の犬なり」

と禽獣扱いする視線は、それをさらに増幅させている。このエピソードは犬追物の起源譚という性格が付与されたことにより、軍記物語や武家故実等、武士をめぐる諸文献の中で反復して言及されるようになる。

加えて、この新しい神功皇后譚には、武家に関わるさまざまな伎芸・故実の起源が結びつけられている。たとえば小笠原流の兵法書では、日本の弓の起源を神功皇后に求める。和弓の作りは「中打ち」という芯材の内外を竹で合わせた構造になっている。元来桑の一木で作られていた弓が、このような構造に改良されたのは神功皇后のときだという。永正元年（一五〇四）に小笠原政清が伝授した『七張弓《しちちようのゆみ》』（内閣文庫蔵）という本には、次のようにある。

吾朝にてハ、仁王十五代神功皇后《クンクウクハウグウ》、異国《イコク》を退治したまはんとて、此弓をこしらへ給ふ。昔ハ桑の弓とて、木斗にて弓をこしらへたるを、三かんをやすくしたかへんとの其儀規《キキ》をまなび、内外《ウチソト》に竹を合《アハ》す弓を作らせ給ふ。即《スナハチ》 異国《イコク》をやすく御《ゴ》退治《タイヂ》あり。

（伊藤聡『神道の形成と中世神話』一三二頁）

また、中世に流行した兵法書に『張良一巻書《ちようりよういつかんのしよ》』というものがある。名が示す通り、漢の劉邦の軍師としてその中国統一に尽力した人物に因む書である。『史記』留侯世家によれば、張良は黄石公《こうせきこう》なる不思議な老人より兵法の秘伝を伝授されたというが、そのとき伝えられたのが本書なのだという。内容は戦闘時における呪法を集めたもので、明らかに日本で作られた偽書である。しかし、今日現存する最古写本は南北朝期にまで遡り、日記等の記録類の記述から見て鎌倉時代には既に存在していたと思しい［石岡一九七二、大谷一九九一］。その日本への伝来については二説があり、ひとつには平安時代に大江維時《おおえのこれとき》により将来され、後に清和源氏の嫡流に伝えられたといい、もうひとつが吉備真備が伝え鬼一法眼《きいちほうげん》から義経に伝わったという。現存する『張良一巻書』諸本は概ね、双方何れかの由来を掲げる［石岡一九七二］。

ところが『太平記』第三九巻「神功皇后新羅を攻めらるる事」には、仲哀天皇は三韓との戦いに敗れた。皇后は「智謀武備」が足らないからだと、中国に使者を送り砂金三万両を以て、「履道翁《りどうおう》が三巻書」すなわち張良が黄石公から受けた書の伝本を日本に持ち帰らせた、と記されている［金光哲一九九四］。

このように新しく作り替えられた神功皇后三韓出兵説話は、付随的物語をも生み出しつつ、武士の起源神話として、彼らに広く共有されることになった。なぜこれが武士の神話として機能したのかというと、神功皇后が源氏の祖神たる応神天皇＝八幡大菩薩の母であるからで、神功皇后三韓出兵説話はまさしく武の起源神話なのであった。もちろん、神功以前に神武天皇や日本武尊などの武勇譚があるのだが、これらは天皇に結びつきはするが、武士たちに系譜的に繋がれない。胎内とはいえ、戦闘に参加した神功皇后譚こそが彼らにとって最も相応しい起源神話なのである。

2　応永の外寇と神功皇后説話

応永の外寇の顚末

神功皇后説話の変質が象徴するように、蒙古襲来を境にして、神国思想はそのなかに劣等意識を抱え込んだ複雑なものから、ひたすら自国の優越性を誇る言説へと徐々に変化していく。その変化を最初に示したのが応永の外寇のときの反応である。応永の外寇（己亥《きがい》東征）とは、応永二十六年（一四一九）に起こった朝鮮国による対馬攻撃である。

前王太宗《テジョン》の意志の下、第四代国王世宗《セジョン》は、同年五月十四日、跳梁する倭寇に対する対策として対馬征伐を決定した。そして、準備を進めた後の六月十九日、李従茂を主将とし、兵船二百二十七、軍勢一万七千人あまりをその拠点である対馬に派遣した。翌二十日、兵員の一部が対馬に上陸し、人家千九百三十九戸を焼き、百十四人を殺し、二十一人を捕虜とし、抑留されていた中国人の男女百三十一人を獲得した。さらに二十六日にも上陸し、島主宗貞盛の軍と戦闘になるが、百数十人の戦死者を出し、また船に戻った。

その後駐留する構えを見せていたが、宗氏側が七月には風変があることを警告、それを受けて、二十九日兵を収めて拠点の巨済島に戻った。七月以降、再び対馬攻めが計画されたが、大風の懸念もあり、沙汰止みとなってしまう。ある程度の戦果は挙げたものの、倭寇対策の効果はあまりなく、中途半端なままで終わったのである（『李朝世宗実録』巻四）〔秋山一九三五、中村一九六五〕。

天満天神関与の噂

以上がこの戦役の経過で、わずか十日あまりのことであった。ところが、都ではその間の事情はほとんど分からず、その結果さまざまな噂が飛び交った。第一、攻めて来たのがどこの国かについても、「大唐」「蒙古」などと区々としていた。正式の報告として「九州少弐方よりの飛脚」（少弐満貞からの注進状）が幕府に届いたのは八月七日のことで、将軍の御前で読み上げられた。その文章が『満済准后日記《まんさいじゅごうにっき》』同日条に載っている。内容は次のようなものであった。

「蒙古」の船五百余艘が対馬に押し寄せたため、少弐側の軍勢七百余騎が迎え撃ち合戦となった。二十六日の戦では異国側に大いに打ち勝ち、大半が討ち死にまたは捕虜となり、大将ふたりを生け捕った。その証言によると、五百艘は高麗国（朝鮮）の物で、ほかに唐船二万余艘が、六月六日に日本へ到着する予定だったが、大風のため過半が沈没した、という。またこのときに「安楽寺御霊」（大宰府天満宮＝菅原道真）の奇瑞があった、云々（具体的には、『満済』のこの箇所が破損しており分からない）。

先の朝鮮国側の記録と比べると、相当誇張されていることは歴然としている。少弐満貞は自分たちの戦果を過大に報告しており、敵側の人数・船数もおおげさに水増ししていることが分かる。

不思議な女大将の登場

ところで、伏見宮貞成《さだふさ》の『看聞日記《かんもんにっき》』の応永二十六年八月十三日条には、そのときの注進状らしきものの全文が載せられている。同日記によれば「去る六日の探題注状、慮らずも披見し之を記す」として引いている。一日のずれがあるが、少なくとも貞成は同じものと考えている（このことは後述）。それによると、六月二十日、蒙古・高麗の軍勢五百余艘、対馬島に押し寄せてきた。大宰少弐の軍がすぐさま対抗して戦になり、敵味方に多くの死者を出すうち、九州諸国からの軍勢が到着、二十六日の戦では敵の軍兵三千七百人を討ち取った。海上の千三百あまりの兵船も、海賊に命じて昼夜攻撃をした結果、多くが損じあるいは沈没したという。先の『満済准后日記』の記載よりも相当誇張された内容である。

さらに奇妙なことに、『満済』の注進状の引用では、奇瑞として「安楽寺御霊」のことを述べていたのに対し、こちらでは次のような話になっているのである。

さる間合戦最中、奇特神変、不思議の事一廉《ひとかど》ならず。敵の舟において雨風震動す。雷とどろき、霰降。大寒手こごへて打物の束もにぎれず。氷死するもの其限を不レ知。就中ニ奇瑞ニハ、合戦難儀の時節、いづくよりとはしらず、大艘四艘、錦の旗三流差たるが、大将とおぼしきは女人也。其力量《はか》るべからず、蒙古が舟に乗移て、軍兵三百余人手取にして、海中に投入了。大将蒙古が弟、其外以下咎の物廿八人、少々は即時に斬棄、相残七人ハ、上意ニよてのぼすへし。廿七日半夜過程《すぐるほど》ニ、異国の残の兵ども皆々引退《ひきしりぞく》。蒙古打死と風聞す。其説未定也。その外敵の舟ども、七月二日悉《ことごとく》退散仕ぬ。如レ此急速に落居、併《しかしながら》神明の威力ニ仍也。……

味方が苦戦していると、いずくともなく大船四艘が出現し、その「大将とおぼしき女人」が、敵兵三百人を手取りにして海に投げ込んだ、というのである。これは道真の霊ではない。女人が神功皇后を指していることは明らかであろう。

貞成が引いている注進状は、末尾が「七月十五日　探題持範判」となっており、九州探題からのものである。とすると『満済』の少弐満貞の注進状とは別のもので、貞成は同じ書状と誤解していただけなのであろうか。実はこれについては先学がすでに指摘しているように、探題持範の注進状なる物は全くの偽文書である〔中村一九六五、佐伯二〇一〇〕。当時の九州探題は渋川義俊であって「持範」という名ではないし、漢字仮名交じり文という文体も注進状としては異様である（変体漢文が普通）。少弐の注進状を元に偽作されたものと推定されている。

神功皇后説話の新たなる展開

では、この偽注進状に、元にはない神功皇后とおぼしき女大将のことが入れられた意図は何なのだろうか。これに関して注目されるのが同じく『看聞日記』の六月二十五日条である。この日貞成は「大唐蜂起の事沙汰有り云々」という、応永の外寇の一報に接したときの記述に続けて、出雲大社で「震動流血」があり、また西宮荒戎社が震動、その本社である広田社より、軍兵数十騎が出て東方へ向かった、その大将と思《おぼ》しきは「女騎之武者」だった。それを見た神人はその後狂気に陥った、という風聞を記している。広田社は神功皇后が創祀したとされた神社であり、中世では祭神も神功自身と見なしていた［大林一九八二］。右のことを踏まえて瀬田勝哉氏は次のように推察している［瀬田二〇〇九］。

この二つの史料を重ね合わせてみると、広田社は将軍御前で読まれた「少弐氏注進状」の内容をいちはやくキャッチし、瓦版のごとく一定の報道性をそなえた上で、自社独自の神威を強調した文書をしたてて、京中に撒いたと思われるのである。貞成が見て写したのはそれだろうが、仮名まじりの非常にわかりやすい文で書かれていることは、読まれる対象をもっと広く下層にも想定していたことを物語っている。六月には、神の出陣する姿をあらかじめ京都に注進し、噂にもなっていたところへ、今度は「探題注進状」という文書の形で神の活躍を裏付ける。効果満点というところだろう。このような文書が、広田社一社に限らず他社でも競うようにして出され、総動員された各社の神人や巫女によって町々で読みあげられ、神々の活躍の世論づくりが行われていたに相違ないのである。

（『［増補］洛中洛外の群像』二九五〜二九六頁）

　ここまで言い切れるかどうかは問題なしとしないが（特に貞成が「探題注進状」を見たのが、「少弐氏注進状」が将軍に報告される一日前だった点）、本当に広田社の仕掛けだったのかどうかはともかく、多くの人に信じられたことが重要である。まさに神功皇后説話の再現のごとき事態が起こったとされたのである。しかも、それは記紀のそれではなく、『八幡愚童訓』などが描き出した、中世の新しい神功皇后譚だったのである。『看聞日記』七月二十日条には、唐人が薩摩に襲来し、そこの国人と合戦となったが、唐人の中に「鬼形」のごとき者もいたとの風聞が載っており、これなど塵輪を彷彿《ほうふつ》とさせる。

頻発する神威

　瀬田氏も言っていたように、この事件をめぐって活発な動きを示したのは、広田社＝神功皇后だけではなかった。まず「少弐注進状」に出てきた安楽寺御霊＝菅原道真であるが、『看聞日記』六月二十九日条には、御殿の扉が開き「北野御霊」が西方を指して飛んでいった、その怪異に驚いていたところ、唐人が襲来したとき神軍の奇瑞があったとの報告あり、と記す。これは「少弐注進状」のいう安楽寺御霊の奇瑞と無関係ではなかろう。また、『満済准后日記』同年七月十九日条に次のような記事がある。同月十六日のこととして熱田社の社頭に「光物《ひかりもの》」が飛び込んだ。その後に少女が神がかりになり、伊勢神が今度の「異国責来」のことを評定するため来臨したと告げた。さらに八幡も来たというのだ。このことに符合するように、二年後の応永二十八年六月の伊勢は託宣して「去々年蒙古襲来の時、神明治罰に依り、異賊若干滅亡」と告げている（『看聞日記』同年七月十一日条）。このときは疫病流行のさなかであり、託宣では先に続けて「其の怨霊、疫病と成り万人死亡すべし」という恐ろしい予言まで付け加えている［瀬田二〇〇九］。

かくのごとく、異国の来襲に対し、幾多の神々が神威を発現するのは、神功皇后譚を彷彿とさせる。まさに「神国」ならではのありようとして、人々の心により深く刻みつけられることになったのである。

3　天下人の神国観と壬辰・丁酉倭乱

秀吉の「唐入り」に至る経緯

中世において成長しつつあった排外主義的・自国優越主義的神国思想の総決算というべきものが、豊臣秀吉による「唐入り」、韓国では壬辰・丁酉倭乱、日本では文禄・慶長の役という戦争である。

天正二十年（文禄元年、一五九二）に始まり翌文禄二年に一旦休戦するも、慶長二年（一五九七）に再開、翌年の秀吉の死によって終息する。日本は十数万の軍勢を送って、朝鮮国を蹂躙《じゅうりん》、多くの人民を虐殺・拉致し、その国土を荒廃させた。明国の軍事介入をも招いたこの戦役は、最終的に日本の敗北に終わり、結果的に豊臣政権の急速な没落の原因にもなったのである。

秀吉がなぜ、日本の歴史上で前代未聞というべき大々的な侵略戦争（日本にとってはこれが始まりであって最後ではない）を始めたのかについては、長く議論されている問題である。未曾有の惨禍をもたらした戦争であったにもかかわらず、その原因・動機があまりはっきりしないのである［堀＝井上二〇一六］。

　彼が朝鮮のみならず明国までも征服しようとの構想を語り出すのは、一柳末安宛ての天正十三年（一五八五）九月三日付の朱印状に「秀吉、日本国事者不レ及レ申、唐国迄被二仰付一候心に候歟」とあるのが現在確認できる最初である。だがこのときは、中国（毛利）・四国（長宗我部）の恭順がなったばかりで、まだ九州も関東・東北も服属していない。つまり、天下統一の中途段階である。にもかかわらず、これ以後、天下統一の次の段階として、明国の征服構想を語り出しているのである。

　翌天正十四年三月、大坂城でイエズス会の宣教師団と面会したとき、秀吉は国内平定ののちは、日本の統治は弟の秀長にゆずり、自分は朝鮮と明国の征服に専念したいと述べている。さらに翌四月に、九州平定について毛利輝元に当てた朱印状において「高麗御渡海事」に言及している。彼の最終目的は中国（明）の征服にあって、その出兵の足がかりに朝鮮攻めを考えていたのである［中村一九六五］。

　これらは単なる構想には終わらなかった。島津攻めが実施されるや、にわかに具体性を帯び始める。天正十五年五月、薩摩に在陣していた秀吉は、対馬の宗義調の使者を迎え、朝鮮への出兵への準備を始めるように指示している。その後は宗氏に対し、朝鮮国王が日本の天皇のもとへ「出仕」するよう促すように命じている。秀吉は明らかに、日本の諸大名の仕置きと同じ姿勢を示している。出仕しなければ軍事制圧をするということである。

宗氏は当惑した。対馬は長い間、日本と朝鮮の中継として両国のバランスの中で立っていた地域である。ときとして応永の外寇のようなことも起こるが、政治的にも経済的にも朝鮮に大きく依存しており、日朝両国の関係悪化など全く望んでいなかった。国王の入朝など、朝鮮側に言い出せるわけもなく、さりとて秀吉の命に背くことは自らの滅亡に直結する。宗氏の新当主義智は秀吉の側近の小西行長とも図り、その結果打開策として、朝鮮国王に秀吉の日本統一の祝賀のための使者を派遣してもらうことに成功した。天正十八年、北条氏を屈服させた秀吉は、小田原からの帰途朝鮮使節と面会した。使節を帰順のためと朝鮮国王の名代と誤解していた秀吉は、朝鮮国王に対し中国に軍を派遣するときの案内人（嚮導）となるように命じた。もちろん朝鮮側が承知するわけもない。そこで宗氏と行長は、中国出兵のために通過する（仮途入明）だけということで、再度交渉を試みたが、（当たり前のことながら）拒絶された。

天正十九年には着々と侵攻計画は準備が進められ、名護屋城の築城も始まり、派遣軍の編制も決まっていった。翌二十年、義智と行長はまだ調停を続けていたが、ついに交渉は打ち切られ、同年四月十二日、侵攻が始まった。そして、義智と行長も、先頭部隊として戦闘に参加することになってしまうのである。

逆立ちした三国世界観

日本軍は、当初破竹の勢いで、朝鮮国内に進軍、わずか一月で漢城（ソウル）を占領し、先頭部隊は平壌まで達した。戦闘ばかりやってきた日本に対して、平和が続いていた朝鮮は、当初軍事的に全く対抗できなかったのである。朝鮮国の制圧は目前にあり、明国への侵攻も間近のことに思われた。

このようななか、秀吉はその後の戦争計画の全貌を語り始めた。漢城占領の報告を受けて五月十八日に関白秀次に宛てた朱印状等において、今後の構想が示されている。明国を占領した暁には、天皇を北京に移し周辺十カ国をその領土とする。日本の帝位は皇太子（あるいは皇弟）が継ぎ、中国の関白には秀次が成り周辺百カ国を差配する。朝鮮は羽柴秀勝か宇喜多秀家が統治、朝鮮国王は日本に移す、といった案が開陳されている。

さらには、中国全土を征服した後は天竺へと進軍するという構想まであったらしい。秀吉の右筆だった山中長俊が、聚楽第の女房衆に送った仮名書状の一節に、以下のようなくだりがある。

先に出発した軍勢は、天竺近くの国々にも派遣されます。その後は、「うへさま」（秀吉）の命令はなくても、そのままできるだけ天竺（の諸国）を征服するようにとのお考えです。（取意）

（『豊臣秀吉朝鮮侵略関係史料集成　1』三三〇〜三三一頁）

最終的にインド・中国・日本三国全土を征服してしまおうと考えていたようなのである。このような計画は、アジア地域の現実を見据えた上で構想されているとはおよそいえない。彼は、朝鮮国についてさえ、宗氏に服属していると思い込んでいたほど、海外事情に疎い人物であった。ほとんど妄想といってよいだろう。

おそらく彼にあったのは伝統的な三国世界のイメージである。その世界観において日本は、辺境に属する地域（粟散辺土）だった。その辺境から起《た》って、三国の全域を征服すること、ここに彼は特別な意義を見いだしたのではないだろうか。それはいわば逆立した三国世界観である。軽輩な身分から身を起こし、天下人にまで駆け上がった自らとも重ねられもするであろう。もちろん、これは夢想としてあるだけならば、それにて終わってしまっただろう。しかし、秀吉は現実に日本全土を統一し、圧倒的な軍事力と財力とを手にした独裁権力者であり、実行に移すことが可能であった。そして、実際に着手したわけだが、結果は惨憺《さんたん》たるものとなったのである。

秀吉の神国・神道観

こうして見ると、秀吉の引きおこした戦争は、三国世界観の反転としての自国優越主義的神国思想の現実化という性格が濃厚だったことが見えてくる。

秀吉の神国思想を示す資料として、朝鮮出兵を控えた天正十九年にポルトガル領インド総督（インド副王）に宛てた書簡がある。

……夫れ吾が朝は神国なり。神は心なり。森羅万象、一心を出でず。神に非ざれば其の霊生ぜず、神に非ざれば其の道成らず。増劫の時も此の神増ぜず、減劫の時も此の神は減ぜず。陰陽不測、之を神と謂ふ。故に神を以て万物の根源と為すなり。此の神、竺土に在りては之を仏法と喚《よ》び、震旦に在りては之を儒道と為し、日域に在りては諸《これ》を神道と謂ふ。神道を知れば即ち仏法を知り、又儒道を知る。……（原漢文）

（異国叢書『異国往復書翰集・増訂異国日記抄』二七頁）

一見して、これが吉田神道の心＝神説と根本枝葉花実説に基づくことは明らかであろう。兼倶が唱えたのは、森羅万象に神は遍在しており、その教えたる神道は諸教に通ずると神・儒・仏三教の思想的一致を説くことであった。右もその趣旨を踏まえたものだが、インド副王にこのような文言を宛てることにおいては、自ずとその意味は変わるであろう。インドに起こった仏教も中国の儒教も、神道の言い換えに過ぎない、その「神」の名を冠する日本こそ、三国世界全体を支配する資格があると、言外に匂わせているのである（ただし、ポルトガル人であるインド副王にこのように言っても余り意味はないのだが）。

兼倶が構想していた根本枝葉花実説は、神道を中心に儒・仏二教を包摂しようとするものであったが、それは飽くまで吉田兼倶という非軍事的な神道家が机上で作り上げた空想上の楼閣に過ぎない。自分の神道が海外に広まることなど、およそ考えてはいなかったろう。ところが、これが秀吉の言辞となるや、日本が中国・インドを征服・併呑することを正当化するためのイデオロギーとなったのである。

吉田神道流の神国思想はまた、キリスト教を禁止する際の重要な根拠となった。秀吉による天正十五年（一五八七）の「伴天連追放令」の第一条が「日本ハ神国たる処、きりしたん国より邪法を授候儀、太《はなはだ》以不レ可レ然候事」だったことはよく知られていよう。秀吉に続く徳川家康も禁教令において、同様の神国意識を前面に掲げる。慶長十七年（一六一二）に出された、徳川氏直轄地での「伴天連追放之文」もまた「乾を父となし、坤を母となし、その中間に生まれ、三才ここに定まる。夫れ日本は元是神国なり。陰陽測らざる。之を名づけて神と謂ふ」と始まっているのである〔高木一九九二、二〇〇三〕。

日輪の化身としての秀吉

さて、話を秀吉に戻す。秀吉がアジア世界の覇者となるための根拠となるには、もちろん神国思想だけでは不十分である。では、彼は、自分が三国世界の統治者である資格をどこに求めたのだろうか。

　このとき考案されたのが秀吉＝日輪化身説である。秀吉が自らを日輪の子であると最初に主張したのは、天正十八年十一月に朝鮮使節に面会したときの朝鮮国王宛返書（『続善隣国宝記』37）である。

　抑《そもそも》本朝は六十余州たりと雖も、比年《ひねん》諸国分離し、国綱を乱し、世礼を廃して朝政を聴かず。故に予感激に堪えず。三四年の間、叛臣を伐ち賊徒を討ち、異域遠島に及ぶまで、悉く掌握に帰す。窃に予が事蹟を按ずるに、鄙陋《ひろう》の小臣なり。然りと雖も、予托胎の時に当り、慈母日輪の懐中に入るを夢む。相士曰く、「日光の及ぶ所、照さざるは無し。壮年に臨み、必ず八表に仁風を聞き、四海に威名を蒙るは、其れ何ぞ疑わんや」と。此の奇異有るにより、敵心を作《おこ》す者は自然摧滅《さいめつ》す。戦えば則ち勝たざるは無く。攻むれば則ち取らざるは無し。……

（訳注日本史料『善隣国宝記 続善隣国宝記』三七三〜三七四頁）

次いで休戦の後の文禄二年に、明の勅使に対して出された朱印状には以下のようにある。

夫れ日本は神国なり。神にして天帝、天帝にして神なり。全く差無し。之に依り、国の俗は神代の風度を帯び、王法を崇び天の則《のり》を体し、地に言有り令有り。然りと雖も風移り俗易り、朝命を軽んじ、英雄権を争い、群国分崩す。予懐胎の始め、慈母日輪胎中に入るを夢む。覚めて後驚愕して、相士を召し之を筮せしむ。曰く、天に二日無し。徳輝きて四海を弥綸《びりん》するの嘉瑞なり、と。……（同前、三八一頁）

秀吉の日輪化身説のミソは、日本国内においてはそのような主張はされず、外国向けの書簡にのみ現れていることである。日本史研究者の北島万次氏は、東アジア地域に広く見られる王朝の始祖の感生神話を踏まえていると指摘しているが、その通りと思われる［北島一九九〇］。

日本国内では、天下人であることにそのような神話的権威化は必要ないし（実力で獲得することが正当化されているから）、それどころか、天皇王権の否定に直結しかねない内容で、むしろ主張しない方が無難である。しかし対外的には、このような感生説を模倣した主張は支配者となるに際して意味があったのである。つまり、神＝天帝たる日輪の化身である自分こそが世界統治者たり得る、との宣言なのである［西山一九九三］。

これらの書状を起草したのは西笑承兌《さいしょうしょうたい》（一五四八～一六〇七）である。東アジア漢文世界の深奥を知り、多くの外交文書の作成に関与したこの禅僧は、日輪感生神話が新王朝の始まりを示唆するものとして、中国や朝鮮の人士に受け取られることをよく分かっていた。日本国内では歯牙にもかけられないこのような〈神話〉を、敢えて捏造《ねつぞう》することの意味は、そこにこそあったのである。

神功皇后説話と壬辰・丁酉倭乱

秀吉の神国意識は、朝鮮国侵略に参加した武将たちにも共有されるものだった。壬辰・丁酉倭乱に従軍した武将たちの聞書や覚書の類は、複数残されているが、それらの中には、日本を「神国」と述べたり、また神功皇后の神話を挙げて、それと今回の自分たちの戦闘行為とを重ねているものが多い。

たとえば、松浦鎮信の家臣だった吉野甚五左衛門の『吉野甚五左衛門覚書』は、その冒頭が、

抑《そもそも》昔より写し置かれし世界の絵図を見るに、唐四百余州、天竺は十六の大国、十千の小

国、南蛮・高麗までつづき渡て、其さかい国は大河有と見へ《え》たり。日本は東海はるかにへだたつて、わづかの嶋たり。大国にくらぶれば、九牛が一毛たりといへとも、日本は神国たるによつて、神とう《〔道〕カ》猛勇の気有。人の心の武きことは三国に勝れたり。

（『続群書類従』二〇下、三七八頁。本文は、私意により適宜漢字に置き換えた）

で始まり、さらに文中には「仁王十四代仲哀天皇の妃神功皇后、女帝の身として三韓をしたがへ給ひしより以来は、国にもしたがはず、高麗・遼東より、毎年我朝にくはん《（官）》物をそなへ奉る」と神功皇后説話が言及される（「官物」とは貢納品のこと）。

そのほか、下川兵太夫『清正高麗陣覚書』、田尻鑑種（鍋島家家臣）『高麗日記』、高島正重『長宗我部元親記』、島津家『征韓録』等には、必ずといってよいほど、神功皇后説話のことが先例として触れられ、しかも自分たちの侵略は、久しく途切れていた朝鮮からの朝貢を復活させようとするものだ、とその行為を正当化しようとするのである〔塚本一九九六〕。

秀吉もまた神功皇后説話を強く意識していた。文禄元年三月、秀吉は京都を出発して名護屋城へ向かったが、その途中の長門国で忌宮神社に立ち寄り、祭神の仲哀天皇・神功皇后を拝した。また志賀島で神功皇后の縁起を奉られている〔金光哲一九九九〕。

そして近世へ

壬辰・丁酉倭乱によって最悪の状態になった日朝関係を如何に修復していくかが、豊臣氏に代わって政権を握った徳川氏の責務となった。朝鮮通信使を通じた交流はここから始まり、関係も徐々に修復に向かっていく［上田一九九五］。また、侵略と略奪の結果もたらされたことなのだが、出版印刷文化の進歩、日本朱子学の誕生、陶磁技術の刷新などの近世文化は、朝鮮文物の賜物だった［阿部一九六五］。

にもかかわらず、日本人の朝鮮への意識は、知識層においても民衆においても、多くの部分で中世を引き継いだ［崔一九九四、塚本一九九六、池内一九九九、倉地二〇〇一］。秀吉による朝鮮への出兵は、薩摩の琉球攻めや島原の乱とともに、英雄的な壮挙として受け止められたのである［金時徳二〇一〇、井上＝金時徳二〇一一］。そして、かかる朝鮮観が、近代の植民地化への道を準備することになるのである。

むすび

この章では、三国世界観、粟散辺土観、神国思想、大日本国説などの、古代中世日本の自国意識に関わる観念の変遷を採り上げた。

第一節では、「三国」意識はそもそも、仏教東漸の必然と、日本における仏教の繁栄を誇る表現として登場したのだが、平安後期以降の末法思想の拡がりと、それを証拠立てるごとき政治・社会情勢の変化が、粟散辺土観を生み出し、三国世界観も、日本の辺境性を示すものとして認識されるようになったことを述べた。

第二節では、「神国」は、平安前期までは対外的な緊張関係にあるとき、外に向けての自国イメージのアピールとして示されるものであり、新羅や渤海などの隣国にのみ誇示され、中国へは向けられない事大主義的な表現だったことを示し、次いで平安後期以降となると、有事平時を問わないイメージへと変わっていったことを述べた。

第三節は、中世神話に顕われた、中世の自国意識の実態を、大日本国説と第六天魔王神話を通して窺った。大日本国説は、仏教東漸を反転させて、日本こそが仏教の本来的中心だと主張する、いわば密教化した神国思想であり、中世に肥大化していく自国肯定意識の極北ともいえるものであった。ところが、大日本国説をモチーフとして取り込む第六天魔王神話は、むしろ日本の土地が本来は魔王の領国として否定的に捉えられている。ここに自国土への否定と肯定、劣等と優越が交錯・併存する中世の国土観の物語化が見られるのである。

第四節では、蒙古襲来を起点とする神国思想の変化を、特に神功皇后の三韓出兵説話の展開を軸に述べた。元来記紀にあったこの説話は、白村江の敗北に対する、神話的代償行為ともいうべきものだったが、中世では蒙古襲来を受けて、外国からの侵略戦争と反撃という全く逆の筋立てに変わってしまう。さらに、新羅の後継王朝たる高麗や朝鮮への蔑視が増幅され、ついには秀吉の朝鮮国侵略にも繋がっていってしまったのである。

冒頭に述べたように、古代中世日本の自国意識は、その地理的条件の結果として、観念的・空想的であることが許された。このような観念性は、極端な否定あるいは肯定へと振れる傾向がある。古代から中世、さらに中世後期への時代的推移は、傾向として自国肯定・優越主義へ向かっていった。もちろんそれが想像の世界、言説の内部でのみ旋回している分には、それほど実害がないが、時代はかかる観念を現前させた。秀吉の朝鮮侵略がそれであり、そこでは物語内で語られた残虐が現実のものとなったのである。

第二章　中国へのまなざし

日本は中国文明の周辺地域として、常にその影響を受けつつ、自らの文化・文明を形成してきた。日本にとって中国は、政治制度・法体系・儀式典礼の模範であり、知的・美的価値の源泉であり続けた。しかし、このことは常に「負債」ともなった。故に、それに対抗する〈日本的なるもの〉が追求されることとなる。

但し、そこで見いだされた〈日本的なるもの〉とは、〈中国的なるもの〉に対する反動形成であったから、その表出の仕方はしばしば屈折したものとなった。この章では、屈折した意識を反映した説話・伝承を採り上げ、そこに見いだせる日本の人々の中国に対するまなざしの諸相を見ていきたい。

第一節は、総論的な内容で、古代から中世にかけての中国「大国」・日本「小国」観と、それに基づく舶来文物＝唐物崇拝の展開と、その差異化として形成される「和」への意識を辿る。併せて、韓半島諸国家に対する、根拠なき大国意識についても述べる。

第二節は、屈折した対中意識の一例として、吉備真備入唐説話を採り上げる。この説話は、入唐した真備がその有能さを唐人に嫉《そね》まれて幽閉されさまざまな難題を課せられるも、幽鬼となっていた阿倍仲麻呂の助けを借りて困難を切り抜けていくという話である。これは、海外の本場で、嫉妬・羨望される日本人という、今もよくある〈お伽話〉の先駆である。

第三節は、日本人の自尊意識をくすぐる蓬萊＝日本説の日本的展開としての徐福・楊貴妃渡来説話を採り上げる。徐福が日本にやって来ていたという説は、最初中国でいわれるが、日本でも受容されその上陸地までもが比定されるようになる。さらにその派生として、楊貴妃渡来譚が生まれた。これは白居易の『長恨歌』において、楊貴妃が蓬萊の女仙に転生したことを踏まえて出来た伝承だが、ここにも単なるファンタジーに回収されない意識が現れる。

第四節では、以上の三節を踏まえて、対中意識が近世以後、どのように変化していったかを辿る。江戸前期において儒者たちは、日本が東夷であると認めながら、中華（中国）と文化的に限りなく近いことを主張した。そのことの根拠となったのが、中国で古くからいわれていた呉太伯来日説で、多くの儒者がこれを支持した。その後、日本＝「中国」説が闇斎学派や山鹿素行によって説かれるようになると、日本と中国の関係を相対的なものと捉えるようになり、さらには中国を貶下する意識が芽生えていくのである。

最後の第五節は、この章のテーマの変奏ということになろう。琉球に対する近世日本のまなざしに目を向ける。それまでの諸節では、自分たちより上位にあると考える中国に対する同一化、あるいは差異化を採り上げたが、ここでは外国でありながら、薩摩藩の附庸国であった琉球に対する同化と他者化の交錯を見ていくことで、日本の外部へのまなざしの特質を、対中意識という枠を超えて浮かび上がらせたい。

以上のように古代から近世に至る憧憬・崇拝と忌避・嫌悪とが複雑に絡み合う対中意識をさまざまな面から追求していく。

一　「大国」中国と「小国」日本

1　「大国・小国」観と唐物崇拝

大国と小国

古代・中世日本における中国への呼称は多様である。仏教由来の「震旦」をはじめ、王朝名に基づく「唐土・唐朝」、「漢土・漢朝・漢家」、中国以外の地域にも使う「異域・異朝」などで、そのひとつに「大国」がある。

「大国」「小国」という語は、一義的には言うまでもなく「大きな国」「小さな国」を指すが、古代・中世文献においては、「大国」「小国」といきなり出てきた場合、しばしば前者は中国を、後者は日本を指す。

たとえば、『今昔物語集』巻二十第二話で、中国天狗の智羅永寿《ちらようじゅ》が、日本天狗に頼まれて叡山の高僧たちに悪さを仕掛けるも、彼らを守る護法童子たちにさんざんに打擲《ちょうちゃく》されて逃げ帰ったとき、日本の天狗が彼に向かって「大国ノ天狗ニ在シケレバ、小国ノ人ヲバ、心ニ任セテ陵ジ給ヒテムト思テ、教へ申シツル也」と非難するくだりや、『平家物語』巻第二「一行阿闍梨《あじゃり》之沙汰」で、天台座主明雲《みょううん》が配流されたことに因んで、高僧配流の中国での先例として一行阿闍梨が楊貴妃との密通を疑われた話を挙げ「昔もいまも、大国も小国も、人の口のさがなさは、跡かたなき事なりしか共、其疑によッて果羅国へながされ給」とあるのがその典型的な例である。

「大国」＝中国、「小国」＝日本とする右の用例は、中世において両国の優劣が絶対的なものとして捉えられていたことを示す。「小国」あるいは「大国」の語が単独で出てくる場合でも、それぞれ他方を前提としている。「小国」の場合、「小国辺卑のさかひ」（『発心集』跋）、「小国辺地」（『正法眼蔵』礼拝得髄）といった形で登場することもある。これらの例は「粟散辺地」とほぼ同意でも使われてもいるが、何れにせよ自国の劣位性・辺境性への自覚を示すものとなっている。

つまり「大国・小国」観とは、いわば中国の持つ華夷思想を、日本の側で引き受けた表現である。中国は自らを「中夏（華）」として世界の中心に据え、周辺諸国・諸地域を「夷狄《いてき》」と位置づけた。夷狄は、方位によって東夷・南蛮・西戎・北狄と分けられる。中華は、その文化的徳を周囲に及ぼし、夷狄はその徳を慕ってその文化的影響を被る、という文明化モデルが華夷思想である。「大国・小国」観は、華夷思想を日中両国（文化）の関係として仕立て直したものである。このように固定化された表現は、中世日本にとって、文化的価値の源泉が中国にあったことを端的に示している。

唐物崇拝

舶来品のことを、古来「唐物（カラモノ）」とよぶ。「カラ」とは、もともと三韓の一地域だった加羅のことだが、後には三韓さらには韓半島全体に拡大され、韓国＝カラクニとなった。さらに奈良時代以降になると、「唐」の和名としても使われるようになり、それが定着していく。

「唐物」と呼ばれるものは、当初は遣唐使によってもたらされた中国文物を限定的に指したが、後になると中国以外の渤海や新羅・高句麗、朝鮮など韓半島諸国の輸入品はもとより、近世には琉球及び南蛮渡来の品物にも使われるようにもなった。何れにせよ、これら唐物を珍重し崇拝することは、遣唐使の時代より江戸時代に至る長い文化伝統となった［河添二〇一四、皆川二〇一四］。

大陸及び半島からの文物の移入は古墳時代にまで遡るが、本格化したのはやはり遣唐使が派遣されるようになった後のことである［東野一九九二、二〇〇七］。唐に倣った律令国家の建設を急ぐ日本は、唐に朝貢して唐文化を構成するさまざまな文物を求めた。それは書物（仏教・儒教・陰陽・暦書）から服飾・調度・工芸・武器・薬物・香料に及ぶ。遣唐船には彼の地で学ぶ僧俗の留学生も同乗し、長期・短期に亙って修学し技術を修得した。彼らは帰国後、朝廷にて重職に就き、あるいは仏教界の指導者となった。吉備真備をはじめ、玄昉・道昭・道慈などが入唐者として知られる。また、阿倍仲麻呂・藤原清河や、近年墓誌が発見された井真成《せいしんせい》［鈴木二〇一二］など、帰国することなく彼の地で生涯を終えた者、難船して死んだ者も多い。

しかしながら、文物の組織的移入と選抜された有能な人材による学芸修得によって、次第に日本の文明化は進展した。貴族・官人たちの文化水準も向上し、『懐風藻』などの漢詩文集を編むことができるまでになった。奈良時代における移入文物の精華を収蔵したのが、いうまでもなく正倉院である。はるか西方の西域・ペルシャや南方からもたらされた工芸品・服飾品・香木等、まさに「唐物」の宝庫である。

遣唐使廃止後の唐物崇拝

都が平安城に移ってからもこの傾向は続く。最澄・空海などの入唐僧が、新しい仏教を伝えた。ふたりが活躍した嵯峨天皇の時代は文運隆盛し、『経国集《けいこくしゅう》』『凌雲集《りょううんしゅう》』『文華秀麗集《ぶんかしゅうれいしゅう》』といった勅撰漢詩文集が編纂された。この時期、唐朝は既に衰退期に入っており、遣唐使派遣も間遠になっていったが、「唐物」の需要は衰えなかった。それは天皇・朝廷のみならず、皇族や上層貴族、さらに民間の富裕層にまで及んだ。需要を見込んで、唐や新羅の商船が、博多の鴻臚館《こうろかん》に入るようになった。朝廷は「唐物使」をそこに派遣し、優先的に舶来品を確保するようになる［皆川二〇一四、田中史生二〇一六］。

宇多天皇の寛平六年（八九四）、菅原道真の建議により、二〇〇年以上続いた遣唐使の派遣の歴史は終わる。唐が滅亡したのは、それより間もなくの延喜七年（九〇七）のことであり、渤海（九二六年）、新羅（九三五年）も相次いで滅んだ。長い間の通説的理解として、遣唐使廃止と唐（及び渤海・新羅）の滅亡をきっかけに、対外交流は衰え、その結果として一〇世紀から一一世紀にかけて「国風文化」が花開いたとされてきた〔木村一九九七、西村二〇〇五〕。

しかし実のところ、その後も「唐物」への欲求は衰えることなく、文物の輸入も続いていった。たとえば、延喜三年には院宮王臣家が私に唐物を買うことを禁ずる法令が出ている(『類聚三代格』巻十九・禁制事)。国風文化の精華ともされる一〇～一一世紀の仮名文学作品においても、「唐物」は頻出する。たとえば『竹取物語』で、かぐや姫が求婚者たちに要求する仏の御石の鉢、蓬萊の玉の枝、火鼠の皮衣、龍の首の玉、燕の子安貝は、何れも架空の品ながら、国内にはない「唐物」がイメージされていた。また『宇津保物語』『源氏物語』にも、多くの舶載品が登場し、王朝貴族の生活にとって「唐物」は不可欠な嗜好品であった〔河添二〇〇五、二〇一四〕。

唐物崇拝の変質

ことほど左様に、「唐物」は、遣唐使廃止の後も崇拝・憧憬の対象であり続けるが、遣唐使の最盛期と衰退・廃止以後とでは大きな違いがある。奈良から平安初期の遣唐使は、当時の最先端の製品・知識・技術の移転・摂取を目的としていた。

たとえば仏教の場合、訳出されたばかりの経典が請来されたし、その読みも伝統的な呉音ではなく、首都長安の音韻たる漢音で発音しようとした〔湯沢二〇一〇〕。派遣された人材もインドから帰国した玄奘に学んだ道昭(六二九～七〇〇)や、長安で仏典の漢訳に参加した霊仙《りようせん》(?～八二九以前)のように卓抜した才能の士が派遣されたのであった。さらには鑑真(六八八

〜七六三）のごとき一流の学僧をも招聘しようと努めたのである。

ところが、遣唐使が衰退・廃止した九世紀以降になると、最先端の情報を得ることが難しくなっていくと同時に、日本国内においても受け入れる中国文化の形が決[illegible]いった。すなわち、同時代ではなく過去の中国文化が崇拝・憧憬の対象となっていくのである〔[illegible]一七〕。

たとえば『源氏物語』の中に登場する「唐物」は、同時代の北宋ではなく、唐以前の文物がイメージされている。学問・文芸においても、『枕草子』一九七段に「文《ふみ》は文集、文選、論語、史記五帝本紀、願文、博士の申文」とあるように、この時代の貴族にとって、『白氏文集』『文選』『論語』『史記』といった六朝隋唐以前の詩文・史籍が教養の基礎を成していた。書における王羲之（東晋）崇敬などもその一例である。

かくのごとく、現在ではなくて過去の中国文化が崇拝対象となる事態は、後述するように後代でも繰り返される。

宋元文化と唐物崇拝

さて、一〇世紀の韓半島では九三六年に高麗が全国を統一、大陸でも五代における混乱期を経て、九六〇年に宋朝が始まる。高麗と宋は、国交を結ぶべく日本に使者を派遣したが、日本側は拒否した。正式の国交を結ぶことはなかったが、宋は政策として対外交易を奨励したため、宋商人が東アジアを舞台に広汎な活動をはじめ、彼らを媒介として宋のみならず、高麗・遼などの人的・物的交流が拡大した。

また、宋建国に先立って、九〇七年から九七八年まで江南地域に栄えた呉越国《ごえつこく》は、有数の貿易都市たる杭州や明州（寧波《ニンポー》）を領土としていたことから積極的な対外交流を行い、日本にもはやくも承平六年（九三六）には呉越商人が来日している。

日宋貿易は、一一世紀以降さらに拡大する。しかしながら、新しい宋文化が日本に受け入れられたのではなく、伝統的な唐文化の供給地として、その価値が見いだされていたのだった。変化が見られるようになるのは一二世紀以降のことである。

日宋貿易に深く関与した平清盛の政権以後、新しく台頭した武士たちは、新来の宋文化に、王朝貴族とは違う新たな自分たち独自の教養の土壌を見いだしていく。その中核が禅である。鎌倉幕府は、自分たちの都である鎌倉を禅文化の一大拠点とした。そこには、宋に学んだ帰朝僧のみならず、宋末の混乱を避けて来朝した中国僧たちが、大陸文化をそのままに持ち込んだ。その影響は日本仏教を大きく変えたばかりでなく、禅宗文化にまつわる服飾・建築・遊芸が、日本文化全体を変容させていく。

それらを象徴する存在が茶である。中国禅僧の日常文化としての喫茶の風は、唐物への需要をさらに高めることになった。喫茶を中核とする禅文化が開花したのが室町時代である。としての唐物の陶器は、主として寧波から日本にもたらされた。そのような茶室を荘厳する書画や道具類も、その一流品は全て唐物であった。

室町時代の喫茶文化における唐物崇拝の特徴も、平安期の場合と同様、同時代の明でなく、

宋元の文化が軌範となっていた。すなわち、鎌倉時代において確立した唐物崇拝の
れていくのである。

このことと関連して興味深いのは、茶室の荘厳のための唐物の道具類が、生産された
用途から離れて使われたり、また中国本土では不吉なものとして忌避され全く残されなか
曜変天目のような茶器が、日本では至上無比の名品とされたりしていることである［彭二〇
二］。つまり、独自の文化コードが働いているのである。

江戸時代における唐物崇拝

江戸時代になると、隠元《いんげん》（一五九二～一六七三）によって黄檗宗《おうばくしゅう》が伝来、それにまつわる明代の黄檗文化がブームとなる［中野一九九九］。このような現象も、前代、前々代と相似形をなしていよう。また、織豊時代のポルトガル・スペイン、江戸中期のオランダのようなヨーロッパの文物が新たな「唐物」として参入してくるのがこの時期の特徴である。

このように唐物崇拝は、対象を少しずつ変えながら持続していく。時代を通じて共通する「唐物」崇拝の特徴は、奈良時代の遣唐使最盛期や、明治時代の欧化政策の時代などを除いて、同時代の文化ではなく過去において典型的だった文物が崇拝対象となっていることである。このことは主たる関心の所在が外国文化そのものではなく、自分たちの文化コンテキストの中に嵌入され再解釈を施された「異文化」にあったことを示している。

2 「和」への意識

国風文化

では、唐物崇拝的伝統の中で「和」はどのように位置づけられたのであろうか。曾て「定説」として、次のように謂われていた。中国文化一辺倒だった奈良〜平安前期の文化が、遣唐使の廃止を画期として次第に「和」に目覚める、仮名の創造、勅撰和歌集の成立、仮名文学、大和絵などがその表れである、と。これは「国風文化」とよばれる。

しかし、前項で述べたように、遣唐使廃止によって、中国文化への憧憬が薄らいだわけではなく、唐物の輸入も唐や新羅の商人によって更に盛んになっていったのである。とはいうものの、「国風文化」とよび得るような外来文化と対峙する国内文化の傾向が起こったことも、また確かである。このことをどのように考えればよいであろうか。

今日、多くの研究者が指摘しているのは、「国風文化」と称される和様化の傾向は、九世紀までに中国文化を一通り摂取し終えた日本が、中国的な文化と在来的な文化を組み合わせるとの摸索の中に現れた現象だということである。それは二つの面がある。そのひとつは中国文化を日本が十分咀嚼・吸収しているとの意識、もうひとつが中国文化と対峙する在来文化の再評価である。

本朝意識

まず前者だが、一〇世紀ころより、日本にも中国に匹敵するような詩文を作る人士が多く存在することを示そうとして「本朝」「日（本）」「扶桑《ふそう》」などの語を冠した詩文集がつぎつぎと撰述される。『日観集《にっかんしゅう》』（大江維時《おおえのこれとき》撰、天暦年中〔九四七〜九五七〕）、『扶桑集』（紀斉名《きのただな》撰、長保年中〔九九九〜一〇〇四〕）『本朝麗藻《ほんちょうれいそう》』（高階積善《たかしなのもりよし》撰、寛弘七年〔一〇一〇〕）、『本朝文粋《ほんちょうもんずい》』（藤原明衡《あきひら》撰、康平年中〔一〇五八〜六五〕）などがその例である。中国を中心とする正統文化の正式な参加者の一人だという意識がこのような名称を生み出したのである。

　かかる意識を、日本漢文学の研究者である川口久雄氏は「本朝意識」と呼んだ〔川口一九八二〕。「本朝」は、前章でも述べたように、震旦（中国）・天竺（インド）と並置・比較するときに登場する日本の自称表現なので、これらの場合も中国に対する「本朝」なのである。右の中でも『本朝文粋』は最大の詞華集で、名は中国の『唐文粋』（姚鉉《ようげん》〔北宋〕撰）に依るが、構成は『文選』に倣い、まさに日本における『文選』を目指したものだった。

　一〇世紀から一二世紀にかけて、詩文以外にも「本朝」を冠する撰著が相次ぐ。『本朝神仙《ほんちょうしんせん》伝《でん》』（伝記）、『本朝月令《ほんちょうがつりょう》』（儀礼書）、『本朝世紀《ほんちょうせいき》』（史書）などがそれである。何れも中国の『神仙伝』（葛洪《かっこう》）、『礼記』月令等を意識した書名である。

句題詩の持つ意味

ただ、漢詩を作るのは、後の世と同様、この時期の日本人にとっても容易なことではなかった。押韻・平仄《ひょうそく》・対句をめぐる規則や典拠についての多くの知識・教養が必要とされたからである。作詩のための参考書として、大江維時（八八八～九六三）が編述したのが『千載佳句《せんざいかく》』（応和三年〔九六三〕以前成立）である。その影響がいかに大きかったかは『和漢朗詠集《わかんろうえいしゅう》』（後出）の詩句の出典の大部分が『千載佳句』に拠るものだったことからも知られる〔金子彦二郎一九四三〕。

また作詠の場も本場中国の文人のようにあらゆる機会に為されたのではなく、宮廷や摂関・皇族の邸宅の詩会に限られていた。そのような詩会においてはあらかじめ共通した漢字五文字の題目が設定された。これを句題といい、基本的な押韻・平仄・対句以外に、各聯の表現・内容についても規定を設けた。このようにして作られる詩が句題詩である。

この時期の日本漢詩は句題詩が圧倒的に多いが、かかる傾向は中国本土やその周辺国家の詩には見られない。句題詩の作詠は煩瑣ではあるが、いっぽう規則通りにすれば誰でも作れるわけで、必ずしも詞藻を必要としなかった。「本朝」が本場中国の文化を実践するための苦肉の策だったのである〔金子彦二郎一九四三、佐藤道生二〇〇三、佐藤道生（編）二〇〇七〕。

在来文化復権の意味

いっぽう、在来文化の復権である。やはりその中心は和歌（ヤマトウタ）への再評価であろう。和歌はもとより日常生活の一部としてあるもので、本来的には国家儀礼などとは関係があるものではなかった。ところが、九世紀後半以降、公的な場に和歌が登場して来るのである。

歌合が宇多天皇宮廷の中で行われるようになるのもこのころからで、一〇世紀になると、その子醍醐天皇の命により最初の勅撰和歌集たる『古今和歌集』が撰進される。そして、特に唐の制度に由来しない宮廷行事において、和歌を詠ずることが徐々に増えていくのである。

ただ、このような傾向が、軌範としての中国文化の退潮と、在来文化への見直しの結果といえるかというと、必ずしもそうではない。それは二つの点からいえる。まず、社会制度としても文化軌範としても、中国を正統的なものとすることには変化がなかった。次いで、『古今集』仮名序・真名序からも分かるように、和歌の特質を中国の詩の分類法たる六義（風・賦・比・興・雅・頌）に基づいて論じているのであって、決して単純な素朴さを言祝《ことほ》いでいるのではない。むしろ、和歌が本質的に詩と同等であることを以て、価値づけられているのである。

かかる意識が生み出したのが、藤原公任《きんとう》の『和漢朗詠集』である。朗詠に適した和歌と漢詩句とを、四季と雑に分けて並べたものである。ただ、ここで興味深いのは、その分類が和歌独特の分類法に基づいていることで、漢詩句はその中に組み込まれて、和歌的なものに包摂されてしまっている。このことは先に述べた句題詩も同様で、そのありようと詩題とは歌会の題詠と極めて類似しているのである［佐藤全敏二〇一七］。

つまり、中国漢詩は、その本来持っている文化的文脈から引き離されて、日本的に受容されるわけである。平安中後期においても、既に滅んでしまった唐を中国文化の典型と見なしていたことは、それを担った貴族・文人たちにとって、主たる関心の所在が現実の中国ではなく、奈良時代以来、日本文化の中で成長していた〈中国的なるもの〉にあったことを示している。

そのいっぽうで〈日本的なるもの〉は中国文化の論によって説明しなおされることによって、価値づけられていくのである。このこともまた中国像がなかなか更新されない理由であろう。

「和」に取り込まれる「漢」

以上、平安時代の「和」の問題を辿ったが、次いで中世の武家時代についても簡単に見ておこう。前述したように、室町時代の茶の湯においては、主に寧波から運ばれた、中国製の陶磁器や書画が、もっぱら重んじられたが、室町後期になると、次第に日本の窯で焼いた器の価値を見いだしていく。

その際、青磁のような均整し調和に満ちて精錬された中国器に対して、日本器は素朴でゆがんで不調和な点が特徴となる。技術的に、そのようにしか出来なかったのである。ところが、茶道ではこれを「麁相《そそう》」と呼んで珍重するようになる［満岡一九四五］。また、わび茶の祖とされる村田珠光《むらたしゅこう》（一四二三〜一五〇二）は、茶室の荘厳・道具を論じて、和漢がとりまぎれることを推奨した。

和漢を混交させる文芸に和漢連句《わかんれんく》がある。これは連歌の一種だが、和歌と漢詩の句とを組み合わせることに特徴があり、五山僧を中心に、公家・武家の間で流行した［朝倉一九九六、京都大学二〇〇六］。

このような和漢の組み合わせは、茶室も含む「会所《かいしょ》」とよばれた唐物と和物で飾られる部屋（あるいは建物）に見られるものだった。このことについて、美術史家の島尾新氏は、会所の飾り物における和と漢の区別は明確ではなく（たとえば、日本人が描いた水墨画も「唐絵」である）、そこで演出される「漢」のイメージも現実の中国ではない、日本の中で作られたイメージであったと指摘している〔島尾二〇一三〕。また、同じく美術史の泉万里氏によれば、個々の唐物について、それらの産国での本来の用途についての関心はほとんど持たれることはなく、専ら日本文化の中における重宝として、和の価値体系の中に組み込まれたものだったという〔泉二〇〇五〕。当該の唐物が背景に持つ文化そのものへの関心の薄さは、日本における中国崇拝が、同時代ではなく、「和」の文脈に取り込まれて馴致された前代の文物へ向かうという、前項で述べた特徴と見事に符合している。

3　日本的華夷意識と韓半島

「小帝国」日本

日本の大陸文化の摂取は、六世紀までは韓半島、特に百済を通じて行われた。しかし七世紀には、遣隋使・遣唐使がはじまるとともに、百済・高句麗が滅亡し統一新羅が成立する。それに伴って、日本は半島における影響力を全く失うに至った。

第一節で述べたように、日本は中国の華夷秩序を受け入れていた。但し、正式な冊封《さくほう》を受けなかった。倭五王の時代には南朝へ朝貢して安東将軍《あんとうしょうぐん》・安東大将軍の称号を受けているが、隋・唐との国交が開けても、海を隔てて境界が接しないという地理上の環境もあって冊封を受けることを強制されなかった。その後、七世紀後半からの律令の制定に伴い、国号を「日本」とあらため、王号も中国皇帝に倣って「天皇」として、中国皇帝に擬した。

律令国家体制の移入は、同時に華夷意識の移入でもあった。日本を中華として、蝦夷や隼人はもとより、隣国の新羅をも夷と見立てるのである。特に新羅への夷狄視は、日本の伝統的な新羅朝貢国観と合致するものでもあった。また、滅亡した百済の王族たちを、百済王（こきし）氏とよんで、臣下の氏族に組み入れたのも、その一環である。かかる意識を石母田正氏は「東夷の小帝国」と呼んだ［石母田一九七三］。

ただ、この際に問題になるのは、本当の「帝国」たる中国の位置づけである。前述のとおり、日本は中国と朝貢関係にあり、だからこそ遣唐使が派遣されているのである。当然、その前提にあるのは中国の華夷思想であり、日本もそれを受け入れている、それどころか中国文化の全面的な移植に孜々《しし》として努めている最中なのである。

もっとも中国にとって日本独自の華夷秩序は何の意味もない。唐からすれば、地続きでない島国で、冊封関係もない日本への関心は常に低く、外交文書の形式から見ても、日本は新羅より下位に位置づけられていた［山内二〇〇三］。さらに、国としてのカテゴリーは東ローマなどと同じ「絶域」に分類されていたという［仁井田一九六四、金子修一二〇〇一］。何れにせよ、日本の華夷秩序などというものは、あくまで日本国内でのみ通る理屈だった。

このふたつの華夷思想の関係をめぐって森公章氏は、唐を夷狄視する指向も存在したと指摘している［森公章一九九八］。しかし、国内的にはそのような態度を示していたとしても、実際の対唐外交の場面では、対等関係を主張することすらしなかったのである。

新羅との関係

双方に横たわる矛盾の折衷として案出されたのが、唐＝隣国・新羅＝蕃国観である。つまり唐は対等な関係にある隣の国であり、新羅は劣位ある夷狄だと見なすのである。もちろん、このような自国本位の身勝手な理屈は新羅に受け入れられるわけはない。新羅は唐と連合して百済・高句麗を滅ぼして韓半島を統一し、その過程で半島内での日本の影響力を完全に除去した（白村江の戦い、六六三年）。しかし、統一の際に唐軍を半島内から駆逐したことで、対唐関係が悪化する。そのために、間もなく日本との関係修復を試みるようになるのである。それでなくとも新羅は、超大な帝国たる唐と国境を接した小国であって、海を隔てたとはいえ、隣国たる日本と完全な敵対関係になることは許されない。だからこそ、新羅は繰り返し日本に使者を送り関係修復を摸索した［赤羽目二〇一八］。但し、新羅が対等外交を指向したのに対し、日本は、朝貢を要求し続けた。前章でも述べたように、神功皇后の新羅征服の説話が『日本書紀』神功皇后紀の中に「正史」として記述されるのは、日羅関係の非対称性を歴史的に正当化しようとしたものにほかならない。

このようなことであるから、両国の外交においてはしばしば軋轢を生み、藤原仲麻呂政権の時代には、新羅征討が計画されもした［河内一九九九］。しかし、民間においては新羅との関係は続く。新羅は何より通商国家であって、東シナ海における貿易の主体だった。遼東半島にも新羅人居留地があり、留学中の円仁が武宗の破仏に当たって、ここの新羅居留者の助力を受けたことは、彼の『入唐求《にっとうぐ》法巡礼行記《ほうじゅんれいこうき》』に詳しい〔ライシャワー一九六三（一九五五）、森克己一九七五、石上一九八四〕。

高句麗の後継王朝として興ったのが渤海《ぼっかい》である。ここもまた、唐と国境を接した国であり、新羅とも緊張関係にあったため、日本に使者を送ってきた。日本はこれに対しても朝貢を要求する。渤海は、新羅を牽制するためもあり、その意向を汲む姿勢を示した。それに対して新羅は対等関係、さらには文化的優越性をもにおわせるようになった。承和五年（八三八）、新羅からもたらされた牒状に、自国を「大国」、日本を「小人」（小国）と書かれていたことを理由に、日本は新羅と関係を断った（自ら「小国」と名乗るのは構わないが、他国から呼ばれるのは嫌であるらしい）。日本的「中華」が対外的には無価値で国内にしか通じない主張であることがあからさまになったのである。そこで、「自ら外交を絶つことによって観念の上での中華を維持する道を選んだ」〔石井二〇一七〕わけである。

高麗との関係

ところが、一〇世紀になると、韓半島の状況は一変する。新羅が衰退して高麗・後百済との鼎立状態になり、最終的に高麗が半島を統一、また渤海も契丹《きったん》に滅ぼされて消滅したのである。建国後、高麗はすぐに日本との国交を結ぼうと使者を派遣するが、日本側はそれを受け入れなかった。その理由は、高麗を以て新羅の後継王朝と見なす立場より、朝貢国たることを要求したにもかかわらず、高麗側は（当然のことながら）そのような態度を取らなかったからである。それに加えて、建国当初の高麗は、日本以上に強い中華意識を持ち、国内では自らを皇帝と称し、「朕」「詔」などの中国皇帝のみが使う語を用いていたから（このような態度は、日本の天皇と同じ）、日本の意向を汲むはずはなかった［石井二〇一七］。

　正式の国交は開かれなかったものの、貿易や漂流民の送還などを通じて、両国の交流が始まる。ただ、高麗としては、国境を接して大国契丹（遼）があり（実際にその侵略を受ける）、日本とのより深い関係を摸索していた。たとえば、刀伊《とい》の侵入（一〇一九）の際、連れ去られた日本人捕虜を高麗は保護し、彼らを丁重に扱い送還したのも、隣交関係を結ぼうとする意向のあらわれだった。しかし、それに対しても日本側は従来の態度を変えようとはしなかったのである［森克己一九七五、関二〇二一］。

　このような頑な態度をさらに悪化させたのが、蒙古の襲来である。日本に降伏を勧めたのは高麗国王であったし、戦役においても元軍の主力となったのは高麗であった。なぜなら、蒙古襲来当時の高麗は元に服属していたからであるが、このことが日本側の高麗への敵視を助長することになった。後世まで、文永・弘安の戦役の敵を「むくり・こくり（蒙古・高（句）麗）」と口承されていたのはそのあらわれである［田中健夫一九八二］。蒙古襲来をきっかけに再び注目されたのが、神功皇后の三韓出兵の説話であった。これについては前章で述べたので詳細は省くが、以後の高麗、さらに後継王朝たる朝鮮へのまなざしを規定していくことになり、それが秀吉の朝鮮侵略を導くことになるのである。

二　吉備真備入唐説話

1　吉備真備の実像と伝説

吉備真備とは

以上、古代から中世にかけての対中意識の概要を述べてきた。このことを踏まえて各論に入っていきたい。

前節で、奈良時代の遣唐使のひとりとして吉備真備（六九三～七七五）の名を挙げた。吉備出自の下級官人下道《しもつみち》圀勝の子として生まれ、霊亀三年（七一七）、留学生として入唐、十七年の在唐を経て、天平六年（七三四）、『唐礼』『大衍暦経』『楽書要録』などの書籍、「測影《かげをはかる》鉄尺《くろがねのしやく》」「銅律管《あかがねのりちくわん》」などの器物、「絃纏漆角弓《つるまきにうるしぬれるつのゆみ》一張」「射甲箭《よろいをいるや》二十隻」などの武具を携えて帰国した（朝廷への報告は翌年）。共に帰朝した玄昉とともに、朝廷で急速に出世、中宮亮、東宮学士、春宮大夫、右京大夫を歴任した。天平勝宝二年（七五〇）筑前守・肥前守に左遷されるも、翌三年遣唐副使として再度入唐、三年後に帰朝した。その後、大宰少弐・大弐、造東大寺長官を歴任後、天平宝字八年（七六四）の恵《え》美押勝《みのおしかつ》の乱でも活躍、乱後参議・中衛大将となり、天平神護二年（七六六）右大臣となった。称徳天皇の信任も篤く、道鏡とともに政権の中枢にあったが、称徳死去、光仁天皇の即位後間もなく職を辞し、宝亀六年八十一歳で死去した〔宮田一九六二〕。

奈良時代における代表的政治家のひとりであるとともに、二度二十年余りの在唐生活によって唐代の先進文化を日本にもたらした立役者であった。将来したのは、暦学・音楽・兵法・儒学等に及ぶ書籍・器物で、彼の地で培った学殖を以て、朝廷に重きをなした。また、血なまぐさいことの多かった奈良時代の宮廷にあって、時に浮沈はあったとはいえ、無事に身を全うした人物でもあった。

吉備真備はその死後、伝説に彩られていく。それはふたつの方面からである。ひとつは中国文明の文化・文物の紹介者として、さらにそれを日本文化の中に定着させた賢者という面である。大衍暦《だいえんれき》や日時計（測影鉄尺）などの史書に明記あるものについてはもちろん、後述のようにさまざまな文物の将来者に擬される。

非門閥貴族の理想像

もうひとつは、門地なく異例の出世を遂げた人物としての面である。平安中期以降、公卿の地位は藤原氏の諸流と、一部の源氏などにほぼ固定化し、他氏がそこに入り込む隙は全くなくなった。律令体制に基づく大学・国学の学制は、出世コースなどではない。そこを出ても中下級官僚になるのがせいぜいだった。藤原嫡流や一世・二世源氏の上流貴族は、そのような過程は経ず、若年にして昇殿・公卿への道を歩んでいくのが常道であった。藤原氏一門ながら中級貴族出身の紫式部が『源氏物語』のなかに、光源氏の息子の夕霧を敢えて大学寮に入学させるエピソードを挿入したのも、自分の階層意識を踏まえた批判と理想の産物だろう（この話については、第五章でも再び採り上げる）。

真備はかかる宮廷社会の状況にあって、寒門出自ながらその学識を以て位人臣を極めた希有の人物であった（もちろん、真備の時代は藤・源両氏が高位を寡占していたわけではないから、飽くまで後世よりの見方である）。彼に匹敵する存在としては、菅原道真がいるのだが、道真の場合は失脚して左遷され幽忿のうちに死に、さらに怨霊化してしまう。しかし、真備は平穏裡に生涯を終えている（もっとも、京都の下御霊社の祭神のひとつに真備も加えられているので、彼もまた怨霊（御霊）となったとの説もあったのだが、これは後世になって附加されたものである）。

真備の出世について、鎌倉初期に成った説話集『宇治拾遺物語』一六五話に、大略以下のような話が見える。

昔、備中国の郡司の子に「ひきのまき人」という若者がいた。あるとき夢を見たので「夢解きの女」のもとへ行き「夢あはせ」をしてもらった。そのとき国守の御子が伴を連れてやって来て、同じく夢解きをしてもらっていた。まき人が蔭で聞いていると、女は「よにいみじき御夢なり。かならず大臣にまでなりあがり給ふべきなり」と夢解いた。御子が帰ったのち、まき人は女に「夢は取るといふこと」があると聞いている。その夢を自分に取らせてもらいたい。国守は四年で帰ってしまうだろうが、郡司の子はずっとここにいる。

自分の方を大事に思っておいた方がよかろう、と言った。女はそれならばと、先の御子と全く同じように入って来て、夢の内容を寸分たがわず語れば、自分も同じように言おう、と応えたのでそのようにした。後にまき人は文を学んで上達し、ついには朝廷に召されて、唐にまで派遣された。帰国後も天皇の信任を受けて大臣にまで昇った。いっぽう、夢を取られた国守の子は、たいした官途にも就けないで終わった、云々。（取意）

（新潮日本古典集成本、四四七〜四五〇頁）

右は、夢とは夢見た人の未来の運命を告げるもので、どう夢解くかで実現する内容が変わること（女は夢解きを専門とする巫女）、またそれが取ったり取られたりするという、古代・中世の夢信仰に基づく説話だが［西郷一九七三、酒井二〇〇一］、これなどは真備の出世が、院政・鎌倉時代の人々にとって、普通にはあり得ようもない驚くべきものとして受け止められていたことを窺わせる（真備を郡司の子弟とするのも史実に反する）。

院政期の非門閥貴族にとって真備は、学殖ゆえに栄達を遂げたという意味で、まさに彼らの見果てぬ夢を体現する人物だった。そのことが彼に対する神秘化を惹起し、特殊な能力を備えた人物とのイメージが形成される。そして、それが渡唐の事跡と結びついたとき出来上がったのが吉備真備入唐の説話なのである［山根一九七三、小峯二〇〇三、二〇一八］。

2　真備入唐説話

真備入唐説話のあらすじ

真備入唐説話は、一二世紀前半に成立した『江談抄《ごうだんしょう》』に見える話である。『江談抄』は、政治家・学者として知られた大江匡房（一〇四一〜一一一一）が晩年に至り、その長い廷臣生活の中で見聞した逸話を、弟子の藤原実兼に語った談話録で、院政期の宮廷において、どのようなことが話題になっていたかを知るのに恰好の素材である。その一話に「吉備大臣入唐事」がある（類聚本第三巻第一話）。内容は以下の通りである。

①吉備大臣が入唐すると、唐人たちは彼が諸道・芸能に通達していることを恥じ、ある高い楼に上らせて殺そうと企む。なぜなら、この楼には夜になると鬼物が現れ、そこに居る者を取り殺してしまうからである。

②深夜になると、果たして鬼物が出現する。吉備は「隠身の封」を使って身を隠し、鬼に向かって、自分は日本国王の使いである、おまえは何者かと問うた。鬼は自分も元は遣唐使であり、あなたと同じくこの楼に上らされて飢え死にし、このような鬼物になったのだという。そして、自分が阿倍氏であったといい、子孫が無事にいることを聞いて大いに喜び、恩返しにこの国のことをことごとく教えようといって去った（鬼の前世が阿倍仲麻呂だったことを明かしている）。

③翌朝、楼を開いてみると、吉備は無事に生きているので、唐人たちは大いに驚き、今度は『文選《もんぜん》』を読ませて、その無知を笑ってやろうと相談する。鬼はそのことを吉備に告げ、彼を儒士たちが読ませる箇所の相談をしているところに連れていって聞き取らせる。吉備は楼に戻って、紙に詩句を書き付けておき、使者を迎える。使者はこれを見て驚き、日本にも『文選』があるのかと問うと、吉備はずっと昔からあると答えた。そして、比べてみると口実をつけて、使者から『文選』三〇巻を借りてちゃっかりと写し取り、後にこれを日本にもたらした。

④唐人はさらに図って、囲碁の名人と試合をさせ、それを口実に殺そうとする。鬼はこのことをまた吉備に告げ、彼はルールを一夜かけて習得した。翌日名人と対局、なかなか勝負がつかなかったが、最後に吉備が相手方の石を密かに飲み込み、一手差で勝った。唐人らはこれを怪しみ、石を数えてみると一つ足りない。果たして飲み込んだかと、占ってみると吉備の腹中にあることが分かった。そこで「呵梨勒丸《かりろくがん》」という下剤を飲ませて石を出させようとしたが、下痢止めの術を使ってそれを止めた。怒った唐人らは食物を与えず飢え死にさせようとしたが、鬼が毎夜食事を運んで、数ヶ月が過ぎた。

⑤鬼が吉備の前に現れ、唐人らは宝志《ほうし》という「密法を行ずる僧」に命じて、或る「文」を作った（『野馬台詩《やまたいし》』のこと）。しかも鬼物・霊人が吉備を助けているらしいと結界を張ったので、近づけないと告げた。吉備は楼より下りて皇帝の前で、その文章を読むことになった。吉備は全く読めず途方に暮れたが、日本に向かい住吉明神と長谷観音に祈ると、蜘蛛が紙面に下りてきて糸を引きながら這《は》い回った。その糸に従って文字を辿ると、見事読むことができた。

⑥皇帝は驚いて、元のように楼に返して閉じ込め、そのまま餓死させようとした。吉備は鬼に命じて百年を経た双六の筒と盤を持ってこさせた。盤の上に筒を伏せると、日月が封ぜられて真っ暗になってしまった。唐人らは驚き騒ぎ占うと、吉備の仕業と分かった。唐人らは吉備に許しを請い、その結果無事に帰朝することができた。文選・囲碁・野馬台詩はそのとき日本にもたらされたのである。

この話は後白河院の宮廷において、絵巻物にも仕立てられた。現在ボストン美術館が所蔵する『吉備《きび》大臣入唐《だいじんにっとう》絵巻《えまき》』がそれである〔黒田二〇〇五、谷口二〇一〇〕。

真備入唐説話の背景

右の吉備真備の冒険で描かれるのは、鬼物や神仏の助けを借りながらも、その学識と知恵を駆使して活躍する理想的な文人・官人の姿である。これを語る大江匡房は、非藤原氏系の貴族ながら、その学問・教養を以て令名を馳せ、中納言にまで昇進した人物である。彼にとって真備は自らの先達というべき存在だったろう。

だが、ここで注目しておきたい本話の持つもうひとつの重要なポイントは、彼が本場中国の人士が嫉妬するような学識の持ち主とされ、その教養と才覚を以て唐人たちを圧倒する話だということである。所謂「海外で活躍する日本人」という、今も大衆小説やマンガにしばしば登場するヒーロー像の原型がここにある。

また、この説話は、囲碁・文選・野馬台詩などの将来譚という側面を持つ。実際の囲碁の日本への伝来は古く、七世紀にはあった。正倉院には聖武天皇遺愛の碁盤も伝えられている［増川一九八七］。『文選』の日本受容も早く、推古天皇の時代には既に入っていたらしい［岡田一九五四］。ただ、囲碁・『文選』とも、正確な伝来を示す記録がなく、それゆえ、吉備真備に仮託されたのである。

森克己氏の指摘によれば、囲碁の話の原拠は唐の蘇鶚《そがく》の著した『杜陽雑編《とようざつへん》』にあるという［森一九六二］。同書下巻には宣宗（在位八四六〜八五九）のころの話として次のようにある。

> 大中中、日本国の王子来朝し、宝器音楽を献ず。上、百戯珍饌を設け以て礼せり。王子囲棋を善くす。上、顧師言待詔《たいしょう》に勅し、対手と為す。……師言とこの敵手と、三十三下に至るも、勝負未だ決せず。師言、君命を辱《はずかし》めんことを懼れて、手に汗して凝思し、方に敢へて落指せんとす。則ち之れ鎮神頭《ちんしんとう》と謂ふ。乃ち是れ両征を解く勢なり。王子瞪目して臂を縮め、已に伏して勝《た》えず。鴻臚《こうろ》に廻り語りて曰く「待詔は第幾手や」と。鴻臚対《こた》へんことを詭《おそ》れて曰く「第三手なり」と。師言は実には第一の国手なり。王子曰く「願くは第一と見《まみ》えんことを」と。曰く「王子第三に勝たば、方に第二と見ゆることを得ん。第二に勝たば、方に第一に見ゆることを得ん。今躁《みだ》りに第一と見えんとす。其れ得べけんや」と。王子、局を掩ひ吁《なげ》きて曰く「小国の一は、大国の三に如《し》かず。信なるかな」と。（原漢文、書き下し私意）
>
> （『稗海〔新興書局版〕』一、三三〇頁）

大中年中〔八四七～八六〇〕のこと、皇帝の命令により、来朝した日本の王子と唐第一の囲碁の名人顧師言〔「待詔」とは、ここでは囲棋を以て皇帝に仕える役名〕が対局するが、三三石に至っても勝負がつかなかった。焦った顧師言だったが、「鎮神頭」という二つの征〔シチョウ〕を解いてしまう手を使って勝つことができた。王子は驚き負けを認め、鴻臚〔外務担当官〕に向かって、顧師言どのは何番手の名手なのですか、と問うた。鴻臚は真実を言うのを恐れて、三番手であると応えた。王子はその一番手と対局したいと望んだが、三番手に勝てば二番手、二番手に勝てば一番手と勝負できるのであるから、今いきなりに一番手とすることはできないと返答した。王子は碁盤に顔を覆って、小国の一番が大国の三番にも及ばないのは真実だったと嘆いた、というのである。

右の話自体は唐末が舞台になっており、この時期は王子どころか、遣唐使自体行われておらず〔直近は承和五年〔八三八〕の第一九度遣唐使〕、全くの虚譚である。前出の森氏は吉備真備入唐譚自体を匡房による創作である可能性を示唆し、その根拠に『杜陽雑編』の右の説話を挙げ、顧師言が日本の王子に「鎮神頭」で以て勝ったのを、関係を逆転させて真備が碁石を飲み込んで唐の名人に勝つように作り替えたところに、この話の創作者の対中意識を見ようとしている。また下剤として飲まされる「呵梨勒丸」についても、当時日本に輸入された「唐物」として藤原明衡の『新猿楽記《しんさるがくき》』に名が見えることを指摘して自説を補強している。

また、真備が読みあぐねた「文」とは本文中にも「野馬台」とあることからも分かるように『野馬台詩』を指す〔小峯一九九三、二〇〇三、二〇一八、二〇一九〕。これは迷路を辿るように読む回文形式の詩である（図参照）。作者は南朝梁の僧宝誌《ほうし》（宝志、四一八～五一四）という（別名「宝誌讖」）。宝誌は生前から、奇瑞を以て世に知られ、しばしば予言を行って、梁・武帝の帰依を受けた。そして死後には、十一面観音の化身と崇められた〔牧田一九五六、山田一九六七〕。

水	丹	腸	牛	龍	白	昌	孫	塡	谷	終	始
流	尽	鼠	喰	游	失	微	子	田	孫	臣	定
天	後	黒	食	窘	水	中	動	魚	走	君	壌
命	在	代	人	急	寄	干	戈	膾	生	周	天
公	三	鶏	黄	城	胡	後	葛	翔	羽	枝	本
百	王	流	赤	土	空	東	百	世	祭	祖	宗
雄	英	畢	与	茫	為	海	国	代	成	興	初
星	称	竭	丘	茫	遂	姫	氏	天	終	治	功
流	犬	猿	青	中	国	司	右	工	事	法	元
飛	野	外	鐘	鼓	喧	為	輔	翼	衡	主	建

『江談抄』によれば、吉備真備への難題として野馬台詩が作られたことになっているが、実際はどうだったのだろうか。宮廷で行われた日本書紀講義にその一節が引かれており、少なくとも九世紀には成立していた。ただ、これが日本で作られたのか、大陸或いは半島製なのかについて、諸家の見解は分かれている〔石井一九九四、東野一九九三、小峯二〇〇三〕。

何れにせよ、本詩には日本と思しき「東海姫氏国」の成立から滅亡までが綴られている。以下にその書き下し文と現代語訳を載せておこう（以下、主に小峯和明氏〔小峯二〇〇三〕の解釈を参考に、私に書き下しと現代語訳を施した）。

東海姫氏の国、
百世、天工に代はる。
右司、扶翼と為り、
衡主、元功を建つ。
初めには、治法の事を興し、
終りには、祖宗を祭ることを成す。
本枝、天壌に周《あまね》く、
君臣、始終を定む。
谷塡ちて、田孫走り、
魚膾《かい》、羽を生じて翔ける。
葛の後、干戈動き、
中ごろ微にして、子孫昌んなり。
白龍、游いで水を失ひ、
窘《きん》急にして、胡城に寄す。
黄鶏、人に代つて食し、
黒鼠、牛腸を喰らふ。
丹水、流れ尽きて後、

東海の姫氏の国では、
百世の間、天に代わって人王が治める。
臣下がその翼のように補佐し、
宰相が政道を建てた。
初めに治法の体制を整え、
後には祖先への祭りをなした。
王と臣の一族は天地に拡がり、
君臣によって全てを治める。
谷が埋まり、人民は逃げ惑い、
膾の魚が羽をはやして空を飛ぶ。
葛がはびこるように戦闘が起こり
成り上がり者が栄える。
白龍は泳ぐも水なく、
ひとまず、辺境の城に身を寄せる。
黄色い鶏が人に代わって物を喰い、
黒い鼠が牛の腸を喰らう。
丹水の流れが尽きた後には、

天命、三公に在らむ。
百王、流れ畢《ことごと》く竭《つ》き、
猿犬、英雄を称す。
星流れて、野外に飛び、
鐘鼓、国中に喧《かまびす》し。
青丘と、赤土、
茫々として、遂に空と為る。

天命は三人の公にあるだろう。
こうして王統の血筋は途絶え、
猿や犬のような者が英雄を称すだろう。
星は流れて野外に飛び、
戦争を告げる鐘鼓が国中にひびき、
青々とした丘も赤く肥えた土地も
空しく何もなくなってしまうだろう。

野馬台詩の存在が一般に知られるようになったのは、吉備真備入唐譚にこの詩のことが組み込まれてからである。この時期は末法思想が拡がっていった時期と重なる。すなわち、末法到来の一環として日本国の滅亡が予感されていたのである。しかし、かかる大事が中国の僧（といっても観音の化身なわけだが）によって予言されているのであって、このようなところにも屈折した対中意識の反映を見ることができる。

3　灯台鬼説話と真備

真備入唐説話におけるゼノフォビア

もうひとつ、本話で注目しておきたいのは、唐人たちが阿倍仲麻呂を飢死させ、さらに真備をも殺そうとするということである。なぜこのようなゼノフォビア（外国人嫌悪）的なプロットとなっているのであろうか。留学した日本人が、現地の人の嫉みを買って非業の死を遂げる（或いは遂げそうになる）話は、古くは鎌足の息子で唐に留学した貞慧が、その詩才を嫉んだ百済人に毒殺されたと『藤氏家伝』貞慧伝に載っているし、また梵経の訳業に日本人としてはじめて参加した霊仙も五台山で毒殺されたといわれる（円仁『入唐求法巡礼行記』巻三）。ただ、このような話の背景には次のような事情があったのではないだろうか。

平安時代に入ると、前代のような百済・高句麗からの避難民も含む外国人の渡来が少なくなり、遣唐使も間遠になった。さらに、この時期より強化されていく穢《けが》れ観と連動した、外国人（特に新羅・蝦夷）への異類視・忌避が始まる。宇多のころより天皇が外国使臣と接見しなくなったことも、それと関係しよう。また、遣唐使中止以降、新しく建国した宋・高句麗・遼と正式に国交を持つことはなかった。実際には通商関係はあったのだが（唐物の需要があるから）、観念的には彼らを遮断し、域外の存在として見ていた。かかる環境が、ゼノフォビア的感情を育む土壌となったと考えられる［村井一九八八、伊藤一九九三、二〇〇二］。

吉備真備入唐譚の筋立てはその所産であるが、同譚以後もさらに増幅させたような説話が現れる。それが灯台鬼の説話である［山下一九八七、浜畑二〇一四、小峯二〇一八］。

灯台鬼説話と高向玄理

灯台鬼説話は、平康頼の『宝物集』及び『平家物語』延慶本・長門本・『源平盛衰記』等、

中世の説話・軍記その他に見られるものである。ここでは『宝物集』より引いておこう（巻二）。

……軽の大臣と申ける人、遣唐使にて渡りて侍りけるを、如何成事《なる》か有けん、物いはぬ薬をくはせて、身には絵を書、頭には灯台と云物をうちて、火をともして、灯台鬼と云名を付て有《あり》と云事を聞て、其子弼《ひつ》の宰相と云《いふ》人、万里の波を分て、他州震旦国まで尋行《たづねゆき》て見たまひければ、鬼泪《なみだ》をながして、手の指をくひ切て血を出してかくぞ書給ひける。

我是日本花京客《われはこれにつぽんくわけいのかく》　汝即同姓一宅人《なんぢはすなはちどうせいいつたくのひと》
為父為子前世契《ちちとなりことなるはぜんせのちぎり》　隔山隔国恋情辛《やまをへだてくにをへだてれんじやうからし》
経年流涙蓬蒿宿《としをへてなんだをながすほうかうのやど》　逐日馳思蘭菊親《ひをつておもひをはらすらんぎくのしん》
形破他州成灯鬼《かたちはたしうにやぶれてとうきとなる》　争帰旧里寄斯身《いかでかきうりにかへつてこのみをよせん》

是を見給ひけん子の御心、いかばかり覚え給ひけん。さて、唐の御門にこひとりて、日本国へぐして帰り給へりとぞ申ためり。子ならざらむ人、他州震旦まで行人侍りなんや。

（新日本古典文学大系『宝物集・閑居友・比良山古人霊託』二八～二九頁）

すなわち、軽大臣という人が、遣唐使として中国に渡ったとき、声の出なくなる薬を飲まされ、体に絵を描かれ、頭に灯台をつけられて、灯台鬼と名づけられていた。大臣の子息が父を求めて渡唐し、探し当てた。物言えぬ父は、指を食い切って流れる血で望郷の詩句をしたため

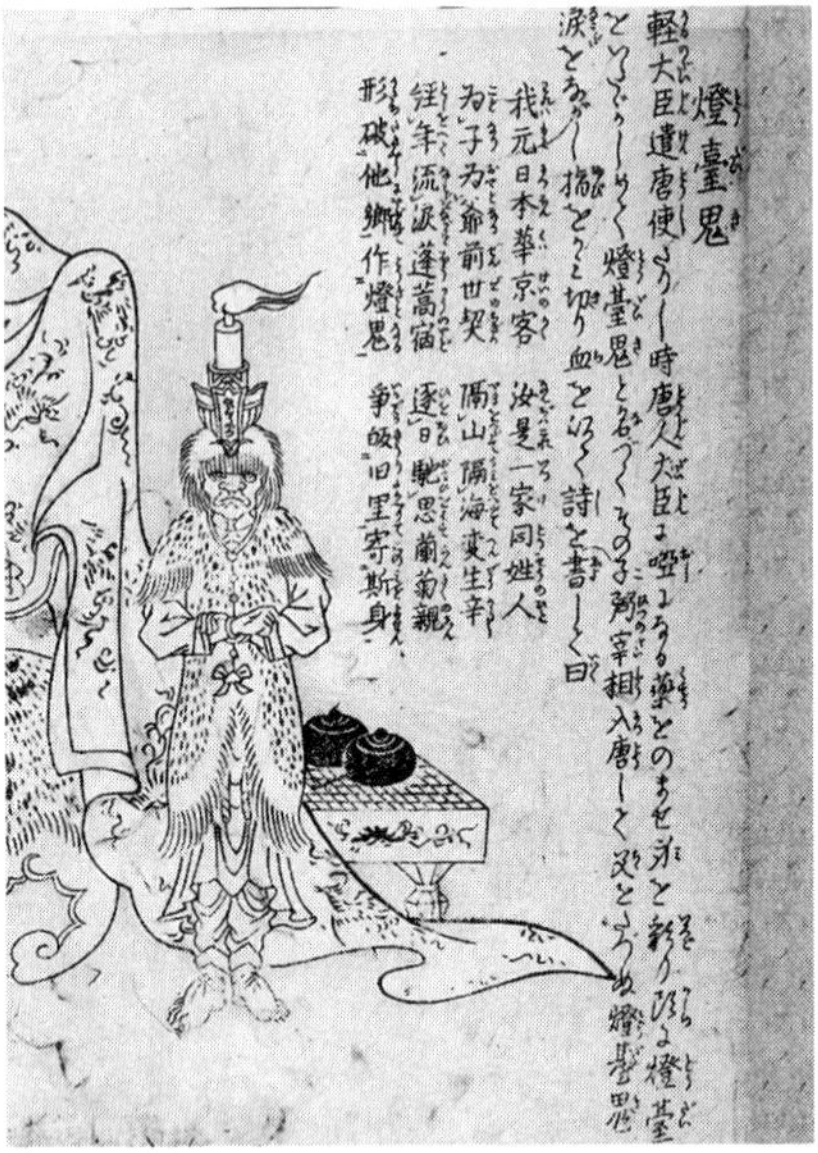

灯台鬼（鳥山石燕『画図百鬼夜行』〔安永５年刊〕より）

た。そして、ついに帰国することを得た、云々。

この軽の大臣が誰を指しているのかは当初から問題となっているが、鎌倉後期成立の『帝王編年記』等では、高向玄理《たかむくのくろまろ》に比定されている［山下一九八七、浜畑二〇一四］。玄理は、推古十六年（六〇八）に遣隋使とともに入隋、舒明十二年（六四〇）帰国。中大兄皇子を中心とする新しい政治に参画、国博士として活躍した。しかし白雉五年（六五四）、緊迫する韓半島情勢の中、唐に派遣されるもそのまま彼の地で死去している。

このような数奇な生涯を送った玄理の事跡が、彼ゆかりの軽寺（現 法輪寺、奈良県橿原市）辺りで誇張され、灯台鬼説話に結実していったとも考えられる［山下一九八七］。最も早い『宝物集』では玄理とは明言されてはいないが、軽寺について「彼大臣帰朝の後建立といへり」とあるので、この頃から既に玄理説が形成されつつあったのかも知れない。阿倍仲麻呂のエピソードが下敷きになっている可能性もあるが、何れにせよ、その成立については不明な点が多い［浜畑二〇一四］。

灯台鬼としての真備

ただ興味深いことに、室町時代以後になると、吉備真備入唐説話と灯台鬼説話は結びつくのである。宗祇の編とされる『竹林抄之注』には、例の蜘蛛の糸のエピソードに基づく「をしへある文字の数〳〵あらはれて」の付句に、次のような注記が加えられている（雑部上）。

此句は、吉備大臣と云人、唐ニ行、色々責られしに、火をともし、灯台鬼などゝ名を付テ、野馬台と作レ文ヲて、是をよまずは、既ニころさんとす。此文、何とよまれむとすれども、よまれず。其時、日本の方ニ向て、南無帰命頂礼、日本国中諸神、此文をよむしるべをなしてたび給へと、祈念しけるに、さゝかに（蜘蛛のこと——引用者注）一、おりさがりて、先よみ初ん所におちける。其の糸をかけゝる間、其をしるべによみければ、難なくよまれけるとなり。

（貴重古典籍叢刊2『竹林抄古注』七一～七二頁）

すなわち、灯台鬼の話がそのまま吉備真備説話の一エピソードとして取り込まれてしまっているのである［小林一九九八］。ただここでは仲麻呂ではなく真備自身が灯台鬼になったことにされている。

なお、近世以降のことと思われるが、薩摩国硫黄島に軽大臣を祀った神社が出現することで、灯台鬼説話は新たな展開を見せる。名を徳躰神社という〔原田二〇〇九、二〇一〇〕。硫黄島は鹿ヶ谷の変で俊寛・藤原成経・平康頼が配流された「鬼界島」に当たるとされる島である。灯台鬼説話は、延慶本・長門本・『源平盛衰記』等の『平家』諸本では、何れもこの鬼界島配流のくだりで挿話として出てくる。いうまでもなく平康頼は、灯台鬼説話を載せる初めての文献たる『宝物集』の作者である。これらが組み合わさって地方伝承として再生しているのである。島に伝わった伝承では、「軽の大臣」は息子に連れられて帰国の途につくも、舟は硫黄島に漂着しそこで歿し、そのまま葬られた。それゆえこの島は以後「鬼界」と呼ばれるようになった、というのである（『神社啓蒙』巻七「軽野神」、『和漢三才図会』「軽ノ大臣ノ故事」、『三国名勝図会』二八「徳躰神社」）。

少し話が主題から逸れたが、何れにせよ、吉備真備入唐説話の仲麻呂と真備の話も、灯台鬼説話の軽大臣の話も、優れた日本人が海外で嫉みを買うエピソードである。日本における中国的教養の体現者である仲麻呂・真備等が、その教養の深さ故に本場中国の人士の嫉視の対象になるというモチーフは、中国文化を正当なるものとして認めつつ、それに伴う劣等感の結晶化として現れて来たものだといえよう。

三　徐福伝説と楊貴妃渡来譚

1　徐福伝説の日本受容

『史記』に見える徐福（徐市）

中国の東方の海に仙人たちの棲む島があるという。『列子』湯問篇には、「一に岱輿、二に員嶠、三に方壺、四に瀛洲、五に蓬萊」の名を挙げる。このうち特に、方壺・瀛洲・蓬萊は「三神山」として名高く、さらに中でも蓬萊がその代表である。『史記』の始皇帝本紀や封禅書が記すところ、不老不死の仙薬を求める始皇帝の意を受けて、徐福が、東の海上にある神仙の地に、童男童女数千とともに渡ろうとしたという。

始皇帝本紀第六・秦始皇二十八年（前二一九）条には、「斉《せい》人《ひと》徐市《じょふつ》」なる者が、僊人（仙人）が棲む蓬萊等三神山に仙薬を求めるには、清浄なる童男童女を伴う必要があると上書、そこで皇帝は「徐市」を「童男女数千人」とともに出発させたとある。しかし、同三十五年（前二一二）条には「徐市等は費すこと巨万を以て計ふれども、終に薬を得ず。徒に姦利をもて相告ぐること日に聞ゆ」とあって、既に何年も経つのに、依然として入手できなかったらしい。さらに、三十七年（前二一〇）条によると、徐市等は、海に入って神薬を求めたが、何年経っても果たせず、費用がかさむばかりであった。譴責を恐れた彼らは、詐《いつわ》って「蓬萊に仙薬を求めようとしたが、常に大鮫魚に苦しめられ果たせない。願わくは善き射手を派遣してもらいたい」と言ったとある。

また封禅書には、次のようにある。

いま秦の始皇が天下を統一し、斉の海浜にいたると、方士でこの話を奏上する者が数えきれぬほどあった。始皇が思うよう、自分で海上に出て探しても、おそらく見つからないだろうと。そこで人をやって童男童女を連れ、海上に出て探させ、それらの船が海上ですれ合うほど多かった。しかし、どの船も探し出せず、みな風にあったことを口実とし、「行くことはできませんでしたが、姿を望見しました」と言った。翌年、始皇はまた海浜に遊幸して琅邪に行き、恒山を過ぎ上党から帰った。そののち、五年、始皇は南のほう湘山に行き、ついに会稽山に登った。帰路、海岸に沿うて北上し、海中の三神山の奇薬が手に入らぬかと願ったが、得られず、引き返して沙丘にいたって崩じた。

（小竹文夫・武夫訳『史記2 書・表』〔ちくま学芸文庫〕一五八～一五九頁）

『史記』の記すところは以上で、その後のことは歴史の霧の中に消えている。果たして徐市（徐福）は実際に渡航したのか、しなかったのか、行ったのならどこに行ったのか、そして子どもたちはどうなったのかなどについて、後世の人々は、さまざまに好奇心をめぐらすことになった。

中国における蓬萊＝日本説

一〇世紀になると、日本こそが徐福が向かった蓬萊の地であるとの説が登場する。それを記すのが、顕徳五年（九五八）に成立した『義楚六帖《ぎそろくじょう》』（一名『釈氏六帖』）である。同書・夷二十一・城郭「日本」に次のようにある。

日本国　亦は倭国と名く。東海の中、秦の時、徐福、五百の童男・五百の童女を将ひて此の国に止まるなり。……又東北千余里に山有り。富士と名く。亦た蓬来と名く。……徐福、此に止る。蓬萊と謂ふ。今に至て、子孫皆秦氏と曰ふ。

（汲古書院影印本〔寛文九年和刻本〕、四五九頁）

日本こそが徐福の到達した地で、富士山こそが蓬萊山であり、童男・童女の子孫が秦氏なのだという。渡来人系氏族だった秦氏は秦の遺民の末裔と称しており、ここではそのことが踏まえられている。

これに続くのが、欧陽修或いは司馬光の作といわれる「日本刀歌」と題する七言二十四句の詩である。該当する詩句を右に引いておこう。

其先徐福詐秦民
採薬淹留丱童老
百工五種与之居
至今器玩皆精巧
前朝貢献屢往来
士人往往工詞藻
徐福行時書未焚
逸書百篇今尚存

其の先、徐福、秦の民を詐《いつわ》り
薬を採りて淹留《えんりゅう》し、丱童《かんどう》、老いたり
百工五種、之と与に居り
今に至るまで器玩は皆精巧
前朝に貢献して屢《しばしば》往来し
士人往往にして、詞藻に工《たくみ》なり
徐福行く時、書未だ焚《やか》ざれば
逸書百篇、今尚ほ存す

（『欧陽修詩文集校箋』外集四、一三六九～七〇頁。書き下し私意）

この中で、徐福が童子等を率いて日本に止まったこと、そのとき多くの職工を伴ったので、今に至るまで工芸技術が巧みであること、さらに徐福は幾多の書物も持ち込んだので、始皇帝の焚書坑儒によって中国では失われてしまった書物が今も多く伝えられていると詠んでいる。

少し下るが元代の地理書である周致中『異域志』巻之上「日本国」条には、

……其の国乃ち徐福領する所の童男女の始めて創りし国なり。時に福の帯びる所の人、百工の技芸、医巫の卜筮皆全し。福因りて秦の暴虐を避け、已に遁去して返らざるの意有り、遂に国を為《つく》れり。而して中国の詩書、遂に此に留まる。故に其の人多く尚ほ詩を作り字を

写す。……（原漢文）

（中外交通史籍叢刊本、三頁）

とあり、徐福が引き連れてきた子どもたちによって日本国が作られたとしている。

日本における徐福渡来説の登場

右のような漢土での日本＝蓬萊（徐福の上陸地）説の出現は、中国に対する文化的劣等感を抱える日本人の自尊心をくすぐったらしい。間もなく、その説に呼応するように徐福の上陸地が、日本各地に出現するのである。

その中でも最も早く現れるのは熊野である。それを示すのが南宋よりの来朝僧無学祖元（一二二六～八六）の『仏光国師語録』巻八に収められた「香を寄て熊野大権現に焼献す」という七言絶句である。

先生採薬未曾回　　先生薬を採りて未だ曾て回らず
故国関河幾度埃　　故国の関河幾度の埃
今日一香聊遠寄　　今日一香聊か遠きに寄す
老僧亦為避秦来　　老僧亦た秦を避け来るが為なり

（『大正新脩大蔵経』八〇、二二三頁a、書き下し私意）

「先生」とはいうまでもなく徐福のことである。自分もあなたと同じように、秦（元）を避けて日本に来たと、時間を超えて同じ境遇の先人に語りかけているのである。恐らく、彼が熊野本宮に参詣した時、ここに徐福が祀られていると聞かされたのだろう。無学が来日したのは一二七九年（至元十六年、弘安二年）のことであるから、このころには徐福が熊野に渡来したとの伝承が既に存在していたことが分かる。

その後、徐福の来訪は、日本の歴史叙述の中に組み込まれる。南北朝期（一四世紀）にできた北畠親房の『神皇正統記』孝霊天皇四十五年条には次のようにある。

秦ノ始皇即位。此始皇仙方ヲコノミテ長生不死ノ薬ヲ日本ニモトム。日本ヨリ五帝三皇ノ遺書ヲ彼国ニモトメシニ、始皇コト〲クコレヲヲクル。其後三十五年アリテ、彼国、書ヲ焼、儒ヲウヅミニケレバ、孔子ノ全経日本ニトヾマルトイヘリ。此事異朝ノ書ニノセタリ。（日本古典文学大系『神皇正統記・増鏡』七一頁）

すなわち、始皇帝は、長生不死の薬を日本に求めた。見返りに日本より五帝三皇の書物を求められたので、始皇は悉《ことごと》くそれを送った。その三十五年後、中国では焚書坑儒が起こり、多くの書物が失われたが、日本には、孔子の全ての聖典が残っているのである、と。

「五帝三皇ノ遺書」云々の話について、親房が何を根拠として記したかは詳らかではない。前引の「日本刀歌」の「徐福行時書未焚　逸書百篇今尚存」に触発された何らかの記事があったのかも知れない。このほか『天書《てんしょ》』（藤原浜成撰とするも、実際には平安末〜鎌倉時代に偽撰された史書）孝霊天皇条にも、「七十二年秋八月、秦徐福、日本に来る」とある。

2　熱田＝蓬萊説

海の神社としての熱田宮

熊野と並んで、鎌倉時代に蓬萊に擬された地が熱田神宮である。熱田宮は天皇位の象徴である草薙剣《くさなぎのつるぎ》を祀る神社として、古代より王権との関係が深い。現在の熱田神宮は、名古屋市熱田区の市街地内にあるが、昔その地は、海に突き出した台地であり、いわば海の神社であった［福岡一九九二］。

熱田の海と蓬萊・徐福を結びつける初見とされるのが貞応二年（一二二三）成立の『海道記《かいどうき》』である。都から鎌倉まで十五日間の東海道の旅の様子を綴った旅行記である。文中、熱田のくだりは次のようである。

八日、萱津《かやつ》ヲ立《たち》テ鳴海《なるみ》浦ニ来《きたり》ヌ。熱田宮ノ御前ヲ過レバ、示現利生《じげんりしやう》ノ垂迹ニ跪《ひざまづい》テ、一心再拝ノ謹啓ニ頭《かうべ》ヲ傾ク。暫ク鳥居ニ向テ、阿字門《あじもん》ヲ観ズレバ、権現ノ砌、潜ニ寂光ノ都ニ移ル。……此浦ヲ遥ニ過レバ、朝ニハ入塩《いりしほ》ニテ、魚ニ非ズハ游《およ》グベカラズ、昼ハ塩干潟《しほひかた》、馬ヲハヤメテ忩《いそぎ》行ク。西天《いうてん》ハ溟海漫々トシテ、雲水蒼々タリ。中上《ちうしやう》ニハ一葉ノ舟カスカニ飛テ、白日ノ空ニノボル。彼俍男《しんなむ》ノ船ノウチニシテ、ナドヤ老ニケン。蓬来嶋ハ見ズトモ、不死ノ薬ハ取ズトモ、波上《はしやう》ノ遊興ハ、一生ノ歓会《くわんかい》、コレ延年ノ術《じゆつ》ニ非哉《あらずや》。思セジト心ヲツネニヤル人ゾ名ヲキク嶋ノ薬ヲモトル

（新日本古典文学大系『中世日記紀行集』八一～八二頁）

萱津は今のあま市甚目寺町《じもくじちよう》にあたる。当時は東海道随一の宿場だったところである。ここを出立した作者は熱田社の前を過ぎる。中へは入らず鳥居の前で再拝して、さらに阿字観を行った（鳥居を阿字門と観想するのは、中世の神仏習合的作法のひとつである）。その先東南に拡がるのが鳴海潟である。現在は全て陸地になってしまったが、当時は干潮時には広大な干潟が現れ、満潮になると水面下に消える。作者は馬で干潟を渡り、海原を眺めながら、蓬莱島に思いを馳せている。このあたりは、白居易の『新楽府』四の「海漫漫」（『白氏文集』巻第三・諷喩三）の以下の詞章を踏まえたものである。
海漫漫
直下無底旁無辺
雲濤煙浪最深処
人伝中有三神山
山上多生不死薬
海漫漫たり
直下底無く　旁ら辺無し。
雲濤《うんとう》　煙浪　最深の処、
人は伝ふ　中に三神山有り。
山上　多く不死の薬を生じ、

服之羽化為天仙　　之を服すれば　羽化《うか》して天仙と為ると。
秦皇漢武信此語　　秦皇・漢武　此の語を信じ、
方士年年採薬去　　方士　年年　薬を採りに去く。
蓬萊今古但聞名　　蓬萊　今古　但だ名を聞くのみ、
天水茫茫無覓処　　天水　茫茫として　覓《もと》むる処無し。
海漫漫　　海漫漫たり
風浩浩　　風浩浩たり
眼穿不見蓬萊島　　眼穿《うが》たるるも蓬萊の島を見ず
不見蓬萊不敢帰　　蓬萊を見ずんば、敢へて帰らず。
童男丱女舟中老　　童男　丱女《かんじょ》　舟中に老ゆ
徐福文成多誑誕　　徐福　文成、誑誕多し、
上元太一虚祈禱　　上元　太一、虚しく祈禱す

（新釈漢文大系『白氏文集』一、五五七～五五八頁）

『海道記』の記事は福岡猛志氏が指摘するように〔福岡一九九二〕、熱田宮を蓬萊に見立てているのではないが、ここに描写される熱田宮とそれに連なる鳴海潟の景観が熱田宮＝蓬萊島を生み出していく機縁となったことを示唆する。

金亀上の熱田宮

熱田＝蓬莱説が見える、年代が確実な史料は、後述する『渓嵐拾葉集《けいらんしゅうようしゅう》』だが、これと同時代、あるいは先行すると思われるのが、『熱田宮秘釈見聞』である。この書は熱田宮に関する両部神道説を説く著作で、南北朝期の写本が名古屋大須の真福寺に伝来しており、それ以前の成立が確認できる。書中、以下のごとくある。

此熱田宮ノ地ノ下ニ、金ノ亀住セリ。此亀ノ背《セナカ》ニ大宮立給リ。頸ニハ八剣宮立テ給ヘリ。頭ニハ源大夫殿立給ヘリ。尾ニハ高蔵ノ宮立給ヘリ。此所ノ御池ニ、九穴ノ蚫《アハヒ》アリ。此ノ熱田宮ハ、蓬莱ノ嶋ト云フ。此ノ大明神第三生ノ時ヨリ、松炬嶋《マツコノ》ト名ク。

（真福寺善本叢刊『中世日本紀集』三五八頁）

ここには、神宮は地下に潜む金色の大亀の上に建立された蓬莱島であるとの記述がある。金亀のイメージは金亀舎利塔に由来すると思われ、鎌倉時代の舎利＝宝珠信仰が熱田信仰と結びついたことを示している。ただ、これには、徐福上陸のことは触れられていない。その後の資料にも徐福について言及するものは少ない。

そのなかで、惟肖得巌《いしょうとくがん》（一三六〇〜一四三七）『東海瓊華集《とうかいけいかしゅう》』三「蓬莱小隠詩序」に、

世に伝ふ、秦徐市、始皇に上書し、請ひて童男童女五百人と、海に入りて三神山に不死の薬を求む。而るに海島を得、遂に留りて還らず。即ち我が朝尾州熱田の神祠是なり。或い

は紀州熊野と曰ふ。熊野は予未だ之を見ず。一錫もて東遊し、嘗て宿を熱田に借り、以て之を目撃す。千礎万楹《えい》、平沙の上に湧出し、前に碧海晴れ豁《ひら》くるを瞰《み》るに、万頃《ばんけい》天と際無し。殆ど神仙栖真《せいしん》の佳境に庶《ちか》し。（原漢文）

（『五山文学新集』二、七九〇頁）

とあるのが数少ない例である。作者は、熱田社の前に干潟があり、更に伊勢湾の海原が拡がる光景を眺めながら、こここそ徐福が到達した蓬萊に違いないと感激している。

3　楊貴妃渡来譚の形成

楊貴妃渡来譚と『長恨歌』

熱田において、徐福に代わって見いだされるのが楊貴妃の名である。その初見は、南北朝期に編纂された天台宗の著作『渓嵐拾葉集』にある。同書巻六には、

問ふ。我国を以て蓬萊宮と習ふ方如何。答ふ。唐の玄宗皇帝、楊貴妃と共に蓬萊宮に至る。其の蓬萊宮とは、我国の今の熱田の明神是なり。此の社壇の後に五輪の塔婆有り。五輪の銘には釈迦の種子𑖥𑖾（bhah）字を書きたり。此の塔婆は楊貴妃の墳墓なりと熱田の神儀に見えたり。（原漢文）

（『大正新脩大蔵経』七六、五一八頁c〜五一九頁a）

『熱田神宮古絵図〔部分〕』（熱田神宮〔名古屋〕、江戸時代）／室町時代の古絵図の模写。本殿回廊後方に楊貴妃墓と思しき五輪塔が見える。

とあり、日本のことを「蓬萊」と呼ぶ由来について、楊貴妃とは熱田の神のことで、その墓も熱田神宮にあるというのである〔尾崎一九四四〕。

楊貴妃の名が蓬萊と結びつくのは、白居易（七七二～八四六）の『長恨歌』を踏まえている。『長恨歌』とは、いうまでもなく唐の玄宗（六八五～七六二）とその寵妃楊貴妃（七一九～七五六）との愛の顚末《てんまつ》を描いた長編詩（七言古詩、百二十行）で、元和六年（八〇六）に作られた。「漢皇色を重んじて傾国を思ふ」にはじまり、二人の出会いから、幸福な愛の生活、さらに安禄山の乱による逃避行と貴妃の死と続くが、詩はそこで終わらず、死後の霊魂探索へと続いていく。すなわち、楊貴妃の死を悲しんだ玄宗皇帝は、彼女の霊魂の行方を求めて、方士（呪術者）に世界中を探させた。その結果、彼女が太真という仙女に生まれ変わり、蓬萊に居住していることを知る。方士は蓬萊に至り、玄宗のメッセージを伝えるのである。「天に在りては願はくは比翼の鳥と作り、地に在りては願はくは連理の枝と為らん」との終局の句は、男女の永遠の愛の表現として、今も人口に膾炙《かいしゃ》する。また、これを元にした小説『長恨歌伝』も作られている。

日本の人々は、白居易の生前よりその詩を愛唱した。『源氏物語』桐壺の「楊貴妃のためしもひき出でつべくなりゆくに」の一節が『長恨歌』を踏まえたものだったことはよく知られていよう。中世人の想像力は、『長恨歌』の楊貴妃＝太真と、熱田＝蓬萊説とを結びつけ、楊貴妃の日本渡来譚を作り出したのである。

楊貴妃墓の行方

楊貴妃の墓については、至徳四年（一三八七）に成った『諸国一見聖物語』にも次のように見える。

> サテ過行ハ、尾張ノ国何ニトナルミノ塩干方、月ノ夕ヘニ成ヌレハ、熱田ノ宮ノ神サヒテ、是ッ此楊貴妃ト馬塊カツ、ミノ本ニシテ、カンサシヲ沈メラレシ時、方士ト申セシ仙人ノ、一葉ノ船ニ竿指テ、蓬萊宮ニ尋ネ入、彼楊貴妃ニ相ヒタリシ蓬萊宮ト申ハ、此ノ所也ト申也。サテコソ楊貴妃ノ基トテ有リ。又方士カ船ヨセタル所トテ、船ノ形ナル所有リ。是又不思議ノ名所也。
>
> （曼殊院本、京都大学国語国文資料叢書『諸国一見聖物語』一七〜一八頁）

ここでは、著者は鳴海《なるみ》潟《がた》を経て熱田宮に参る。傍線部が楊貴妃墓についてのくだりである。「カンサシ（簪）」云々は『長恨歌』の馬塊での楊貴妃の死のくだり「宛転たる蛾眉馬前に死す花鈿（簪のこと——引用者注）地に委《い》して人の収むる無し」を踏まえているのであろう。

また万里集九《ばんりしゅうく》（一四二八～？）という禅僧は、その詩文集『梅花無尽蔵《ばいかむじんぞう》』第二の中で、文明十七年九月九日に熱田を参詣したとき「楊貴妃廟」に拝謁したことを記す。それは本殿の背後にあった「石浮図」（仏塔）だったという。

重陽、熱田の楊貴妃廟に謁す〔九日。宮の背に石の浮図有り、楊妃の廟と名づく〕。
謹白真妃若有霊　開遣廟戸試閑聴　生々合託鴛鴦菊　天宝海棠何故零
（謹んで白す、真妃若し霊有らば、廟戸を開き遣りて、試みに閑かに聴け。生々合《まさ》に託すべし、鴛鴦の菊、天宝の海棠、何の故か零《お》つる）
（市木武雄『梅花無盡蔵注釈』一、三三〇頁）

さらに、天正二十年（一五九二）書写の神宮文庫蔵『長恨謌鈔』にも次のごとくある。

蓬莱トハ日本ヲサス。富士山トアツタヲサストミヱタリ。徐福ト云モノガ、長生不死ノ薬ヲトラントテ、日本ノ富士ヘキタル。富士ノフモトニ、秦氏ノ侍ガヲ、ク、亦熊野ヲ徐福ガ社トモ云ゾ。富士ヲ蓬莱ト云コト、義楚六帖ニアリ。熱田ヲ蓬莱ト云コト、楊貴妃ノ廟所アリ。春叩門ト云。方士ノタ、イタ門アリ。日本ヲ蓬莱ト云コトマギレナシ。
（近藤春雄『長恨歌・琵琶行の研究』一六七頁）

以上のように、楊貴妃の墓は、複数の中世の記録の中に見いだせ、少なくとも江戸時代の前期までは存在していた。ところが、江戸時代の知識人はこのような「中世の虚妄」を許さなかった。寛政元年（一七八九）に完成した尾張藩の地誌『張州雑志』第三十九冊には、楊貴妃墓の図が描かれるも、「楊貴妃墓。今ハ亡リ」と注記され、既に破却・亡失したことを伝えている。

熱田の神が楊貴妃へと化身した理由について、初期の文献では明確に語られないが、徐福上陸譚と同じく蓬萊＝日本譚が生み出したファンタジーと見なせよう。なお、熱田以外にも楊貴妃日本渡来伝承がある。その遺物としては、泉涌寺の楊貴妃観音や、横浜市金沢の称名寺に伝わる楊貴妃愛玩の玉簾がよく知られている［関一九三八］。

玉簾（称名寺〔横浜市〕、鎌倉時代）／楊貴妃遺愛の品と伝承される。

玄宗の日本侵略計画

ところが、戦国時代以後の諸文献は、全く別の理由が掲げられる。『長恨歌』の注釈のひとつで、清原宣賢（一四七五～一五五〇）が著した『長恨歌・琵琶行抄』（京都大学蔵）に、一説ニ此蓬萊ト云ハ、日本ノ尾張ノ国ノ熱田明神へ尋行クト云義アリ。玄宗ノ日本ヲ攻テ取ラントスルホドニ、熱田明神ノ美女ト成テ、玄宗ノ心ヲ迷ハスト云。其証拠ニハ、此社ニ春叩門ト云アリ。春ノ比《コロ》戸ボソヲ道士ガ叩ク故ニ、其ノ門ノ額ヲ如レ此ウツト云。是ハ一説也。

（古典影印叢書『長恨歌・琵琶行抄』一七七頁）

とある。すなわち、日本侵略の志を抱いた玄宗の心を惑わすために、熱田の神が「美女」すなわち楊貴妃となったというのである。

さらに、豊臣秀次が編纂させた謡曲の注釈集たる『謡抄《うたいしょう》』の「楊貴妃」（金春禅竹作）の項にも、

熱田ヲ蓬萊ト云伝也。玄宗ノ時ニ、唐ヨリ日本ヲ取ベキト云程ニ、熱田明神ノ楊貴妃ト生テ、玄宗ヲタブラカシテ、日本ヲ取ント云望ヲ止ラレタゾ。方士カ尋テ行タル所ハ熱田也。其カラ、春叩門ト云額ガ、今ニアルト云ゾ。方士カ叩タル門也ト云伝ゾ。楊貴妃ガ墓ノ事ハ、宋景濂カ日東曲トテ、日本ノ古事ヲ十首詩ニ作リタル内ニアリ。

（古活字版『謡抄』守清本、法政大学鴻山文庫）

とある。この「楊貴妃」は、『長恨歌』の方士の蓬萊訪問を題材にしたもので、何れにせよ一六世紀における『長恨歌』をめぐる言説において、楊貴妃＝熱田神説は、玄宗の日本侵略計画

阻止のためと理解されたのである。

　この説についての初出と思しいのが大永三年（一五二三）成立の『雲州樋河上天淵記《うんしゅうひのかわかみあめがふちのき》』で、このことについて最も詳しく書かれている。

又四十五代聖武、四十六代孝謙天皇の間、李唐玄宗権威を募らせ、日本を取らんと欲す。時に日本の大小神祇、評議し給ひ、熱田神を以て倩《（請）》ひ給ひ、楊家に生まれ代りて、楊妃と為り、玄宗の心を乱し、日本奪取の志を醒まさせ給ふ。誠には貴妃、馬塊坡に失ふには如《（非）》ず、舟に乗り州智多郡宇津美浦に着し、熱田に帰り給ふと云々。（原漢文）

（『群書類従』二、四五三頁）

「春敲門額」（熱田神宮〔名古屋市〕、鎌倉時代）

　すなわち、玄宗は日本を征服しようとの野心があり、それを挫くために諸神が評議した結果、熱田の神に依頼して楊家に転生させて寵妃となし、玄宗の心を奪ったのである。そしてことが成就した後、馬塊坡で死んだこととして本国へ帰還したのである、と。同書がどのような典拠に基づいてこのような話を説いているのかは現時点では分からないが、少なくとも一五世紀段階では見ることができない説で、一六世紀という時代に現れた新しい理解だったと思しい。

周知のごとく、日本統一を果たした豊臣秀吉は、さらに明国の征服を妄想し、朝鮮に出兵して彼の地を蹂躙《じゅうりん》することになる。その際に、秀吉が神国＝日本という意識を強く抱いていたことが知られる（第一章第四節参照）。楊貴妃の日本渡来譚も、かかる時代状況の中で、日本が神国たることを証明する一挿話として組み込まれることになったのである。

4　能『白楽天』について

『白楽天』のあらすじ

最後に楊貴妃渡日譚の背景となった、日本人の白居易（白楽天）崇敬をめぐって、能の『白楽天』という作品を中心に述べておきたい。

平安・鎌倉の文人貴族にとって白居易は神仏の化身であった。平安時代には文曲星《ぶんきょくせい》（北斗七星の四番目の星名、詩歌学芸と関連づけられる）の化身とされ（高階積善「夢中同謁白太保元公」〔『本朝麗藻』所収〕、信救『白氏新楽府略意』）、鎌倉時代に入ると文殊菩薩の垂迹とする説（『十訓抄』第七）まで現れた〔小川一九九四、吉原二〇一二〕。

ところが、室町時代に作られた『白楽天』は、その白居易への視線が大きく異なっている〔クライン二〇一〇〕。本作品は、世阿弥作（信光補訂）、あるいは世阿弥以後の某人が作者とされる。まず、梗概を述べる。

名高い詩人の白楽天（ワキ）が、日本という国の智恵の程を探れとの皇帝からの命令を受けて筑紫の松浦潟に到着する。そこに現れたのが一人の漁翁（シテ）で、すぐさま相手が「唐の白楽天」であることを見破る。驚くところに、翁はあなたの来る噂は既に日本中に知られていたと答える。白楽天は気を取り直して、唐では詩をたしなむというと、漁翁は日本では歌であると答えた。白楽天は眼前の景色を詠じて「青苔衣を帯びて巌の肩に掛かり、白雲帯に似て山の腰を囲《めぐ》る」と詩句を聞かせると、それに対し翁は「苔衣　著たる巌は　さもなくて　衣著《きぬ》ぬ山の　帯をするかな」と和歌で応じた。卑しい漁翁がこのように巧な応答をするのに驚いた白楽天は、あなたは何者だと問うと、翁は自分は名もなき者だが、歌を詠むことは人間のみならず「生きとし生けるものごとに」なすことであって、唐国はいざ知らず、日本では「花に鳴く鶯、水に住める蛙まで」も歌を詠むのだと答えた（このあたりはいうまでもなく、『古今和歌集』仮名序を踏まえた表現）。この後、漁翁は姿を変えて住吉明神の本体（後シテ）を現し、「真ノ序ノ舞」という長い舞を舞い、「住吉の、神の力のあらん程は、日本をば、従へさせ給はじ、速やかに浦の波の、立ち帰り給へ楽天」と呼びかけた。住吉の出現に応じて、伊勢・石清水（八幡）・賀茂・春日・鹿島・三島・諏訪・熱田の神々も現れ、娑竭羅《しゃがら》龍王の第三の姫君でもある厳島明神が海上に浮かんで、「海青楽《かいせいらく》」（雅楽の曲のひとつ）を舞うと、八大龍王も舞い遊んだ。それが引き起こす神風に吹き戻されて、白楽天の乗った唐船は漢土に帰った。そして最後の地謡は「げに有難や神と君、げに有難や、神と君が代の、動かぬ国ぞ久しき、動かぬ国ぞ久しき」と結ばれる（日本古典文学大系『謡曲集　下』三〇五〜三〇八頁）。

『白楽天』に見える〈日本的なるもの〉の優越への指向

従来の研究では『白楽天』のストーリーの中心である、白居易の日本訪問と住吉との詩歌の贈答という筋立ては、先行する説話等なく、作者の創案であると考えられている。

住吉明神は、和歌三神のひとりとして、柿本人麻呂・玉津島明神と並んで和歌を嗜む人々に崇敬される神である。ここでは、和歌的なるものの代表として、漢詩的なるものを代表する白居易に勝利することが主題となっている。特に注目されるのは、「生きとし生けるもの」全てが詠ぜらるのが和歌であることが、その平等性・普遍性として強調されていることで、ごく少数の教養を持った人士のみが作れる詩の閉鎖性・特殊性に対比させられている（もっとも、これは日本という〈特殊〉な環境に生きる者のみの言いぐさであって、東アジア世界に基本的に通用し得る漢詩の方が普遍的であることはいうまでもないのだが）。〈中国的なるもの〉に対する〈日本的なるもの〉の優越が、本作品の主題となっているのである。

ただ、実は詞章は「天竺の霊文を唐土の詩賦とし、唐土の詩賦をもつてわが朝の歌とす、されば三国を和らげ来るをもつて、大きに和らぐ歌と書いて大和歌と読めり」とある。これは、中世の古今集注釈に頻出する和歌陀羅尼説を踏まえた説明であり、和歌は詩賦の「和らげ」＝翻案という理解であるから、絶対的優越を主張するものではあり得ない（和歌陀羅尼説については第四章第四節で詳述する）。伝統的な陀羅尼・詩賦の垂迹としての和歌という説と、『白楽天』の自国優越の主題とが齟齬《そご》を来しているともいえよう。
『白楽天』には、もうひとつのモチーフが含まれている。前言のごとく住吉明神は和歌の神であるが、第一章第四節でも触れたように、蒙古襲来に触発された中世の神功皇后説話において、皇后の参謀役として新羅征服を成功させたのもこの住吉神だった（記紀においても登場するが、そこでは神託を告げるのみ）。しかも、最後に現れる八幡・春日・鹿島・三島・諏訪の神々もまた、皇后の軍に参加した神々なのである。さらに、最後の神風によって唐船が吹き戻されるという結末は、蒙古襲来の〈神風〉を踏まえたものである蓋然性が高い（このことは白居易の来日が侵略的意図を孕《はら》むものと解釈していることを意味する）。すなわち、本作品は、神功皇后説話の別ヴァージョンというべきものなのである。

本作品成立の背景には、『白楽天』が作られたころに起こった「応永の外寇」（第一章第四節参照）があったのではないかとも考えられている〔天野二〇〇二〕。何れにせよ、元来は神仏の化現として崇拝された白居易が、神国思想が高揚してくる室町時代の時代思潮の中、〈中国的なるもの〉の代表として否定的に位置づけられるのである（近世の「唐ごころ」批判のような全面的否定ではないが）。かかる変化は、楊貴妃来日譚が、玄宗の日本侵略の野望というモチーフを強調したのと極似している。

四　呉太伯説と対中意識の変貌

1　東夷としての日本

東夷という難題

近世の儒者たちにとって、世界の中心（中国）は聖人が出た「モロコシ」（中国）であり、日本はその東に位置する東夷であった。日本近世儒学の祖ともいうべき藤原惺窩《せいか》（一五六一〜一六一九）は「ああ、中国に生まれず、またこの邦の上世にも生まれずして当世に生る。時に遇はずと謂ふべし（原漢文）」（『惺窩答問』）と歎いたという（『林羅山文集』三四六頁）。

ただ、惺窩以後の儒者たちの多くは、「夷」であることを認めつつも、特別な存在であることを追求した。貝原益軒（一六三〇〜一七一四）は『五常訓』巻之一において、「モロコシ」は天地の中央にあって風気正しき国であるから、昔より聖人・賢者が出て天下を治め、道を行った。それに基づいて孔子は六経を作った、帝王は彼を師として尊び、その教えを重んじ、祭祀を行い拝礼した、だから、天下の人々も、彼の教えに従った、とした上で、日本について次のように述べる。

ワガ日ノ本ハ、天地ノ内ニオキテ、南北ノ中央ニアル事、中華ト同ジケレバ、日月ノメグレル道正シク、四時ソナハリ、寒暑陰陽ノ時ニタガハザル事、四夷ノ諸国ニクラブルニ、スグレタル善国ナリ。五穀ユタカニ、衣食器財トモシカラズ。マコトニ豊秋津洲トイヘルモ、品物《ひんぶつ》ノ多クシテユタカナル事、外国ニマサレバナリ。其風気正シキ故ニ、風俗和順ニシテ慈愛フカク、節義ヲ守リテ、勇武ナリ。礼法正シク、威厳行ハレ、仁義ニチカシ。一タビ変ゼバ、道ニイタリヤスカルベシ。此故《このゆえに》、中土ノ書ニモ、此国《このくに》ヲ名ヅケテ、君子国ト云事、又ムベナルカナ。ワガ国ノ人ハ、日ノ本ノ外国ニマサリテヨキ事ヲシラズ。ウラムベシ。ワガ国ニタラザル所ハ、只学問ノ一事ノミ、中土ニ及バズ。……

（日本思想大系『貝原益軒　室鳩巣』八三頁）

すなわち、日本は地理的に中国と同じく南北の中央にあって、日月の運行も気候風土も近い故、ほかの夷に比して「善国」である。国土も豊かでその住民はその風気のために穏やかで慈愛深く、節度あって勇敢で礼儀正しい。だから聖賢の道が導入されれば、よく行われるはずなのだが、惜しむらくは学問は中国に及ばない、というのである。

優越論の根拠としての王統の連続性

さりながら「夷」の一国であることには変わらないはずである。ではいったい、他国との差違はどこにあるのか。この疑問に対して、益軒は次のように応える。彼はまず、他の「夷」たる南蛮・西戎・北狄との区別について『説文解字』の「夷」の項を引いて、「蛮」字が虫、「戎」字が羊、「狄」字が犬に从《したが》う（部首とする）のに対し、「夷」字は大（人）に从うが故に、他の三に比して東夷の風は仁であると述べる。

更に孔子の言葉「道行はれずば、九夷に之《ゆ》き桴《いかだ》に乗りて海に浮ばんと欲す」（『論語』子罕《しかん》篇と公冶長《こうやちょう》篇を組み合わせた文で、正確な引用ではない）を引いて、ここでいう「九夷」は日本のことを指すという。益軒はその根拠に日本が「不死ノ国」といわれたことを挙げているが、これは前節で述べた徐福渡日譚が踏まえられているのだろう。

ただ、東夷が特に優れるとしても、東夷に属するのは日本国だけではなく、朝鮮や琉球などもある。その点について益軒は、東夷＝日本と見なしており、他について言及していない。

このことに考慮しているのが熊沢蕃山の『集義和書』である。同書の巻八「義論之一」で、まず先と同じく『説文解字』の説を引いて東夷が最も優れるとした上で、朝鮮・琉球・日本の中で、日本が特に優れるとする。その際に根拠として挙げるのが天皇である。すなわち、天地始まりのときは、日本に生まれた人々は「禽獣に近」かった。ところが、天照大神が「神聖の徳」を以て教えをなしてより人道明らかになり、さらにその子孫の神武天皇以来、「天統をつぎ給へ」る（天皇位を継承する）ことになったが、これは「他の国にはなき例」である、というのである（日本思想大系『熊沢蕃山』一四八～一四九頁）。この王統の連続性の誇示（万世一系論）は、日本固有論・優越論の根拠として、その後もしばしば言及されることになる。

右の益軒や蕃山の説に見られるように、江戸前期の儒者たちは、漢土を中華・中国とし、日本を東夷とすることを認めつつも、何とかして他の「夷」の諸国とは違うことを示そうとした。この難問を克服するものとして、彼らが注目したのが神話である。元来儒家というものは、神話を独立したものとは認めず、史実が伝承化したものとして理解する傾向がある。これは江戸儒学者も同様で、『日本書紀』等が記す国生みや天孫降臨の神話の背後に歴史的事実を見ようとした。そこで注目されたのが、日本人が呉の太伯（周の文王の父の兄）の子孫だとする説である。

2　呉太伯説の受容

中国における呉太伯説の展開

『史記』周本紀及び呉太伯世家によると、周の古公亶父《たんぽ》に三人の息子がおり、長男を太伯《たいはく》、次男を虞仲《ぐちゆう》、三男を季歴《りれき》といった。季歴に子が生まれ、昌《しよう》と名づけられたが聖瑞があったので「我が世に当に興るべき者あるべし。其れ昌に在らんか」として、その父たる季歴を後継者にしようとした。太伯と虞仲は、父が弟の季歴に跡を継がせたがっていることを知り、南の辺境（荊蛮《けいばん》）へ逃げた。兄を迎えるべく使者を遣わした季歴に対し、太伯は顔に入れ墨を施して帰還は困難にしたという。彼は後に呉国の始祖とされるが、それとは別に太伯と日本を結びつける説が現れる。三世紀の中国の史書『魏略』（『翰苑《かんえん》』倭国条所引）には次のようにある。

文身黥面《げいめん》、猶ほ太伯の苗と称す。
魏略に曰く、女王の南、又狗奴国有り。男子を以て王と為す。其官を拘古智卑狗と曰ふ。女王に属さざるなり。帯方より女王国に至る、万二千余里。其俗男子皆黥面文身す、其の旧語を聞くに、自ら太伯の後と謂ふ。昔夏后小康の子、会稽に封ぜられ、断髪文身し、以て蛟龍の害を避く。今倭人亦文身し、以て水害を厭ふなり。（原漢文）

（太宰府天満宮蔵『翰苑』〔吉川弘文館刊〕五〇頁）

倭人に入れ墨の習俗があることを述べたあとに、彼らが自らを太伯の子孫であると称していたと書きとどめているのである。

呉太伯説への日本側の反応

この記事は正史である『三国志』の魏志倭人伝にほぼそのまま取り込まれるものの、太伯云々の一節のみはそこにはない。しかし、『三国志』以後の正史（『晋書』『梁書』『北史』）には記載されて受け継がれる。これらは渡来しているから、日本人たちも当然よく知っていたはずである。ところが、日本においては、平安・鎌倉時代までは、特に注目した様子はない、というか無視を決め込んでいる。

初めてこれに反応を示したのは、南北朝期の北畠親房と中巌円月《ちゅうがんえんげつ》（一三〇〇〜七五）であった。親房は『神皇正統記』応神天皇条のなかで、この説に触れて、以下のように、真っ向から反論している。

異朝ノ一書ノ中ニ、「日本ハ呉ノ太伯ガ後也ト云。」トイヘリ。返々アタラヌコトナリ。昔日本ハ三韓ト同種也ト云事ノアリシ、カノ書ヲバ、桓武ノ御代ニヤキステラレシナリ。天地開テ後、スサノヲノ尊、韓ノ地ニイタリ給キナド云事アレバ、彼等ノ国々モ神ノ苗裔ナラン事、アナガチニクルシミナキニヤ。ソレスラ昔ヨリモチヰザルコト也。天地神ノ御スエナレバ、ナニシニカ代クダレル呉太伯ガ後ニアルベキ。三韓・震旦ニ通ジテヨリ以来、異国ノ人ヲホク此国ニ帰化シキ。秦ノスエ、漢ノスエ、高麗・百済ノ種、ソレナラヌ蕃人ノ子孫モキタリテ、神・皇ノ御スエト混乱セシニヨリテ、姓氏録ト云文ヲツクラレキ。ソレモ人民ニトリテノコトナルベシ。異朝ニモ人ノ心マチマチナレバ、異学ノ輩ノ云出セル事歟。後漢書ヨリゾ此国ノコトヲバアラアラシルセル。符合シタルコトモアリ、又心エヌコトモアルニヤ。唐書ニハ、日本ノ皇代記ヲ神代ヨリ光孝ノ御代マデアキラカニノセタリ。

（日本古典文学大系『神皇正統記・増鏡』七九～八〇頁）

もちろん、親房からすれば呉太伯説は、天皇家が神の子孫であることの真っ向からの否定であり、受け入れられるはずもなかった。

中巌円月の「日本書」

いっぽう、この説を肯定的に取り入れたのが中巌である。中巌は臨済宗（元は曹洞宗）の僧で十年近くも中国に学び、帰朝後、建長寺等の住持を務めた。彼の年譜『仏種慧済禅師中岩月《ぶっしゅえさいぜんじちゅうがんげつ》和尚《おしょう》自《じ》歴譜《れきふ》』によると、暦応四年に「日本書」なる一書を著している。現存しない同書の内容について、桃源瑞仙《とうげんずいせん》（一四三〇〜八九）『史記抄』は、次のように伝える。

巻二「周本紀」

中岩ノ日本紀ヲ撰セラレタニ、国常立尊ト云ハ、呉太伯ノ后裔ヂヤナンドト云ハ不レ合事ソ。中岩ホドノ人ヂヤガ、ウツクシウモ不レ合事ヲセラレタゾ。

（『抄物資料集成』一、三六頁上）

巻九「呉太伯世家」

サルホドニ、漢時ノ経教ヲ日本国へ伝来者ハ漢音ニ読ゾ。呉時ノ経教ヲ倭国へ将来スル者ハ呉音ニ読ゾ。呉ハ時代モ不レ久ホドニ、サノミ呉カラ来タ事ハアルマイゾ。サレドモ初テ来ル事ガ呉時□（ナラ）バ、呉代ノ音ガ流布シタデアラウゾ。イザ不レ知、呉ハ震旦ノ東ノ国ナレバ、土地ガ日本へ近キホドニ、常ニ呉国カラ経教ヲ将来《もちきた》リ、日本ヨリモ呉国へ常ニ往キケル歟。国ガ近トテ、月中岩ノ日本紀ヲ作ラレタニ、日本ハ呉太伯ガ後裔ナリト云説ヲ云テ、破ラレテ、不レ行二于世一ゾ。太伯ガ子孫デナイハ、一定デモアレカシ。国ノ近ハ治定ナリ。サルマヘハ呉ノ往来ガ通ズルホドニ、日本ハ専ラ呉音ニ熟スルゾ。

（同、二七三頁上）

右の記述よりすれば、呉太伯説を日本の神話記述に当てはめたものだったらしい。同書が失われた経緯について桃源は「破られて、世に行はれぬぞ」というのみだが、後世の林羅山は「朝議不レシテ協ハ而不レス果、遂ニ火ク二其書ヲ一」（『神武天皇論』）と記している。羅山がどのような根拠によってそう述べているのか分からないが、朝命により焚書されてしまったようである。

右の桃源瑞仙も含め、室町時代には呉太伯説話に対して、概して否定的である。桃源の同時代人である一条兼良も『日本書紀纂疏《さんそ》』のなかで「吾が国の君臣、天神の苗裔、豈に太伯の後ならんや」（上第一）と、言下に否定している。

3　近世儒者における呉太伯肯定論

キリシタンと呉太伯説

近世に入り、太伯の日本渡来譚を再び採り上げたのが、キリシタンと儒者である。キリシタンは日本宗教、なかんずく神道への批判の一環として、日本が隣国からの入植によって始まったと説き、その根拠に呉太伯説を挙げる。ハビアンの『妙貞問答《みょうていもんどう》』神道事の中では、日本が伊弉諾・伊弉冊尊に始まることを批判する際に、泰伯（太伯）の苗裔が日本に来たのであって、諾冊二神が天より降り、一切のものの父母となったなどというのは「疎ナル事」だと批判している（日本思想大系『キリシタン書・排耶書』一三六～一三七頁）。

また前章冒頭でも言及したジョアン・ロドリゲスは、マカオに移ったあとに彼の地で執筆した『日本教会史』の第三章「日本の歴史の古さについて、日本人は如何なる民族であるか」において、島国である日本には、韓半島や中国本土からの人々が移住してきただろうとし、そのほか、浙江や福建からの移住者もあったと述べ、その根拠として呉太伯説話を持ち出し、その血統が日本に移住し、その子孫が神武天皇となったのだろうとする（『日本教会史　上』一六三～一七〇頁）。

林羅山の呉太伯説

いっぽう、儒者にとって、呉太伯説は特別の意味があった。儒教という中国で起こった教えが日本という「東夷」において適合することの起源論的根拠を与えるのがほかならぬ呉太伯の神話だったからである。儒者のなかで最初に呉太伯説を肯定的に論じたのが近世日本儒学の祖、林羅山（一五八三～一六五七）であった。羅山は『神武天皇論』のなかで、次のように言う。

> 論じて曰く、東山の僧円月〔字は中巌、中正子と号す。妙喜庵を剏建す〕嘗て日本紀を修す。朝議に協はずして果たさず、遂に其の書を火《や》く。余竊かに円月が意を惟ふに、按ずるに、諸書、日本を以て呉の太伯の後と為す。夫れ太伯、荊蛮に逃れ、髪を断ち、身を文《もとろ》、

交龍と共に居る。其の子孫、筑紫に来る。想ふに必ず時の人、以て神と為《せ》ん。是れ天孫《あめみま》、日向高千穂《タカチホ》の峰に降《あまくだ》るの謂ひか。……（原漢文）（『林羅山文集』二八〇頁）

中巌の逸話を引きつつ、太伯の子孫は九州に到達したのを、人々は「神」と見なし、高千穂峯に神が降り立ったという神話が作られたのではないか、と推測するのである。羅山はまた、『梅村載筆《ばいそんたいひつ》』において、日本の別名として「東海姫氏国」とあること（前節に述べた『野馬台詩』が原拠）と、周の姓が「姫」であることを結びつけて、「又姫氏国と称する事は、日本は呉の泰伯の後なり。故に伊勢内宮の額に三譲と書けり。是は泰伯三以天下譲とあるによりてなり。……泰伯は姫姓なる故に姫氏国と云」（『日本随筆大成』〈第一期〉一、四頁）と述べている。

さらにこの説は、羅山の子孫にも受け継がれた。その子鵞峰《がほう》（一六一八～八〇）や孫の鳳岡《ほうこう》（一六四四～一七三二）の著作にも、呉太伯説が見られる。なお、鵞峰によって編纂された幕府による日本通史『本朝通鑑《ほんちょうつがん》』には呉太伯への言及がないが、これは、本来言及されていたのを、同説に反対する水戸光圀が強く申し入れて削らせたという〔宮崎一九六二〕。実際には、公的史書に呉太伯説を入れることを鵞峰自身が憚って採用しなかったためと思われる。

熊沢蕃山の呉太伯説

中江藤樹は、呉太伯説を取り立てて詳しく論じてはいないが、『翁問答《おきなもんどう》』下巻末に、日本の神道と儒教の祭祀が対応するのは「本朝は后稷《こうしょく》之裔」なることによるのだとしている（「后稷」

とは周の祖先の名だが、藤樹は太伯のことを踏まえてこのように書いている）。羅山や藤樹の説を、更に展開してみせたのが、藤樹の弟子だった熊沢蕃山（一六一九〜九一）である。彼は『三輪物語』という架空の座談の中で、次のように言っている（以下引用が長文に亙るので、内容ごとに改行した上で①〜⑥の通し番号を付す）。

①社家云、日本の帝王の御先祖は姫姓にて、中国聖人泰伯の御苗裔也。泰伯御舟にめして、異国の浦に逍遥し給ひしが、風にはなたれて、日向の浦に着せ給へり。聖人にておはしませば、国人の音に通じ給ひ、かれも聞知べき様にもののたまひき。

②其時日本国、東西南北はいふに及ばず、隣国も通ぜず、深山広沢のみ多し。魑魅、魍魎、大蛇など多く、人をなやまし、国民の歎きたえず。泰伯これを憐み給ひ、牲など云ものを出すごとに、其所に忍びおはしまし、持給ふ剣をぬきて、大蛇を切殺し給へり。魑魅魍魎の神霊あるものは、聖人神武の徳に恐れて退き平ぎぬ。

③国民其神武を恐れ、仁義に懐き奉りて、親とも思ひ、主君とも思へり。たゞ人間のたねにおはしまさねば、天をさして神といへり。民の煩ひのぞき道開けて、次第々々に国ひろまり、御徳化及びしかば、国民皆此国の主とあふぎ奉り、よしある女子をみやづかへに備へて、天の神の御子孫を以て、此国代々の主となし奉るべしといへり。

④其人にして神の用おはしまし、天神の化生し給ふことなれば、無窮氏、水神氏、有木氏、有金氏、有土氏、象形氏の次第をさして、天神七代とし、此国にあらはれさせ給ひし初な

雨宝童子像（金剛証寺〔伊勢市〕、平安時代

れば、此神の始として、天照太神宮と申奉れり。天照皇の御子天忍穂耳尊《あめのおしほみみのみこと》迄二代の御徳は、人ながら神の如くなれば、此国におちゐおはしましきにやと疑へり。是を以て、二代は天におはしまして、くだり給はずといへり。瓊々杵尊《ににぎのみこと》より三代は、神徳霊明なれ共、此国におちゐおはしますといへり。

⑤天照太神の神体を、雨宝童子とて作り奉るをみれば、泰伯の呉に遁れさせ給ひし時の御形なり。泰伯の釣舟にはなたれさせ給ひて、渡らせおはしましたるともいひ、御子孫に至りてともいへり。

⑥日向国に五代迄住せ給ひ、六代めには人王と成給ひ、此国の人にあまねく礼儀を知せんとおぼしめし、日向は島地なれば、大和の国に出給ふ。その時賊徒ふせぎ奉りしかば、大に軍ありてたいらげ給ふ所ろに、賊徒多して礼義を用ひず、其上大蛇など多かりしかば、

常に武を事とし給へり。しかのみならず、日本は小国にして貨多し、他の夷の為に奪れ安し、世々武勇に得たらばよからんと思召て、みづから武威を専にし給ひ、大蛇をきり、賊徒をしたがへ、魑魅魍魎を絶給ひ、民の居を定給へり。神の徳にして武道かしこくおはしますとて、国人神武天皇と申奉れり。

（『神道叢説』五二一～五二二頁）

①すなわち、太伯は舟に乗って、各地を漂流していたが、風に吹かれて、九州日向の浦に漂着した。聖人なので、すぐに現地の言葉を覚えた。②そのころ、日本国は周辺諸国とも交流もなく、山や沼川のみ多く、魑魅魍魎や大蛇などが人をなやまし、人々の嘆きが絶えなかった。太伯はこれを憐れみ、生贄を要求する大蛇を切り殺し、魑魅魍魎どもも恐れて退いた。③住民はその武勇を恐れ、その徳を慕った。民衆は太伯をこの国の王とも神とも崇めた。その後も子孫を以て、この国代々の主となしたのである。④天神七代というのは、神の化身として作られた先祖で、地神五代からが実際の統治者である。初代が天照大神で次が天忍穂耳尊である。この二代の徳は神のごとくだったので、天に坐すこととし、三代目の瓊々杵尊よりこの国に下ったとしたのである。⑤天照大神の化身とされる雨宝童子は、泰（太）伯が呉に逃れたときの姿という。あるいは釣り船に乗って我が国に来たときの形ともいう。⑥何れにせよ、五代までは日向に住み、六代目のとき（神武天皇のこと）大和に移った。そのとき賊徒を平らげるなど、「神徳」有る上に、武道に秀でていたので「神武」と名づけたのである、云々。

羅山や蕃山は、天孫降臨の神話とは呉太伯（あるいはその子孫）が九州に漂着した史実に基づくのだと主張している。日本を中国と同祖であるとすることで、日本は儒学が根付くに相応しい資質を持っていること、さらに日本が単なる東夷ではなく中国に限りなく近い存在であることを根拠づけようとしたのである。

4　呉太伯説への批判

山崎闇斎の呉太伯説批判

当然のことではあるが、呉太伯説は、天孫降臨の神話と完全に矛盾することから、激しい反対論が起こった。反論者は儒者では山崎闇斎・松下見林・新井白石、水戸学の安積《あさか》澹泊《たんぱく》などが挙げられる。

闇斎は『大和小学《やまとしょうがく》』、『文会筆録《ぶんかいひつろく》』、『神代巻風葉集《じんだいのまきふうようしゅう》』などでこの問題を採り上げている〔後藤一九四二〕。その内容を紹介すると、まず、『晋書』等中国の史書の呉太伯説について、これは他邦の人が日本の記録類を知らずに、往来する僧侶の言を頼りにして、年代を誤り、事実を失ったものであるとした（『大和小学』敬身第三）。さらに、羅山も根拠にしていた『野馬台詩』「東海姫氏国」と、「三譲」の額をめぐる説のことにも言及し、「伊勢鎮座次第記・伝記・本記・宝基本記・倭姫世記・神妙《（ママ）》秘書・類聚本源・元々集」には「三譲」の記事はなく、『野馬台詩』も舶載の記事はなく、怪しげな書であり、よしんば本当に宝誌の撰述だったとしても、「異僧の漫語」であって拠るにたらないと述べる（『文会筆録』四三二）。

彼の否定論は全く感情的なもので説得性に乏しい。何しろ彼が否定の根拠として挙げている書のうち最初の五つは、伊勢神道の「神道五部書」と呼ばれるもので、これら自体が偽書なのである。

松下見林・新井白石の呉太伯説批判

松下見林（一六三七〜一七〇四）は、中国・韓半島書籍の日本関係記事を、抜書考証した労作『異称日本伝』巻上之一で、『晋書』倭人伝の中で、太伯は子のないまま死去し、後を継いだのは弟の仲雍（虞仲）で、その子孫が呉王となるが、最後の王である夫差《ふさ》が越に滅ぼされたのは（紀元前四七三年）、日本の第五代孝昭天皇三年であって、それ以前に呉との交流はない、夫差の子孫で日本に帰化した松野氏（『新撰姓氏録』右京諸蕃）が来朝したのは応神天皇以降である、などと論じ、最後に「嗚呼異邦人、山海阻深にして、我らが伝紀を見ること能はず、惟だ拠る所は口説なり。宜《むべ》なるかな、事実を失ふこと」と結んでいる（『新註皇学叢書』一一、二一〇〜二一一頁）。

また興味深いのは、新井白石（一六五七〜一七二五）の見解である。彼は『古史通』読法凡例の中で、天皇の祖を太伯とすることを、「異端之徒」（仏教者）が伊舎那天や毘盧遮那仏を「天祖」（天照大神）に擬するのと同じだと批判している（『新井白石全集』三、二一五頁）。ただ彼はそのいっぽう『古史通或問』下において、『晋書』に「（倭人は）男女と無く黥面文身し、自ら太伯の後と謂ふ」というくだりに言及して次のように言う。

漢魏の間に通じて王を称せしとみえし三十余国のごとき、その先世またいかにや有らむ。今皆考ふべからず。その三十余国の中あるいは少康、あるいは太伯の後に出《いで》しものあらじともいうべからず。
（『新井白石全集』三、三九〇頁）

つまり、王統の呉太伯後裔説は否定するものの、魏と交流があった倭の三十余国の中に太伯の後裔がいた可能性を示唆したのである［宮崎一九六二］。

藤貞幹の史料捏造

その後も、儒者・国学者等による呉太伯説批判は続くが、新井白石が示唆した可能性を追求しはじめる者が現れる。その最初が藤貞幹（一七三二〜九七）である。仏光寺の坊官出身の考証家で、古物・古印の研究を行ったが、いっぽう自説の補強のために史料の捏造などをしばしば行うような人物でもあった［日野二〇〇四、阪本二〇〇五ａｂ］。彼は『衝口発』という日本古代文化論を著し、その中の「皇統」の章において天皇家の起源を論じた。

> 或記云、神武天皇、御母は、玉依姫、葺不合尊の御子にはましまさず。御年も葺不合尊よりは長じ玉へり。其先は呉の泰伯の苗裔より出させ玉ふ。中略後に□り、南海を凌ぎ、大倭国に饒速日命、長□都を開玉へり。されば後の世に、我邦は太

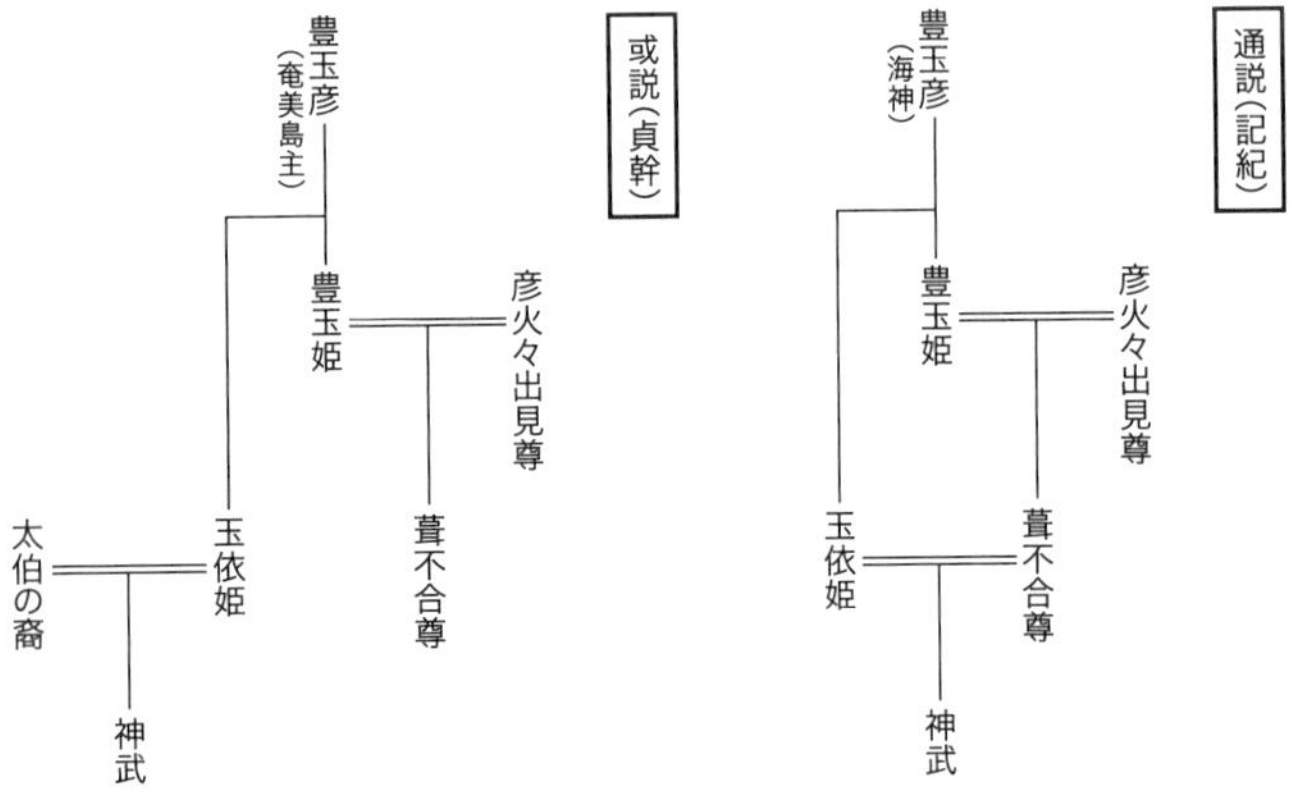

伯の末と云。又周は姫姓なればとて姫氏国の名もあり。中略然ども、神武天皇御末は、仲哀天皇にて尽させ玉ふ。下略……○神武帝の御事、右の如くに、其勃興し玉ふ地名、蠹魚《しみ》に破られ、書の考べきなし。按に、御母玉依姫ハ、海宮豊玉彦の女にして豊玉姫の妹也。塩土老翁の計ひにて、彦火々出見尊を海宮へ移しかくす内、豊玉姫を娶て、葺不合食生れ玉へり。此海宮と云は、琉球の恵平也島を云。……恵平也島は天見《あんみ》島。日本紀に、又阿麻美《あまみ》、奄美《あんみ》に作り、続日本紀は奄美《あんみ》に作る。……されば玉依姫は、此島の豊玉彦の女にして太伯の裔、此嶋に渡り、玉依姫を娶て神武帝生れ玉ひ、神武帝は即此島にして、倭国等の事を知しめし、勃興し玉ふ在らん。

（『日本思想闘諍史料』四、二二九〜二三〇頁）

彼は、記紀による通説では神武天皇の父は葺不合尊、母は玉依姫ということになっているのを否定して、神武天皇とは、南海からやって来た太伯の末裔と玉依姫の間に生まれた子どもであるとした（傍線部及び前頁図参照）。そして彼が生まれたのは奄美島であるとしたのである（その他貞幹は、仲哀と応神の血縁も否定し、万世一系をヅタヅタにしている）。

貞幹は、右の説を「或記云」として説明している。それが彼の虚構であることを見破ったのが本居宣長（一七三〇～一八〇一）である。宣長は『鉗狂人《けんきょうじん》』を著して、貞幹の捏造を徹底的に批判した。しかし、そのいっぽう宣長は、『晋書』（原拠は『魏略』）において倭人たちが「太伯の後」と名乗ったことにこだわった。先行する否定論者たちは、外国人であるがゆえの伝聞上の誤りとしたが、それでは納得しなかったのである。そこで彼は、西国辺鄙《へんぴ》なところの愚か者が中国に渡り、彼の地の人の甘心を買うために、偽って名乗ったのではないかと憶測した（『本居宣長全集』八、二八三頁）。つまり『晋書』等の倭人と後の大和朝廷とを切り離すのである。そしてこれが、後の邪馬台国＝九州説となっていくのである［上野一九八五］。

5　日本＝「中国」説

闇斎の日本＝「中国」説

呉太伯渡来説に対する反応として、山崎闇斎の態度が興味深い。先にも述べたように、羅山のような儒者たちは、日本において儒教が適応的であることの根拠として呉太伯説に注目したのだった。それに対し闇斎は、儒者であったにもかかわらず、強い反発を示したのである。よく知られているように、闇斎は厳格な朱子学者だったと同時に、垂加神道という儒家神道流派の創始者だった。彼にとって、中国を中心に構築されている儒教的世界観とナショナリズムの相克は深刻な課題であった。

闇斎をめぐっては有名なエピソードがある。もしもいにしえの聖王あるいは孔孟が、日本に攻めてきたらどうすべきかという問答である。これには二つのヴァージョンがあってまず闇斎の高弟として「崎門三傑」のひとりとされた浅見《あさみ》絅斎《けいさい》（一六五二～一七一一）の『靖献遺言講義《せいけんいげんこうぎ》』下・巻七「処子劉因」には、次のようにある。

山崎先生嘗《かつて》物語ニ、唐ヨリ日本ヲ従ヘントセバ、軍《いくさ》ナラバ堯舜文武が大将ニテ来《きた》ルトモ、石火矢ニテモ打潰スガ大義也。礼儀徳化ヲ以《もって》従ヘントスルトモ、臣下ト不《レ》成《ル》ガヨシ。是則春秋之道也、吾《ガ》天下之道也ト云ヘリ。

（近世社会経済学説大系『浅見絅斎集』二〇〇～二〇一頁）

すなわち、中国の軍勢が攻めてきたら、たとえ堯・舜・文王・武王が大将だったとしても、反撃して打ち破るが大義である。またたとえ、礼儀や徳化を以て、平和的に服属を要求したとしても、臣下とならないのが「春秋之道」（孔子が『春秋』において明らかにした正邪の道）であり、天下の道なのだというのである。

また、歴代儒者の伝記集である原念斎《はらねんさい》（一七七四～一八二〇）の『先哲叢談《せんてつそうだん》』巻之三「山崎闇斎」第九条には、同工の以下のような逸話を載せる。

嘗て群弟子に問ひて曰く、「方今彼の邦、孔子を以て大将と為し、孟子を副将と為し、騎数万を率ゐ、来りて我が邦を攻めば、則ち吾党孔孟の道を学ぶ者、之れを如何と為す」と。弟子咸《みな》答ふること能はずして曰く、「小子為す所を知らず。願はくは其の説を聞かん」と。曰く、「不幸にして若《も》し此の厄《やく》に逢はば、則ち吾党身に堅を被り、手に鋭を執り、之れと一戦して孔孟を擒《とりこ》にし、以て国恩に報ず。此れ即ち孔孟の道なり」と。

（東洋文庫『先哲叢談』一一八頁）

闇斎は、弟子たちに「孔子を大将に孟子を副将として、中国の軍勢が攻めてきたら、孔孟の道を学ぶ者はどうすべきか」と問うた。弟子らが答えられずにいると、師は「もしそのようなことがあったならば、武装して武器を取り、戦って孔孟をも捕虜にすることが国に報ずる道であって、それこそが孔孟の道なのだ」と述べたというのである。

闇斎はナショナリズムと孔孟の道（儒学）とを接続することで乗り越えようとした。しかし、やはりこれだけでは、双方の矛盾は解消されないだろう。しかも、本章の最初に述べたように、日本＝東夷という問題は、聖人の生まれた漢土が「中国」である以上残り続ける。ここで登場するのが、「中国」とは相対的な観念であって、特定の場に限定されないとの主張である。このことについて闇斎は、その著『文会筆録』巻八之二の中で、次のように述べる。

且つ中国の名、各国自ら言へば、則ち我は是れ中にして四外は夷なり。是の故に我の豊葦原中国と曰ふ。亦た我の私することを得て有るに非ざるなり。程子天地を論じて曰く「地の形、高下あり。適として中と為さざる無し」（程書抄略）と。実に至極の言なり。（原漢文）

（『山崎闇斎全集　上巻』三七三～三七四頁）

つまり、「中国」という呼称は、どこであっても自国を中心に考えれば、四方は「夷」となるはずで、日本の場合、自国のことを「豊葦原中国」といっているのもそれに当たるという。

浅見絅斎の説

闇斎の弟子たちも、師の考え方を引き継ぎ、敷衍《ふえん》していった。たとえば浅見絅斎は、前にも引いた『靖献遺言講義』下・巻七「処士劉因」の中で次のように言う。

扨《さて》中国夷狄ト云事アルニ付、唐ノ書ニ、日本ヲモ夷狄ト云置ヲ見テ、トボケタ学者ガ、アラ口惜ヤ恥カシヤ、我ハ夷狄ニ生タゲナトテ、我ト作リ病ヲメ嘆クガ、扨モ浅間敷見識ゾ。我ガ生レタ国程大事ノ中国ガドコニアラフゾ。……ソレデモ聖人モ夷狄ト云タモノト云ハフケレドモ、ソレハ唐ノ聖人ハ唐カラハ、サフ云筈、日本ノ聖人ハ、又此方ヲ中国ニシテ、アチヲ夷狄ト云筈ゾ。ソレデハスレアフガト云ヘバ、ソレガ義理ト云モノゾ。

（『浅見絅斎集』一九五～一九六頁）

誰でも自分の国が最も大事なのだから、唐生まれの聖人は自分の国を「中国」といい、他を「夷狄」と言ったのであり、もし日本の聖人ならば、自国を「中国」、他を「夷狄」というはずだというのである。そして、「人ノ親ハハラル、トモ（叩かれても）、我親ノ頭ハハラレヌ様ニスルガ、子タル者ノ義理ゾ」といった素朴な譬喩を使い、

吾国ニ生レテ、吾国設若《たと》ヒ徳不ル㆑及迚、夷狄ノ賤号ヲ自《みずから》名乗リ、兎角唐ノ下ニ付ネバ不ル㆑成様ニ覚ヘ、己ガ国ノ戴ク天ヲ忘ル、ハ、皆己ガ親ヲ賤シムル同然ノ大義ニ背タル者也。

（同、一九七～一九八頁）

といい、自分の国を卑しめるのは、人の本性に反すると主張する。

だが、絅斎が中国・夷狄相対論を、万国共通の真理として述べているかというと、必ずしもそうとはいえない。本節の最初で挙げた蕃山の『集義和書』に見られる日本優越論・特殊論が、ここの叙述にも見いだせる。彼は右の親の譬喩に続けて、

況吾国天地開テ以来、正統続キ、万世君臣ノ大綱不ル㆑変事、是三綱之大ナル者ニシテ、他国ノ不ル㆑及所ニ非スヤ。其外武毅丈夫ニテ、廉恥正直ノ風、天性ニ根ザス。是吾国ノ勝レタ

ル所也。中興ヨリモ数《しばしば》聖賢出テ、吾国ヲ能《よく》治メハ、全体ノ道徳礼儀、何ノ異国ニ劣ル事有ン。（同、一九八頁）

と、同様の万世一系論を展開、そのことが日本が「夷狄」ではないことの根拠として強調されるのである。彼は同書のほかのところでも「我国ハ天地開闢以来、余所ノ国ノ蔭ニテ立タル国ニテ無シ。神代以来、正統ニ少モ紛レナシ」（同一九六頁）と述べている。

では、翻って唐土を以て「夷狄」とすることにまで踏み込んでいるかというと、儒者である絅斎はそこまでは言わない。「吾国ヲ内トシ、異国ヲ外ニシ、内外賓主ノ弁明ナレバ、吾国ト呼ビ、異国ト云ヘバ、何方ニテモ皆筋目不レ違」（同二〇二頁）という形で、この問題を回避している。

跡部良顕・伴部安崇の説

ところが、同じ闇斎の弟子でも、垂加神道系の弟子たちは、日本＝「中国」、唐土＝「夷狄」論を積極的に主張するようになってくる。垂加派の重鎮で、幕臣でもあった跡部良顕（一六五八〜一七二九）は『神道中国説』を著して、その中で次のように言う。

夫れ中国夷秋の事、舎人親王日本書紀三十巻を編集なさせ玉ひ、儒神の習合を除き、神代の正伝を明らかに掲げ出し、皇胤の正統をあらはし、永く後世の亀鑑となさせ玉ふ。此書に我国を以て中国とし、堯舜の国といへども西土とし玉ふ。これによつて我国に生る、人是を尊信すべきことなり。然れば我国の外に中国と云ふことあるべからず。

（後藤三郎『闇斎学統の国体思想』三〇二頁）

ここでは、闇斎と同じように、『日本書紀』に基づいて日本＝「中国」説を説いている。そして中国については「西土」と呼ぶことを提唱している。

良顕の弟子であった伴部安崇（一六六七～一七四〇）は、『神道問答』の中で、日本が東夷であるのは、中国に比べて文物も盛んならず、典籍少なく、聖人生まれず、道理も礼儀も「何となく浅はかに、平仮名を以て伝ふる風」なので、信仰も自ずから篤くないからである。上古からの「神道」というものはあるが、礼法は中国からの移入が多いではないかとの問いに対して、次のように返答している。

抑日本の国は、伊弉諾伊弉冉二柱の神聖、天の御柱を立給しは、則ち天地のかたよらず平らかなるの道にして、中津国の動きなきもと也。是より天照太神顕はれ給ひて、……此国の人永くうつくしみを蒙り、……ひとつ日嗣の今日迄も動く事なく、……其道の御教は猿田彦太神……伝へましまして、中津国の人を教へ導き給より、今に絶えざる御事也。……西土は天地の改め変る事、既に三十度に及べり。然れば君を改る事も三十度也。親を改る事も三十たび也。其上近年は、韃人に国を奪はれ、あの大国の人一人も韃人を主人と仰がぬ者のなきは如何成《いかなる》心ぞや。

(『神道叢説』三一〇頁)

まさに万世一系論と神国思想が一体化した日本=「中国」論が展開されるが、いっぽうで中国(西土)に対しては、繰り返される王朝交替が論《あげつら》われる。それに加えて、一七世紀における明から清への交替が言及されていることが、ここでは特に注目される。

中国大陸において漢人王朝だった明が滅び満洲族の清に代わるという事件は、周辺諸国にとって、単に王朝が交替したというだけではなく、「韃靼人」が中華に座を占め、華夷が逆転する事態を意味した。朝鮮や日本では、これを「華夷変態」と呼んだ。それに対し、朱子学の正統を奉ずる朝鮮国では、自国こそ明の中華を受け継ぐと考えたし、日本でも特に儒学を奉ずる人々が、この逆転現象に関心を持った。朝鮮は丁卯の乱(一六二七)、丙子の乱(一六三六〜三七)での清への屈服によって、清朝を正統な中国王朝として認めることになる。いっぽう日本は、直接の国交はなく、進駐の可能性も乏しい故、反清勢力(台湾の鄭氏や、呉三桂政権)などが滅んだ一七世紀中期以降も、清朝=夷狄論が残り続ける。これが日本=中国説を生み出す苗床となった。右の安崇の言は、そのことを示唆している(もちろん日本でも清を「韃靼人」といった蔑称で呼ぶことは次第になくなっていった)。

素行・宣長・源内の説

闇斎学派以外でも、山鹿素行(一六二二〜八五)の『中朝事実』は、まさに日本=「中朝

（中国）」たることを論じた書だが、彼もまた明清交替を強く意識していた。同書「中国章」において彼は、本朝（日本）と外朝（中国）を「天地の精秀」としつつも、外朝の失として、その領土が広すぎて四夷と地続きのため防衛が容易でなく、事実しばしば侵略された結果、「終にその国を削りその姓を易へて天下の衽《えり》を左にする」ことになったとする。「左衽《さじん》」とは、服を左前に着ることで、漢人ではない異民族の風習を指す。ここでは清朝による満洲族の風習の強制を指していよう。それに対して本朝は、同じく「天の正道」にありながら、国土も数州を擁する適度な大きさで、四方を海に囲まれているので侵略される憂いも少ないと、その相対的優位を主張している（『山鹿素行全集』六、一五頁）。

　素行や先述の闇斎の弟子たちも、たとえ神道に傾倒していたとしても、儒学を否定することはしないので、日本＝「中国」を唱えたとしても、清朝についてはともかく、唐土自体を否定することはない。ところが、国学者たちになると、唐土を以て日本より劣った国とするようになる。そのときに日本の優越性の根拠となるのが、やはり王統の連続性なのである。

　たとえば、本居宣長の『直毘霊』（『古事記伝』一之巻所収）では、

> 異国《あだしくに》は、天照大御神の御国にあらざるが故に、定《さだ》まれる主《きみ》なくして、狭蠅《さばへ》なす神ところを得て、あらぶるによりて、人心あしく、ならはしみだりがはしくして、国をし取《とり》つれば、賤しき奴《やつこ》も、たちまちに君ともなれば、上《かみ》とある人は、下なる人に奪はれじとかまへ、下なるは、上《かみ》のひまをうかゞひて、うばゝむとはかりて、かたみに仇《あた》みつゝ、古ルより国治《をさ》

まりがたくなも有リける。其《そ》が中に、威力《いきほひ》あり智《さと》り深くて、人をなつけ、人の国を奪《うば》ひ取て、又人にうばゝるまじき事量《ことばかり》をよくして、しばし国をよく治めて、後の法《のり》ともなしたる人を、もろこしには聖人とぞ云なる。

（『本居宣長全集』九、五〇〜五一頁）

と、アマテラスの国ではない「異国」＝中国では、正式な王統が存在しないので、下剋上が繰り返され、国政が安定しない。その中で、力があり知恵ある者が人心を掌握して、国を奪い、また奪われまいと、よく国を治め法を立てた者が聖人になるのだと説く。

　また、国学者ではないが、平賀源内（一七二八〜七九）は、その著『風流志道軒伝』（宝暦十三年〔一七六三〕刊）で、いささか品格に欠ける卑俗な物言いながら、宣長とほぼ同様のことを述べている。

……乱て後に教は出来、病有て後に医薬あり。唐の風俗は日本と違ふて、天子が渡り者も同然にて、気に入ねば取り替て、天下は一人の天下にあらず、天下の天下なりと、へらず口をいひちらして、主の天下をひつたくる不埒千万なる国ゆゑ、聖人出て教給ふ。日本は自然に仁義を守る国故、聖人出ずしても太平をなす。

（日本古典文学大系『風来山人集』二一六頁）

神代からの王統の連続性は、初期においては東夷でありながら、特別の存在であるとすることの根拠として使われたが、一八世紀以降になると、日本こそが「中国」＝世界の中心であるという主張を明白に証明するものとされるようになったのである。

　近代天皇制国家への準備が、このようにして整えられていく。それは同時に、長い間文明の中心・模範としてきた中国観とのトレードオフだったといえよう。自国中心主義の表現としての神国思想は、日本＝「中国」説という根拠を与えられて、ここに再登場した。それは、従来なし得なかった〈中国的なるもの〉の否定を伴うものでもあった。近代における中国への蔑視感情もこのなかで醸成されていくことになるのである。

五　琉球と日本

1　琉球へのまなざし

「外国」としての琉球

ここまで、中国との文化的同質性・同祖性を求める日本のまなざしの諸相を見てきたが、最後に日本が、中国以外に同様のまなざしを向けたもうひとつの「外国」について、見ておきたい。その「外国」とは琉球（沖縄）のことである。

中世において琉球は、中国・朝鮮・日本の東アジア諸国と、マラッカ、シャム、パレンバンなどの東南アジア諸国（諸都市）との中継貿易で栄えた王国であった。しかし、一六世紀以降、明の「海禁令」の解除やポルトガル船の到来によって、その繁栄は衰えつつあった。それに加えて、豊臣秀吉の日本統一、さらに明国征服の野望の一環として行われた朝鮮侵略（壬辰・丁酉倭乱）といった東アジア世界の激変に巻き込まれていく。

その果てに起こったのが一六〇九年（万暦三十七年、慶長十四年）の島津氏の琉球侵略（「島津入り」）であった（もちろん徳川氏の黙許の下）。琉球王国は島津氏の附庸国となり、日本の徳川幕藩体制下に組み込まれる。そのいっぽうで明から冊封されているとの立場は維持された。

島津氏としては、琉球を通じての交易上の利得を得ようとしたのである。中国との冊封関係は、明清交替後も更新された（このことが、明治以降の琉球の帰属問題へと連なっていく）。

琉球を通して浮かび上がる日本像

幕府は、外国でありながら、日本の一領邦に服属するという琉球に大いに注目した。その結果、寛永十一年（一六三四）より始まったのが、琉球使節の「江戸上り」である。これは琉球国王の即位に伴う「謝恩使」と、将軍の代替わりの「慶賀使」により成る。何れも行列を仕立てて日本国内を進む。これは、朝鮮通信使やオランダ・カピタンの行列と同じく、徳川将軍の「御威光」を示す演出であった。

島津氏は、琉球使節を意図的に唐風に仕立てるように指示していたが、日本と類似する琉球の言語・風俗が知られるようになり、この日本国人と似た異国人への関心が次第に高まっていく。一七世紀の琉球に関する情報は袋中『琉球神道記』と、創作の可能性が高い『定西法師伝』などであったが、一八世紀に入ると、中国や琉球の文献なども使いながら、本格的に追究されるようになる。

琉球とは何か。日本なのか、異国なのか。日本が「大国」たる中国に対して、自国文化の位置づけを模索したのと同様の追究が、この場合では「大国」としての日本が、事実上の服属国となった琉球に対してなしたのである。その営みを通して見出されたのは、琉球文化の特質ではない。むしろ近世日本の自国へのまなざしである。このことを、新井白石・伴信友などの儒者・国学者の琉球をめぐる議論を通じて見ていこう。

2　新井白石の琉球研究

日琉同祖論の先駆者としての白石

近世日本において、初めて学問的な琉球研究に着手したのは、新井白石（一六五七～一七二五）であった〔宮崎一九五八、一九七〇、一九七三〕。白石の琉球への関心は、幕閣に列する者としての日本国の領域問題に発しており、北方を扱った『蝦夷志』と対を成している。その成果が『南島志』（享保四年〔一七一九〕成立）と、『五事略』の一巻を成す『琉球国事略』である。前者は漢文、後者は漢字仮名交じり文で著されている。

『南島志』は上下巻より成る。琉球国全図・琉球各島図・総序のあと、上巻は地理・世系、下巻は官職・礼刑・食貨・宮室・文芸・物産・冠服・風俗の章に分かち、『琉球神道記』や陳侃《ちんかん》『使琉球録』等の諸書を博捜して解説している。

白石の琉球への関心の焦点は、琉球を日本文化圏のなかに組み込もうとする指向である〔横山学氏はこれを「倭文化構想」とよんでいる〔横山一九八七〕〕。彼は『南島志』総序のなかで、『山海経《せんがいきよう》』を典拠として琉球を南倭、蝦夷を北倭とし、さらに船載された「万国全図」に基づいて、「本邦及び琉求・蝦夷竝て海中洲嶋の上に在り。或は絶え、或は連ね、以て東方一帯の地を為す〔原漢文〕」〔『新井白石全集』三、六九一頁〕と述べる。

この南倭・北倭の発想は、松下見林の『異称日本伝』（元禄元年〔一六八八〕成立）に基づくものである。同書第一「南倭」には、「山海経巻十二海内北経」の引用として「南倭北倭属レ燕」（原文のまま）を掲げ、

南倭北倭者、日本自二遼東一則南也。自二呉越一則北也。故曰二南倭一、曰二北倭一。属レ燕者非也。

（『新註皇学叢書』一一、一九七頁）

と注している。白石はそれを敷衍して南倭＝琉球説を立てるに至ったのである。ところが、既に屋代弘賢《やしろひろかた》『琉球状』が指摘するように、『山海経』海内北経の原文「蓋国在鉅燕南倭北倭属燕」は、「蓋国《がいこく》は鉅燕の南、倭の北に在り。倭は燕に属す」と読み下すべきところを、見林は句読を誤って「蓋国は鉅燕に在り。南倭・北倭は燕に属す」と読んだ。白石も自分の琉球観と合致するゆえに、それを踏襲してしまったのである。

白石は、本文中の各論においても、「王親以下、品官第宅、衆庶屋舎、亦皆我制の如し」（「宮室第四」）、「国楽、其の唱曲、則ち我が里謡の如し」（「礼刑第六」）と、彼我の文化的同質性に注目している。

なお、白石に先立って、琉球の側でも向象賢《しょうしょうけん》（羽地朝秀《はねじちょうしゅう》、一六一七〜七六）が、

竊惟者《ひそかにおもんみれば》、此国、人之生初者、日本より為レ渡儀、疑無御座候。然者、末世之今二天地・

山川・五形・五倫・鳥獣・草木之名ニ至る迄、皆通達せり。雖然、言葉の余相違者、遠国之上、久敷通融為レ絶故也。五穀も人同時日本より為レ渡物なれば……

（『校註 羽地仕置』〔『東恩納寛惇全集』二、一七二〜一七三頁〕）

と琉球の民族的・文化的起源を日本に求める主張を行った。白石と象賢こそが日琉同祖論の先駆者であった。ただ、向象賢の右の記述については、前後の文脈から、因習的祭祀を批判する便法として述べたにすぎず、日琉同祖を本格的に主張したわけではないとの指摘もある〔高良一九八九、二〇〇〇〕。それが後年、近代沖縄学の祖である伊波普猷《いはふゆう》（一八七六〜一九四七）によって、日琉同祖論の先駆として見いだされることになったのである〔屋嘉比二〇〇九〕。

白石と為朝渡琉説

白石が日琉関係に注目したもうひとつの重大な事柄として、為朝渡琉説がある。大島を脱出した源為朝が琉球に渡り、そこで生まれた子が舜天王となったとの伝承は、室町後期の五山僧である月舟寿桂（一四七〇〜一五三三）の『幻雲文集』所収の「鶴翁字銘并序」に初見し、その後南浦文之《なんぽぶんし》（一五五五〜一六二〇）『南浦文集』に引かれ、琉球側においても向象賢が中心となって編纂した『中山世鑑《ちゆうざんせかん》』以下の琉球の正史に取り入れられる。為朝渡琉譚形成の淵源については諸説あるも、何れにせよ日琉両国の政治的・文化的関係を説く際の、重要な根拠となっていく〔宮崎一九七二、一九八八、横山一九八二、一九八七、渡辺二〇〇一ａｂ、大田二〇〇一〕。

白石は『南島志』「世系第二」にて、琉球の年代記を綴るが、そのなかで『中山世鑑』等を典拠に為朝とその王統について次のように記す。

為朝が諸島を攻略してついに琉球（南島）に至り、島人を帰服させた。大里按司の娘との間に子を成した後、帰還し間もなく自殺に追い込まれた。母に育てられた遺児は長じて浦添按司となり、さらに国土を平定して舜天王となった。ときに文治三年（一一八七）で、在位五十年の後の嘉禎三年（一二三七）に死去、その後順熙、義本と相嗣ぎ、弘長二年（一二六二）に天孫氏（英祖）に禅譲した。（取意）

天孫氏五代の後に立った察度氏について白石は、同氏が浦添按司の出自であることを根拠に、舜天王の苗裔ならんと推測しているが（『新井白石全集』三、六九八頁）、あくまで歴史上の一齣として、それ以上の穿鑿《せんさく》を加えていない。

3　伴信友の琉球研究

伴信友の為朝渡琉球説

為朝渡琉球説は、舶載された琉球の正史や、明和三年（一七六六）に日本でも版行された、徐葆光（一六七一～一七二三、冊封使として琉球に派遣された）の『中山伝信録』など、中・琉の書籍にも記載されていることが知られるようになると、ますます関心を呼んだ。さらに、それに取材した曲亭馬琴（一七六七〜一八四八）の『椿説弓張月《ちんぜいゆみはりづき》』（文化八年〔一八一一〕完結）によって、大衆的レベルにおいても周知されるに至ったのである。

そのなかにあって、国学者で考証家としても知られた伴信友《ばんのぶとも》（一七七三〜一八四六）が、天保九年（一八三八）に著したのが『中外経緯伝』全六巻である。本書は、日本と中国・朝鮮・琉球との関係を歴史的に考証したもので、特にその第三において為朝渡琉説を体系的に論じており、後世へ大きな影響を与えた〔宮崎一九七〇、横山一九八二〕。

信友は冒頭、『南島志』を採り上げ、本書が「めでたくかき著はされた」ものではあるが、

> 源為朝の子舜天と云けるが、其国の王となりて、初国しりて治けるより、漸に皇国風に化りて、遂にきはやかなる臣国《ミヤツコクニ》となりぬる本末の趣、また其の国の始の古事、そのほかすべて皇国に関《カヽ》係れる事どもを記されたれど、その書漢文に切略《ツヅ》めて、こときりて記されたれば、いかにぞやきこゆる事もすくなからず、そのかみの実《マコト》のありさまよくもきこへがたく、又見漏されたる書もありげにて、あかぬこゝちせらるれば……
>
> （『伴信友全集』三、二五二頁）

と、本書の目的が『南島志』の修正にあることが明言される。

右の序で特に注目されるのは、信友が『南島志』を「皇国風に化り」「臣国《ミヤツコクニ》となりぬる」由

来を説明した書と見なしていることである。前述したごとく、白石は琉球を「南倭」としたが、これは文化的な同質性に着目したものである。もちろん、同書「世系二」において、琉球国が薩摩の附庸になった次第は明記されるが、それは事実として記すのみで、信友が読み取ったようなニュアンスは希薄である。つまり、信友は琉球の皇化・臣国化の過程を明らかにしようとする国学者らしい自らの立場から『南島志』を曲解するのである。そして、彼が関心の中心に据えたのが為朝渡琉譚で、その史実性が追究されていく［大田二〇〇二］。

為朝渡琉球説の史実化

信友は、白石が使用した史料に加えて、『八島記』、『中山世鑑』『中山伝信録』『琉球国志略』等を使って、白石の説を補強しようと努めるが、そのなかにあって、白石とは違う関心をいくつかの事柄に向けている。先ずひとつは、『伝信録』に琉球の字母として片仮字・草仮字を使用していることについて、これは舜天王のとき、教えられたのだとしたことである。そして現在は「上国の歌物語ぶみなどをよみてめではやし、拙からぬ歌よむものさへにあるばかりの世」となった、と説く。まさに「皇国風に化」した初発に、為朝渡琉譚を据えているのである。

そしてもうひとつは、為朝と現王室を系譜的に結びつけたことである。前述のごとく、舜天王統は三代で終わったのであり、現第二尚氏は為朝とは血統上の繋がりはない。白石はそのことを問題にすることは全くない（ただ白石は、『琉球国事略』のなかで、足利氏の初祖義兼は実は為朝の子なり、との今川了俊の説〔『難太平記』〕を紹介し、「もししからば、彼国王は本朝の足利・細川・畠山等の流の諸家の源氏と同じく為朝の後と見えたり」などと、付記している。幕閣の関心を引くべく言及したものであろう)。

それに対し、為朝渡琉を現在に至る「皇国化」の初発と考えたい信友にとって、血統の断絶は大きな問題であった。森島中良《もりしまちゅうりょう》(一七五四〜一八一〇)が著した琉球物『琉球談』(寛政二年〔一七九〇〕刊)においても「此俗今の琉球ハ為朝の血脈なりと云ハ誤なり」(『江戸期琉球物資料集覧』四、三三頁)としている。

ところが信友は『伝信録』翁長祚の後序の「尚円、北山に崛起《くっき》し、臣庶、推戴す。中国の湯武のごとし」(冊封使使録集十『中山伝信録』(明和和刻本の影印)上、二二頁)の一節を、同書第三「中山世鑑」義本条の「義本、位を譲り、北山に隠る」の記載と結びつけ、「尚円は、北山に隠れたりし義本が後にて、中祖伊平屋に徙《わた》りて在りけるが、尚円におよびて其本土に渡来て、其処より身を起したりし由の説を立たる文ときこえたり」(『伴信友全集』三、二七四頁)とし、

> かくて今の王は、尚円が裔にて、義本が後といへる説の正しくきこゆれば、尚円より為朝の後胤のさらに王となりて、相継きて七世に当れる尚寧が世に、慶長十四年より永く、皇国の臣国となりて在るなり。(同、二八二頁)

と結ぶ。

伊平屋島出身の尚円(金丸、一四一五〜七六)は、一四七〇年に前王朝(第一尚氏)を滅ぼし

て現王朝（第二尚氏）を開いた。信友にすれば、尚円は為朝の血を引く義本王の子孫であるのだから、尚円の即位は簒奪ではなく、本来の王統への回帰ということになる。そして、その世系の尚寧王が（「島津入り」によって）日本に帰属することになったのは、日本の王臣たる源為朝の後裔であるが故に正当なことである、という理屈になる。

牽強付会としかいうほかない臆断だが、これが「定説」化する。信友の考証によって「学問的」粧いを得た為朝渡琉譚は、厳然たる史実と見なされる。近代に入っても、後述の松田道之《まつだみちゆき》などは「永万元年ニ至リ、源為朝、伊豆ノ大島ヨリ航シテ来リ、大里按司ノ妹ヲ娶リ尊敦ヲ生ム。是則チ舜天王ニシテ、今王則チ此末裔ナリ」（『明治文化資料叢書』四・外交編、一三八頁）と、第二尚氏が為朝の後裔たることを当然視している。

近代の学問空間において、信友の主張は、本来ならば実証に耐え得るものではなかったはずである。しかし、為朝渡琉譚（及び尚円後裔説）は明治政府の沖縄「皇民化」政策に歴史的正当性を与えるものとして推進された。その結果、重野安繹や山路愛山などの学者・文筆家によって、史実であるとの主張が続けられていくのである［大田二〇〇一、原田二〇一七］。

4　神代史と琉球

琉球＝龍宮説

近世には、神道家や国学者によって古代研究・神話研究が進展したが、琉球に関する情報は彼らの一部に或る啓示を与えるものであった。そのなかでも、注目されたのが琉球＝龍宮説である。

　これは、袋中が『琉球神道記』巻五「キンマモンの事」のなかで、

又国土ヲ視ルニ、不寒不熱ニシテ、草木四時ニ萎《シボ》マズ。人心亦柔軟ナリ。諺ニ龍宮世界ト云。私云、爾バ琉球ノ二字、恐ラクハ龍宮《キウ》ノ韻也。那覇《ハ》ハ阿那婆達多龍王ノ所居ナルベシ。今ハ略語也。（横山重編『琉球神道記　弁蓮社袋中集』一一三頁）

と記したことに発する。その後、『本朝怪談故事』（正徳元年（一七一一）刊）や、井沢蟠竜『広益俗説弁』（享保二年（一七一七）刊）に「琉球神道記」の引用として「琉球国ノ王宮榜《ぼう》スルニ龍宮城ト書ス」なる一節が引かれる。ところが、屋代弘賢の『琉球状』が指摘するように、この引用文は『琉球神道記』本文には見えず、捏造されたものである（『江戸期琉球物資料集覧』四、二二三頁）。

　この一文を、『日本書紀』の本文注釈に使用したのが谷川士清《たにがわことすが》（一七〇九〜七六）である。彼は宝暦十二年（一七六二）刊『日本書紀通証』巻七・神代下「海宮遊行章」の「海宮（わたつみのみや）」の注のなかで、「海宮」を龍宮と解する説があることを紹介し、さらに「琉球神道記ニ曰琉球王ノ門榜、記二龍宮城一」を引いて、為朝の舜天王の即位と義本王より英祖（天孫氏）への継承のことを簡略に記す（臨川書店版『日本書紀通証』第二冊、六六三頁）。弘賢がこの「琉

球神道記曰」の文に注目したのは、『通証』に記載があったからである。士清が何からこの文を引いたのかは不明だが、『琉球神道記』からではなかったことは確かである。

琉球＝龍宮説と日琉同祖論

士清自身は、琉球＝龍宮の説について、特に穿鑿《せんさく》を加えていないが、これに触発されたのが藤貞幹《とうていかん》（一七三二〜九七）である。貞幹の説については前節でも述べたが、行論の関係上、再説しておく。貞幹はその著『衝口発《しょうこうはつ》』「皇統」の条において、虫損により後半が欠けた「神武天皇が葺不合尊と玉依姫の子はなく、呉太伯の苗裔である」との「或記」を引き、その虫損箇所について、彦火々出見尊が「海宮」の豊玉彦の娘と婚姻して葺不合尊が生まれ、もうひとりの娘である玉依姫と呉太伯の子孫との間に生まれたのが神武天皇だったとし、「海宮」とは「恵平也島」（奄美島）であり、豊玉彦とはその島の首長だったと推定してみせたのである。

そして、「されば玉依姫は、此島の豊玉彦の女にして太伯の裔、此嶋に渡り、玉依姫を娶て神武帝生れ玉ひ、神武帝は即此島にして、倭国等の事を知しめし、勃興し玉ふ在らん」と、神武天皇が「恵平也島」の出身であるとした。「或記」は、全く貞幹の創作にかかるもので、彼はこのような捏造をしばしば行う奇怪な人物であった。それはともかくも、ここでの貞幹の虚構が士清の説を下敷きにしていることは明らかであろう。

琉球＝龍宮・海宮説については、森島中良の『琉球談』にも、「神代紀に、海宮《ワだつミのうみのみや》といへるハ、此国なるべき事。予が撰する万象雑組（俎）の中、地之部の條にくハしく載《のせ》たり」（『江戸期琉球物資料集覧』四、三二頁）とある（なお、『万象雑組』は刊行されることはなかったので、中良の考証の詳細は分からない）〔石上一九九五、一九九九〕。

前述の『琉球状』によって琉球＝龍宮説が否定された後も、天保三年（一八三二）刊の『中《ちゅう》山聘使略《ざんへいしりゃく》』などでは、

> 海宮とハ、当時《そのとき》琉球をさして云へりといふ諸家の説《せつ》あり。此ハ正しく史策《しょもつ》に載ざれバ、臆《すい》断《りやう》に出たる説なれど、私《ひそか》に思ふに信《まこと》に左もあるべし。（同前、二六八〜二六九頁）

と述べる。その理由として著者は、南海にあって、琉球よりほかに君臣礼節の備わった国はなく、豊玉姫・玉依姫の二代の皇妃を出せるのはここ以外にあり得ないこと、和歌詠みが多くいることなどを挙げる。そして天孫氏についても「天孫彼国に留らせたまふ中に皇胤を残して帰らせたまひて、さて其の皇胤、彼国の開闢の君とならせたまふ」たのだと、日琉双方とも出自を同じうする「天孫」の統べる国同士たることを強調してやまない。

薩摩による琉球支配の正当化

このほか、琉球を「海宮」と結びつけた者に、白尾国柱《しらおくにばしら》（一七六二〜一八二一）がいる。国柱は薩摩藩の国学者であり、琉球への眼差しも他と異なっている。その著作である『神代山陵考』（寛政四年〔一七九二〕）は瓊瓊杵尊・彦火火出見尊・葺不合尊の三神の陵墓を比定するも

のであるが、その付記において、「海宮」＝琉球説の批判を展開する。

先ず、祭神が豊玉彦・豊玉姫なること等を理由として、「海宮」を薩摩国頴娃《えい》郡の開聞《ひらきき》神社であるとする。そして、琉球が海宮なのではなく、海神（豊玉彦＝開聞神）が、海島の酋主として、琉球はじめ南海諸島全体を管轄したのであって、その痕跡は、琉球の姓氏・地名に「豊」・「玉」字の多きこと、言語も「侏離《しゆり》」（外国語）のごとくであるが、実は「東方之言」（日本語）と声韻に差訛があるに過ぎないものであること、日本の神社の多いこと等に見いだせるとする。

国柱は、このように頴娃郡一邑の長が南海地方全域を支配していたことについて、「今尚ほ南海諸島の吾が薩藩に臣附するがごときなり」などと付け加えている。つまり、国柱は、「海宮」の所在を論じながら、薩摩による琉球支配を起源論的に正当化しようとしたのである［青木二〇〇三］。

5　同種と異種の恣意性

日本近世の琉球理解のふたつの流れ

白石の南倭＝琉球説と、藤貞幹らの琉球＝龍宮・海宮説には、琉球と日本との間に文化的な同質性を見ようとする傾向が認められる。一方、信友の為朝渡琉譚の考証や国柱の神話論は、日本（或いは薩摩）への従属を強調し、日本との類似は感化（皇国風）の結果として、本来的には異質だと見なしているようである。

後者の典型として米山子《べいざんし》『琉球奇譚』(天保三年〔一八三二〕刊)が挙げられよう。同書「風俗」の条には、

すべて此国《このくに》は夷狄《えびす》にて、礼儀《れいぎ》の道《みち》も調《ととの》はざる国なりしが、二条院永満《にでうのいんえいまん》元年、鎮西《ちんぜい》八郎源為《ため》朝《とも》、豆州《づしう》の島に流《なが》され、大島より琉球に渡り、乱賊《らんぞく》を討《うつ》て民《たみ》を安《やす》んじ、五常《ごぜう》の道《みち》を教《をし》へ、文武《ぶんぶ》の法《ほふ》を喩《さと》せしより、日本《につほん》の風俗《ふうぞく》となる。

(『江戸期琉球物資料集覧』四、一九七頁)


と、琉球を「夷狄」と断ずる。ところが、同じ年に出た『中山聘使略』は、前項で見たように、日本と同質の「文化的高さ」を強調するのである。

近代における琉球の「日本化」

日本の琉球へのこのような、両極端の琉球観はそのまま明治以後における、琉球の「日本化」の言説を形成していく。いわゆる「琉球処分」に際し、処分官として琉球に派遣された内務大丞松田道之(旧鳥取藩士、一八三九〜八二)は、日清両属を求める琉球王府に対して、明治八年九月一日に送った文書のなかで、

此琉球ノ人種タル、骨格体容、我カ薩摩人種ナリ。其風俗ハ我カ国ノ風俗最モ多ク、就中

我カ古代ノ風趣アリ。……此琉球人民ノ語調ヲ聴クニ、純然我カ国ノ語調ニシテ、語音ハ薩摩ノ語音ナリ。語章ニ至テハ名詞ヲ上ニ用ヒ、動詞ヲ下ニ用ユル如キ、最モ著明ナル我カ国語ノ証ナリ。如此歴々因証アリ。故ニ、地理・人種・風俗・言語等ニ就テ論スルモ、我カ国ノ版図ナリト謂フ所以ナリ。（『明治文化資料叢書』四・外交編、一三七〜一三八頁）

と、日琉人民の体格・風俗・言語上の一致を根拠に、日本にのみ帰属すべきと主張している。

このようにして、琉球王国の日本への併合が正当化される。かかる見解は、その後鳥居龍蔵やB・H・チェンバレンによって、近代科学の下で、民族学的・言語学的に追究され、日琉同祖論として展開していく〔石田一九九五、二〇〇三、二〇〇四、與那覇二〇〇四〕。

ところが一方で、正反対の意見も存在した。明治四年六月に提出された、左院（元老院の前身）の琉球帰属問題についての答申のなかで、琉球国王を華族に編入することを不可なりとし、その理由について、「琉球国主ハ乃チ琉球ノ人類ニシテ、国内ノ人類ト同一ニハ混看《(肴)》スヘカラス」（前掲書、九頁）といっており、ここでは、琉球人と日本人とは、別の「人類」と見なしている〔安岡一九八三、小熊一九九八〕。併合する根拠として同種であることを主張しながら、ここでは異種として排除するのである。

同種と見るにせよ、異種が「皇国化」＝日本化したと見るにせよ、徹底的に本土側からの一方的で恣意に満ちたものである。かかる琉球観は、併合によって琉球国人が沖縄県人として「日本国民」の中に組み込まれた後も続いていくのである。

むすび

以上本章では、古代から近世に至る日本の対中意識の諸相を辿ってきた。もとより、「日本」という領域に住んでいた人々が、中国あるいは〈中国的なるもの〉をどのように意識し、それに対する自己（日本あるいは〈日本的なるもの〉）をどのように位置づけ、さらに構築していったかという問題は、本書全体を貫く主要テーマであり、他の章でもさらに追究することになる。本章では吉備真備・徐福・楊貴妃・白居易・呉太伯をめぐる説話・伝承とそれをめぐる議論・言説を具体的に検討する中で、この問題に迫ろうとしたものであった。

徐福と呉太伯渡来の説話は、中国の文明・文化の日本への移入の歴史の起源を示す「史実」として流通した。それは、陸続として伝来する「唐物」＝中国文物を受容・吸収する資質・能力の高さを証明することの根拠と考えられたのであった（両話の出所が何れも中国典籍にあったことは、その信憑性《しんぴょうせい》をより高めた）。

しかし、本章のはじめにも述べたように、そのことに伴う〈負債〉をどうするかが問題になる。〈日本的なるもの〉の創出の具体例については、他章で検討するが、本章で採り上げた吉備真備入唐説話などは、日本における中国的「知」の体現者である真備が、本場である中国の人士を、その「知」において凌駕・圧倒するというモチーフが色濃く存する。これは、〈負債〉を返す際の一つのパターンであった。ただ、その際の協力者として、鬼や神仏（日本の）の介在が不可欠となっているところに、〈負債〉の大きさを窺わせる。

楊貴妃渡来譚は、徐福伝説と白居易崇拝が生み出した一種の異伝なのだが、一六世紀以降、玄宗の日本侵略阻止というモチーフを付加されたところに、当時の時代意識の反映が見える。また呉太伯渡来説話は、日本における儒学の台頭と対応して一七世紀以降に脚光を浴びた点が注目される。この説話は華夷思想と中国・日本関係をめぐる、議論の素材として、近世においてさまざまに論じられるが、その行方は、崇拝から貶下へと変わっていく中国観と対応していたのである。

最後の琉球の同化と他者化をめぐる近世の言説は、実は日本の「日本人化」の反映であって、琉球人にとってのアイデンティティとは無関係な問題であった。「日本人」という自己像が形成されつつあった近世日本において、琉球は異国と自国との両義性を帯びた存在だった。だからこそ、日本とは何かという課題を追求する儒者や国学者を引きつけたのであった。ところが、近代に入って、日本国が琉球を併合し、琉球人を「日本人」のうちに組み込んだとき、琉球人＝沖縄県人自身のアイデンティティの問題と直結していくのである。そしてその一方、本土人の沖縄観は、今現在に至るまで近世の琉球認識と地続きであって、本質的には大きく隔たってはいないのである。

第三章　天竺憧憬

古代・中世の三国世界観において、中国（震旦）とインド（天竺）では、対する意識に明瞭な違いがある。中国が実際に通交しているのに対し、インドは距離も遠く交流することはほとんどない。人的接触もない。日本におけるインド像は、仏伝を中心にして、具体的な情報としては主に玄奘の『大唐西域記』を素材に構築されていた。日本国の住人にとって天竺はまさに幻想の国である。このことが、インドに関するさまざまなイマジネーションを喚起し、独特のインド像が造られていったのである。本章では、その諸相を見ていきたい。

まず第一節「渡天竺の夢」では、インドに渡ることを夢みた人々をめぐるエピソードを採り上げる。最初は慶政《けいせい》で、彼のインドへの憧れが生んだ美しき誤解をめぐるエピソードを紹介する。次いで鎌倉時代の渡天願望者の代表的存在たる明恵について述べる。彼は中国にすら行くことはなかったが、生涯に亙ってインドに渡ることを夢見続けた。最後が真如である。彼は実際にインド行きを敢行した人で、その途上で遭難して死んだ。ところが、彼の横死は後世において、その勇気は称えられず批判的に言及されるのである。

第二節「天竺僧の来日」は、前節とは逆に、日本へやって来た（来たとされる）インド系の僧について、日本の祖師たちとの関わりを中心に述べる。最初の「婆羅門僧正と行基」は、天平の大仏建立の開眼供養の導師となった婆羅門僧正菩提僊那の実像と後世における伝承、特に行基との関係について述べる。続く「達磨と聖徳太子」では、『日本書紀』にある片岡山の太子と或る飢人をめぐるエピソードが、飢人が実は来朝した達磨だったという説話へと成長していく過程を辿る。「善無畏と空海」は、中国へ『大日経』を伝えた善無畏が、実は日本に来ていて、彼が久米寺に残しおいた同経を空海が発見、そのことが空海の渡唐と密教伝授のきっかけになったという説話の形成について述べる。

第三節「三国伝来」では、第一章で述べた三国世界観に基づく説話・伝承について採り上げた。最初の「清凉寺釈迦如来像」は、京都嵯峨野の清凉寺に伝わる生身釈迦像をめぐる史実と伝承との交錯した様相を、続く「三国転生」は、生まれ変わりを繰り返しながら、インド・中国・日本で活躍する者たちについて述べる。「阿育王塔」は、阿育（アショカ）王が建立したとされる阿育王塔伝承の日本への伝来、「五天竺図」は、中世の世界地図である五天竺図について、そこから導き出せる中世日本人の世界把握を窺う。

最後の第四節「渡来する神と土地」は、インドから日本へ神・物・土地が飛来・漂着した説話を採り上げ、インド＝日本説の説話的展開を考察する。「飛来する聖地」では、多くの聖地の起源伝承において、霊鷲山などのインドの山の一角が飛来したことが語られることを、「『日本国』の漂着」では、日本全体がインドより漂着したとの説を、「インドから来る神々――本地物の世界」では、『熊野の本地』を初めとするインドからの神々到来譚を採り上げる。

以上を通じて、幻想の国インドを日本と関わらせることで、中国に対する対等性あるいは優越性を構築しようとする中世日本の国土イメージを浮かび上がらせたい。

一　渡天竺の夢

1　慶政と「南番文字」

異邦人との出会い

まず慶政（一一八九〜一二六八）をめぐる逸話から始めよう。慶政は鎌倉前中期の人で、九条良経（一一六九〜一二〇六）の子、道家（一一九三〜一二五二）の兄に当たるとされる。幼少期の事故で身体が不自由になったことが原因で、俗界・僧界での栄達をあきらめ、遁世聖として一生を送った人である。しかし、彼は隠逸の人では終わらなかった。弟の道家の後援を受け、盛んに勧進活動を行い、四天王寺や法隆寺の修復等に尽力した。また、道家の家司の妻女に取り憑《つ》いた天狗との問答を記した『比良山古人霊託《ひらさんこじんれいたく》』、特異な説話集である『閑居友《かんきょのとも》』の作者としても知られる［橋本一九七二］。

慶政は二十九歳のとき宋に渡っている（西暦一二一七年、建保五年〔日〕、嘉定十年〔中〕）。その折、隋唐以来有数の貿易港として栄えた泉州（現福建省泉州市）において三人の異邦人に出会い、別れ際に紙と筆を渡して惜別の辞を書いてもらった。

それは後に明恵に贈られて、高山寺方便智院《ほうべんちいん》に伝来した（後に寺外へ流出）。書状には二ケ所に毛筆墨汁にて、竪横に四行ずつ異国文字の文章が記され、ほかに慶政による、以下のような付記がある。

此は是れ南番文字なり。南無釈迦如来・南無阿弥陀仏なり。両三人到来し、船上で書を望む。

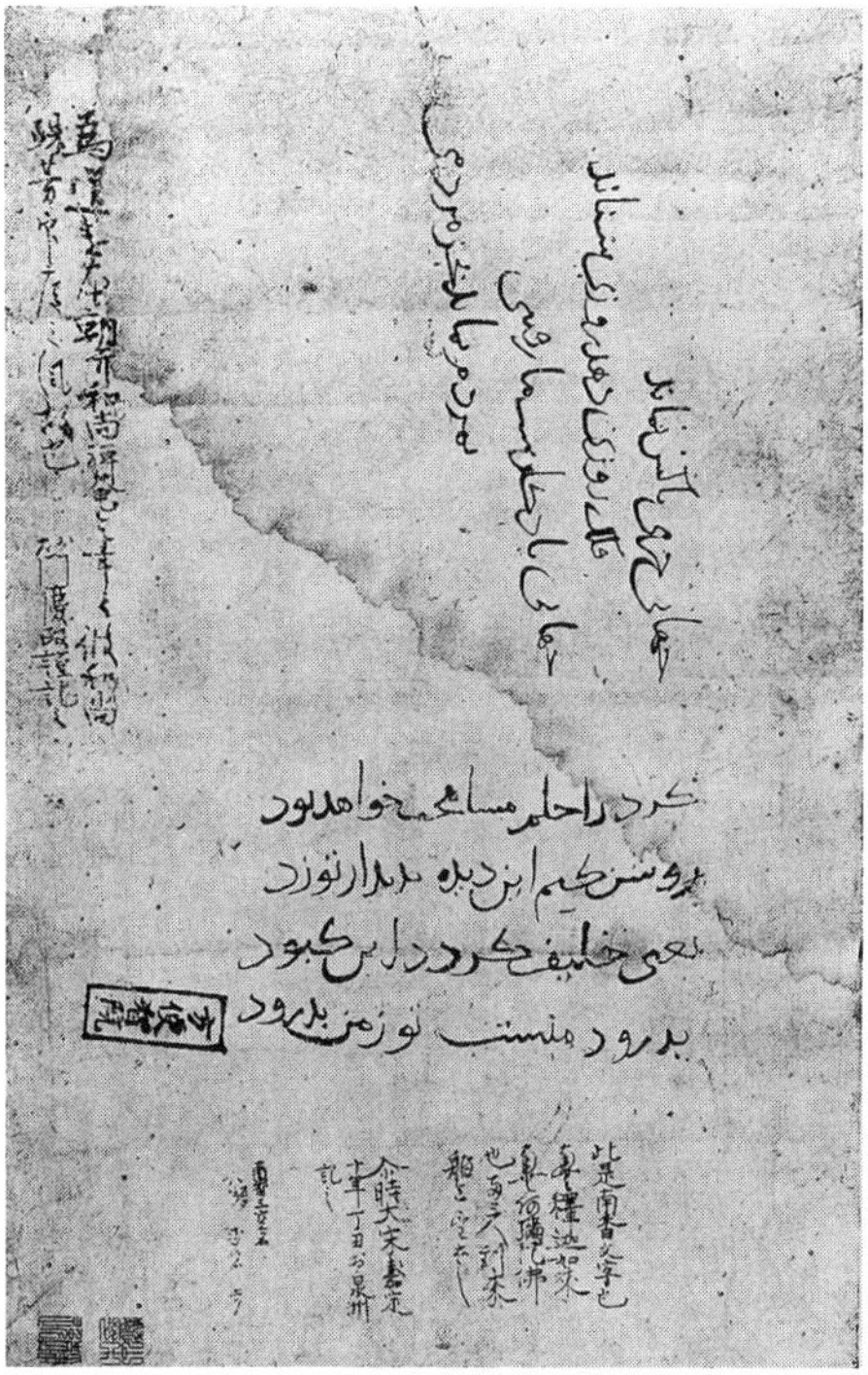

南番文字（個人蔵、鎌倉時代）

爾の時大宋の嘉定十年丁丑、泉州に於て之を記す。
南番の三宝名「バスツタラ」「ボダラム」「ビク」。

慶政によればこれは「南番文字」で、「南無釈迦如来・南無阿弥陀仏」と書かれているというのである。また、別の箇所に、これも慶政の筆にて、「本朝の弁和尚の禅庵に送り遣さんが為に書かしむ。彼の和尚、殊に印度の風を芳しとする故なり。沙門慶政謹んで記す」と、インドのことを憧憬する弁和尚すなわち高弁（明恵）のために書いてもらったのだとしている（明恵については後述）。

解読された「南番文字」

この書状は、慶政の付記にちなんで「南番文字」の名で伝えられたが、これが何文字であるのかは、慶政の時代より八百年あまり後になって明らかになった。それをなしたのが、日本における西域研究のパイオニアで、後に京都大学総長にもなった羽田亨（一八八二～一九五五）である。一九〇九年のこと、当時京都帝国大学の講師だった羽田は、京都帝室博物館（今の京都国立博物館）に陳列されていた「南番文字」の写真を見て、これが「波斯文（ペルシャ文字）」であることに気づき、同年十月三十一日の史学研究会において、解読の試みを発表した。「日本に伝はれる波斯文に就て」と題するこの講演で羽田は、二つの文章をローマ字表記に置き換え、さらにその英訳を試みた［羽田 一九一一］。それは以下のごとくである（羽田が所蔵者のために作った和訳も付す）。

Ⅰ The world of joy will last with no one for over,
The Heaven gives (fortune) to-day, and takes (it) back to-morrow,
The world is a memory, and we are all to depart,
Nothing will remain of man besides his noble deeds.

Ⅱ If there be indulgence in regard to my life,
I shall brighten my eyes by looking on your face,
But if this blue (sky) were to turn against me,
You bid me farewell and I bid you the same.

Ⅰ　世の歓楽は永続するものにあらず　天は今日歓楽を与え明日はこれを奪ふ　世界は記録なり吾等は之と別れざる可らず　残存するものはたゞ功業のみ。

Ⅱ　英雄は温雅と慈悲とを持つならん　願はくは速やかに其の顔容によりて我が眼を輝かしむるを得ん　我が友は我が眼を青くせり（青は悲哀の色）これ我が告別の言葉なり　汝が致せる我が告別の言葉なり。

（羽田「南番文字文書解説」〔神田喜一郎『敦煌学五十年』所載〕）

出典について、語学上の師匠だったムハメッド・バラカツーラーに問うたところ、ひとつはペルシャの叙事詩『シャー・ナーマ（王書）』の一節であろうとの回答を得たが、それ以上は分からなかった。その後近年になって、Ⅰの四行の上二行は『ヴィースとラミーン』第七七章、後の二行は『王書』ゴシュタースプ王の巻の詩句だったことが明らかになった［杉田一九九五］。またⅡについては、特定の典拠はなく即興で詠まれたものだろうとされている［同上］。つまり、たまたま泉州の船上で邂逅《かいこう》した異邦人同士が、言葉も通じないながらも交歓しあい、慶政から別れのはなむけを請われて、そのペルシャ人は、人生のはかなさを詠った自国の詩の一節の引用と、惜別の言葉を書きつけたらしいのである。しかし、受け取った慶政は、そのようには理解せず、天竺の念仏の文だと信じたのである。その誤解は、とりもなおさず慶政のインド憧憬によるものであった。

2　明恵の天竺夢想

明恵の渡天計画と春日明神の託宣

前述したように、帰国後慶政がこの「南番文字」を贈った相手が明恵（高弁、一一七三～一二三二）である。明恵は、華厳宗の僧で、神護寺・仁和寺・東大寺で学んだが、後に遁世して故郷の紀伊国に住み、後高山寺に移った。在世中から高徳の僧として名声高く、笠置の貞慶（一一五五～一二一三）と並び称せられた。学侶としての華厳・密教に関する著作のほか、生涯に亙って記録しつづけた夢とその解釈（『夢之記』）が知られる［奥田一九七三］。またすぐれた歌人でもあった［平野二〇一二］。

明恵は、慶政の付記に「印度の風を芳しとする」とあったように、釈迦の生誕地たるインドを深く愛慕する人として知られていた。それは若年のころからで、ついには直接インドに行き釈迦の遺跡を辿りたいと思うようになった。その思いが本格化したのが紀州にいた建仁年中（一二〇一～〇四）のころ、まわりにいる弟子たちに頻《しき》りにそのことを語り、

明恵と春日神の憑依した女房（『春日権現験記絵』巻 17 模本〔国立国会図書館デジタルコレクション〕より）

上古求法ノ三蔵、コレガタメニ（インドへいくために——引用者注）生ヲ軽クセリ。コレスナハチ足歩ノ尋ヌルトコロナリ。何ゾ必シモ生ヲ全クセム。シカレバ、印土遥ニ隔ルトイフトモ、行バ必ズイタラム。ソノ路険阻ナリトモ、必ズ西天ニ向テ歩ヲハコビ、志ヲハゲムベシト云フ大願ヲ起セリキ。

（喜海『明恵上人神現伝記』（『明恵上人資料　第一』二三七頁））

とまで思いつめていた。

ところが、その熱望は春日明神の託宣により阻止される。建仁三年正月二十六日の正午のこと、一人の女房（檀越《だんおつ》でもある母方の叔父湯浅宗光の妻）が鴨居のうえによじ上り、「我是れ春日大明神なり。御房西天の修行を思立しめ給ふ。この事をとどめむがために降《くだ》れるなり」と告げた。その後も、明神の神霊は幾度か女房に降臨して託宣し、「おまえを仏道に引き入れたのは私と住吉明神であり、それどころかおまえが母の胎内にいたころから見守っていたのだ。おまえが天竺に行こうとするのは嘆かわしいことだ。たとえ天竺へ渡ったとしても、われらは守護し続けるつもりだが、ただこの日本国にいて、この国の導師として有縁の衆生に仏道修行のことわりをお教え願いたい」と諭した。そして最後に「自分もまた釈迦如来を思う者である。私を釈尊の形見と思ってほしい」と、明恵を横抱きにした。明恵は感激して「私は幼少の昔より、釈尊の滅後数百年の後に、しかも辺境に生まれたことを恨み、せめてインドにある遺跡を巡りたいと思ったが、今春日明神が降臨して、自分を釈尊の形見にせよと仰せられたことで昔の恨みも慰められた」と申したという。

再度の渡天計画

その後、明恵は春日社に詣でて、一旦は渡天の望みは収まったが、紀州より槙尾に移住した元久二年（一二〇五）に再びムクムクと首をもたげてきた。その折に書いたのが『大唐天竺里程書』と通称される旅程表である。現在も高山寺に残るその書には、以下のように記されてい

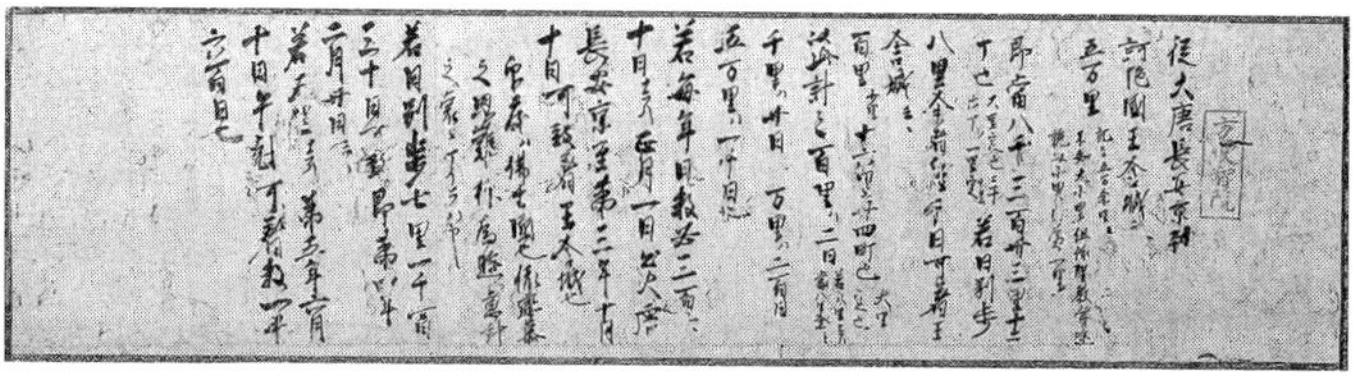

大唐天竺里程書（高山寺〔京都市〕、鎌倉時代）

る。

> 唐の長安の都よりインドの王舎城（ラジギール）までは五万里で八千三百三十三里十二丁あるから、もし一日に八里歩けば千日で王舎城に着く。正月一日に長安を出発したとしたら、三年目の十月十日に王舎城に到着する。七里とすれば一千百三十日かかり、四年目の二月二十日に到着する。もし五里とすれば、五年めの六月十日午の刻に着くだろう。

右の旅程表の合間には、「印度は仏生国なり。恋慕の思ひ抑へ難きにより、遊意の為に之を計る。哀れ哀れまいらばや」という一文が差し挟まれており、彼の心の高ぶりが窺われる［平野二〇一七］。

しかし、『大唐天竺里程書』を書いた直後から、俄《にわか》に重病に冒され、飲食もできなくなってしまった。またもや大明神の制止かと思ったが、決めかねたので、籤（孔子賦）にて判断しようと、釈迦・善財童子・春日明神の三所の形像各々の前に、「西天に渡るべき哉」「渡るべからざる哉」の二竿《さん》を書いて置き、ひとつでも渡る竿が出たならば、身命を捨ててもその志を遂げようとした（どうしても行きたかったらしい）。まず釈尊の前で取ろうとしたところ、一竿が翻って壇下に落ちて見つからなくなってしまった。残りの二所では何れも「不可渡」の竿であったので、渡天計画はそのまま中止となった（『高山寺明恵上人行状（漢文行状）』中より取意）。釈迦は棄権、善財童子（華厳宗の象徴）・春日明神は反対ということなのだろう。

なお、明恵の渡天を止める春日明神のエピソードは『春日権現験記絵』にも採られているほか、これを素材にして能の『春日龍神』が金春禅竹によって作られている。『春日龍神』のあらすじは以下のごとくである。

【前半】渡天して仏跡を訪れようと思い立った明恵（ワキ）が、暇《いとま》を請うべく春日社に参詣すると、翁（前シテ）が現れ、春日の御山こそ霊鷲山《りょうじゅせん》であるから、渡天することはないと諌め、この三笠山に仏跡を移し、釈迦の生涯を見せようと言い、自分こそ、春日明神をこの三笠山に移した時風《ときかぜ》・秀行《ひでゆき》であると告げて消えた。

【後半】春日野の地は金色となり、龍神（後シテ）が現れ、霊鷲山の釈迦の説法の光景を見せ、再度明恵に渡天を止め、猿沢の池に消える。

本作品は、春日神（第一殿）の本地は釈迦であり、その鎮座する三笠山は霊山浄土（釈迦の浄土）であるとする鎌倉時代以来の春日信仰のエッセンスが踏まえられている。仏跡（霊鷲山）と等しい浄土が春日の地にあるのだから、わざわざインドまで行く必要はないというわけである。

天竺のジオラマ

その後、明恵は都の西の高山寺に移り、そこを終生の栖《すみか》とする。彼は寺の背後の山を楞伽山《りょうがせん》と名づけ、その上下に「花宮殿」「羅婆坊」という二宇の僧庵を作った。命名の由来は『楞伽経』に基づく。同経によれば楞伽山は南の島で得通の者しか行くことはできない。釈尊は龍宮での説法の後、この島の近くに浮かび出たところ、島王である「羅婆那王」が「花宮殿」に乗って釈迦を迎え入れたという。明恵はまた山の奥の石窟を「遺跡窟」と称し、そこに仏足石を刻んで安置している。

彼はこのように、高山寺の地をインドの釈迦の遺跡に見立てることで、渡天竺と遺跡探訪を果たそうとしたのである。つまり天竺のジオラマである。また、明恵が二月十五日の高山寺涅槃会のために製作した四座講式（舎利講式・遺跡講式・十六羅漢講式・涅槃講式）は、釈迦の入涅槃の現場を高山寺の地で再現しようとする試みであった［奥田一九七八、平野二〇一七］。

明恵のインド憧憬は、彼だけの特殊例ではない。実際に中国に行った日本僧たちでインド行きを希望した者は何人もいる。栄西もそのひとりで、彼の二度目の渡宋はインド行きを模索するためだった。ところが、彼は禅と出会い、インドへは行かずに終わるのである（『栄西入唐縁起』、『元亨釈書』栄西伝）。それは彼にとっても、日本仏教にとっても幸いなことであった。

3　真如親王の渡天竺譚

真如親王の数奇な生涯

慶政の編述した仏教説話集『閑居友』の冒頭話「真如親王、天竺に渡り給ふ事」は真如親王（七九九～八六五？）の話である。この真如こそ、渡天竺を試みた日本国最初の人として記憶されていた人物であった［桑原一九二七、杉本一九六五］。

真如は本名を高丘親王という。平城天皇（七七四～八二四、在位八〇六～八〇九）の第三皇子であり、叔父である嵯峨天皇の皇太子であった。ところが、父上皇が嵯峨と対立した結果起こった薬子の乱（八一〇）によって、高丘は廃太子となる。その後彼は出家して真如と名乗った。最初東大寺で道詮について三論宗を学び、次いで空海の弟子となった。伝法灌頂《かんじょう》を受けて阿闍梨となり、空海の十大弟子のひとりに数えられる。

空海没後も、修理東大寺大仏司検校となるなど真言宗の重鎮として活躍したが、貞観四年（八六二）に入唐、青龍寺の法全より灌頂を受けた。次いで皇帝の勅許を得てインドへ向かったが、行方知れずとなった。その後羅越国《らえつこく》で死んだとの情報が日本へもたらされる（『日本三代実録』元慶五年〔八八一〕十月十三日条）。かくして真如は、その数奇な生涯を終えた［佐伯二〇〇二］。

虎に喰われた真如

かくのごとく真如の最期は茫漠としているが、それについて『閑居友』では以下のような話を伝える。渡天に当たり、「大柑子」を三つ携えて出発したが、途中で「飢れたるすがたしたる人」が現れ、乞われるまま小さい柑子を与えた。その人がさらに大きいのを頂きたいと要求したので、真如は「自分は末も分からない道を行くのである。あなたは地元の人であるから、さしあたりそれで飢えを凌げば足りるであろう」と応じた。するとこの人は「菩薩の行はさることなし。汝、心ちいさし。心ちいさき人のほどこすものをば受くべからず」と言って消えてしまった。真如は「化人の出来て、わが心をはかり給ひけるにこそ」と後悔したが、時すでに遅かった。果たしてそのまま道を進むうち、虎にゆきあって命を落とした（新日本古典文学大系『宝物集・閑居友・比良山古人霊託』三五九〜三六三頁）。

同様の話は同時代の『撰集抄』巻六「渡天（玄奘　真如等）」にもある。「化人」は出て来ないが、ここでも真如は道の用意に大柑子三つを持って天竺へ向かうことになっている。途中の「獅子州」というところで群がる虎に囲まれたとき「我身を惜むにはあらず。我はこれ仏法のうつは物也。あやまつ事なかれ」と言ったが、そのまま喰われてしまったという（岩波文庫本、一六二頁）。

慶政は真如が虎に食べられたという話は、通常の「親王の伝」（『日本三代実録』『扶桑略記』『頭陀親王入唐略記』等）にない故に敢えて記したと言っている。つまり当時流布していた訛伝を聞き記したのであるらしい。ただ彼は、真如の最後について、天竺に向かった僧たちは大唐や新羅の人はいるが、日本国の人はひとりもいないことを言い、その中で果たせなかったとはいえ、それを目指した親王の心を「いといとあはれ」と賞賛している。また『撰集抄』作者は、「錦のしとねを出て、飾りをおろすべしとは。かけても思はましや、他国のおどろが下に骨をさらすべしとは」と尊貴な境涯に生まれ、一旦は王位を継ぐべき身となりながら、終には異郷の地で骨をさらすという真如の数奇な一生に思いを寄せ、そこに「世中の定めなきはかなき例」を見ている。

国を捨てた報い

しかしながら、『閑居友』の真如虎害譚のモチーフは、（慶政の理解とは相違して）やはり真如には渡天できる器量がなかった、ということにあるのだろう。この点に関して、同説話が、釈迦の前世譚のひとつ捨身飼虎譚のモチーフを下敷きにしたもので、真如の行為を顕彰しているのだという評価もあるが〔鷲尾一九三八、杉本一九六五〕、私は違う見解を持っている。なぜなら、応永年中に書かれた『醍聞抄』（一名『醍醐抄』、『弘鑁口説』）に収められた説話では、渡天の失敗者である真如への否定的評価が、さらに露骨なものに変化しているからである。

一、平城天王をば嵯峨天王失ひ玉ひにけり。真如親王は平城の御子なり。是をも失ひ玉ふべきにありしを、大師、御弟子に乞請申させ給て、御出家有る中にも。真如親王とも、又は遍明和尚とも申しけり。然りと雖も、平城天王の御事を無念に思召され、日本の御すまひ本意なくや御坐ありけん、御入唐の御志とて、大師に御暇を乞ひ玉ひけり。大師頻りに留め申し玉ふと雖も、終に御承引無く入唐あり。剰え御渡天あるべしと思召為すべしと思召立ち、柑子三つ、御糧物とて御所持ありけり。流沙にて鬼神出でて、彼の柑子を乞ふ。二は之に与ふ。一をば渡天のためとて残されたり。鬼神、「其程の小機にては渡天叶ふべからず」とて、忽ち残害し奉りけり。大師の乞請玉ふに依り、嵯峨天王の害を遁れ、剰へ出家・受戒・受法・結縁の御鴻恩、山岳の如くに御在す処に、尚御宿意を残し、渡唐渡天し玉ひて、大師の御命を背く故に、大師の御罰に依りて、是のごとく成り玉ふと云云

（原変体漢文）　（『栂尾コレクション　顕密典籍文書集成』九、二八一～二八二頁）

すなわち、父の平城天皇のことを無念に思っていた真如は、日本に住むことを厭《いと》い、入唐の志を抱いて師の弘法大師にも暇乞いをする。大師はそれを止めるも、彼は聞き入れず入唐し、さらには渡天を志すに至った。柑子三つを糧物として持って行ったが、流砂において鬼神と出会った。柑子を乞われた真如は二つだけ与え、一つは渡天のために残そうとすると、「この者は機根〔器量〕が小さくて、天竺に渡ることなど叶うはずもない」と、忽《たちま》ち喰われてしまった。かくのごとき結果になったのは、大師が嵯峨天皇の害意から真如を救い、さらには出家・受戒・受法させたのに、その法恩を忘れて、大師の命に背いた罰である、云々。

空海は真如入唐の三十年近く前に死んでいるので、この話自体は前提として史実と合わない。嵯峨天皇が平城天皇を亡き者にし、更に真如をも殺そうとしていたとの事実もない。それはと

もかくここで注意されるのは、真如の横死に、日本国を捨てて天竺に向かおうとしたことの報いとの含意が見て取れることである。明恵が渡天を志しながら、最終的に断念して、春日明神の期待通りに日本に留まることによって賞賛されたのに対し、実際に渡天の企てを実行した真如は、失敗することで断罪される。つまり、真如を否定的に見る根本的理由は、彼が機根もないのに、他の日本国の者ができなかったことをやろうとした無謀さにではなく、「国を捨てた」ということにあったのだ。

亡命にせよ、移民にせよ、国を捨てて（離れて）、帰ろうとしない者への日本人の冷たさは、今も昔もあまり変わらない。インドは憧れの地であっても、実際に行くところではないというわけなのである。

真如親王の近代

このように真如親王の名は、必ずしも肯定的に評価されることもないまま、歴史の片隅で記憶されたまま近代を迎えた。もちろん、否定されるべき人物として批判されていたわけではない。宗門においては空海の十大弟子のひとりとして、一定の敬意は払われてはいたのだが、要はそれほど重要視されてはいなかったということである。

ところが、太平洋戦争がはじまり、日本がマレー半島に侵略を開始すると、真如＝高丘親王の名が、日本のマレー進出の先駆者として俄に顕彰されるようになる。その背景には、真如終焉の地「羅越国」がマレー半島にあったという説が、有力になっていたことが大きかった「大澤二〇一〇]。昭和十七年（一九四二）「真如親王奉賛会」が発足し、大仏像の建立まで計画されたのである。もっとも、それは日本の敗戦とともに消え去ってしまった[王＝松尾二〇一九]。

なお、近年では、澁澤龍彥（一九二八〜八七）が、真如の天竺への旅を幻想文学として描き出した『高丘親王航海記』（文藝春秋、一九八七年）を発表し、あらためてその名が知られるようになった（近藤ようこによってマンガ化もされた[近藤＝澁澤二〇二〇〜二一]）。

二　天竺僧の来日

1　婆羅門僧正と行基

婆羅門僧正の渡日

奈良時代の遣唐使は、多くの文物を日本にもたらしたが、それらとともに、多くの外国人が日本に招聘された。日本に戒律を伝えた鑑真がもとより著名だが、ほかに天平八年（七三六）に帰国した遣唐船に乗ってやって来たのが、中国僧の道璿《どうえい》、林邑《りんゆう》（チャンパ〔かつてヴェトナム中部にあった王国〕）僧の仏哲、ペルシャの李《り》密翳《みつえい》、そして天竺僧の婆《ば》羅《ら》門《もん》僧正（菩提僊那《ぼだいせんな》）である〔堀一九七八、蔵中一九八〇、堀池二〇〇四〕。

彼らが来日したときの遣唐船は、天平五年に入唐した第九次遣唐使の一船で、本来翌六年に帰国するはずが、暴風のため中国に吹き戻され、再準備の後ようやく日本に辿り着いたものであった。俗人だった李密翳を除く三人は大安寺の僧房に住むことになる。道璿は律学の専門家として多くの俊英を育成し、仏哲は林邑楽を伝授したとされるが、菩提僊那が来日当初果たした役割はよく分からない。彼は当時まだ三十代で、所謂大家ではない。また、中国にやって来たのも、青年になってからと目されるから漢語もよく解さなかっただろう。そのような天竺僧ができることは余りなかったのではないかと思われる。ただ、神護景雲四年（七七〇）に弟子の修栄が作った『南天竺婆羅門僧正碑幷序』に「尤も呪術を善くす」や、淡海三船《おうみのみふね》の『大安寺碑文』に「菩提僧正、神を惣持に凝らす」とあるから惣持、すなわちマントラを原音で唱えることができることが専ら注目されたのだろう［水口二〇一九］。

菩提僊那の名が華々しく登場するのは、東大寺大仏造営のときで、僧正に任ぜられ、開眼導師となる。ほかならぬ彼が大仏開眼の中心となった理由は、日本においては「異形」の天竺僧だったことに由来するのであろう。まさにインド発祥の仏教が日本において華開いたことの象徴だったのである（ただし、菩提僊那が開眼導師を務めたことは『婆羅門僧正碑』『大安寺碑文』や『続日本紀』天平勝宝四年四月の開眼供養記事には見えず、後代の編纂物である『東大寺要録』に初めて出てくる［小島二〇一九］）。菩提僊那が亡くなったのは、天平宝字四年（七六〇）二月のことであった。

行基菩薩と婆羅門僧正の和歌贈答説話

婆羅門僧正菩提僊那は、その死後も東大寺建立とからめて伝承化される。特に行基との関わりが強調されるようになるのである。民間で教化を行っていた行基は、当初当局に弾圧されたが、聖武天皇の要請により、民衆を動員して東大寺建立に尽力したとされ、ついには僧正となった。彼の死後に僧正位を襲ったのがほかならぬ菩提僊那である。

そもそも彼が道璿・仏哲等と難波津に到着したとき迎えたのが行基であった。修栄の『婆羅門僧正碑』によれば、両者が対面したとき「主客相謁し、旧相知るがごとし」とある。このフレーズが、平安以後神秘譚として成長していくことになる。

永観二年（九八四）に成った『三宝絵』中巻第三話「行基菩薩」には次のような話がある。聖武天皇は、東大寺開眼供養の導師となるよう行基に希望したが、彼は相応しい人物が外国からやって来るだろうと予言した。行基はあるとき、百僧を率いて難波の浜に出て閼伽《あか》を供えると、一艘の小舟がやってきた。乗っていたのが婆羅門僧正で、互いに手をとり和歌を交わした。行基が、

霊山ノ尺迦ノミマヘニ契テシ真如クチセズアヒミツルカナ
（霊鷲山の釈迦の御前でお約束したときのように、またお会いできましたね）

と詠じかけたのに対して、婆羅門僧正は次のように応じた。

迦毘羅衛ニトモニ契シカヒアリテ文殊ノ御貞アヒミツルカナ
（カピラバストゥ（釈迦の出身地）でともに約束した甲斐あって、文殊菩薩の尊顔を拝することができました）

（新日本古典文学大系『三宝絵・注好選』九六頁。和歌の現代語訳は私意）

婆羅門僧正の歌から、行基が文殊菩薩の化身だということが分かる。すなわち、婆羅門僧正は過去世において、釈迦の霊鷲山説法に参加したときに文殊（釈迦の脇侍）と出会い、今回また再会することが叶ったというのである。

行基への追慕の念に基づく信仰は、その死後まもなく畿内を中心に展開するが、平安時代になると、彼を以て文殊菩薩の化身・垂迹と考えられるようになった。これは特に貧窮孤独に喘ぐ衆生を救うホトケが文殊だとされていたことが（『文殊師利般涅槃経』、『大宝積経』文殊師利授記会）、行基の民衆救済事業の事跡と結びつけられたからであった。その初見は弘仁十三年（八二二）ころに成立した『日本国現報善悪霊異記』上巻第四話で、「行基大徳は文殊師利菩薩の反化なりけり」と見える。ここでは、未だそのことを示すのみであるが、それを具体的霊験譚として提示したのが、婆羅門僧正菩提僊那との贈答説話だったのである〔米山一九九六、阿部二〇一二〕。

『三宝絵』の贈答歌説話は、その後の『日本往生極楽記』『大日本国法華験記』『今昔物語集』などの説話集や『袋草紙』『俊頼髄脳』『古来風体抄』等の歌学書に引かれて、広く知られるようになる（なお、延慶本・長門本等の『平家物語』の一部の諸本には、開眼供養後にすぐさま帰国したとあるが、前述のように実際には終生日本に留まった）。

興味深いことに、いっぽう南都北嶺の僧侶たちの間でも、この贈答説話を取り入れるようになる。但し、異国の僧が和歌を詠むという不自然な設定を中和するために、和歌贈答の前に梵語による会話が挿入される場合がある。たとえば『行基菩薩伝』では、下船した婆羅門僧正が

「南謨阿利耶曼蘇悉里菩提地薩埵波耶摩訶薩埵波耶云々」（敬礼聖文殊師利菩薩大士）と呼びかけると、行基が「南謨阿利耶沈魯吉帝入波羅耶菩提地薩埵波耶摩訶薩埵波耶云々」（敬礼聖観自在菩薩大士）と応じ、次いで婆羅門が「迦毘羅衛…」詠を歌いかける展開になっている（『続群書類従』八下、四四〇頁）。さらに行基＝文殊に対して、婆羅門は普賢菩薩の化身と見なされるに至っている（『沙石集』巻五「権化の和歌を翫び給ふ事」）。

なお、外国人である婆羅門僧正が行基と和歌を贈答するという設定が成り立つ前提に和歌即陀羅尼説があったとも考えられる。このことについては、和歌陀羅尼について扱う第四章第四節において、再度採り上げたい。

両部神道書における婆羅門僧正

その後の婆羅門僧正にまつわる説話も、常に行基との関わりがある。そのひとつに両部神道の縁起譚がある。両部神道とは神祇を密教の教理に基づいて解釈しようとする神道説のことで、平安末期ころ伊勢神宮の周辺で始まった。その揺籃の地と目されるのが、志摩国吉津《よしづ》（現・三重県南伊勢町河内《かわち》）にあった仙宮院という寺院で、ここで『三角柏伝記《みつのかしわでんき》』『中臣祓訓解《なかとみのはらいくんげ》』『仙宮《せんぐう》院秘文《いんぴもん》』といった初期の両部神道書が述作されたと考えられる［伊藤二〇一一］。『三角柏伝記』には、冒頭に次のようにある。

右件の所は、昔、行基菩薩御建立公家御祈禱所にして、……本領主大僧正、南天竺婆羅門僧正菩提并びに北天竺仏哲に請ひ、改めて当院鎮守伊勢二所皇太神宮社の御薗を造り、三角柏を殖ゑたり〈南天竺より、神国に移すなり〉。去んぬる天平九年十二月十七日、大神宮のおんために、心経会を始め、其の御祭の勤めを致す。（原漢文）

（真福寺善本叢刊『両部神道集』三六三頁）

すなわち、ここは行基菩薩が建立した朝廷の祈禱所で、行基は婆羅門僧正と仏哲を招き、そこに南天竺から持ち来たった三角柏を植え、天平九年（七三七）十二月十七日に、心経会を行った、というのである。その後、弘仁四年（八一三）には最澄が蓮花会を、承和三年（八三六）には空海が仁王会を、嘉祥三年（八五〇）には円仁が鎮守会を行った、という（史実としてはとうていあり得ない）記事が続く。ここに出てくる三角柏（瑞柏）とは先端が三つに分かれた樹葉で、酒宴や神供に用いられた。伊勢神宮でも平安前期より用いられていたことが確認でき、吉津はその栽培地でもあった。ここでは伊勢神宮に献げられるその樹葉が、婆羅門僧正によりインドから将来されたと主張されているのである［伊藤二〇一一］。

伊勢神宮と行基・婆羅門僧正とを関わらせる説話はほかにもある。『両宮形文深釈《りょうぐうぎょうもんじんしゃく》』『通海《つうかい》参詣記《さんけいき》』などには、行基が東大寺の造営を企図する聖武天皇の命を受けて伊勢神宮に参って、天照大神の託宣を受けた話を載せるが、その際に仏舎利を大神に献げた（具体的には埋納した）とされている。この仏舎利について『両宮形文深釈』の一伝本や『麗気制作抄』等には婆羅門僧正が所持していたものとしている。

なお、外宮（豊受《とゆけ》大神宮）の度会氏の菩提寺であった常明寺《じようみようじ》（明治維新時に廃寺）の縁起（『常明寺縁起』）には、聖武天皇の治世十八年に、婆羅門が常明寺に来住して二体の金剛王像を作り、また独鈷を以て閼伽井戸を掘った後、寺の北山の東南にて入定したとある（神道大系『伊賀・伊勢・志摩国』五三頁）。

かくのごとく、中世の両部神道の言説においても婆羅門僧正は、インドと伊勢神宮を結ぶ象徴的存在として伝承化されていたのである。

2 達磨と聖徳太子

『元亨釈書』の達磨伝

虎関師錬（一二七八～一三四六）が編述した『元亨釈書』は、日本で初めて編まれた本格的な高僧伝で、中近世を通じて愛読され、また後世の高僧伝記の軌範となった。その巻一は、日本における仏教諸宗の祖師を並べた巻だが、以下の伝記が並ぶ。

菩提達磨（禅宗）　慧灌（三論宗）　呉国智蔵（三論宗）　元興寺道昭（法相宗）　善無畏（真言宗）　慈訓（華厳宗）　鑑真（律宗）　最澄（天台宗）　空海（真言宗）

このうち来朝僧は達磨、慧灌、智蔵、善無畏、鑑真である。慧灌は高句麗、智蔵は呉、鑑真は唐から実際に来た人物であるが、今日の目から見て不思議に思えるのは、禅宗の祖たる達磨と真言宗の祖師の一人である善無畏という、およそ日本に来たはずのない人物の伝記が載っていることである。これはいかなることであろうか。実は、本書が編述された鎌倉南北朝期では、天竺出身のこのふたりが日本に来たと信じられていたのである。

まず達磨から見ていこう。同書「菩提達磨伝」は次のごとくである。すなわち、菩提達磨は南インドの香至王の第三子で、梁の普通元年に来中、武帝に仏法を説くも入れられず、その後長江を渡って嵩山少林寺に居し、九年後天竺へ帰った。なお、本伝では書かれていないが、その末期について中国の正統的な達磨伝（『景徳伝灯録』や『宝林伝』）には、人の嫉みを得て最後は毒殺され、熊耳山に葬られたが、北魏の使者が西域からの途中にかたほうの屦《くつ》を持った達磨に出会った。帰国した使者の報告に基づき墓を暴いてみると、遺体はなく、屦がひとつ残されていた、という。

もちろん、これら中国の伝記類には彼が日本に来たなどとは書かれていない。ところが、『釈書』では、達磨帰竺の八十六年後の推古二十一年に日本にやって来た、という後日譚が記される。すなわち十二月のこと、聖徳太子が大和国片岡というところを通りかかると、達磨が飢人の姿となって路傍に臥していた。眼光鋭く、体から芳香が漂っていた。太子は飢人と和歌を贈答した後、衣を与えて帰還した。その後、使者より飢人が死んだと聞かされると、その場所に戻り自ら葬った。数日後、侍臣たちに葬られた飢人は「真人《ひじり》」だと告げ、墳墓を披《ひら》くと、果たして与えた衣のみ棺の上にあってほかに何もなかった。太子はその衣を再び着した。時人は「惟れ聖、聖を知ると。信《まこと》なる哉」と称した。太子の築いた墓は今も残る、云々（新訂増補国史大系本、二七頁）。

片岡飢人説話と達磨

『釈書』にはこの話が「国史の推古紀」にある、という。そこで『日本書紀』推古天皇二十一年条を見ると次のようにある。十二月、皇太子（聖徳太子）が片岡というところを通りかかると、一人の飢えた人が道ばたに身を横たえていた。姓名を問うても応えなかったが太子は飲食を与え、さらに自らの衣裳を脱いで着せて、「安らかに臥せ」といたわり、さらに、

しなてる　片岡山に　飯《いひ》に飢《ゑ》て　臥《こや》せる　その旅人《たひと》あはれ　親無しに　汝《なれ》生りけめや　さす竹の　君はや無き　飯に飢て　臥せる　その旅人あはれ

（日本古典文学大系『日本書紀　下』一九八頁）

と長歌を吟じ、その場を去った。翌日、家臣に様子を見に行かせたところ死んでいたので、そこに葬らせた。ところが数日後、太子は「先の日に道に臥して飢者、凡人《ただびと》に非じ。必ず真人《ひじり》ならむ」と、再び使者を派遣して墓を点検させたところ、果たして与えた衣裳のみがあり屍は消えていた。太子はその衣を取ってこさせ再び身につけた。人々は「聖の聖を知ること、其れ実なるかな」と驚き称讃した。この話は片岡山飢人説話とよばれる。

右の『日本書紀』の中では、飢人が「真人」だったとはされるが、達磨などとは断定されていない。しかし、ここでも既に「聖」と称えられる聖徳太子への崇敬は、その後さらに高まり、奈良後期には南岳大師慧思《えし》（五一五～五七七）化身説を生み、このことが太子と達磨を結びつけていくのである。

慧思は南北朝末期の僧で、十五歳で出家、慧文に就いて禅観等を学んだ。各地を巡錫《じゅんしゃく》して名声を高め、陳の光大二年（五六八）に南岳衡山（湖南省）に入り、多くの弟子を育てた。そのひとりが天台宗をひらいた智顗（五三八～九七）であり、それゆえ天台では慧思を天台二祖とする（初祖が慧文、三祖が智顗）。晩年陳の皇帝より大禅師号を賜った。ゆえに南岳禅師《なんがくぜんじ》とも称される。彼が末法思想の主要な鼓吹者のひとりだったことは前章で見た通りである。慧思が亡くなったのは陳の太建九年（五七七）のことである。聖徳太子の生年は敏達天皇二年（五七四）とされるので、太子が慧思の生まれ変わりであるというのは理屈が合わない。しかし、そう信じられたのである〔中尾一九九〇〕。

聖徳太子慧思化身説の早い記事として、鑑真の弟子として師とともに来日した思託撰『延暦僧録』（延暦七年〔七八八〕）所収「上宮太子菩薩伝」があるが、その初見とされているのは、宝亀二年（七七一）に四天王寺の敬明が著した『七代記』である。同書は逸書であるが、前欠の本が広島大学本『（異本）上宮太子伝』として伝存する（『聖徳太子全集』三）。その片岡山飢人説話を記したところで、飢人に注記して「彼の飢者は蓋し達磨か」とある。なぜ、このような注記があるのかというと、根拠は同書の後半に引かれる「大唐国衡州衡山道場釈思禅師七代記」である。それには西国より達磨という僧が来て、衡山にて慧思に会い、「早く東海に誕生」することを勧め、自らも東に向かって去った、とある。この『七代記』を元に、達磨来日説が生まれたのである。

飢人＝達磨と聖徳太子の贈答歌

『七代記』において、もうひとつ注目すべきは、飢人が太子の歌に対して、

伊珂瑠賀能　等美能乎何波能　多延婆許曾　和賀於保吉美能　弥奈和須良延米
（いかるがの　とみのをがはの　たえばこそ　わがおほきみの　みなわすらえめ）
（『聖徳太子全集』三、一二八頁）

と返歌したというくだりである。実はこの歌は『上宮聖徳法王帝説』に巨勢三杖大夫が、太子の没後にその徳を偲んで歌った三首の中のひとつとして出てくるもので、これが本来の歌の素性であろう。しかし、この贈答のエピソードも、後に受け継がれていくのである。

片岡山飢人説話は、その後弘仁十三年（八二二）ころ成立の『日本霊異記』にも載せられる。ただ、そこでは飢人は達磨とは記されず、返歌については、墓の戸口に記されていたことになっている。

その後、一〇世紀の『三宝絵』や『日本往生極楽記』になると、太子の歌も「したてるや

かたをかやまに　いひにゑて　こやせるたびと　あはれおやなし」と短歌形式になるも、飢人が達磨であるとは明言されない。ところが一一世紀になると、様相が変わり始める。『和漢朗詠集』『袋草紙』『俊頼髄脳』において、片岡山の飢人は達磨であることを前提に、太子と飢人＝達磨の歌の贈答和歌説話として定着する。

ただ、これらにおいて達磨は禅宗の創始者として認識されていたわけではなく、文殊の化身としてである。聖徳太子は『聖徳太子伝暦』が成った延喜年中（一〇世紀前半）ころより、慧思に加えて救世観音の化身とも信じられるようになっていたが、一〇世紀後半ころより飢人は文殊菩薩の化身とされるようになった。これらの歌学書では、観音たる太子と文殊たる達磨の歌のやりとりとして記されるのである。

一二世紀に入り、大陸から本格的な禅宗の移植が始まるが、能忍・栄西といった初期の禅宗将来者が、この説を意識している気配はない。しかし、鎌倉中期ころから俄に注目され始める。たとえば円爾に参禅した禅僧でもあった無住の『沙石集』巻五「権化の和歌を翫び給ふ事」には、太子と飢人＝達磨の贈答歌説話を記した後、本朝の仏法流布のはじまりは太子の恩徳だが、それは「達磨の御すすめより起」ったものであり、「吾国の仏法の濫觴、文殊・達磨の善巧より起れるにや。かかる因縁なれば、禅門尤もあがむべし。然るに近代禅門世にさかりになるを、諸家の学者の中に、少々あやしみそねむ事あり。誠に心得かたし」（岩波文庫本、上二四六頁）と、今時の禅宗隆盛は、あらかじめ約束されていたとする。虎関師錬は、このような認識を受け、達磨を日本仏教史の文脈に位置づけたのである。

3　善無畏と空海

『元亨釈書』の善無畏伝

いっぽう、善無畏《ぜんむい》（六三七〜七三五）である。善無畏は、真言宗伝持八祖の第五祖（龍猛―龍智―金剛智―不空―善無畏―一行―恵果―空海）に当たる。マガダ国の王子だったが、後に仏門に入る。達磨鞠多《だるまきくた》に学んだとされ、また龍智菩薩《りゅうちぼさつ》より附法したという。師命により開元四年（七一六）に長安に来たり、玄宗（六八五〜七六二）により国師として遇された。弟子の一行《いちぎょう》とともに『大日経』を翻訳した。さらに彼が行った『大日経』講義が一行によってまとめられたのが『大日経疏』（『大日経義釈』）である。

『元亨釈書』巻一「北天竺善無畏」では、中国での彼の事跡を記した後に、

　吾が元正帝の養老の間に此土に来りしが、時機未だ稔らずして、利導聞ゆること無し。只だ延暦二十四年の内侍宣に曰く「昔天竺の上人降臨を垂ると雖も請受を勤めずして徒らに撃舟に遷り、遂に真言の秘法をして絶えて伝ふること無からしむ」と云々。これ無畏を言ふなり。

（新訂増補国史大系本、三〇頁）

とある。すなわち、元正天皇の養老年中（七一七〜七二四）に日本に来たのだが、密教流布の

時機未だ熟さず、教えの広まることがなかった、というのである。

その後に「延暦二十四年の内侍宣」なるものが引かれる。内侍宣とは、天皇の命を女官たる内侍が口頭で受け、官司に伝える宣旨のことで、あるいはそれを文書化したものをいう。複数の内侍宣が現在まで伝わっているが、ここでいう内侍宣は、最澄の『顕戒論縁起』巻上に収められる延暦二十四年八月二十七日に出された「大日本国初めて灌頂道場を建てて受法の弟子を定むる内侍の宣」である。これは最澄が唐から帰朝して、初めて本格的な密教をもたらし、阿闍梨として灌頂道場を開くことを認める宣旨で、その文中の

……昔天竺の上人、自ら降臨すと雖も、勤めて訪受せず、徒に蟨舟を遷す。遂に真言の妙法をして、絶えて伝ふること無らしむ。深く歎息すべく深く歎息すべし。方に今最澄闍梨、溟波を渉りて、不空の貽訓を受け、近く無常を畏れて此の法の伝有らんことを冀《こいねが》ふ。（『伝教大師全集』一、二八三頁）（原漢文）

のくだり（傍線部）が該当する（『釈書』の引用は、字句表現を一部変えている）。

延暦二十四年の内侍宣に着目し、善無畏と結びつけたのは、虎関の創見ではない。善無畏来朝記事の初見たる皇円（？〜一一六九）『扶桑略記』（平安後期成立）に既に見えている。すなわち、同書の養老元年（七一七）条には、「或る記に云ふ。大唐善無畏三蔵、養老年中入朝す」とあり、さらにそれに注記して、

私に云く、無畏三蔵本朝に来たる事、処々の文に見えず。茲に因り、世人多く知らざるなり。但し、下文を勘ふるに、延暦廿四年八月廿七日内侍宣に偁く、……（原漢文）

（新訂増補国史大系本、八二頁）

と、先の傍線部の文章が引かれるのである。そして、その後に、「若しくは是れ无畏三蔵来朝の時を指すか」と見える。恐らく虎関は、右の『扶桑略記』の記述を踏まえて、善無畏来朝記事を書いたのであろう。

久米寺の善無畏来日伝承

延暦二十四年内侍宣の「天竺の上人」と善無畏とを結びつけたのは皇円であるとして、では善無畏が日本に来たという説はどこから来たのであろうか。明言されてはいないが、久米寺大塔をめぐる伝承を踏まえているのではなかろうか。

久米寺は今も奈良県橿原市にある。来目皇子《くめのみこ》（聖徳太子の弟）あるいは久米仙人が開いたとされるが、実際の創建も奈良時代に遡る古代寺院である。そこに多宝塔があり、来朝した善無畏がその塔の柱に『大日経』を隠し籠めた、それを発見したのが空海で、彼はこれを披見したことで秘密教の存在を知り、入唐求法の志を立てたというのである。

『和州久米寺流記《るき》』という久米寺の古縁起がある。同記は、久米寺に伝わった「流記」と「古今伝記」を併せて編集したもので、正確な成立年次は不明だが、元亨三年（一三二三）写本が高野山金剛三昧院《こんごうさんまいいん》に伝わっており、平安末期から鎌倉初頭にはできていたと推定されている。その中の「東塔院大塔大日経安置事」に以下のようにある。

此の塔は、多宝大塔、高さ八丈なり。南天鉄塔《なんてんてっとう》の半分を遷し、善無畏三蔵の基を以て之を立つ〔日本最初の多宝大塔なり〕。件三蔵は……開元四年丙辰、印度より震旦に来たり。玄宗皇帝敬ひて国師と為す。然して東土辺州利益の願に依り、大日経を賷持《せいじ》し、独り野馬台の国に入る。初め東〔大寺〕西南の阿《あずまや》〔後に弘法大師、南院を建つるの地なり〕に著き、三蔵普く四瀛《しえい》八紘《はっこう》を踏み廻り、七軸安置の場を求む。大日本国高市郡王舎の側、此の地最も称美に足れり。仍て東院の岫に廬《いおり》して、三箇年七百二十日の際、一宝龕《ほうがん》を起立して、之を東塔院と号す。即ち三粒の仏舎利を以て宝石の底に納め、又七軸の大日経を以て刹《てら》の柱の下に安ず。即ち秘蔵に記して云く「駄都《だと》は是れ釈尊の遺身、経王《きょうおう》又舎那の全体なり。然るに小国片域、大機未だ熟さず。仍て此《こ》の法斯の地に留り、正に機を待ち時を待つ所なり。末葉に必ず興法利生《こうぼうりしょう》の菩薩来りて、此の教を世に恢むべし」と。記して震旦国に帰り畢ぬ。

（大日本仏教全書『寺誌叢書　三』三四〜三五頁）

（原漢文）

すなわち、善無畏は七軸の大日経を携えて日本に来たり、その安住の地を求めて遍歴、ついに大和国高市郡に居を定めて東塔院を建て、「宝龕」（塔）の底に「駄都」（仏舎利）を、柱の下に「経王」（大日経）を納めた。三年間滞在の後、この「小国片域」（日本）はまだその機が熟していないが、後に仏法を興隆し、衆生を利益する菩薩が来て法を広めるだろうと秘かに記して帰国した、とある。

その後『流記』では空海についての記事がはじまり、その生い立ちを記した後、二十歳で落飾して「三乗五乗十二部経」を広く学ぶも何れにおいても疑問が解けず、三世十方の諸仏に、不二の経を得たいと請願したところ、夢である人に「大毘盧舎那経」という経こそがお前の求めるものであると告げられたので、随喜してその経を探し求めて遂に、高市郡の久米道場の東塔の下にあるのを見つけた、とある。

善無畏来日説と『御遺告』

空海が「大毘盧舎那経」すなわち『大日経』を久米寺の東塔で見つけたという話の原拠は、空海の『御遺告』にある話で『流記』の空海記事はそれを引き写したものである。『御遺告』は、空海が死去の六日前に弟子や後世の密教徒たちのために残したものとされるが、実際には一一世紀初頭あたりの成立とされている。もちろん『御遺告』には、久米寺の『大日経』が善無畏が将来したものだとは記されていない。善無畏来朝のことは、この『御遺告』の記載を受けて、空海が発見した経典――これこそ日本に密教がもたらされるきっかけとなった――が特別なものだったことを強調すべく創造されたと考えられる。

何れにせよ、善無畏来日説はその後も継承される。凝然（一二四〇～一三二一）『三国仏法伝

通縁起』下「真言宗」の条には、

無畏、其の後応に日域に来たるべし。久目の東辺に一基塔を立て、三年の後、大唐へ帰りぬ。……三蔵、玉を裹《つつ》みて来たれども、根機未だ熟さず、経を納めて塔に安ず。後に弘法大師、具に霊夢を感じ、彼の寺に往きて大日経を獲り、此の縁を以て故に、入唐の志有り。善無畏三蔵来朝の年は記録無しと雖も、是れ聖武天皇御宇の神亀年暦、天平初運に応ずべし。（原漢文）

（大日本仏教全書『日本高僧伝要文抄　外四部』一二九頁）

とある。その後、南北朝期には栄海『真言伝』、そして前述『元亨釈書』に載せられる。

ただ、その信憑性については、当時においてすら疑問があったようで、「記録無しと雖も」（『伝通縁起』）、「此事本伝碑文等ニ見ヘズト云ヘドモ、三蔵ノ奇特神力、人ノ知ル所ニアラズ」（『真言伝』）などという、一文を差し挟まざるを得なかった。その意味で、「延暦二十四年内侍宣」が、その唯一の歴史的根拠となると皇円や虎関は考えたのであろう。

三　三国伝来

1　清涼寺釈迦如来像

生身信仰

古代・中世の日本国の住人にとって、インド（天竺）は、釈迦が出現して仏法を説いた地である。インドに発した仏法は、中国（震旦）に渡り、さらに日本（本朝）に来った（正確には朝鮮半島を経由する）。これに擬《なぞら》えて、多くの価値ある文物は、天竺―震旦―本朝と伝来したとされた。これを「三国伝来」という。その代表的なのが仏像で、ここでは、清涼寺の釈迦像について述べておこう。

京都の西にある嵯峨野の地に、清涼寺という浄土宗寺院がある。一〇世紀に奝然《ちょうねん》（九三八～一〇一六）によって建立された。その本尊は生身《しょうじん》仏の釈迦像である。「生身仏」とは、本来像でなく肉体を持った仏菩薩のことをいう。成道解脱を遂げた仏陀たちは、この娑婆世界（三界）にはおらず、独自に別の世界を作り上げる。それが〈浄土〉であり、たとえば阿弥陀の西方極楽浄土、薬師の東方瑠璃光世界などである。いっぽう菩薩たち、特に補処菩薩――もう一度転生すれば仏陀になる菩薩――たる観音・地蔵・普賢・文殊などは、三界のどこかにいるはずである。兜率天で待機している弥勒はともかく、ほかの諸菩薩は地上のどこかにいるはずだが、直接会うことはほとんど不可能である。

だから仏にせよ菩薩にせよ、その似姿たる〈仏像〉を礼拝するしかないのだが、平安中後期ころから、生きた仏菩薩――生身仏――に会うことを熱望する信仰が現れる。これを生身信仰という。『今昔物語集』『古今著聞集』などの平安・鎌倉の仏教説話集には、そのような生身の仏に値遇する話が幾つか収められる（その多くの場合、生身仏は何かに身をやつしている）。『今昔』巻十七第一話には「生身ノ地蔵」と会うことができた僧の話があるし、『著聞集』巻二第三八話では行基が、病者に身をやつした薬師如来に出会っている。また、『古事談』等に収められる性空上人の説話では、普賢菩薩が遊女の姿で上人の前に現れる。

当時の生身信仰には、生身の仏菩薩と接触することを願うほかに、もうひとつの側面があった。すなわち、生身に限りなく近い仏像への信仰である。この場合、生身の仏がこの地上に実際に出現したのはインドのみであり、従ってインドにおいて、生きた仏をモデルにした仏像が製作され、それが中国を経由して日本に伝えられるという物語が作られた。それが三国伝来の仏像である。清凉寺の釈迦如来像は、そのような三国伝来仏の典型である。

奝然の優塡王所造瑞像請来

永観元年（九八三）、東大寺僧奝然は入宋を果たす。その目的は五台山に巡礼して現身（生身）の文殊に会うこと、さらにはインドに行って釈迦の遺跡を巡礼することにあった（慶滋保《よししげのやす》胤《たね》『奝然上人入唐時為母修善願文』）。五台山巡拝は果たすも、天竺行きは叶うべくもなかった。その代わりに出会ったのが優塡王《うてんおう》が作らせたという栴檀釈迦像である。楊州の開元寺に伝わったこの像は、奝然入国当時は、開封にあった宋の宮廷（滋福殿）に置かれていた。彼が拝見したのはこのときのことである。

像の由来は次のようなものである。憍賞弥国（カウシャーンビー）の優塡王は、釈迦に深く帰依して庇護を与えた王族であった。あるとき釈迦は母摩耶夫人《まやぶにん》のために、夏安居《げあんご》の期間、母のいる忉利天に昇って説法を行っていた。釈迦の不在を歎いた王は、栴檀木に釈迦の像を彫らせて、礼拝していた。忉利天から帰ってきた釈迦を王のみならず、釈迦像も台座から降りて出迎えた。これが最古の仏像である。以上は、『増一阿含経』『観仏三昧海経』『造像功徳経』などの経典に伝えられるものである（内容に各々異同がある）。これらの経典に採られた優塡王の造像譚は、インドから中央アジア各地に広まっていたようで、玄奘の『大唐西域記』には、憍賞弥国の城内に優塡王所造の釈迦が安置してあったと報告しているし、そのほか各地に類似の像があった。

それはともかく、この優塡王所造瑞像が中国に移されることになる。その経緯を記したのが『優塡王所造栴檀釈迦瑞像歴記』である。同書によると、瑞像は鳩摩羅炎《くまらえん》によってインド国外に出され、亀茲国《きじこく》（キジール）にもたらされた。彼と同国の王女との間に生まれたのが鳩摩羅《くまら》什《じゅう》である。その後、前秦の苻堅《ふけん》の将軍呂光《りょこう》が亀茲国を攻め、羅什と瑞像を中国に連れ帰った。奝然が見たのはその像だというのである（もっとも、近年の研究で明らかになったことだが、中国内にも優塡王像と称する仏像が多数存在していた［稲本一九九七］）。
　感動した奝然は、宋の皇帝に願い出て、その忠実な模刻を行い日本に持ち帰り、それを本尊として建てられたのが清凉寺なのである［木宮一九八三］。従って、日本に伝わったのは、インド伝来の生身仏（三伝）ではなくそのコピー（三伝）ということになる（もちろん「二伝」は釈迦自身である）。

三伝か二伝か

ところが、『宝物集』等、その瑞像の日本渡来の由来を記した説話では、奝然は仏のお告げを受けて、模刻像と元の像をすり替えた。従って、日本に伝わったのは優塡王所造のオリジナル像（二伝）にほかならないと主張している［中島一九八六、中川二〇〇三］。ここでは七巻本『宝物集』巻第一から引いておこう。

吾朝日本国の上人、東大寺の奝然の入唐の比なりけるに、拝ませ給ひければ、奝然申《まうし》て云「我一人拝み奉りてかひなく侍り。此仏を移し奉りて、日本国の王に拝ませ奉らん」と申ければ、仏像をひろめんが為にゆるされけり。奝然悦《よろこび》て移し奉る程に、栴檀の仏、夢に奝然に告《つげ》てのたまはく「我東土の衆生を利益すべき願あり。我を渡すべし」と仰られければ、奝然心付《こころづき》て、あたらしく造り参らせたる仏を、煙にてふすべまいらせて、栴檀の仏に取《とり》かへ奉りて、渡しまいらせる」とぞ申ためる。さては二伝の仏にこそおはしますなれ。

奝然が帰朝して宇治殿頼通に参らせたる解文《げぶん》には、「優闐王、赤栴檀《しゃくせんだん》を以て移し奉る釈迦の像を、たがへず移し奉る釈迦一体」〔と〕こそ侍めれ。

（新日本古典文学大系『宝物集・閑居友・比良山古人霊託』、一一三頁）

この話は『清凉寺縁起』にも踏襲されて広く信じられていたが、昭和二十九年（一九五四）に本像が解体修理され、胎内納入品の調査が行われた結果、やはり奝然が作らせた模刻像であって、それ以前のものではないことが判明した。さらにこの時の調査によって、絹で五臓六腑が作られて納められており、生身像たることを忠実に再現しようとしていたことも分かった〔日本医史学会一九五六、木宮一九八三〕。

清凉寺釈迦像の拡がり

二伝か三伝かはともかく、地上に現れた釈迦をモデルに製作された（と称する）本像の日本伝来の衝撃は大きく、以後全国にこの瑞像（清凉寺式釈迦）をさらに模した釈迦像が数多く製作されるようになる〔奥二〇〇九〕。

さらに、同様の生身仏像の信仰を生み出す。その代表が善光寺阿弥陀で、これは天竺の月蓋《がっかい》長者《ちょうじゃ》が、出現した阿弥陀如来を写しとって作らせた像で、百済を経て日本に到着、本田《ほんだ》善光《よしみつ》によって、信濃に運ばれたとする。また京都の因幡堂の薬師如来像も、元は天竺において、直接に薬師如来を写した生身像とされた。以上の三つは日本三生身仏と称された（『園城寺伝記』一之二）。

2　三国転生

転生する聖徳太子

三国伝来譚のヴァリアントというべきものに、同一の存在がインド―中国―日本と転生するという信仰及びそれに関連する説話がある。一種の前生譚というべきもので、インド・中国において仏法興隆のために活躍し、そして最後に日本に出現した、という伝承である。かかる信仰の典型が、日本仏教の祖ともいうべき聖徳太子である。

既に前節でも述べたように、太子は奈良末期に南岳慧思の後身とされ、さらに平安時代になると救世観音の化身と考えられるようになった。ただ、観音化身説の登場によって、慧思後身説は埋没したりはしなかった。むしろ、インド―観音、中国―慧思、日本―太子と配当することで三国転生の存在となったのである（正確には観音が化身として中国では慧思、日本では太子として出現したというべきだが）。

さらに太子の後身として、聖武天皇・聖宝（『東大寺要録』）、空海（前田家本『水鏡』）を挙げる説もある。

又耆旧《ききゆう》の云く、聖徳太子遊行の時、佐保河の以北に立ち此の地を指して云く、我没後、此の南の岡に精舎〔東大寺のこと――引用者注〕を建立し、仏法を興隆するは我が後身なり。我三度日本国に誕生せん。其の名諱、共に聖字有り。即ち聖徳太子・聖武天皇・聖宝僧正なりと云々。〔原漢文〕（『東大寺要録』縁起章第二〔筒井英俊校訂本、四二頁〕）

大方此大師ト申ハ、昔ノ聖徳太子御再誕ニテ御座バ、遠キ御本地ハ両界不二ノ大日如来、近ハ六臂ノ如意輪救世観音ノ垂跡ニテ御座バ、御振舞ノ不思議ハ驚ニ及ザル事ナレ共、凡夫ノ御姿ノ当体ニヲイテ見奉ニハ、不思議々々々ノ御事共也。

（前田家本『水鏡』平城天皇条〔応天門の扁額の逸話〕〔新訂増補国史大系本、九五頁〕）

聖武天皇・聖宝・空海、何れも日本仏教史上の重要人物である。観音＝慧思＝聖徳太子は、その後も国内で転生を繰り返しながら、仏法興隆を牽引していったというわけである。

文殊菩薩＝行基の三国転生

本章第二節の婆羅門僧正菩提僊那の項で採り上げた行基について、そこで掲げた資料にはインド〔霊鷲山〕＝文殊、日本＝行基のみしか出てこないが、資料によっては、聖徳太子同様、三国転生の存在とされる。『東大寺要録』供養章第三所収「大安寺菩提伝来記」には、婆羅門僧正来日の機縁をめぐって以下のようにある。

> 此の沙門（婆羅門僧正のこと——引用者注）天竺に於て文殊に値遇せんと祈願するとき、忽然として化人有り、告げて曰く「此の菩薩は震旦の五台山に居住す」と。即ち彼の山に尋ね詣でんとせし比《ころ》、北天竺の仏哲、忽に生じ到来するなり。此の僧……婆羅門を以て吾が師と為し、共に流沙を渉り、遥に嶮路を踏み、大唐に向ひ、五台山に到る。至心慇懃に、聖王に遇はんことを祈れば、欻《たちま》ち化人有り、夢中に教へて曰く、「今回耶婆提（此れ日本の旧名なり）に在りてへり。即ち夢の教へを聞き、甚だ以て歎息し、頭を扣《たた》き徘徊せし際、此国（日本のこと——引用者注）の使者、唐国に来到す。ここに菩薩愁眉を開き、使者其の詞に随順し、此の船に同乗せしめ、倶共《とも》に到来す。（原漢文）
>
> （筒井英俊校訂本、五四〜五五頁）

すなわち、天竺にて文殊菩薩に出会いたいと願った婆羅門僧正は、化人の夢告に導かれて、弟子となった仏哲とともに、文殊の聖地である唐の五台山に赴くが、またもや化人の夢告あり、今は「耶婆提」（ヤマト、日本）にいる、と言われる。がっかりしていると、折りしも日本の使者が唐に到着したので、その船に同乗して日本に向かったという。

その後に続くのが、例の行基との邂逅・贈答歌のくだりになる。通常の展開だと行基が「霊山の……」と詠いかけ、婆羅門僧正が「迦毘羅衛に……」と応ずるのに対し、この資料では、下僧衆に交じって立っていた行基に対して婆羅門は、迷わず歩み寄ると自分の方から「迦毘羅衛爾聞我来之日本乃文殊乃御顔今見鴨」と詠いかけ、それに対し行基が「霊山の……」と返すことになっている。傍線を付したところは、ほかでは「ともに契りしかひありて」とあるところである。読みかたが今ひとつはっきりしないが、「日本」の語を入れて「日本の文殊」と行基に呼びかけている。

何れにせよ、この「大安寺菩提伝来記」における行基と婆羅門僧正の邂逅譚は、インド・中国・日本と三国に亙って文殊菩薩が転生を果たしたことが、婆羅門僧正によって明かされるものとなっているのである［阿部二〇一七］。

三国に転生する妖狐

三国転生は、良き存在が衆生済度のために生まれ変わっていくということだが、中世後期には、邪悪なる存在が転生を繰り返して日本にもやってくるという物語が現れた。すなわち、玉藻前なる美女をめぐる説話である。鳥羽院の寵愛を受けた官女だった玉藻前は実は妖狐で、陰陽師の安倍泰親に正体を見破られて那須野ケ原に逃亡するも、三浦介・上総介に討ち取られる。ところが亡魂が殺生石として瘴気《しょうき》を発して、なおも人や鳥獣を死なしていたのを、通りかかった玄翁《げんのう》和尚（源翁心昭）に引導を渡されて得脱したという。

能『殺生石』や室町物語『玉藻前草子』を通じて広がったこの説話では、この妖狐は中国では周幽王を破滅に導いた褒姒《ほうじ》として現じ、インドでは班足太子《はんそくたいし》に千人の王を殺させた「塚の神」（狐）として悪行を行ったとされている。たとえば、同説話の初期の記載である『神明鏡《しんめいきょう》』鳥羽天皇条には、彼狐云ハ、仁王経、昔天羅国班足王、千人王ノ頸ヲ取、祭シト云シ塚ノ神是也。大唐ニテ褒似(ママ)ト成、周ノ幽王后トシテ、終《ついに》幽王ヲ亡シ、已下今此国ニ来《きたり》、君悩《きみをなやまし》候也。……

(『続群書類従』二九上、一四二頁)

また『下学集』下・態芸門第十「犬追物」項には

昔、西域に班足王有り。其の夫人、悪虐人に過ぎたり。王を勧めて千人の首を取らしむ。其の後、支那国に出生して、周の幽王の后と為る。其の名を褒姒と曰ふ。国を滅ぼし、人を惑はす。死して後、日本に出生す。近衛院の御宇に玉藻前と号す。人を傷《やぶ》ること極り無し。後に化して白狐と成りて人を害する、惟れ多し。……(原漢文)

(古辞書叢刊第二『元和三年板　下学集』七九頁)

とある。つまり三国を転生しながら世を乱したとする。これは明らかに三国伝来・転生の物語のパロディとなっている。

近世に入ると、中国から『武王伐紂書』という作品が輸入された(成立は元代)。これは殷滅亡の元凶とされる妲己が、実は九尾の狐で、紂王を籠絡して悪逆非道を尽くし、最後は武王と太公望によって滅ぼされるという歴史講談本(平話《へいわ》)である。中国ではこれが基になって奇想天外な白話小説である『封神演義《ほうしんえんぎ》』が成立するが、日本では玉藻前の物語と結びついて、『三《さん》国悪狐《ごくあっこ》伝《でん》』という実録本（事実に取材した歴史読み物。多く写本で伝わる）が作られる［後藤一九六二、堀一九八八、山下一九九〇］。この作品では、その発端部に妲己の物語が据えられる。

さらに、中国を逃げ出した妲己がインドで班足太子の寵姫＝華陽夫人となったことになっている（中世では「塚の神」とのみ）。その後また中国に戻り、褒姒として周の滅亡に関与することになっている。日本に渡るくだりでは、唐人の少女に化けて、第二章で採り上げた吉備真備と同じ遣唐使の船に乗って来日、数百年の潜伏の後に鳥羽院のときに再び現れたという話になった。これをもとに読本『絵本三国妖婦伝《えほんさんごくようふでん》』（文化元年（一八〇四）刊）や人形浄瑠璃『絵本増補玉藻前曦袂《たまものまえあさひのたもと》』（文化三年初演）が作られて、大衆的人気を得た［田川一九七五、永吉二〇〇〇］。

3　阿育王塔

中国の阿育王塔信仰

釈迦が入滅した後、そのからだは荼毘に付され、残された骨＝舎利は八つの王国に分配されたという。それら仏舎利は塔（＝stūpa、卒塔婆）に納められた。寺院施設である仏塔の歴史はここに始まる。

さて、右の八塔のうちの七塔は、北インドを統一した阿育王（アショカ王）によって開かれて八万四千に分骨され、それを収めた塔が世界各地に置かれたという。八万四千塔＝阿育王塔の信仰は、インドを越えて中国にも及ぶ。南北朝期の『梁高僧伝』や『魏書』釈老志、『広弘明集』一五、『法苑珠林』三八等には、中国域内における複数の阿育王塔の所在が記される。五台山にもあり、円仁の『入唐求法巡礼行記』三には、五台山の一寺院である大華厳寺のそばにあったことが記される。その存在は敦煌莫高窟第六一窟にある「五台山図」からも確かめられる。また、明州（寧波）の阿育王山は、その聖地として栄える。同山中に建立された広利寺は臨済宗の一大道場となり、天台山・五台山と並ぶ巡礼の聖地となった。

さらに五代・宋初にこの地を支配した呉越国の銭弘俶は、阿育王の遺徳を慕って八万四千の銅製・鉄製の塔を鋳造した。基壇・塔身は四角形（方立）で頂部の四方に耳形の飾りを付す。塔身の内部は空洞で、中に『宝篋印陀羅尼経』を入れた。同経は陀羅尼即仏舎利を説く経典で、銭弘俶は宝篋印陀羅尼経への信仰に基づいて作らせたのであった。

銭弘俶八万四千塔（奈良国立博物館、五代時代）

日本における阿育王塔信仰

日本の人々が阿育王塔のことを知るようになるのは、仏教伝来後まもなくの七世紀のことである。道宣『集神州三宝感通録』上（六六四年成立）及び道世『法苑珠林』

（六六八年成立）によると、「会丞（承）」という倭国からの留学生がいて、貞観五年（六三一）に帰国した。帰る前に、鬼神によって全世界に置かれたという阿育王塔は、辺境で仏教が伝わったのが遅かった倭国にもあるのかと尋ねると、彼は倭国には文字がないので文献証拠はないが、霊迹は残っている。住民が土地を耕すと、古塔の露盤や仏の諸儀相が出土することがあり、しばしば神光を放つなどの奇瑞がある。これが阿育王塔が来ていたことも示している、と答えたとある（『法苑珠林』巻三十八「敬塔篇第三十五」）。

ここで「会承」が言っている出土物が具体的に何を指しているかはっきりしないが、銅鐸などの類であろう。ただ、仏教渡来後まもない七世紀前半の日本において共有された認識だったとは考えがたい。

しかし、仏教が広く受容されるようになった平安時代以降になると、地中から掘り出される銅鐸が阿育王塔であると見なされるようになった［追塩一九九九、桜井二〇一二］。たとえば『日本紀略』弘仁十二年（八二一）五月十一日条に「播磨国に人有り、地を掘り、一銅鐸を獲。高さ三尺八寸、口径一尺二寸。道人云く「阿育王塔鐸なり」と」とあり、また『日本三代実録』貞観二年（八六〇）八月十四日条にも、三河国渥美郡村松山中より出土した銅鐸の記事があり、ここにも「是れ阿育王の宝鐸なり」と記されている。

そのほか『三宝絵』下第十話、『今昔物語集』巻十一第三十話等に載せる近江国の崇福寺の縁起譚では、堂舎を建立すべく、土地を整備していると宝鐸（『今昔』は「宝塔」）が出てきたという。『三宝絵』には明記されないが『今昔』では、「昔ノ阿育王ノ八万四千ノ塔」のひとつだとする。

日宋交流と阿育王塔信仰の展開

阿育王塔の信仰は、日宋交流が盛んになり、中国の阿育王塔をめぐる言説や聖地についても知られるようになると、またあらたな展開を見せる。

その代表が寂照と近江の石塔寺をめぐる説話である。寂照（?～一〇三四）は、俗名を大江定基という。文章博士・三河守を歴任した官人だったが、恋人の死をきっかけに発心・出家して寂照と名乗った。長保五年（一〇〇三）に入宋し、そのまま帰国することなく彼の地に歿した。『源平盛衰記』巻七「近江石塔寺事」、『三国伝記』巻十一「三河入道寂照事」、『元亨釈書』巻十一「石塔寺寂禅」等によると、寂照が五台山に滞在中、毎朝山内の池で衆僧が行道礼拝しているのを見た。彼らにその理由を尋ねると、阿育王塔の一基が日本国近江の蒲生郡にあり、その影が朝日に映じて池面に現れるので、その塔を礼するのだと答えた。驚いた寂照はその旨をしたためた書簡を箱に入れて海に流した。箱は流れて播磨国明石浦に流れついた。その地にあった増位寺の住僧がそれを拾って帝に献げた。すぐさま勅使が蒲生郡に派遣される。勅使は塔を山中に探すように夢告を受ける。そのとき光延という狩人が、諸木山という山の頂の塚において、飼犬が常に三反廻って礼拝するような所作をすると報告してきた。そこでその塚を掘らせてみると、果たして三尺六寸の石塔を得た。またここには聖徳太子建立とする本願成就寺があったが、発見された石塔に因んで石塔寺と改めた、という［田中一九四三］。

このほか、前述した呉越国銭弘俶の八万四千塔も、日本にもたらされた。さらに銭弘俶の塔を模した塔が日本国内にも作られるようになる。いわゆる宝篋印塔がそれである。宝篋印塔は、従来の五輪塔に代わる墓塔として、近世に至るまで広く流布するようになった［山川二〇〇六、大塚二〇一二］。

十二世紀に入り、さらに盛んになっていく日宋交易のなかで、聖地である阿育王山に巡礼を遂げる入宋僧も増え、それに伴い日本の阿育王塔信仰も新たな段階を迎えた。それを主導したのが後白河院である。保元の乱以来、幾多の兵乱に関わりを持っていた後白河にとって、滅罪のために阿育王が八万四千塔を建立させたとの故事は、自らと重ねて大きな関心を引くものであったらしい。嘉応元年（一一六九）、紫金台寺における八万四千泥塔供養を皮切りに、養和元年（一一八二）、文治元年（一一八五）にも八万四千塔供養を行わせている。さらに阿育王山参詣を遂げた重源（一一二一～一二〇六）の周旋により、阿育王山に日本から材木を施入し、舎利殿を建立させている（最新の説では承安年中〔一一七一～七五〕とされる）。重源はその後、大勧進として後白河院がはじめた東大寺復興事業の中心を担うことになる。兵火で焼け落ちた大仏をかくも迅速に再建できたのは（治承四年〔一一八〇〕焼失、文治元年大仏開眼）、重源の卓抜した能力の賜物だったが、彼を後白河院と強く深く結びつけていたのは、ほかならぬ阿育王信仰だったのである［渡邊二〇一〇、清水二〇一一］。

4　五天竺図

須弥山世界

仏教の伝来とともに、日本列島の住民は、自分たちの属する東アジア圏の外に拡がるより広い世界があることを知った。彼らが出会った世界像が須弥山世界である〔定方一九八五、二〇一二〕。

『倶舎論』分別世間品によれば、虚空に「風輪」とよばれる円塔状の空気の層があり、その上に「水輪」(水の層)・「金輪」(鉱物の層)が載っている。金輪の最上部の中心には須弥山という高い山があり、そこから同心に七つの方形の山脈(持双・持軸・檐木・善見・馬耳・象鼻・尼民達羅山)が並ぶ。円周には鉄囲山という山脈がある。山脈と山脈の間には水を湛えており海となっている。これらを総称して九山八海という。

尼民達羅山と鉄囲山の間に拡がる外洋の東西南北にそれぞれ四つの大陸がある。このうち南にある逆三角形を南贍部洲(南閻浮提)という。これが我々の住む大地である(他の三つは東勝身洲・西牛貨洲・北倶盧洲)。

南贍部洲の北部には九の黒山があり、その北に「雪山」、さらに北には「香酔山」がある。雪山と香酔山の間には「無熱池」という池があり、そこから殑伽河・信度河・徙多河・縛芻河の四河が流れ出している。無熱悩池の傍らには「贍部林」という甘美な実をつける巨樹があり、

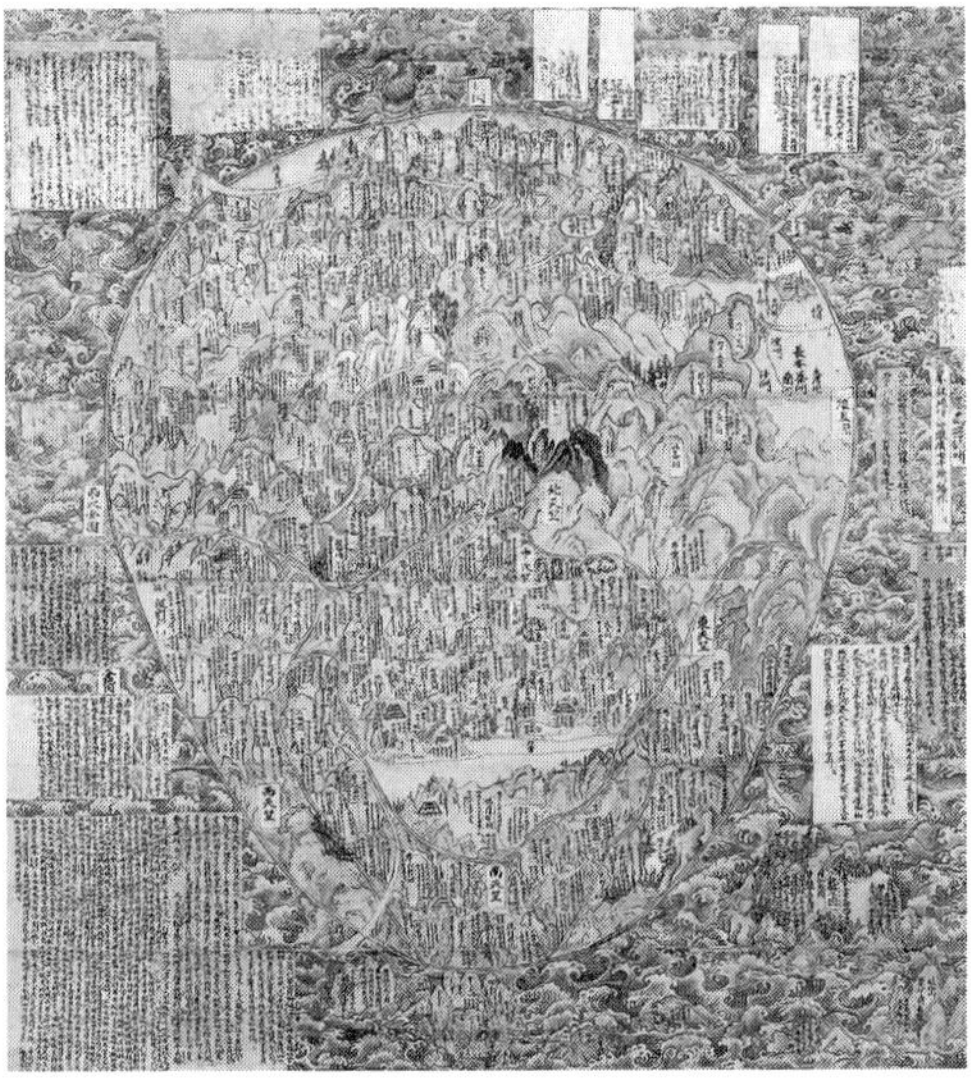

五天竺図（法隆寺〔奈良県〕、鎌倉時代）

「贍部洲」の名はこれに由来するという。

「雪山」とはヒマラヤ山脈であり、「殑伽」はガンジス川、「信度」はインダス川、「徙多」はシーター川（現実の何を指しているか不明）、「縛芻」はヴァクシュ川（オクサス川）である。つまり南贍部洲とは、事実上インド亜大陸のことなのである。

五天竺図の発明

我々の住む大陸であり、且つインド地図でもある。この二重化されたイメージを体現するのが「五天竺図」である〔室賀＝海野一九五五、一九五七、荻野一九九五、海野一九九六、応地一九九六、二〇〇七〕。

五天竺とは、インドを中・東・西・南・北に分けた呼称で、インド全体を指す。逆三角あるいは卵形の図様は明らかにインド亜大陸の形から発想されている。現存する最古の遺品は、貞治三年（一三六四）に描かれた法隆寺蔵本である。この図は正確にいうと玄奘三蔵『大唐西域

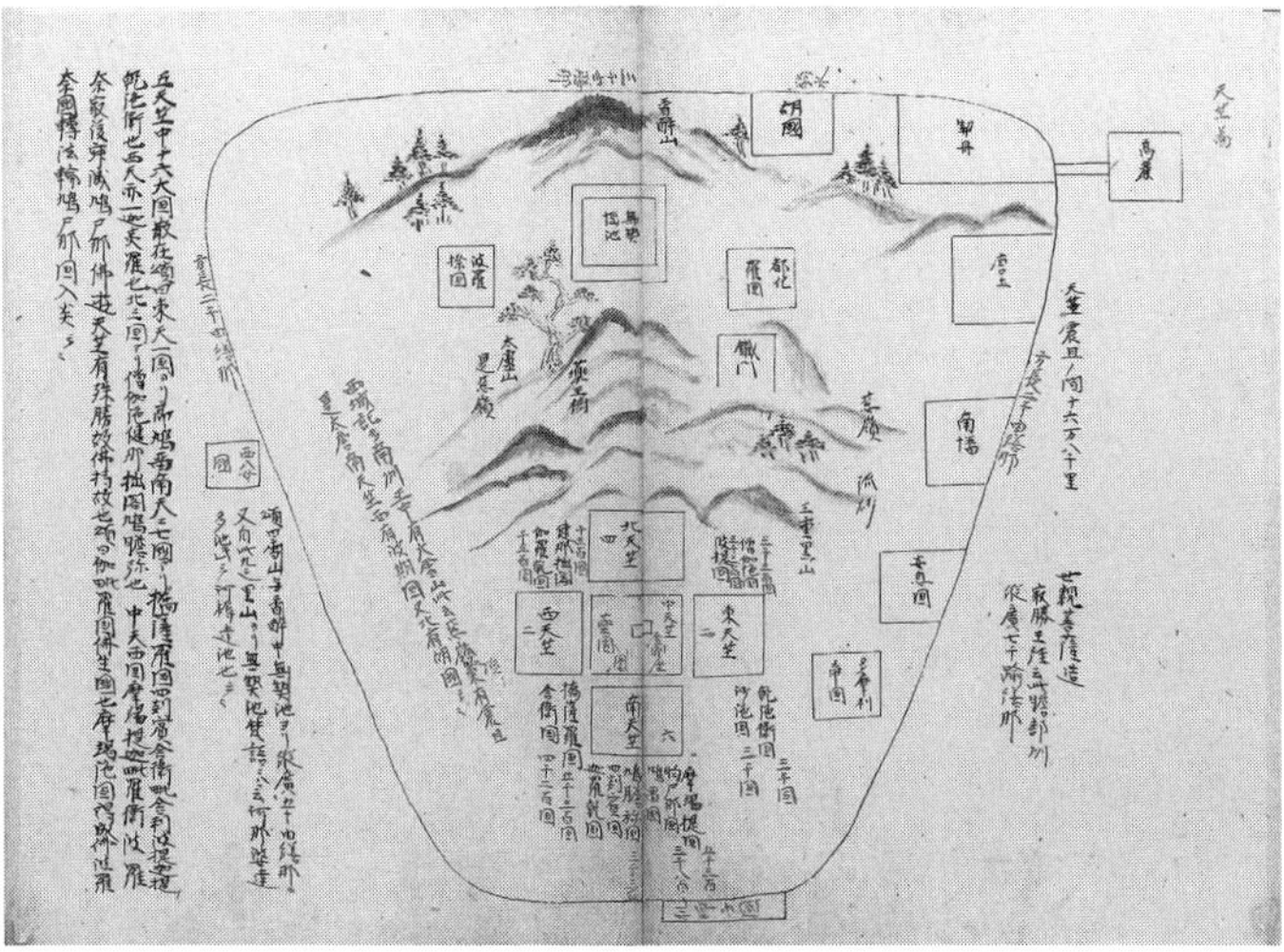

『拾芥抄』所載「五天竺図」（尊経閣文庫〔東京〕、室町時代）

記』の路程を示すことを目的として作成されたものである。

しかしながら、やはりこれが世界図でもあるのは、玄奘が歩んだルート以外も詳細に描き込まれていることで、中国全土はもちろん、その先に高麗及び日本も見える。すなわち、三国世界観を視覚的に表現したものでもある。図の右上に描かれた日本は、まさに粟散辺土であることを示す。

法隆寺図に次ぐのが『拾芥抄』所載の「五天竺図」である。『拾芥抄』は鎌倉から南北朝期にかけて編纂された百科事典的著作である。本図も逆三角形であるが、白描で国々も方形で簡略に描かれている。

北畠親房『神皇正統記』の五天竺描写

では、五天竺図に基づく世界のイメージは、同時代においてどのくらい浸透していたのだろうか。ここに五天竺図に基づいて世界を描写している例を示そう。その例とは、北畠親房の『神皇正統記』である。本書は、その冒頭の序論において、日本の地勢を描出している。最初は『日本書紀』、ついで『漢書』『唐書』を引きつつ説明するのにつづき、「内典ノ説」として、次のような説明がある（通し番号を付した）。

①凡内典ノ説ニ須弥ト云山アリ。此山ヲメグリテ七ノ金山アリ。其中間ハ皆香水海ナリ。金山ノ外ニ四大海アリ。此海中ニ四大州アリ。州ゴトニ又二ノ中州アリ。南州ヲバ贍部ト云（注略）。

②是ハ樹ノ名ナリ。南州ノ中心ニ阿耨達ト云山アリ。山頂ニ池アリ（阿耨達コ、ニハ無熱ト云。外書ニ崐崘トイヘルハ即コノ山ナリ）。池ノ傍ニ此樹アリ。迊七由旬高百由旬ナリ（注略）。此樹、州ノ中心ニアリテ最モ高シ。ヨリテ州ノ名トス。

③阿耨達山ノ南ハ大雪山、北ハ葱嶺ナリ。葱嶺ノ北ハ胡国、雪山ノ南ハ五天竺、東北ニヨリテハ震旦国、西北ニアタリテハ波斯国也。

④此贍部州ハ縦横七千由旬、里ヲモチテカゾフレバ二十八万里。東海ヨリ西海ニイタルマデ九万里。南海ヨリ北海ニイタルマデ又九万里。天竺ハ正中ニヨレリ。ヨツテ贍部ノ中国トス也。地ノメグリ又九万里。震旦ヒロシト云ヘドモ五天ニナラブレバ一辺ノ小国ナリ。

⑤日本ハ彼土ヲハナレテ海中ニアリ。北嶺ノ伝教大師、南都ノ護命僧正ハ中州也トシルサレタリ。シカラバ南州ト東州トノ中ナル遮摩羅ト云州ナルベキニヤ。華厳経ニ「東北ノ海

中ニ山アリ。金剛山ト云。」トアルハ大倭ノ金剛山ノ事也トゾ。サレバ此国ハ天竺ヨリモ震旦ヨリモ東北ノ大海ノ中ニアリ。別州ニシテ神明ノ皇統ヲ伝給ヘル国也。

（日本古典文学大系『神皇正統記・増鏡』四四〜四五頁）

右の文章を法隆寺の五天竺図と比較してみると、中国や日本の説明も含め、一々対応しており、少なくとも親房は、五天竺図について相当によく知っていたことが窺われる。親房に限らず、中世の教養ある人士がイメージしていた世界はこのようなものであった。次節で見るように、インドから土地が漂着するという神話が、中世にはいくつも作られる。現代の我々からすると、マラッカ海峡をどうやって通るのだろうかなどと思ってしまうが、このようなイメージなら十分に可能なのである。

四　渡来する神と土地

1　飛来する聖地

金峯山の飛来説

中世神話において特別な聖地が、外部からやって来たという由緒を記すものが幾つかある。その代表が金峯山である。金峯山とは、奈良県の南部から和歌山県に亙る吉野山から山上ケ岳にかけての一帯の総称である。奈良時代以前より「金のみたけ」として崇拝された霊山であり、平安以降は弥勒浄土と習合した金峯山浄土信仰が起こって、埋経などが盛んに行われた（道長の埋経事業が有名）。さらに主要な修験道場として、今日に至るまで修験道の中心となっている。

金峯山が日本の外部から飛来したことを説く初見は、醍醐天皇の皇子重明《しげあきら》親王（九〇六〜九五四）の日記『李部王記《りほうおうき》』である。この日記は早く散逸したが、いろいろな書に佚文が残されている。ここでは、橘成季《たちばなのなりすえ》『古今著聞集』巻二（四二話）から引く。

李部王の記に曰く、貞崇《じようそう》禅師、金峰山の神返を述べて云く、古老之を相伝ふ。昔漢土に金峰山有り。金剛蔵王菩薩之に住す。而して彼の山、滄海より移さしめて来たる。是の間金

峰山則ち是れ彼の山なり。（原漢文）　（日本古典文学大系『古今著聞集』七九頁）

すなわち、金峯山は、昔は中国にあり、金剛蔵王菩薩がそこに住していた。その山が海を渡ってやってきた、というのである。ここでは金峯山が漂着したように書いてあるが、ほぼ同文を引く『袖中抄』や『諸山縁起』（後出）の引用文には「飛移泛海（飛び移り海に泛《うか》びて）」となっており、飛んだり浪に浮かんだりして日本に来たということらしい（漂流するだけでは内陸の金峯山のあるところまで至れない）。

右の佚文では明記されていないが、他の『李部王記』を典拠と称する記事には、「李部王の記に、吉野山は五台山のかたはしの雲に乗りて飛びきたるよし見えたり」（『奥義抄』下）、「金峯山ハ五台山ノワシノ五色ノ雲ニノリテキタレルナリ、ト李部王記ニカ、レタリ」（『和歌童蒙抄』十・雑体）とあって、五台山の一部が飛び来たったとする。

霊鷲山の一部としての金峯山

ところが鎌倉時代に入ると、もうひとつの説が現れる。金峯山が天竺の霊鷲山の一部が欠けて飛来したとの説である。そのことを記す、最初期の史料たる『諸山縁起』所収「大峯縁起」で見ておこう。

……大峯はこれ仏生国の巽、金剛崛（霊鷲山）の坤の方の一の分れなり。而してこの来たる事、僧聴[53]

> 8年）三年八月十九日の夜半に、空の中に数万の音あり。国動くこと大震の如し。人化して空に大菩提の来るを知らずと、諸の人民唱へて云ふ所なり。この詞に国恠しむなり。王臣共に天下に云はく、「かくの如く出で来たる詞は偏へに世止まず」と云々。神集会して神変を以て天照神の言を通ず。この事は御神変を顕はし、慶びを吾が娑婆に示し賜ふ。天下に後に数千歳を経畢んぬ。仏法来たる事を知らず、末代の罪人の業薄きが故に、大峯と云ふ処に来たり示し給ふなり。即ち吉野郷の内、紀州 畢《ことごと》く並びに示し給ふこと常なり。虚空晴れたり。王臣相共に喜悦をなすこと小なからず。その後、所を知らず。
>
> （日本思想大系『寺社縁起』九〇〜九一頁）

すなわち、大峯は宣化天皇の僧聴三年（西暦五三八年に当たる。古代年号）に霊鷲山の金剛崛の一部が飛来してきたものだというのである。

大峯とは、現在では吉野から熊野に至る連峰全体を指し、山上ケ岳も近世以後は大峯山と呼ばれる。ただ、金峯山と区別するときは、南小篠から熊野に至る連山を指す。『諸山縁起』大峯縁起では、『李部王記』の金峯山起源説も引いており、両者を区別している。ところが、その後の修験系の金峯山縁起では、霊鷲山起源説が説かれるようになる［宮家一九八八］。鎌倉〜南北朝時代の成立と推測されている『金峯山雑記』、『金峯山草創記』、『金剛山秘密伝』には、金峯山の縁起として『諸山縁起』にあった僧聴三年の飛来記事が簡略な形で記されている。

仁宗《にんしゅう》上人記に云く、僧聴三年八月十九日半、空中に数万の音有り。国動くこと大震のごとし。知らざる化人、空に云く「大菩提来る」と。諸人民、昌に云ふ所なり。神集会して、神変を以て天照大神に通じて言く「此の事を顕し御せ」と。天照大神示していはく、「吾が娑婆天下の後、数千歳を経畢んぬ。未だ仏法来る事あらず。知らざる末代の罪人、薄福に乗る故に、大峰と云ふ処に示し給ふ」と云々。（原漢文）

（『金峯山雑記』草創事〔『修験道章疏』一、四七二頁〕）

宣化天皇御宇僧聴三年〔戊午〕八月十九日、霊鷲山〔辰巳の角〕崩落し、五雲の雲に乗りて飛来す。（原漢文）

（『金峯山草創記』草創年代事〔『修験道章疏』三、三六一頁〕）

伝に云く、当山は是れ鷲峰の分れ、即ち釈尊遊化の勝地なり。昔、宣化天皇即位三年に難思の霊瑞有り。西天鷲峰の巽角の金剛窟坤の方分かれて、此の土に来たり、離れて当山と成るなり。釈尊の本誓は鷲峰に顕はれ、内証は王舎に表はる。今、彼山和州に住す。和州即王城なり。此れ法爾の大義、難思の因縁なり。（原漢文）

（『金剛山秘密伝』上・金峰山大峰習事〔『修験道章疏』一、四三八頁〕）

霊鷲山説は修験系だけでなく、早くは『袖中抄』に「日蔵伝に云く、天竺仏生国の巽、俄に欠け飛来す」とあるほか、『神明鏡』宣化天皇条にも「仏生国ノ東西金剛窟ノ坤の山」として引かれており、むしろこちらが主流になったようである〔廣田一九八七、池上一九九九〕。
それに対し、五台山説は和歌注釈の世界で専ら存続していったらしい。そのなかでも鎌倉時代の『古今和歌集』注釈のひとつ『古今和歌集序聞書』（通称『三流抄』）には次のような説を載せる。

……日本紀云、綏靖天皇ノ御時、日本ニ金ノ山ヲ造ラント云事ヲチカヒマシテ、此事ヲ乙見ト云人仰合セ給ニ、奏シテ云、「日本ハ小国也。此事難レ叶。然バ大国ノ金山ヲ宣旨ヲ以テ請ジ玉」ト奏ス。「其儀可レ然ル」トテ宣旨ヲ以テ大国ニ向テ金ノ山ヲ請ジ玉フ。仍、大唐ノ五台山ノ未申ノ方カケテ飛来ル。二ツニ破テ一ハ金峯山トナル。一ツハ常陸ノ筑波山トナル此時也。
（片桐洋一『中世古今集注釈書解題　二』二五九頁）

第二代綏靖天皇の時代のこととするのも珍しいし、金峯山とともに筑波山の縁起となっているのは類例を見ない。『三流抄』は関東で専ら拡がった為顕流という和歌流派の伝とされるので、関東ならではの説といえそうである〔廣田一九八七〕。

比叡山の飛来説

金峯山以外に飛来伝承を持つ山に比叡山がある。いうまでもなく、日本天台宗の総本山である。『渓嵐拾葉集』巻六には次のようにある。

天竺飛来峯の縁起に云く、霊鷲山の艮の角闕けて、飛び来りて唐土天台山と成る。天台山の艮の角闕けて飛来りて我国の比叡山と成る。此の三国飛来峯、皆白猿飛乗りて来る。故に天竺の霊鷲山、唐土の天台山、我国の比叡山、皆王城の艮方に有り。

（『大正新脩大蔵経』七六、五一八頁a）

すなわち、霊鷲山の艮の角が欠けて中国に飛来して天台山となり、さらに天台山の艮の隅がまた欠けて日本に飛来したのが比叡山だというのである。これは三国伝来を場所に置き換えて表現したものといえるだろう。

2　「日本国」の漂着

出雲国引き神話の中世

このような飛来説があるいっぽう、海を流れてやって来たとする説も多い。このように漂着したとの説を立てるのが、出雲大社がある出雲半島に関する神話である。古代の『出雲国風土記』によると、八束水臣津野命（ヤツカミズオミツノノミコト）という神が、出雲国を小さく作ってしまったとして、新羅、隠岐国、能登国の一部を綱にて引き寄せ、今の出雲半島が出来たという。

これを「国引き神話」というが、中世にはこれが改変された新たな神話が作られた。たとえば、同じく出雲半島内にあり、出雲大社と密接な関係を有した鰐淵寺《がくえんじ》に残された文書（『鰐淵寺衆徒等勧進状案』建長六年〔一二五四〕写）には、

右、当山は異国の霊地、他洲の神山なり。蓋し摩竭《まが》〔陀《だ》〕国中央、霊鷲山の巽の角、久しく風波に浮かび、日域に就く。故に、時の俗、号《なづ》けて浮浪山と曰ふと云々。……当崛の洞、洞前に円水あり。〔智春〕聖人、畔に居りて閼伽を備ふるに、器を落して水に入らば、哺ふる鰐、底より出る。故に鰐淵と号すると云々。

（『〔特別展〕もう一つの出雲神話――中世の鰐淵寺と出雲大社』五頁）

また別の文書（『鰐淵寺僧某書状断簡』元亀年中〔一五七〇～七三〕写）には、

当寺は、最初西天鷲嶺の艮の隅、欠けて浮浪し流れ来るを、素戔嗚尊築き留め玉ふ。故に浮浪山といふ。麓には霊祇利生の大社を建て、諸神降臨の勝地と定め、峯には権現和光の社壇を構へ、仏天影向《ようごう》の結界を示す。夜半毎に大明神飛瀧の社地に歩を運び、仏法を護り国家を持し明誓を成し玉ふ所以なり。ここをもって、杵築《きづき》と鰐淵二にして二ならず、並びに仏道神道暫《しばし》も相離るる事無し。（原漢文）

（『大社町史』上巻、四三二頁）

とある。すなわち、鰐淵寺のある場所（すなわち出雲半島）は、西天竺の霊鷲山の西北の隅が欠けて流れてきたのを、スサノヲノミコトが留めたのだというのである。現在の出雲大社の祭神はオヲナムチノミコト（オヲクニヌシノミコト）であるが、中世ではスサノヲとするのが一般的であり、ここでも彼が土地をつなぎ止めたことになっている。

鰐淵寺のみならず、出雲大社を含む出雲周辺の寺社に残る文書類に、同様の神話が複数残されている。

○永享二年〔一四三〇〕「両国造北島高孝・千家高国連署申状」（北島家文書）

右当社の御敷地は、神力を以て、異国の山を築き留め、四海の凶徒を平らげ、影向この地に垂れて以来、霊験無双の神明なり。国造は即ち当社大明神の子孫と為《し》て、高孝・高国に至ること五十二代、聊《いささか》も改め動くことなき神職なり。

（『〔特別展〕もう一つの出雲神話』六頁）

○元亀三年〔一五七二〕『橋姫大明神縁記』（貴布神社蔵）

抑も天地開闢して後、伊弉諾伊弉冊尊、国土を見立給ふ。天竺月氏国の東に鳩留国《くるこく》と云ふ国有り。其の鳩留国の乾方に一の嶋有り。其の嶋の、四分の一欠けて、浪に浮かびて、爰に来る。其の時、索盞烏尊、独古を以て築き留めたまふ。其より以来、浮浪山と申すなり。彼の浮浪山、三郡に分かる。嶋根・秋鹿《あいか》・楯縫《たてぬい》是なり。伊弉諾・伊弉冊尊、浮浪山に坐す

佐陀大明神是なり。（同前、七頁）

○『大山寺縁起絵巻』巻一（東博模本　※原本は室町時代）
漢域之東岸、砕れ震って、風に任せ来たり流るといへるは、今の浮浪山なり。山王権現の勅を奉て、彼の山をかきととめ給ひける御弓の影、湖水にうつりて、をのつから遥かなる洲となりぬ。西のはてをば、八雲太神、杵をもて、此の土につきしとねたまひければ、杵築大明神と申なり。（同前、五頁）

なかにはインドではなく中国の一部とする説もあるが、何れにせよ異域、なかでも釈迦説法の地たるインドの一部だったとすることによってこそ、日本全国の神々が集い来たる特別な場所である出雲の聖性が根拠づけられるのだという発想がここにはあるといえよう［井上一九九八、二〇〇〇、北條二〇一三］。

霊鷲山の一部としての日本国

右は出雲という土地の話だったが、これを日本全土に及ぼす神話もある。日本国の開闢譚は、中世神話の世界では大きな転換を遂げたことはよく知られている。本来のイザナギ・イザナミによる国生み神話が、神仏習合思想や密教の影響を受けて、次のように作り替えられた。すなわち、日本開闢以前、大海の底に「大日印文」があり、その上に天照大神（実は大日如来の化身）が鉾を差し下ろし、したたる滴が固まって日本国が出来る。それを見た第六天魔王は、この国が仏法流布の勝地となることを察知し、破壊せんと降りてくる。これに対し人神は三宝を身に近づけないことを誓約して魔王を追い返した。その結果日本国は無事になったが、その誓約を守って、伊勢神宮では仏法を忌むのである、と（これについては、第一章第三節でも述べたが再説しておく）。

　ここでいう「大日印文（ダイニチノインモン）」とは、大日如来の種子である梵字のवं（vaṃ）のことで、日本国（本州・九州・四国）の形とवं字の類似から発想されたものである。この神話は、従来の日本辺境観を逆転させ、日本国が本来的に聖別された土地であることの根拠を起源論的に説明しようとしたもので、密教化された神国思想と評価し得るものである。これが「大日本国」神話である。

「大日本国」神話は多くの類話を持つが、その中に日本国をインドの一部が流れてきたと記すものがある。たとえば『塵滴問答《じんてきもんどう》』に記す次のような神話である。

　夫日本吾朝ハ、元天竺霊鷲山艮《ウシトラ》ノ角ニ、密陀羅ト云シ山也。……其地形वं字ニ似タリ。又ハ独古ノ形也。密教殊ニ相応ノ勝地ト見タリ。菩薩聖衆ノ住処、浄土ノヨソヲヒ、此ノ山ニ多ク在リ。爰ニ月氏国ノ昔、劫初ニ、……大地六種動ク事アリ。山崩、海ヲウメ、海カタムキテ、山ヲヒタス。樹ハ沈ミ、石ハ浮テ、仁畜失ヒレ家ヲ失二住家一ヲ、日月光ヲ不レ定メ、加様ニスル事七日七夜也。其時、此密陀羅山闕テ、海中へ入テ、其後龍王是ヲ守護ス。此時ニ、伊弉諾・伊弉那二人ノ御神、是両部ノ大日如来ノ変身、大三摩多王ノ後身也。此御神ハ、密陀羅山ヲ吾国ト成シタク思食テ、神力ヲ以テ押シ動シテ、是ヲ海中ニコギヨセ給ヘリ。鉾《ホコ》ノ滴リ、嶋ト成ト云ヘルハ、此山ユテシ時ノカヒヲ海中ニ立テ、此処ニ留タリ。……

（『続群書類従』三二上、二〇三頁）

日本国は、もと天竺の霊鷲山の東北の隅にあった密陀羅という山である。その形は鍐字のようであり、また独鈷の形であった。まさに密教相応の地であった。太古の昔、大地大いに動き、山崩れ海を埋め、海は傾き山を浸した。樹は沈み石は浮かんで、人も家畜も住処を失い、太陽も月も光が定まらなかった。このようなことが七日七晩続いた。そのとき、密陀羅山が欠けて、海中に入った。この時、両部大日の化身たるイザナギ・イザナミの二神は、密陀羅山を我が国としたく思い、神力を以て押し動かし、ここにこぎ寄せたのである、云々。

また、日蓮に仮託された『神祇門』という一書には次のようにある。

日本国は本はどろの海也けり。然るをいざなぎ・いざなみ、須弥山のこしの金剛山と云フ山をくずし入レて、彼のあし（葦原）はらにして、満七日火の雨をふらして、焼キかためたり。其よりして、此国をば神国とは申ス也。

（『昭和定本日蓮聖人遺文』三、二〇二七頁）

すなわち、須弥山の一部の金剛山という山を崩して、火の雨を七日降らして焼き固めたのが日本である、というのである。「金剛山」とは、八十巻本『華厳経』諸菩薩住処品にある法起菩薩の住所の名だが、中世修験では、大和葛城山系の最高峰金剛山と同一視された〔川崎二〇二二〕。右のくだりは、そのような修験系の説とも連絡があるらしい。

「大日本国」神話は、中世社会における仏教の繁栄を背景として広まった仏国土＝日本という意識と、古代以来の神国思想とが結びついて生み出されたものであるが、いっぽう粟散辺土観（仏教的辺境意識）が払拭されたわけではなかった。そのことの影響が右のようなヴァリエーションを生み出したのである。ここでは、国土の聖性はインドの一部であることによって証明されるのである。これは本地垂迹思想における仏—神の関係のインド—日本への応用ともいえよう。

3　インドから来る神々——本地物の世界

『熊野の本地』と『厳島の本地』

室町時代の物語に「本地物」とよばれる作品群がある。これらの多くは「〜の本地」という題名を持つ。内容は各地の神・仏の本縁を説くもので、それらが前世において人として生を受け、さまざまな苦難を経て、死後に神と祀られるが、実はこれは本地たる仏の利生の方便と説明される。日本の神々の前世・前身を説く物語が圧倒的に多いが、その中において、神々の前世がインドの人間だったとしているものが散見される。以下にその幾つかを挙げよう。

日本に向かう善財王一行（『熊野権現縁起絵巻』〔和歌山県立博物館〕より）

まず、『熊野の本地』である。あらすじは次の通りである。摩訶陀国に善財《ぜんざい》という王がいた。千人の妃を持っていた。そのひとりに五衰殿女御《ごすいでんのにょうご》という人がおり、王の寵愛を集め、遂に懐妊した。嫉妬に駆られた残りの九百九十九人の妃は、相人（占い師）に命じて、生まれる王子は九足八面の鬼子で、王を殺すだろうと見立てさせた。だまされた王は、武士に命じて女御を山中へ連れていき、そこで首を切らせるが、その直前に王子を産んだ。死んだ母は赤子に乳を与え、また十二匹の虎が王子を守護した。その後霊夢を蒙った喜見上人が王子を救い養育した。王子が七歳になったとき、善財王の宮廷に参り、事の次第を語って王子を披露し、さらに女御を蘇生させた。再会成った夫婦親子は、心あしき人がいるインドを去り、飛車に乗って日本国熊野に降臨する。それには喜見上人も同行した。そして、喜見は家津御子《けつみこ》（本宮、本地―阿弥陀）、五衰殿は結宮《むすびのみや》（那智、本地―千手）、善財王は速玉《はやたま》（新宮、本地―薬師）、王子は若一王子《にゃくいちおうじ》（熊野若宮）として垂迹したという〔松本二〇〇二〕。

次に『厳島の本地』である。『厳島の本地』は、天竺東城国の王子善哉王《ぜんざいおう》と西城国の足引宮との物語で、右の『熊野の本地』と似る。一旦は父の妃たちの陰謀によって、殺害された宮だが後に蘇生、彼女と王子（『熊野の本地』と同じく、母の死とともに出生）とを連れた善哉王は飛車に乗って安住の地を求めて、まず尺迦羅国に行くが、王はそこで宮の妹に心を移したため、怒った彼女は日本国に向かい、厳島大明神として鎮座する。その後を追ってきた善哉王と王子も各々客人御前・滝の御前として垂迹した［同二〇〇二］。

『熊野の本地』『厳島の本地』とも、本来ならば理想の地であるはずのインドを厭い、日本にやって来る話である。中世には、従来までの本地垂迹説を逆転させる神本仏迹説が一部で現れるが［伊藤二〇二二］、この両話のモチーフには、かかる発想の反映が見える。

『神道集』所収の諸縁起

伊豆・箱根権現についての縁起は、最も古いのは『神道集』「二所権現事」に収まる。天竺斯羅奈国の大臣、源中将尹統《これまさ》の妻は、観音に祈請して女子を得、常在御前と名づけた。妻が死んだ後、後妻が迎えられ、霊鷲御前という女子を産む。後妻は常在を憎み、何度となく殺そうとするが、その都度妹の霊鷲が助けた。三度目に武士に命じて山中に生き埋めにしようとしたが、折しも狩りに来た波羅奈国の太郎・次郎の二王子に助けられ、そのとき姉を救いに来た霊鷲とともに、波羅奈国に迎えられてそれぞれ王子兄弟の妃となる。行方不明になった娘たちを探して、尹統は修行者として諸国を遍歴、仏の示現により巡り会う。中将、太郎・常在、次郎・霊鷲は、仏法流布の地たる日本をめざして渡海、大磯より上陸し、その後中将・太郎夫婦は箱根、次郎夫婦は伊豆に行き神となった。

『神道集』巻七「上野国一宮事」には「抜鉾明神」（現、貫前神社、笹岡山に鎮座）について、この神は或る伝では阿育王の姫宮、倶那羅太子の妹、また南天竺狗留吠国の長者玉芳大臣の五番目の娘で好美女という。狗留吠国の大王が彼女を后にと望むが、父は拒否する。そのため大王は父を殺し、好美女を得ようとしたが、彼女はそれを嫌い、早船に乗って日本に渡来し、笹岡山に鎮座した。

『神道集』巻四「諏訪大明神五月会事」には、諏訪明神の由来について次のように記す。天竺舎衛国の波斯匿王の娘金剛女の宮は、十七歳になると身体が金色となり、皮膚には鱗が生じた。父王は娘を幽閉し大臣の祇陀王に監視させた。折しも釈迦如来が王宮を訪れて説法する。聴聞できない金剛女は悲しんで王宮に向かって祈願すると、仏は眉間から光を放った。すると彼女は三十二相具足の身となり、聴聞の座にも連なることができた。大王は大臣を婿として金剛女に娶《めあわ》せた。後に金剛女は夫とともに、日本に渡り諏訪に行き、彼女は諏訪下社、夫の大臣は上社となった。

以上のごとくに、中世の本地物において、聖地がインド起源とされるばかりでなく、神々もまたインドから渡来したという説が多く現れる。これらは、牛頭天王のように、最初から外来神的刻印を持った神に限らず、諏訪神のような在地の古い神々にも及んでいるのである。このようなインドからの神の降臨は、仏教の伝来の軌跡に倣うものであると同時に、本地垂迹における仏—神関係に基づく。但し、インドにおいて人だった者が、日本では神として現れる点が特徴的である。これはさらに、人が神になるという、中世の神信仰において次第に高まっていく人神信仰を、インド―日本の空間関係に投影したものともいえるだろう。また、『熊野の本地』や『厳島の本地』に見えるインド―日本関係の逆転には、近世に向けて次第に変わっていく本地垂迹説の変化の様子が窺えるのである。

むすび

以上四節にわたって、古代・中世のインド（天竺）観の諸相を述べた。前半の二節では、史実と虚構の世界におけるインド—日本の行き来を、後半の二節ではインドよりの事物の伝播を採り上げ、幻想の国としてのインドへの観念が、日本の自国意識と他国意識とどのように関わったかを見てきた。

この章の冒頭でも述べたように、古代中世の日本国人にとって、インドは半ば空想の国であったから、中国との場合のごとくそれとの優劣を意識することは少なかった。それよりも自らをインドと重ね合わせることによって、中国に対抗しようとする場合もあったのである。日本国がインド大陸の一部が欠けて流れてきたというがごときは、その典型的な例であろうし、次章で扱う和歌陀羅尼説も、和歌と陀羅尼とを同一視することで、中国の詩歌と対峙しようとするものでもあったのである。三国世界観において、意識の上で中国と対等を確信するには、自らをインドと結びつけることが必要で、そうすることによって初めて否定的自国意識を超克し得たのである。この関係は、古代中世の日本の神々が、本地（仏菩薩）を持つことによってその聖性が保証されるという構造に似ている［佐藤一九九八、伊藤二〇一一］。

この章のむすびに当たって、中世後期から近世への天竺観の変化について触れておこう。一六世紀の半ば、日本国の人々にとって、彼らの前に突如現れたヨーロッパ人は、今まで直接見る機会のなかったインド人にほかならなかった。日本に上陸したイエズス会の宣教師たちのことを、人々は「天竺人」と呼んだのである。これを誤解ということはできない。なぜなら、実際にザビエル以下の宣教師は、インドのゴアを拠点として、マラッカ海峡を通って日本にやって来たのであるから、その意味では、文字通り天竺人なのであった〔ただし、荒野泰典によれば、一六世紀当時の天竺への地理的イメージは、今のインド亜大陸のみならず、インドシナ半島のシャム〈現在のタイ王国〉なども含むものであった〕〔荒野一九九六〕。

ただ、その後は次第に、ヨーロッパ人がインド人とは別の存在であることが知られるようになり「南蛮人」との呼称が現れるが、その場合でも「南蛮」が、彼らがやって来た方角から来ていることからも分かるように、「天竺」の一部と考えていた。つまり、インド・中国・日本から成る三国世界観は、ヨーロッパ人〈南蛮人〉の登場とともに一挙に崩れたのではなかった。

しかしながら、一七世紀以後になると、日本の海外への知識は飛躍的に増大し、メルカトル図法に基づく世界地図ももたらされた。このようにして、三国世界観は解体していき、五大洲世界へ移行する。ただし、鎖国という状況にある以上、特に一般の民衆にとって海外は未だ幻想の世界である。つまり、「天竺」とは、釈迦の生誕地たるインドに限定されない、中国・朝鮮・琉球の外部に拡がる世界イメージとして、生き続けるのである。

第四章　文字なき国のジレンマ

戦国時代にキリシタンが来日してアルファベットを伝える以前において、日本に知られていた文字といえば漢字と梵字であった。平仮名・片仮名も存在したが、これらはあくまで「真名」（漢字）から派生した文字通りの「仮名」である。日本固有の文字はないのである。

この厳然たる事実は、インド・中国・日本の三国世界観の中で日本の文化・宗教・社会を捉えようとする中世の言説空間において、しばしば重大問題として浮上した。つまり、なぜ日本にのみ、固有の文字がないのかということである。

この問題をめぐっては、ふたつの立場がある。ひとつは「ない」ということに日本文化の特質を見ようとする立場で、このような主張は、本論でも述べるように『古語拾遺』から本居宣長に至るまでの長い系譜がある。もうひとつが、漢字が到来したことによって消えてしまったけれども、実は日本固有の文字が曾《かつ》て存在したという立場である。これまた、平安期の日本紀講より平田篤胤に至る系譜が存在する。

また、曾て日本固有の文字があったにせよなかったにせよ、現実には漢字を使ってきたということをどう考えるかが、第二章で述べた対中意識とも絡まって、議論の的となった。本章では、この文字の在・非在をめぐる諸問題について採り上げる。

第一節「文字の渡来と固有文字の非在」では、前半で文字の渡来譚とその享受について、後半では固有文字がないということをどのように意義づけていたかを述べる。

第二節「平仮名・いろは歌・片仮名」は、平仮名・片仮名及びいろは歌の起源・製作者に関する諸説について論ずる。

第三節「神代文字の創造と展開」は、一部の固有文字の非在に堪えられない人々が作り出した神代文字について、その形成の経緯と展開を辿る。

第四節「梵字幻想」は、漢字と並んで日本に早くから到来していた梵字（悉曇《しったん》）の受容について述べる。五十音図の成立と梵字との関係、表音文字としての和語との結びつき、さらに和歌陀羅尼説について考える。

以上を通じて、固有文字を持たないということが、〈日本的なるもの〉の追求においてどのような波紋をもたらしたのかを系譜的に考察したい。

一　文字の渡来と固有文字の非在

1　文字渡来説

日本列島での文字使用のはじまり

日本列島の住民（倭人）が文字の存在を知るようになったのは、弥生時代以後のことである。『後漢書』東夷列伝（倭）に、建武中元二年（五七）、倭の奴国が朝賀に訪れた際に、光武帝が「印綬」を賜ったという記事がある。天明四年（一七八四）に博多湾の志賀島で発見された「漢委奴国王」の金印は、そのときのものとされる。奈良県天理市の東大寺山古墳からは、後漢年号である中平（一八四～一九〇）の文字が刻まれた太刀が出た。その後『魏志』倭人伝が記した「邪馬台国」の魏への朝貢年紀である景初三年（二三九）及びその翌年の年号を刻んだ鏡が、複数の古墳（和泉黄金塚古墳〔和泉市〕、神原神社古墳〔島根県雲南市〕、広峯十五号墳〔福知山市〕等）より出土している。ただ、これらは何れも外部からもたらされたものであって、倭人が漢字を理解していたわけではない。

しかし、韓半島諸国や中国本土との交流が深まるにつれ、およそ五世紀ころから日本列島の側でも漢字の使用が始まる。稲荷台一号墳（千葉県市原市）出土の「王賜銘鉄剣」、江田船山古墳（熊本県和水町）の「治天下銘太刀」、埼玉稲荷山古墳（行田市）の「辛亥銘鉄剣」などの発見によって、このころより漢字を使って文が綴られ始めていたことが分かってきた。

記紀の文字渡来譚

以上は、近代の考古学上の発見によって獲得された知見である。いっぽう、近代以前においては、応神天皇の時代（西暦に換算すると紀元二七〇年から三一〇年）に文字が渡来したと一般的に考えられていた。その根拠は記紀である。

まず『日本書紀』応神天皇十六年二月条には以下のように見える。

王仁《わに》来り。則ち太子菟道稚郎子《うぢのわきいらつこ》、師《みふみよみ》としたまふ。諸の典籍《ふみ》を王仁に習ひたまふ。通り達《さと》らずといふこと莫し。所謂王仁は、是書首《ふみのおびと》等の始祖《はじめのおや》なり。

（日本古典文学大系『日本書紀　上』三七二頁）

「王仁」が来日し、菟道稚郎子（仁徳天皇の弟）の師として「諸典籍」を教えたとある。「書首（ふみのおびと）」とは、西文氏（かわちのふみうじ）とも称される、文筆を専門とする渡来系氏族である。『古語拾遺』に「軽嶋の豊明の朝に至りて、百済の王、博士王仁を貢る。是河内文首の始祖なり」とあるのも、『紀』の記事に因《よ》ったものだろう。

いっぽう、『古事記』応神天皇条には、

又、百済国に科《おほ》せ賜ひしく、「若し賢《さか》しき人有らば、貢上《たてまつ》れ」とおほせたまひき。故《かれ》、命《みこと》を受けて貢上りし人の名は、和邇吉師《わにきし》。即ち論語十巻・千字文一巻、幷せて十一巻を、是の人に付けて貢進りき。
（新編日本古典文学全集『古事記』二六七〜二六八頁）

とあり、百済の「和邇吉師」が論語・千字文を伝えたことを記す。

「和邇吉師」が『日本書紀』の王仁に当たることは明らかだが、ここで注意されるのは、彼が『論語』と『千字文』をもたらしたという、『日本書紀』にはない記述が見えることである。このような具体的な記載は、普通なら『日本書紀』に見えることが多いのに、ここでは『古事記』の方が詳しいのである。王仁が『論語』と『千字文』をもたらしたという話は、子孫たる西文氏の伝えと考えられるが、それにしても、なぜこの記事が『紀』では採用されなかったのであろうか。

おそらくそれは、『千字文』の成立時期が応神天皇の時代（と目される年代）のはるか後代であるからだろう。『千字文』とは、「天地玄黄　宇宙洪荒」から始まる四言二五〇句の韻文で、漢字学習のための幼学書（初等教科書）として、漢字を使用する東アジア圏で広く用いられた。その成立は、通説では南朝の梁武帝（在位五〇二〜五四九）が、周興嗣（四七〇〜五二一）に命じ、王羲之（三〇三〜三六一）の書千字を以て作らせたものとされている（『梁書』文学上・周興嗣伝）。つまり、応神天皇がいたとされる時代より二百年も後に出来たものなのである。

『千字文』の成立には異説があり、そこでは魏の廷臣で書家としても名高かった鍾繇《しょうよう》（一五一～二三〇）の撰ともされる。同説は古くは宋末以後に現れた新しい説と考えられてきたが、近年、唐代以前に遡ることが明らかになった（李暹《りせん》〔李邏〕『注千字文』序、敦煌本『雑抄』）〔黒田＝後藤一九八九、小川＝木田一九九七〕。記紀が撰述された八世紀初頭において『千字文』を鍾繇の撰とする説が既に日本に伝わっていたのだろう。『古事記』が『千字文』の応神朝渡来を記したのは、この知識に基づいたと考えられる。しかし、『紀』の撰者たちは、正説たる周興嗣撰述説を踏まえて採用しなかったのである。

王辰爾一族の起源説

記紀とまた違う伝がある。『続日本紀』延暦九年（七九〇）七月条に載せる、百済王の子孫を称する津連真道《まみち》（『続日本紀』の編者）が菅野朝臣への改姓を願った上表文である。文中、応神天皇が上毛野氏の祖荒田別《あらたのわけ》を百済に派遣し「有職の人」を捜させたところ、百済王は孫の辰孫王を日本に遣わしたとのくだりがある。ここではそのときのことを、次のように記す。

天皇、焉《これ》を嘉《よみ》したまひて、特《こと》に寵命《めぐみ》を加へて、以て皇太子の師としたまひき。是に始めて書籍伝りて、大に儒風を闡《ひら》けり。文教の興れること誠に此に在り。

（新日本古典文学大系『続日本紀　五』四六九～四七一頁）

すなわち、天皇大いに喜び、皇太子の師とした。この時初めて日本に書物が伝わり、儒教がもたらされた、というのである。「王仁」の話と同工異曲である。記事はさらに続き、辰孫王の子の太阿郎王は仁徳天皇に近侍し、さらにその後玄陽君、午定君と続き、午定君の三子味砂・辰爾・麻呂が葛井・船・津連となり、文書作成に従事したとする。

三人のうち特に辰爾（王辰爾）は、欽明・敏達朝において外交交渉に活躍したことが『日本書紀』に見え、この一族は六世紀ころから渡来系氏族として活躍を始めていたことが分かる（敏達紀には、王辰爾が東西史部が読めなかった高句麗からの難解な表疏を読み解いて称賛される記事がある）。右の上表文で真道らは、かかる先祖の事跡を背景として、日本への儒典（＝文字）の将来者が「王仁」ではなく、自分たちの先祖だと主張したのである［大橋二〇〇五］。

ただ、右の来歴は明らかに、西文氏の王仁の伝承をまねて作り出されたものである。しかも百済王族の末裔と主張することで（これもおそらく捏造）、西文氏に優越せんと図ったのである。なお、この上表文には、百済王氏――百済国滅亡に伴って日本に亡命してきた百済王の一族――が名を連ねており、彼らの支持も得ていたことが分かる。

これに対して西文氏側もだまっていなかったようで、『続紀』延暦十年四月八日条の文忌寸《ふみのいみき》最弟《いやおと》が「宿禰」の姓を願った上表文において「王仁」の出自について、

漢の高帝の後を鸞《らん》と曰ふ。鸞の後、王狗、転《うつ》りて百済に至れり。百済の久寿王の時、聖朝、使を遣して、文人を徴し召きたまへり。久寿王、即ち狗が孫王仁を貢りき。是、文・武生

らが祖なり。（同前、四九七～四九九頁）

と、漢帝室の末孫だと主張している。百済王の子孫を称する真道ら葛井・船・津一族への対抗して造作したのであろう。

2　文字渡来をめぐる論争

近世における文字渡来論争

以上の『日本書紀』『古事記』及び『続日本紀』に見える文字（＝儒教）伝来の記事について、後代の学者たちはさまざまな見解を示した。新井白石は『同文通考』巻之二「真字《マナ》」条において、「凡将篇・太甲篇・急就章等ノ小学ノ書」の伝来を誤り伝えたのだとした（『新井白石全集』四、四四二頁）。いっぽう谷川士清『日本書紀通証』は鍾繇撰述説を採る。『論語』については、もたらされたのは、この当時の中心的論語注釈書だった何晏（？～二四九）の『論語集解』だとし、将来説の史実たることを強く主張する（臨川書店版『日本書紀通証』第二冊、一〇九四頁）。もっとも士清は、応神の母の神功皇后が新羅を降伏させたときの『紀』の「是に高麗・百済二国の王、新羅の図籍を収めて日本国に降りぬ」とあるくだりを捉え、「経史百家の言、蓋し此の時我が邦に来たること明らかなり」と、神功皇后の時代に文字がもたらされたのだとしている（同前、一〇三八頁）。

さらに、本居宣長は『古事記伝』三十三之巻において『注千字文』序を引きながら鍾繇説を紹介するも、千字文はこの時代にはまだ弘まらず、梁武帝において広く知られるようになったものだから、応神天皇の時代に渡来したことはあり得ないとする。そして、『記』になぜこのようにあるのかについて、「此は実には遥に後に渡参来たりけめども、其書重く用ひられて、殊に世間に普く習誦む書なりしからに、世には応神天皇の御世に、和邇吉師が持参来つるよしに語り伝へたりしなるべし」(『本居宣長全集』一一、五〇九頁)と推察している。それに対し、『嬉遊笑覧』の著者として知られる喜多村信節《きたむらのぶよ》(一七八四〜一八五六)は、考証随筆『瓦礫雑考《こうがれきざっ》』巻之一の「千字文」条において、白石・宣長の説を批判しつつ、自説として応神天皇のときもたらされたのは鍾繇の千字文ではなく、名筆として名高い後漢の章帝(五七〜八八)の書蹟だったと主張している(『日本随筆大成』〈第一期〉二、八六〜八七頁)。

徐福による文字招来説

ところで、文字の渡来を応神朝とは別の時期に立てる説もある。すなわち、第二章で採り上げた徐福日本渡来譚を根拠とする説である。そこでも述べたように、徐福が焚書坑儒以前の儒書を携えていったという話が中国で起こり、日本にも移入された。北畠親房は『神皇正統記』第七代孝霊天皇の条に、「異朝ノ書」を元に、日本側が不老不死の薬を渡す見返りに「五帝三皇ノ遺書」を求めたため、始皇帝はその全てを送った。後に焚書坑儒が起こったが、「孔子ノ全経」は日本に残されたと記している。

この説に従うとするならば、応神以前に文字＝儒典が日本にもたらされたことになってしまい、記紀の記事と矛盾を来す。これについて親房は、続けて以下のように述べている。

我国ニハ神功皇后三韓ヲタヒラゲ給シヨリ、異国ニ通ジ、応神ノ御代ヨリ経史ノ学ツタハレリトゾ申ナラハセル。孝霊ノ御時ヨリ此国ニ文字アリトハキカヌ事ナレド、上古ノコトハ慥ニ注トヾメザルニヤ。応神ノ御代ニワタレル経史ダニモ今ハ見エズ。聖武ノ御時、吉備大臣、入唐シテ伝タリケル本コソ流布シタレバ、コノ御代ヨリ伝ケン事モアナガチニ疑マジキニヤ。

（日本古典文学大系『神皇正統記・増鏡』七一頁）

つまり、孝霊天皇の時代に文字が伝わったとすることは、日本の伝承とは違うが、上古のことは確かな記録がないことで、応神天皇のときに伝来したとされる経書・史書も今日には伝わらず、聖武天皇の時代に吉備真備がもたらしたものが流布している。だから、孝霊の時代に文字が伝えられたとしても、あながち疑うことはできない、ということで、最終的な判断を留保している。

同書の応神天皇の条で、百済より博士が来て経史を伝えたことを記した後、「此国ニ経史及文字ヲモチヰルコトハ、コレヨリハジマレリトゾ」と、応神朝を文字の伝来ではなく、文字使用のはじまりとするのは、孝霊朝を初伝と親房は考えたからであろう。ただ、何れにせよ、中国から来たこの説は、記紀のそれと決定的に齟齬するため、日本では広がっていかなかった。

なお、中国ではその後も徐福が日本に文字をもたらしたと信じられていた。明代の類書である劉仲達『劉氏鴻書』巻八・地理部五には、『原始秘書』なる書からの引用として「高麗之学始於箕子、日本之学始於徐福（高麗の学は箕子に始まり、日本の学は徐福に始まる）」とある。国際的には当然、こちらの説の方が有力だったのである。

欽明天皇朝文字渡来説

中国での所伝としてはほかに、『隋書』倭国伝に「文字無く、唯だ木を刻み、縄を結ぶのみ。仏法を敬し、百済より仏経を求め得て、始めて文字有り。卜筮を知り、尤も巫覡を信ず」とあって、ここでは百済からの仏教伝来を以て文字の初伝としている。とすれば六世紀の欽明天皇の時代のこととなって、はるかに下ることとなるが、『隋書』当該記事の執筆者が百済から倭国への仏教渡来時期について正確な知識を持ち合わせていたとは思われず、伝聞的記述として記されたにとどまるものであろう。

ところが、中世日本ではこの記事を踏まえて、文字の伝来を欽明朝に求める説が現れる。それを記すのが『二中歴』の記事である。『二中歴《にちゆうれき》』とは全十三巻から成る事物の名目を類聚・列挙した一種の類書で、先行する『掌中歴』『懐中歴』を元に増広した著作である（書名の由来でもある）。成立は鎌倉時代とされるが、後世の加筆部分も存する。第二に収められる「年代歴」は、年号を列記したものであるが、その最初に継体天皇の時代から「大化」までの架空の年号（いわゆる「古代年号」）が掲げられる。以下に本論と関わる前半部分を引く。

年始五百六十九年の内、三十九年は号無し。支干を記さず。其の間、縄を結び木を刻み、以て政を成す。
継体五年〔元丁酉〕善記四年〔元壬寅。同三年、発護成始文（文意不通）。善記以前、武烈即位〕正和五年〔元丙午〕教到五年〔元辛亥。舞遊の始め〕僧聴五年〔元丙辰〕明要十一年〔元辛酉。文書始めて出来。結縄刻木止み畢んぬ〕……（原漢文）
（『新訂増補史籍集覧』二三、三六頁）

冒頭一文の「年始五百六十九年内、卅九年無号」の数字が何を指すのかよく分からないが、「結縄刻木」を以て政治が行われたとしている。その後に列記される年号の中で「明要」において文字の伝来と「結縄刻木」の廃止が記される。右の記事では明記されないが、『如是院年代記』など古代年号を記す他書を見ると、欽明天皇の前半の十数年間の年号ということになっている。つまり、欽明朝になって初めて文字が到来したとされているのである。これは先の『隋書』の記事に触発されたものに相違なく、応神朝説以外に、このような異説も中世には興っていたのである［久保一九六七］。

吉田兼倶の説

なお、日本における文字使用ということで、興味深い説を立てるのが吉田兼倶である。彼は

『日本書紀神代巻抄』のなかで、応神朝説に立ちつつも、次のように述べている。

博士、自二漢土一来テ、其書ヲ教レドモ、不レ解二其字一、只如レ誦二陀羅尼一也。其後人皇三十代欽明天皇御宇ニ仏書渡ゾ。雖レ然不レ解二漢字一ホドニ、仏教ヲモ儒教ヲモ不レ分ゾ。人皇三十四代推古天皇ノ姪聖徳太子、以二漢字一為二和訓一。其時ニ始メテ解二漢字一也。

（『兼倶本・宣賢本 日本書紀神代巻抄』九八頁）

漢字は伝わったものの意味は分からず、陀羅尼のように唱えるだけであった。その数百年後の欽明朝に仏教が伝来したときも、経文の意味は理解されなかったが、聖徳太子のときに和訓が作られ、ようやく漢字が理解できるようになった、というのである。つまり兼倶は、日本における文字使用の開始を、仏教・儒教ともにそろった推古朝に置き、和語による文字の読法の公案者に聖徳太子を据えたのである。

かくのごとく中世の人々は、日本における文字の伝来とその使用を、徐福伝説や儒教・仏教の伝来とも関連づけて構想した。それに対して、近世はあくまで記紀の解釈の問題に終始しており、誠に対照的だった。

3　文字なき国

上古に文字なし

以上のように、文字とは外来のものであり、固有の文字を持たない。このことは、日本の人々が自国の特色を語る際に重要なポイントのひとつであった。それを端的に示すのが、大同二年（八〇七）に奉上された『古語拾遺』の序文である。

> 蓋し聞けらく、「上古の世に、未だ文字有らざるときに、貴賤老少、口々に相伝へ、前言往行、存して忘れず」ときけり。書契より以来、古を談ることを好まず。浮華競ひ興りて、還《また》旧老を嗤《わら》ふ。遂に人をして世を歴て弥《いよいよ》新《あらた》に、事をして代《よ》を逐ひて変改せしむ。顧みて故実を問ふに、根源を識ること靡《な》し。国史・家牒、其の由を載すと雖も、一二の委曲、猶遺りたる有り。愚臣言さずは、恐るらくは絶えて伝ふること無からむ。幸に召問を蒙りて、蓄憤を攄《の》べまく欲す。故、旧説を録して、敢へて上聞す、と云爾《まをすことしか》り。（原漢文）
>
> （岩波文庫本〔西宮一民校注〕、一三～一四頁）

すなわち、上古の文字なき時代には、人々は全てのことを記憶して忘れず、口承にて後代に伝えていた。しかし、文字（書契）の到来してのちは、軽佻浮薄の気風が興り、年長者をあざ笑い、過去を忘れてしまい、物事の故実・起源を知る者がいなくなってしまったとする。実際『古語拾遺』本文は、このことを証明するかのように、正格な漢文体で書かれているのである。

また、弘仁六年（八一五）撰進の『新撰姓氏録』序にも「蓋し聞く、天孫降襲西化の時、神世伊に開くも書記伝ふる靡し」とあり、昌泰四年（九〇一）の『革命勘文《かくめいかんもん》』にも「蓋し文書記事の起るは、養老の間に始まるを以てなり。上古の事は、皆口伝に出で、故代の事変も、応に遺漏有るべし」（日本思想大系『古代政治社会思想』五三頁）とある。

また大江匡房『筥崎宮記』には、応神天皇の徳を称えて「我が朝始めて文字を書し、結縄の政に代るは、即ち此朝なり」とある。ここに見える「結縄」云々は、『易』繋辞・下伝「上古結縄而治。後世聖人易之以書契」、『老子』第八〇章「使人復結縄而用之」などに見える、文字以前の意思疎通の方法を示す慣用的・修辞的な表現であるが、直接には、先に見た『隋書』倭国伝の「無文字、唯刻木結縄」を踏まえ、史実として解釈しているのかも知れない。

なお、右の『古語拾遺』『革命勘文』『筥崎宮記』の三書は、固有文字非在説の最重要根拠として、中近世を通じてしばしば言及されることになる（貝原益軒『自娯集』巻之二「漢字用倭音論」、太宰春台『倭読要領』等）。

中世に入ると、一部では固有文字（神代文字）の存在が主張されるようになるものの、一般的には日本には文字がないことが、古代・中世を通じての前提となっていた。そのことは、室町後期の碩学《せきがく》だった一条兼良の『日本書紀纂疏』にも「上古文字無し。然れども縄を結び、木に刻んで、且つ之の約と為し」と、先の匡房と同様の見解を示していることからも知れる（神代文字については後述する）。

賀茂真淵の固有文字非在論

近世以後になると、固有文字存在説が本格的に盛んになるいっぽう、文字の非在を日本の固有性と関連づける論者が現れる。その代表が賀茂真淵と本居宣長である。真淵『語意考』のなかで次のようにいう。

此の日いづる国は、いつらのこゑのまにまにことをなして、よろづの事をくちづからいひ伝へるくに也。それの日さかる国は、万づの事にかたを書てしるしとする国なり。かれの日のいる国は、いつらばかりのこゑにかたを書て、万づの事にわたし用る国なり。

（日本思想大系『近世神道論・前期国学』三九五頁）

「日いづる国」は日本、「日さかる国」は中国、「日のいる国」とはインドを指す。中国は全ての事柄を「かた」（文字）に書き、インドは「いつらばかりのこゑ」（五十音）を文字に書く。それに対して日本は、五十音を「こゑ」（音声）のままに、口承によって伝えてきた国なのだという。表意文字＝中国、表音文字＝インド、無文字＝日本という対比である。

日本が無文字社会だったことについて、真淵の師でもあった契沖は、その著『万葉代匠記』総釈において、「淳朴ナル上ニ文字ナカリケレバ、只口ヅカラ伝ヘタルマ、ニテ、神道トテ、儒典仏書ナドノ如ク説オカレタル事ナシ」と、儒教（中国）、仏教（インド）は教えを説く経典があるのに、無文字日本の神道にはそのようなものを持てなかったことを、半ば否定的なニュアンスを込めて記す。

それに対して真淵は、このことを次のように積極的に評価する。

此国人は心なほければ事も言も少くして、いふ事にまどひなく、聞て忘る丶ことなし。言にまどひなければよく聞得、忘れざれば遠くも久しくも伝へ、民の心直ければ、君が御のりもすくなし。（同前、三九九頁）

日本の人は心が素直であるので、内容も言葉も手短で、言うことに曖昧さがなく、聞いても忘れることがない。言葉が曖昧でないのでよく聞いて、忘れることもないので長く伝えるのであり、人民の心も素直なので、君主の命令も簡潔なのである、と。真淵は、五常・五倫のような人間道徳を示す固有の言葉が日本にないのは、そのような道徳を日本の人が知らなかったのではなく、生来身についていたから、敢えて言葉にする必要がなかったのだといった。ここも同様の発想で文字を必要としなかった、というわけである。

本居宣長の固有文字非在論

本居宣長も賀茂真淵を受け継いで、『くず花』（安永九年〔一七八〇〕成立）上で次のように説く。

言を以ていひ伝ふると、文字をもて書伝ふるとをくらべいはんには、互に得失有て、いづれを勝れり共定めがたき中に、古へより文字を用ひなれたる、今の世の心をもて見る時は、言伝《ことづた》へのみならんには、万の事おぼつかなかるべければ、文字の方はるかにまさるべしと、誰も思ふべけれ共、上古言伝へのみなりし代の心に立ちへりて見れば、其世には、文字なしとて事たらざることはなし。

（『本居宣長全集』八、一二四頁）

口承と文字とを比べると、それぞれに得失があって優劣はつけがたいが、文字を使い慣れた現代から見れば、言い伝えのみでは万事に覚束ないので、文字のある方が優れていると誰もが思いがちである。しかし、上古の無文字時代に人の心意に立ってみれば、その時代には文字がなくても困ることはなかっただろう、云々。

　そして、口承では事実ではないことが伝えられてしまうというけれど、これは文字でも同様である。文字であっても虚偽を書き伝えれば事実は残らない。口承でも事実のみを伝えれば、真実が伝えられないことはない。ただ、口承だと誤りを生じがちであることは尤もなことで、その点文字は朽ちることはないので、ひとたび書き記せば、千年であっても残るのは文字の優れた点である、と述べた後に、次のようにいう。

然れ共文字なき世は、文字なき世の心なる故に、言伝へとても、文字ある世の言伝へとは大に異にして、うきたることさらになし。今の世とても、文字知れる人は、万の事を文字に預くる故に、空にはえ覚え居らぬ事をも、文字しらぬ人は、返りてよく覚え居るにてさとるべし。殊に皇国は言霊の助くる国、言霊の幸はふ国と、古語にもいひて、実に言語の妙なること、万国に勝れたるをや。（同前、一二五頁）

しかしながら、文字が存在しなかった時代には、文字というものが想定されないので、口づたえであっても、文字のある世界とは全く違って、浮ついたことは全くない。現代でも文字を知る人は、書いておけばよいと暗記することをしないもので、いっぽう文字を知らぬ人はよく暗記しているものである。ましてや日本は、「言霊の助くる国、言霊の幸はふ国」と、古語にもいわれる国であり、その言語は他国に優れているのだという。つまり、「万国に勝れたる」日本ゆえ、文字がなくても、事の真実が時代を超えて伝えられるというのである。

さらに『くず花』では、その下巻の末尾において、中国に対する日本の優越について極めて奇妙な論を展開している。

そも〳〵漢国には、文字なかりし世の事は、書なければ伝はらで、詳に知るべき由のなきは、返て後に文字の出来たる失《しつ》といふべし。文字なければ、文字なきまゝに、言伝にて詳に伝はることなりを、中々に文字出来ては、万の事を書に委ぬる故に、その前の事は消て伝はらぬ也。然るに皇国には、天地の始めよりして、上古の事共の、正しく詳に伝はりたるは、もとより大御神の御国の徳にして、文字のありなしなどには関《あづ》からぬ事ながら、姑《しばら》く文字の有無《ありなし》の勝劣にかけていはんに、中々に文字なかりし故にこそ、詳に伝はり来つる

ならめ。（同前、一七六頁）

中国は、文字以前のことが全く伝わらない。なぜなら、文字がなくて口承にて詳しいことがらを伝えることができない中途段階で（「中々に」）文字が出来、全てを文字に委ねたため、その前のことは伝わらなくなってしまったからである。それに対して日本は、「中々に」文字がなかった故に、詳細な口承が残されたのである、と。

宣長は、文字使用が遅れたことが、口承の伝統を保持できた所以だというのであるが、現代の我々にとってそのような口承がどこにあるのか訝《いぶか》しく思える。もちろん、彼にとっては『古事記』が、神代以来の詳細な口承の集積なのである。加えて「御国の徳」、すなわち先にいう「言霊の助くる国、言霊の幸はふ国」たることが、このような正確・詳細な口承を可能にしたといっている。だから、固有の文字を持たない（持てなかった）日本（皇国）が、固有文字を作り出した中国（漢国）より勝れているのだ、と主張できるわけである。

固有文字の非在を以て、日本の優越性の根拠とするところに本居宣長の真骨頂があるが、同じように中国に対する日本の優越を主張する国学者・神道家たちは、宣長の主張に必ずしも同調できたわけではなかった。やはりその多くは固有文字の探求へと向かってしまうのである。このことについては、次々節で述べよう。

二　平仮名・いろは歌・片仮名

1　仮名の製作をめぐる伝承

平仮名と片仮名

固有文字を持たない日本が、漢字を元に作り出したのが仮名である。それは、固有名詞や助詞・助動詞を表記するために、音のみ借りたいわゆる万葉仮名にはじまり、次いで付属語に当たる漢字を小書きにする表記法（宣命体）が現れた。さらに万葉仮名を草書化して書くようになり、そこから平仮名が生まれる。これは特に和歌を表記するのに便利だったことから急速に拡がった。

いっぽう片仮名は仏典や漢籍の内容を理解するために訓読の便宜のために生まれた。最初は文章中に漢字の意味や「てにをは」を万葉仮名で書き込んでいたが、後に漢字の一部を略して書くようになった。これが片仮名である。

両者とも九世紀ころに体系化され、普及していったというが、その拡がりの具体相についてては、国語学・文字学の解説書に譲る。ここで述べていきたいのは、中世において信じられた仮名の製作者をめぐる言説についてである。

『倭片仮字反切義解』の仮名文字製作説

中世において仮名の形成を叙述したものに、室町前期に成立した明魏《みょうぎ》（花山《かざん》院《いん》長親《ながちか》、一三五〇頃～一四二九）の『倭片仮字《やまとかたかな》反切義解《はんせつぎげ》』の序文がある。

風聞するに、大古の代、未だ漢字有らず。君臣百姓の老少、口々に相伝す。応神天皇の御世に及び、始めて儒経渡り、書契を学ぶ。而して凡そ国家の文字を用ふるに、真字有り仮名有り。真字は仮字に対しては正なり。仮字は真字に対しては権なり。字の名義は即ち物の名なり。……乃ち「日・月」を訓じて「比《ひ》流《る》・図《つ》幾《き》」と曰ふ。「比流・図幾」は即ち「日・月」の仮字なり。「日・月」は即ち是れ「比流・図幾」の真字なり。……都て義を以て真字と為し、音を仮名と為すに過ぎざるのみ。此に『旧事本紀』『日本書紀』用ふるところの〈男仮字〉、数多くは皆是なり。亦た『古事記』『万葉集』のごとく、真字・仮字を兼ね用ひ、義を以て音と相雑へ之を筆す。天平勝宝年中に到り、右丞相吉備真備公、我邦に通用せる所の仮字四十五字を取り、偏旁点画を省き片仮字を作る。……然る後弘仁天長年中、弘法大師釈空海、四十七字伊呂波（四十五字に囲〔ゐ〕於〔お〕二字を増補す）を造り、以て女童に便とす。其の体則ち草書なり。此れ『伊勢物語』『古今和歌集』用ふる所の〈女仮字〉四十七等是なり。……（原漢文）

（『群書類従』二八、一八五頁）

右の文章を意味を補いながら解説しておこう。すなわち、太古の文字なき時代は、身分の上下を問わず、口承にて意思・情報が伝達されていた。それが応神天皇のときに儒教典籍が渡来し、以後文字（漢字）を学ぶようになった。我が国で使う漢字には「真字」と「仮字」がある。真字とは文物への名称（表意）である（「日」「月」のように）。仮字とは真字の訓みとして、たとえば「日」に「比流（ひる）」、「月」に「図幾（つき）」と宛てるように、漢字の表意の機能を捨象して表音文字として使うものである。『旧事本紀』『日本書紀』のような正格漢文では、訓読の際のテニヲハとして「（男）仮字」が用いられた。『古事記』『万葉集』は、漢文的表記（真字）と音のみ宛てた和文表記（仮字）が混交していた。奈良時代の天平勝宝年中、吉備真備は当時使用されていた「仮字」から四十五字を採り、偏・旁等を省略して片仮名を作った。その後、空海は草書体からいろは四十七字を作って、女性や子どもも使えるようにした。これが「女仮字」である、というのである。

ここでは、片仮名＝男仮字、平仮名＝女仮字として対称され、真備・空海が、それぞれその製作者に宛てられている。空海については、本書以前から言われていることだが、片仮名の製作者が吉備真備とするのは、『倭片仮字反切義解』を以て初見とする。片仮名の場合漢字の「偏旁点画を省」いて作り出されたものであるから、新文字の発明と一応いえるが、平仮名は従来からの万葉仮名からいろは四十七音を抽出したものであるから、新しい文字が発明されたのではない。従って、平仮名の場合は、いろは四十七音あるいはいろは歌（色は匂へど　散りぬるを　我が世誰そ　常ならむ　有為の奥山　今日越えて　浅き夢みし　酔ひもせず）の考案という意味と等しいことになる。

平仮名といろは歌

片仮名については後述することとして、ここではまず平仮名・いろは歌について見ていこう。

現在確認されているいろは歌の最古例は、承暦三年（一〇七九）書写の『金光明最勝王経音義』の序に見えるが、ここでは作者については書いていない。空海がいろは歌を考案したとする確実な記述は一二世紀になってからである。その初見と目されるのが四辻善成《よつつじよしなり》（一三二六～一四〇二）の『河海抄《かかいしょう》』（室町初期成立の源氏物語注釈書）巻十二「梅枝」所引の『江談抄』の一節である。『江談抄』とは、第二章でも述べたように、碩学として知られた大江匡房（一〇四一～一一一一）が晩年に、後輩である藤原実兼に語った談話を筆録したものである。『江談抄』の諸伝本は複数伝存するものの、当該の文章は、それらには見えない。従って仮託の可能性もある。ただ、これとほぼ同文が平安末期（嘉応年中〔一一六九～一一七一〕）成立の故実書たる『簾中抄』「仮名起」条に「江談」とは明記せずに引かれている。同書の撰述時期は『江談抄』に近い。よしんば、『江談抄』の逸文ではなくても、それと同時代の文である可能性が高い。もっとも、「仮名起」条は『簾中抄』の古い写本〔時雨亭文庫本〕には見えず、その点問題は残るが、ここでは通説に従っておく。

江談に云く、天仁二年八月日、小一条亭に向かふ。言談の次に問ひて曰く「仮名手本は、何れの時に始めて起れるや。又何人の作る所ぞや」と。答へて云く「弘法大師の御作なりと云々。件の事所見無し。但し大后自筆の仮名法花経供養の時、御八講を行はる。……源信僧都、又此の事を勤め、説きて云く、『日本国では誠に如来の金言と雖も、唯だ仮名を以て書き奉るべきなり。弘法大師は諸の真言梵字悉曇等の密法を伝へ習ひし後、四教の法門に寄せて「イロハニホヘト」の讃を作り給ふてより以来《このかた》、一切の法門・聖教・史書・経伝、この讃の字を離れず。「イロハ」の字は、「色匂」と云ふ心か』と、他事を説かず、只だ此の一事を以て講ぜしむ。人々皆耳を驚かす由伝へ聞く所なり。古人の日記の中に此の事在り」てへり。又問ひて云く「然れば、件の弘法大師の御時以往、仮名無きか。『日本紀』中に仮名日本紀在るの由、慮外に見しむるは如何」と。答へて云く「此の事尤も理なり。然りと雖も、只だ倭言に付して書かしむなり。猶「イロハニ」は彼の時に始まるか」と云々。（原漢文）

（玉上琢彌編『紫明抄・河海抄』四四六頁）

右は、天仁二年（一一〇九）「仮名手本」すなわち「いろは歌」の起源について問われたときに、匡房が述べた内容である。これによると、いろは仮名を初めて作ったのは弘法大師だといわれるが、このことについては証拠はない。ただ、大后自筆の仮名法華経による法華八講のとき、講師のひとりを務めた源信が「日本国では、仏の言葉であっても仮名で書くべきである。弘法大師は、密教を伝授されたあと、仏教の教えに言寄せてイロハニホヘトの讃を作りなされた。それ以来、一切の仏教の教え・経典・歴史もこの讃の文字を離れることはない。いろはとは『色は匂へど……』の意味なのだ」と説いて、人々を驚かせた、とある。
ここでは、いろは歌が仏教の真義を示すものとしている。右の文中には具体的な記載はないが、後には次の四句十六文字の偈句が対応するとされた。

諸行無常　　諸行は無常なり
是生滅法　　是れ生滅の法なり
生滅滅已　　生滅を滅し已おわりて
寂滅為楽　　寂滅を楽となす

この偈句を「無常偈」といい、『雑阿含経』等、複数の経文に見えるが、特に『大般涅槃経』第十四聖行品にある釈迦の前身だった雪山童子が羅刹より受けた話が有名で、雪山偈ともよばれる。

いろは歌の仏教的解釈

いろは歌が無常偈の内容を和様化したとの説の初見とされるのが、覚鑁《かくばん》（一〇九五〜一一四三）の『以呂波釈』及び『以呂波略釈』である。何れも、いろは歌を密教的に解釈したもので、無常偈との対応関係についても、解釈の一部として組み入れられている。『以呂波釈』の一節を引いておこう。

「色は匂へど散りぬるを」とは諸行無常なり。「色」とは五蘊の初めを挙げて後を等しくす。又五塵は一切の依正二報なり。顕に付して之を明かす。

「我が世誰そ常ならむ」とは是生滅の法なり。四相遷変して自性に任せざる。之を無常と名づくゆえに。

「有為の奥山今日越えて」とは、生滅滅已なり。生滅とは有為の総相なるがゆえに。

「浅き夢みじ酔ひもせず」とは、寂滅為楽なり。夢とは妄見なり。理障なり。酔とは癡暗なり。智障なり。

（『興教大師著作全集』六、一八三頁）

いっぽう、『以呂波略釈』では、「色は匂へど　散りぬるを」は「生者必滅　会者定離　盛者必衰　実者必虚」の意で、「我が世誰そ　常ならむ」が「諸行無常」と対応するとしており、いろは歌と雪山偈とを完全に相即させていない（同前、一八五頁）。覚鑁のころには、経文との対応は流動的で、いろは歌を無常偈の和様とする理解は、まだ確立していなかったようである。しかし、鎌倉時代になるとほぼ定着したようで、弘安年中成立の了尊『悉曇輪略図抄』巻第七「片仮字事〔付和歌事〕」では、次のように図示している。ここでは無常偈・いろは歌に五阿（胎蔵界五仏の種子）・八雲詠（「八雲立つ出雲八重垣妻籠みに八重垣つくるその八重垣を」）も重ねられている。

諸行無常	是生滅法	生滅滅已	寂滅為楽
色葉匂散	我世誰常	有為奥山今日越	浅夢見不酔不京
発句 ヤクモタツ イツモヤヘカキ ツマコメニ		落句 ヤヘカキツクル ソノヤヘカキヲ	

（『大正新脩大蔵経』八四、六九六頁）

右で注目されるのはいろは歌の末尾に「京」字が付されていることで、本書がその初見となる。

2　いろは歌空海製作説の変遷

いろは歌空海製作説

いろは歌の作者を空海とする説は、鎌倉時代には一般化している。文永年中に成立した卜部兼方『釈日本紀』開題には「伊呂波は弘法大師作の由申し伝ふるか。此は昔よりの伝来の和字を伊呂波に作成せらるるの起こりなり」とある（ただし、ここでは空海以前に和字があったとの見解に立つ）。空海のいろは歌製作の由来について、鎌倉末期以降になると高野山において独特の伝承化が起こった。頓阿（一二八九～一三七二）『高野日記』には次のようにある。

大師、此やまをきりひらかせたまひて、堂をたてさせ給ふに、このみちのたくみ、文字の事を知らねば、しるしあはすべきことはりもなしとて、いろはの四十八字を、しへさせ給しより……

（『続群書類従』一八下、一二四八頁）

つまり、「いろは」とは、空海が高野山を開創して堂舎を建立しようとしたとき、文字（漢字）を知らぬ大工との意思疎通のために考案されたというのである。

いろは歌、あるいはいろは四十七音の作者を空海とする説は、一部で平仮名自体が空海によって作られたと理解されるようにもなった。たとえば、南北朝期の行阿（源知行、生没年不詳）『仮名文字遣』には「行阿思案するに、権者の製作として、真名の極草の字を伊呂波に縮なして」（『国語学大系』六、一五頁）とあり（「権者」とは空海のこと）、また一条兼良の『花鳥《かちょう》余《よ》情《せい》』第一八・梅枝には「いまの世の仮名は、弘法大師始作レ之。以前仮名は如二日本紀万葉歌等書様一なり」（『国文注釈全集』一二三〇頁）とある。

いろは歌の作者を空海とする以外では、中世においては彼が作ったのは一部で、実は複数でいろは歌が作られたという説も有力だった。『河海抄』には、先に引いた『江談』の引用のあとに次のようにある。

一説に「伊呂波」に三段有り。「イロハニホヘトチリヌルヲ」は大安寺護命僧正の作、「ワカヨタレソヱヒモセス」まで弘法大師の作、「京」（伝教大師作、或は慈覚大師）。又云く、「イロハ」とは母の名なり。然れば梵字の字母の義なりと云々。（原変体漢文）

（玉上琢彌編『紫明抄・河海抄』四四六頁）

すなわち、いろは歌の最初の二句は護命の作で、後の三句が空海、さらに最後の「京」は最澄あるいは円仁が作ったというのである。護命とは本書第一章でも触れたように、空海・最澄と同時代に生きた法相宗の学僧であった。

同様の説は了誉聖冏《りょうよしょうげい》（一三四一～一四二〇）『古今序註』巻第四に見え、

（いろは歌は――引用者注）護命僧正ノ御作也。所以《コノユヘ》ニイロハニホヘトチリヌルヲワカヨタレソツネナラムト云ヘルハ、且ク小乗権教ノ仮《ケ》意《イ》也。弘法大師ノウヰノオクヤマケフコエテアサキユメミシヱヒモセスト次《ツケ》給ヘルコソ、大乗実教ノ実談ナレ。

（国文学研究資料館・初雁文庫蔵刊本、巻第四・九丁ウ）

と、護命による前二句を小乗、空海による後三句を大乗に配する。護命の法相を小乗に配する理解なのであろう（ただし法相宗＝唯識は大乗仏教に属する）。

室町末期になると、合作の経緯について説話化された。それを示すのが、天正十七年（一五八九）本『運歩色葉集』序の次のような記事である。

凡そ我朝の「以呂伴」の起りを専ら深き義を尋ぬるに、全く世間浅辺の法に非ず。八万法蔵の肝心、十二部経の骨髄なり。常住仏性の妙理、醍醐甚深の秘密なり。只だ色葉四十七字を摂す。是を以て弘法大師、護命僧正に対して、法相の大乗の奥の義を学ぶ。其の次を以て、護命言《もうしていわ》く「菩薩の行願は、世間非法の衆生を度せんには如《し》かじ。広済群生の方便は、大乗至極の法利を過ぎず。然らば浅機を深法に尊び、愚鈍を大乗に入れ、尤も至要と為す。即ち貴賤同じく書札に通ず。上下等しく文字を読みて、真書を作るべし」と。之に依り、涅槃経四句の偈を和げて之を作る。即ち今の色葉是れなり。彼の文に云く「諸行無常　是生滅法　生滅々已　寂滅為楽」此の偈の意《こころ》なり。「色ハ匂ト散ヌルヲ」とは諸行無常の句に当たるなり。「我ガ代誰レソ常ナラン」とは是生滅法の句の意なり。「有為奥山今日越ヘテ」は生滅々已なり。「浅キ夢不レ見不酔」は寂滅為楽の意なり。終りに「京」の字を加る事は、涅槃常住の都を表す。（原漢文）

（京都大学国語国文資料叢書『天正十七年本　運歩色葉集』七～八頁）

空海が護命について法相（唯識）の奥義を学んだ際、護命は「菩薩道を歩む者の願いは仏道に向かえない衆生を済度することで、広く救済を及ぼすことが大乗仏教の目指すものです。だから浅い機根の者が仏法を深く学び、愚鈍な者を大乗に入れることが最も重要です。貴賤・上下は共に読める文字が必要です」と、二人で涅槃経の四句偈を和らげて、いろは歌を作った。最後の「京」は「涅槃常住の都」つまり、覚りの境地に到達したことを示す、云々。

合作なのに、空海ひとりの作のようにいわれるようになったことについて、後柏原天皇の時代（在位明応九年〔一五〇〇〕～大永六年〔一五二六〕）の著作である『以呂波聞書』「以呂波作者事」には、次のように説明している。

護命僧正、始の一句を作り給ふに、弘法、智発の後の三句を付給ふ。……後に伝教、京字の一字を加へられ給へり。此の一字を以て、此の書の肝心とす。故に尤も此の字を置くべし。然るに始めの一句を作顕す故、護命僧正作トモ云、亦肝心の一句を加へ給ふ故、伝教の作とも云へり。然して正中の三句作り給ふ故に、弘法作とは定め申す也。（原漢文）

（『池底叢書』二十九、十五丁ウ）

あまり説得的とはいえず、説明に苦慮していたことが分かる。ただ、仏教関係者の多くは、空海単独製作説よりも、真言宗・天台宗・南都と日本仏教界が合力して作り上げたとする空海・

護命・最澄合作説をより支持していたことが窺える。

なお、孤立した説として、行遍（一一八一〜一二六四）『参語集』三「色葉因縁」では、作者を婆羅門僧正としている（『国文東方仏教叢書』第一輯第四巻、七九頁）。また、前出『仮名文字遣』に基づいて二条良基（一三二〇〜八八）が作った『後普光園院御抄』には、二条家では弘法大師の作とするのに対し、一条家では阿倍仲麻呂という説を採っていると述べている（和泉書院影印叢刊『静嘉堂文庫蔵　後普光園院御抄・假名遣つゝらおり』二二頁）。このふたつの異説については、双方とも右の二書以外の用例を今のところ見いだしていない。

いろは＝父母説

「いろは」の意味をめぐっては、無常偈以外に、「父母」を意味する古語「かぞ（父）いろ（母）」と関連づける説もある。

北畠親房の『古今集』注釈書である『古今集序註』において、「難波津」「安積山」の歌（「難波津に咲くやこの花冬ごもり今は春へと咲くやこの花」「安積山かげさへ見ゆる山の井の浅くも人の思ふものかは」）を以て「この二歌は歌の父母のやうにてぞ手習ふ人のはじめにもしける」とある仮名序のくだりを注して次のようにある。

昔は手習初に「いろは」などにて習ことはなし。仍て此一首を習そめけるにや。源氏物語にも……紫の上いまだおさなき程をみて、文をつかはしたりけるも、おばの尼うへかはりて、「いまだ難波津などをつゝけ侍らぬ」と有。されば件の比は難波津などを習けるといふことはしられたり。今のいろはは四十七字を連て、あるべき程の文字をつくしたれば、近代は皆是をならふ。然而無常の歌なりとて、物忌などする人は、今も天地星空など云ものを習なり。いろはと云ことも、ちゝ、はゝ、と云様の事なり。古語には母をいろはと云。字の母と云心なるべし。

（『続群書類従』一六下、五五二〜五五三頁）

親房は、『源氏物語』若紫巻の、源氏がまだ幼い紫の上に文を送ったのに対し、祖母の尼君が、この子はまだ「難波津なども書けない」からと代筆したくだりを引き、いろは歌ができる以前は「難波津」の歌が文字の習いはじめだったとし、「いろは」の「いろ」とは、このことにちなむもので、文字の母という意味だとする。そして、「諸行無常……」説に疑義を呈するのである。

この見解は、親房から大きな影響を受けていた了誉聖冏に引き継がれる。聖冏は『古今序註』第四で同じ箇所を注して（先程の引用文の直前）、難波津の歌は父、安積山の歌は母のごときものである。歌の読み習いの初めにこの二首を手本とせよという意味で、父を「カソ」、母を「イロ」というのは「手習ノ始」ということである、としている。

近世のいろは歌説の諸相

近世に入ると、平仮名及びいろは歌について、さらにさまざまな説が噴出する［吉沢一九三〇〕。江戸前期には、いくつものいろは歌についての注釈書が刊行されたが、その中心となったのは、真言宗系の僧侶たちだった。良鑁『以呂波天理鈔』（延宝六年〔一六七八〕刊）、元曄『以呂波注解』（貞享二年〔一六八五〕刊）、如得（志水）『以呂波抄』（元禄九年〔一六六九〕成立）、全長『以呂波字考録』（元文元年〔一七三六〕刊）、そして諦忍『以呂波問弁』（宝暦十四年〔一七六四〕年刊）等である。

『以呂波天理鈔』は、上巻にいろは歌の題号・作者・製作時代・疑難・大意・天竺文字・震旦文字・日本文字、下巻にいろは歌を無常偈に対応させながら解説するものである。上巻では作者について、弘法大師以外に、聖徳太子説や伝教大師説が流布していることを述べている。撰者の良鑁は両説に否定的だが、その典拠について考察を加えている。まず聖徳太子説の典拠と挙げられているのは「秦ノ川勝カ序伝」なるものであるが、これは『先代旧事本紀大成経』の序文のことである。いうまでもなく『大成経』は、近世に作られた偽書である。

伝教大師説は、中世によくある「京」字の考案者というものではない。「深秘用巻」に拠るというこの説は次のようなものである。すなわち、最澄が諸神に「神楽ノ頌文」を奉納したとき、伊勢神宮の宝殿より「妙法鷲太山嵐霧雲掃壊（メウ・ホウ・シユ・タイ・セン・シヨ・ラン・ム・ウン・サウ・ヱ）」とのお告げがあった。最澄はこれは経文であるとして漢語で読むと、諸神の使者の老翁が示現し、「我朝ハ垂迹和光ノ土ナレバ、仮名字ノ風俗也。要ヲ取テ八雲ニ用ユベシ」と告げた。これは和歌にて示せとの意と覚った最澄は「妙法鷲太山嵐霧雲掃壊（タヘヌ・ノリ・ハシノ・ミ・ヤマノ・ハツ・アラレ・キリ・クモ・ハラフ・コトゾウレシキ）」と和歌

（三十一文字）に詠んだ。漢字に仮名を宛てるのはこのときが初めてだったという。以上の説話を伝える「深秘用巻」とは、承応二年（一六五三）に刊行された『神道深秘』を指すと考えられる。その奥書に延暦二十二年の年紀があり、最澄の著作に擬される。版本は各地に出廻っているが、中世以前の写本はなく、近世の偽作である可能性が高い。

前節で見たように、中世において、いろは歌の作者を空海と護命の合作とする説が広く流布していた。ところが近世にはあらたに、護命ではなく勤操《ごんぞう》（七五四～八二七）とする説が現れる。たとえば、『以呂波注解』の序には次のようにある。

> 伝言《つでにいふ》。以呂波は三人の作る所なり。「色 香 散《いろはにほへとちりぬるを》」と云ふは勤操の作れる所なり。其の後、杵築明神より夢想の秘歌二首有りて、「我世 誰 常《わがよたれぞつねならむ》」乃至「不酔《ゑいもせず》」は、弘法大師の作る所なり。竟りに京の字を置くことは、伝教の添ふる所なり。
>
> （全長『以呂波字考録』巻之上所引）

勤操説については、『林羅山詩集』巻七十四「以呂波詩」序に「仄《かす》かに聞く、其の後石淵寺の僧勤操、延暦寺の僧最澄、高野山の僧空海、相共に四十七字の歌を唱和す。所謂る以呂波是なり」とあり、江戸初期には既に登場していたらしい。

3　片仮名と吉備真備

吉備真備片仮名製作説への疑念

さて、吉備真備の片仮名製作説だが、中世においては『倭片仮字反切義解』以後、ほとんど展開がない。言及されることも少なく、言及があるのは、管見するところでは吉田兼倶の『日本書紀』講義・注釈書のみである。兼倶は複数の『書紀』講義でこのことに触れているが、ここでは月舟寿桂聞書・兼倶自筆本より示す。

> イロハ四十七字ハ、弘法大師作レ之。カタカナハ、吉備大臣作レ之。アイウエヲノ五十字ハ、神代ヨリ有レ之。神代ノ文字ハ、一万五千三百六十字アルゾ。
>
> （『兼倶本・宣賢本　日本書紀神代巻抄』一〇〇頁）

右に見るように、兼倶の関心は、平仮名・片仮名以前の日本固有文字（神代文字）にあり、『義解』も見ているようだが、特に詮索は加えていない。

近世に入ると、特に詮索を加えることなく真備製作説を追認する者もいる（文雄《ぶんゆう》『和字大観鈔』、谷川士清『日本書紀通証』等）一方、はっきりと疑義を唱える論者が現れる。たとえば契沖は元禄八年（一六九五）に刊行された『和《わ》字正濫鈔《じしょうらんしょう》』において「吉備公の作などいへどさせる証なし」と否定している。契沖の弟子だった安藤為章《あんどうためあきら》（一六五九〜一七一六）の『年山紀聞』にも「古き物に其の証なし」と見える。室町初期の著述である『倭片仮字反切義解』以外に、根拠が求められない以上、否定論が生まれるのも当然だった［吉澤一九三〇］。

多田義俊説の登場

そのなかで、真備が片仮名を発明した由来を、典拠を示して記す書が登場する。それが国学者多田義俊《ただよしとし》（南嶺、秋斎、一六九八〜一七五〇）が、延享三年（一七四六）に公卿芝山広豊《しばやまひろとよ》（名家、一六七四〜一七二三）の「極秘之口伝」を記したとの奥書を持つ『以呂波声母伝《いろはせいぼでん》』全三巻である。本書はいろは四十七字の音義・語源・用例を列記した内容だが、冒頭の序文において、仮名の由来を真備から説き起こしている。

> 以呂波ハ、古へ孝謙天皇ノ御宇、吉備大臣入唐シテ、王化玄ト云人ニ遇テ、口本ノ語ヲツフサニ語リ玉ヘハ、王化玄、ソレヲ音ニナラシテ、アイウエヲカキクケコ等ノ相通ヲタテ、、吉備大臣ニ伝フ。安以宇ノ類ナルヲ、大臣、我国ニ帰テ後、或ハ篇（ママ）ヲ取、或ハ旁ヲ取テ、畧字ニ書ナシ、コレヲカタカナト云。「カタ」ハ片ト云意ナリ。カナハ日本ノ古語ニテ、木ノキレハシノ類ヲカナキト云。中臣ノ祓ニ「天津金木」トアルモ、チイサキ木ノ事ニテ、木ノキレハシノ様ニ、片カツクリカヲ、切レ〳〵ニカキタルト云心ニテ、カナト云俗説ニカリニ名ヲマウケタル故ニ、仮名ト云ルハ、後人ノ偽説ナリ。王化玄カ古事ハ、

倭ク類聚国史ニ見エタリ。

（広島大学図書館蔵本、一丁オ〜ウ）

右によれば、入唐した真備は「王化玄」という人に会い、日本語のことを話すと、アイウエヲ・カキクケコの相通、つまり五十音を教えられ、それに基づいて漢字の偏・旁を取って略字にしたものを片仮名としたのである、と。そして、この王化玄のことは『類聚国史《るいじゅうこくし》』に見えているというのである（その他「カナ」を「仮名」の意とするのは後世の偽説で、実は「片（偏）」と「ツクリ（旁）」を別々に（切れぎれに）書くことに由来すると説明している）。

この記事には、複数の考証家が反応している。まず新井白蛾《あらいはくが》（一七一五〜九二）である。彼は、新井白石の『同文通考』を宝暦十年（一七六〇）に自身の補記を付して刊行している。その巻之三「片仮字」条で、白石の「吉備公ノ此字ハジメ製レシコト、彼孔安国ガ隷古ノ書ニ倣ヒテ、書読ム人ニ便ゼンガタメニゾアルベキ」とあるくだりを受けて白蛾は、「片仮字ノ作者ハ吉備公トイヒ、或ハ詳カナラズトモイフ説アレトモ、吉備公ノ手ニ成レルコト必定ナルベシ。其証ニハ」として『以呂波声母伝』の右の箇所の全文を引く。吉備真備製作説を確証する重要な証拠と考えたのであろう。

いっぽう、村瀬栲亭《むらせこうてい》（一七四四〜一八一八）の考証随筆『秇苑日渉《げいえんにっしょう》』巻之二「国音五十母字」には、『以呂波声母伝』の名を挙げていないが、真備と王化玄についての論及がある。栲亭は、真備が学んだのは王化玄ではなく「趙玄黙」であろう、とする。「唐書」（『旧唐書』倭国日本国伝、『新唐書』日本伝）には、開元（七一三〜七四一）の初め、「四門助教趙玄黙」が日本の儒士の師となったことが記されているが、『続日本紀』によれば真備は霊亀三年（七一七）に遣唐使に従って入唐しているから、開元初めに習学を請うたのは真備のことだと考えられるからである。もっとも、化玄が音韻に詳しく、特に教えを受けたのかも知れないが、新旧の『唐書』にもこの人物の所見はなく、詳細についてこれ以上追究できない（「其の詳、得て稽ふるべからず」）と、判断を保留している（『日本随筆全集』一、四一三頁）。

ところが、『類聚国史』の中に「王化玄」の記事を探してみても、該当する記述が見つからないのである。『類聚国史』とは、菅原道真によって六国史の記事を項目に分類して編纂された歴史書である。元来二百巻あったというが、その多くが亡失し、近世には数十巻を残すのみとなった。伝存本に当該記事がないということは、失われた巻あるいはその佚文に記されていたか、義俊が元にした芝山広豊の口伝がそのように伝えていたことになるが、実のところそこが問題なのである。尾張藩の考証学者で、義俊にも一時師事した河村秀根《かわむらひでね》（一七二三〜九二）は、『撰類聚国史考』（延享二年〔一七四五〕成立）のなかで、多くの巻が亡失したのに乗じて「今世名ヲ仮テ偽作セルアリ、六国史ニ載ザル文ヲ新ニ述テ国史ト号スルノ類ヒ」があると指摘しているのである（高知城歴史博物館本、五丁オ）。

偽作者多田義俊

では『以呂波声母伝』の王化言説の場合はどうなのだろうか。結論からいうと、出典を『類聚国史』とするのは偽りで、記事の信憑性を持たせるために多田義俊が捏造した可能性が濃厚なのである。和学者・神道家・考証家であると同時に浮世草子作者でもあった義俊は、博学多識を以て知られたが、その学問姿勢において、しばしば偽証・捏造を厭わないと評される人物だった。そのことは多くの論者から批判されているが、たとえばその最大の批判者だった伊勢《いせ》貞丈《さだたけ》（一七一七～八四）は次のようにいう。

……秋斎は世に名高き学者にして広才博覧又たぐひなく、その著せし書どもは古人の心つかざりし事を発明し、昔しよりあやまり来りし事を改め正しける事多し。英雄の士といひつべし。されど一つの悪き癖あり。世渡るわざに心ひかれしにや、知らぬ事を知りたる顔して、ねなし事を作り、しるしもなき事をげに〳〵しく偽りなせしこともあり。引き用ひし事どもの中には疑しき物もあり。此人にして此病ひある事をしむべし。されば、かの著せし書どもは、心ゆるして、ことごとくは信じ難きものあり。……

（『秋斎閒語評』跋文〔『少年必読日本文庫』一二、一四九頁〕）

此の秋斎……近年国学に名高き人なり。然れども偽りを好む癖あり。豪傑なる者なれども、其偽大瑕なり。可レ惜哉。彼れが著述の引書疑敷もの多し。中臣祓気吹抄に古物彙函と云ふ書を引く。又、武門故実百箇条には、古物彙典と云ふ書を引けど、其の記する所、古物に非ず。妄作なり。己が著して己が引けるなるべし。此の引ける書を記す所、古実に非ず。己が妄説を実にせんが為に、品々の書を作り置きて古書と偽りて、時々取り出して引き用ひたるものと見ゆ。秋斎が書は疑はしくて取りがたし。毎書全篇偽りにもあるまじけれども、偽交る故、覚束なくて用ひがたし。

（『安斎随筆』巻之十「桂秋斎」〔増訂故実叢書『安斎随筆　第二』二五三頁〕）

さらに、義俊没後に生まれた伊勢の儒者津坂東陽（一七五七～一八二五）は、『勢陽考古録』「洞津」条において、安濃津（今の津市）の別称「洞津（あなつ）」について述べるなかで、次のように糾弾している。

世に洞津考といふ書あり。北畠国司の遺書なりとしてあらぬこと共をあげつたへ、ふるくより洞津と書し来れるよしいへり。こは多田兵部義俊といふゐせものが偽作なり。此をのこ安濃津に遊寓し、故実を杜撰して博識をてらひ、ただ洞津考のみならず、阿漕草紙、多気窓蛍、垂水広信日記など、さまざまのゐそらことを造り出して、人をあざむき利をかすめけり。……みたりに古を誣て、事実を乱りぬる隋の劉炫か罪にひとし。炫は朝廷古書を求めらるるの時にあひて、魯史記・連山易・古文孝経など、偽書百余巻をこしらへたり。後に事あらはれて罪せられぬ。義俊は幸にして免れにけり。

（三重県郷土資料叢書27『勢陽考古録』一一頁）

また、近年では石川透氏が、山岸文庫蔵『落窪の草子』の文安五年から始まる一連の奥書が義俊の偽作だったことを実証している［石川一九八八］。

以上のような多田義俊の行状から考えると、『類聚国史』の王化玄の記事なるものは、義俊の捏造だったと見て間違いあるまい。『以呂波声母伝』の内容を彼に伝授したという芝山広豊は、本書が成った延享三年の二十年ほど前に死去している。義俊が若年のころ広豊に仕えていたことは、自身の随筆『蓴菜草子《ぬなはのそうし》』巻之三「壺井氏と予疎遠の事」に「予はもと芝山故参議右衛門督広豊卿に随ひ、其の後は中山殿に仕へて、記録多く見たる功にて、自分一家の学問を立てたり」（『日本随筆大成』〈第二期〉一四、三四頁）とあることより確かめられる。彼は既に故人となっていた公家の芝山広豊に託して『以呂波声母伝』を由緒づけたのである。なお、本書のほかでも義俊は、しばしば広豊の名を出して、自説を権威づけている［古相二〇〇〇］。

『以呂波声母伝』の成立は延享三年だが、吉備真備が王化玄なる人物から五十音図の示唆を受けたという話を、以前から説いていたのかも知れない。そこで気になるのが先に引いた河村秀根『撰類聚国史考』である。秀根は、同書の趣旨は『類聚国史』が道真の編纂ではないことを主張するもので、偽作云々については「枝葉ナレバ」として具体的に述べていないが、旧師だった義俊を念頭に置いていたのではなかろうか。義俊がこのような偽作・捏造を行う人であることを、秀根はよく知っていた。彼は後年、義俊の著作を集めている某人に対して、曾ての師なのでいくつもその著作を所持しているから貸してもよいが、「引用の書、めづらかなる名のみ多く、信じ難し。ただ世に流布したる古書をよく見玉ふべし」（『初子記』）と忠告しているのである［阿部一九四二］。

三　神代文字の創造と展開

1　仮名日本紀

日本紀講の仮名日本紀をめぐる議論

本章の最初でも述べたように、日本には固有の文字がなかったとするのが大方の見解だった。ところが、漢字渡来以前に別の文字があったのではないかという議論も、また古くからあった。そのきっかけとなったのが、仮名で書かれた『日本書紀』、すなわち「仮名日本紀」である。

現在残る「仮名日本紀」の伝本は、漢文体の『日本書紀』を書き下したものであるのは明らかだが、似たような仮名文の『書紀』が、平安中期にはすでに存在していたらしい。承平年中の日本紀講の記録である『日本書紀私記』丁本には、そのときの以下のような議論が記されている。

まず、質問者が『日本書紀』を読み解くために備える書物は何かと問うと、そのときの博士である矢田部公望《やたべのきんもち》は、『先代旧事本紀』『上宮記《じょうぐうき》』『古事記』『大倭本紀《やまとほんぎ》』などと並んで「仮名日本紀」の名を挙げている（『上宮記』『大倭本紀』は、何れも太子撰とされる偽書）。

この後「日本」号についての議論があった後に、「仮名日本紀」が話題となる。

問ふ。仮名日本紀は何人の作る所や。また「此の書」（日本書紀――引用者注）の先後如何。師説に、元慶の説に云く、「此の書」を読まんが為に、私に注出する所なり。作れる人未だ明らかならず。

彼の時、又問ひて云く、仮名の元、元来有るべし。其の仮名を改めて、養老年中に、更に此の書を撰せり。然れば則ち、「此の書」を読まんが為に私に記す所と謂ふべからず。

又説ひて云く、疑ふ所理有り。但し、未だその作れる人を見ざるのみ。

今案ずるに、仮名の本、世に二部有り。其の一部は、倭漢の字、相雑して之を用ふ。其の一部は専ら仮名倭言の類を用ふ。上宮記の仮名は、已に旧事本紀の前に在り。古事記の仮名は、亦た「此の書」の前に在り。仮名の本、「此の書」の前に在り。或る書に云く、養老四年、多安麿等、日本紀を撰録する時。古語仮名の書、数十家有り、皆勅語を以て先と為すてへり。然れば則ち仮名の本、尤も此の前に在るのみ。（原漢文）

（新訂増補国史大系本、一九一頁）

最初に質問者が、「仮名日本紀」とは誰の作か、また『日本書紀』との先後関係はどうなのかと問うた。それに対し、公望は師の藤原春海《はるみ》の説として、前々回の元慶の日本紀講のときから、「仮名日本紀」とは『書紀』を読むために「私に注出」したもので作者は明らかではないとされていたことを紹介する。それに対して質問者は、「仮名日本紀」が先にあり、養老四年に真名の本ができたのではないのかと疑義を呈している。それに対して公望は、作者は不明としつつも、「今案」（自分の見解）として、現在「仮名日本紀」に二種あり、ひとつは倭漢の字を相雑えて用いるもの、もうひとつは仮名だけを用いたものである。養老四年に真名の『日本書紀』が撰述される以前にも既に、『上宮記』『古事記』のような「仮名」を使った書は存在するので、「仮名日本紀」が養老以前にあっても問題はないとする。さらに公望は「或る書に云く」として、養老四年に太安万侶らが『日本書紀』を撰述した際に、数十の家々にあった「古語仮名之書」を元にしたと付け加えている。

公望の返答における「仮名」とは、万葉仮名のような漢字表記のものも含むと思われ、少なくとも後者の「仮名日本紀」とは、万葉仮名で書いたものということになる。

しかし、これに対して参議淑光《としみつ》が「仮名之起」とは何かという質問を発している。公望は返答して、神功皇后以前には文字はなく、次の応神天皇の代に伝わったとの通説的見解（但し、百済からではなく新羅から伝わったとしている）を述べたあと、師説として、大蔵の御書の中に「肥人之文字六七枚許」があったとする。実はこの真偽不明の「肥人之文字」なるものが、後にクローズアップされて、漢字渡来以前の文字、すなわち「神代文字」と見なされるようになるのである。

『釈日本紀』における仮名日本紀説

鎌倉時代に卜部兼方《うらべのかねかた》によって、『日本書紀』の詳細な注釈書たる『釈日本紀』が編まれた。

同書は、父の卜部兼文《かねふみ》が一条実経等に対して行った文永十一年（一二七四）の『日本書紀』講義と、当時残されていた平安日本紀講の記録を合わせて編纂したものである。その第一巻「開題」には、「仮名日本紀」のことが採り上げられ、先に見た承平講義の問答がほぼそのまま載録されている。その中で、右の「肥人之文字」の問答を載せた後に、兼文・兼方の以下のような見解が見える。

先師の説に云く、漢字我が朝に伝来するは、応神天皇の御宇なり。和字に於ては、其の起こり神代に在るべきか。亀卜の術は神代より起こる。所謂、此の『紀』一書の説に陰陽二神、蛭児を生み、天神、太占を以て卜す。乃ち時日を卜定して降す。文字無くんば、豈に卜を成すべけんやてへり。作者の事の濫觴、神代に在るべきは、幽玄にして測り難し。伊呂波は弘法大師の所作の由、申し伝ふるか。此は昔より伝来の和字を、伊呂波に作成せらるるの起りなり。（原漢文）（新訂増補国史大系本、五頁）

兼方が先師（父兼文）の説として紹介しているのは、『日本書紀』神代巻上第四段（国産みの段）一書第一の話である。伊弉諾・伊弉冊尊が蛭児（ヒルコ）を産んだ後、天に上って天神にこのことを報告すると、天神は「太占《ふとまに》を以て卜合《うらな》」い、女性が先に声を発したからだとし、また時日を卜定して地上に帰らせたくだりについても、文字がなければ卜定などできないはずだと言ったというのである。

それに対し兼方は、神代のことは幽玄で測り難いと態度を保留している。その一方、いろは文字（ひらがな）について、元来あった日本文字を、空海が置き換えたとしている。

2　漢字渡来以前の文字の探求

『日諱貴本紀』の日本武尊の文字

兼文・兼方は右以上の見解を示していないが、これ以降、漢字渡来以前の文字が具体的に検討されるようになってくる。先行研究では指摘されていないが、管見の及ぶところ、その最も早い例が、両部神道書のひとつで南北朝期に成立した『日諱貴本紀《じちいきほんぎ》』の記述である。本書は桓武朝の右大臣神王《みわ》に仮託された偽書であるが、その序文の中で、「昔日本武尊金文三十八行《カナヤノミソヤクタリ》」という日本武尊（ヤマトタケル）の文字なるものを挙げているのである（真福寺善本叢刊『両部神道集』四九五頁）。ただ、これが具体的に何を指しているのかは現時点で分からない。

なお、遥か後世の記事だが、好学で知られた大名の隠居松浦静山《まつらせいざん》（一七六〇〜一八四一）の随筆『甲子夜話続篇《かつしやわ》』巻百の冒頭に、上総国木更津の坂田という農夫の家に「日本武尊の書」があったという話を載せている。好奇心旺盛な静山は、さっそく人に頼んで、文字を模写してもらっている（次頁図参照）。この「日本武尊の書」が『日諱貴本紀』の「日本武尊金文三十八行」と関係があるのかは分からない。

従来の「神代文字」についての論究において、『釈日本紀』に次ぐ早い記事として指摘され

「日本武尊の書」（松浦静山『甲子夜話続篇』巻百第一話より）

ているのが、忌部正通《いんべのまさみち》の『神代巻口訣』である。書名が示すとおり『日本書紀』神代巻の注釈書であり、序文によれば貞治六年（一三六七）に成ったという。正通はこの序文の中で、漢字渡来以前の文字について述べている。以下にそれを示す。

日本書紀《ヤマトフミ》は、浄足姫《キヨタルヒメ》天皇の勅《ミコトノリ》あつて、舎人親王・太安麿に撰せしむ。開闢より持統天皇に至るまで三十巻と為す。……神代の文字は象形なり。応神天皇の御宇、異域の典経、始めて来朝してより以降《ヲチツカタ》、推古天皇に至りて、聖徳太子、漢字を以て和字に附けたまふ。後百有余歳にして、是の書を成す。……（原漢文）
（神道大系『日本書紀註釈　中』三頁）

すなわち、神代に文字はあったが、応神朝に漢字が伝わった後、聖徳太子が『先代旧事本紀』を編述したとき、原拠にあった「和字」を漢字に置き換えたというのである。右は『釈日本紀』よりさらに進んだものといえるのだが、別稿で述べたように、『神代巻口訣』は江戸前期に作られた偽書である［伊藤二〇二〇］。神代文字のくだりも、江戸時代の神代文字言説のひとつとしなくてはならないだろう。

吉田神道の神代文字説

その意味で、神代文字に大きな飛躍は、やはり『釈日本紀』の撰者兼方と同族たる卜部吉田家の吉田兼倶の創唱にかかる吉田神道の登場を待たなくてはならない。

兼倶より先、『日本書紀』の内容と文字との関係に言及しているのが一条兼良である。彼はその著『日本書紀纂疏』の中で、漢字の伝来は応神天皇の時代であり、仮名は空海の発明であるとすれば、太古のことが文字なくして伝えられることは可能だったのかという問いを立てている。それに対する彼の見解は、

天地有りてより以来《コノカタ》、万物の情、音声に備はる。是れ自然の理なり。故に鶴唳・風声・鶏鳴・狗吠と雖も、皆得て通ずべし。況んや口歯・舌内の音を成すに於てをや。上古には文字無し。然れども縄を結び木を刻みて、且つ之が約を為す。吾が邦開闢の事と幽明の迹と、古より神聖相授け、或は人に託して宣言す。而も其の説く所、自ら三教の理に符合せざるといふこと莫し。虚妄にして人を誣る説のごとくんば、則ち上宮太子、刪らずして何ぞ之

を取らんや、舎人の大正《ヲフキミ》、豈に亦た徒に而も伝へんや。（原漢文）　（同前、一四九頁）

というもので、音声言語による知識の十全なる継承は可能であるとする。

これに対して兼倶は、彼の『日本書紀』講義の中で次のように述べる（兼倶は何度か講義を行っているが、ここでは明応ころに行われた月舟寿桂《げつしゆうじゆけい》聞書を元に、兼倶自身が書写した本に拠る）。講義の最初の方で、『書紀』神代巻は神代に関する書であるにもかかわらず漢字で表記されるのはなぜかを論じている。

すなわち、応神天皇のときに漢字が伝わった当初は、今に陀羅尼を誦するごとく意味は分からなかったはずである。漢字に和訓を付すことを初めて行ったのは聖徳太子である。彼によって仏書も儒書も理解可能なものとなった。但しこれは万葉仮名表記で読みにくいため、後に空海によりいろは四十七文字が、吉備真備によりカタカナが作られたのである。ただ、ここで兼倶は続けて「アイウエヲノ五十字ハ、神代ヨリ有レ之。神代ノ文字ハ、一万五千三百六十字アルゾ。一向ニ難解ゾ」と述べる。

これは如何なることかというに、彼の説明は以下のようなものである。まず神代の文字は「ハカセ」（音の高低調子を表記する「節博士《ふしはかせ》」のこと）のようなものである、とする。ただ具体的には記されていない（自筆本には記載がないが、他の本には「秘事」とする）。その後に次のような話が続く。

伊弉諾伊弉冉二神は天浮橋より天瓊矛を下して国土を作ったとき、占いを行った。占卜は陰陽・五行より起こるもので、文字はそこから出来たのである。紙墨で表すばかりが文字ではない。森羅万象は天地自然の易なのである。嘗て伏羲《ふくぎ》が空中に向かって一画を下ろした（八卦のこと）のも自然（おのずからなる）の文字である。陰陽は元来一つである。それが散じて万物になるのであり、同じように文字も数も多くなるのである。亀卜で甲羅を焦がす時、五つに割って五行に配する。それが変じて一万あまりになる。文字も万物の変により五万三千余り（一万三千？）になるのである。（取意）

（『兼倶本・宣賢本　日本書紀神代巻抄』一〇〇〜一〇一頁）

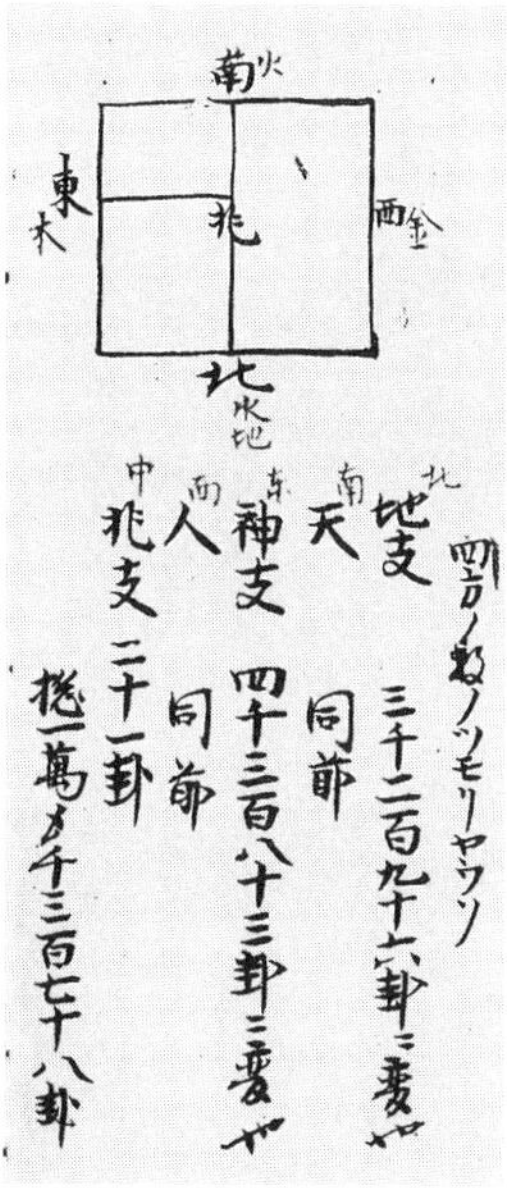

亀卜図（吉田兼倶述『日本書紀桃源抄』〔京都大学〕より）

右によれば、彼のいう節博士のような神代文字とその数は、亀卜の卦からのアナロジーから発想されているようである。亀卜の卦のことは右の注釈書においては省かれているが、彼の別の注釈（『日本書紀桃源抄』）で図示（前頁図参照）して説明されている。それによると、方形に切った亀の甲羅を焼いた裂け目を東西南北中に以下のような卦に変じる。各々北（地支）が三千二百九十六、南（天）が同前、東（神支）が四千三百八十三、西（人）が同前、中（兆支）が二十一、総計一万五千三百七十八卦となるとしている。

3　近世における神代文字の叢生

垂加神道者による神代文字論

吉田兼倶が説いた神代文字の論は、吉田神道の後継者である清原宣賢《きよはらのぶかた》（一四七五～一五五〇）や吉田兼右《かねみぎ》（一五一六～七三）等に受け継がれた。但し、吉田神道では、神代文字の論を兼倶以上に展開させることはなかった。宣賢の『日本書紀神代巻抄』の神代文字の記述はほぼ父兼倶の祖述で、「神代ノ文字ハ、秘スルニ依テ、コレヲ顕サズ」（同前、二五九頁）というが、別のところでは「悉曇ノアイウエヲノ五十字ハ、神代ヨリアリ。神代ノ文字ハ一万五千三百六十字アリトイヘドモ、一向ニ解シガタシ。フシハカセヲ指セルヤウニ、上レバ上リ、下レバ下ル。是神代ノ文字ノ躰ナリ」と、節博士のような文字と説明している（同前、二六〇～二六一頁）。

吉田神道自体では、この説を発展させることはなかったが、近世に入ると、その影響を受けた神道家や仏家が、神代文字について主張し、さらにその発見に努めるようになる。そして、実際に神代文字と称するものが見いだされてくるのである。

たとえば、垂加神道派の渋川春海《しぶかわはるみ》（一六三九～一七一五）『瓊矛拾遺《たまほこしゅうい》』や跡部良顕《あとべよしあき》（一六五八～一七二九）『和字伝来考』は、神代文字の実在を主張するものだが、世上に流布する神代文字は「霊符」（図参照）の類であるとして否定する。

今諸社に神代の文字とて、近代専ら用る文字をば霊印と云ふ。天文家に於ては之を霊符《レイフ》と謂ふ。天文書・陰陽家の書、夥しく之を載するなり。太上神七十二字ノ霊符、亦た同じなり。本と仙家より出づ。祈禱の文字なり。疑うらくは、安倍晴明《アヘノハレアキラ》、之を卜部に伝ふるか。之を函底に蔵し、後世に神代の文字と為すか。伊勢及び賀茂に曾て之れ無ければ則ち、甚だ偽り作るなり。（原漢文）

（国立公文書館・内閣文庫蔵『瓊矛拾遺』上、一二丁ウ）

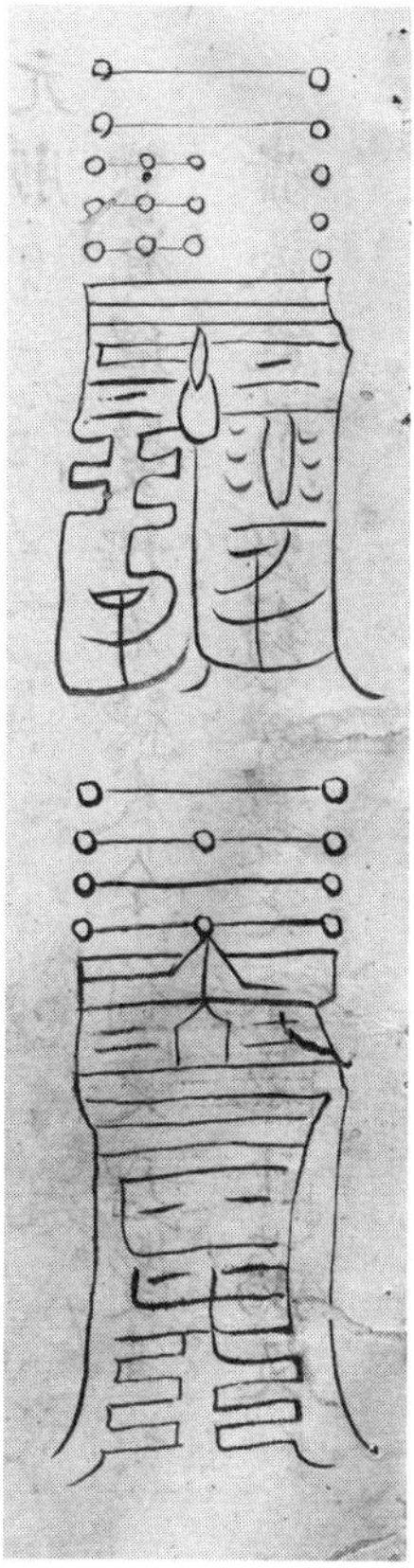

霊符（渋川春海『瓊矛拾遺』〔内閣文庫〕より）

世間ニ神代ノ文字ト云テ、伝授スル者アリ。是ハ天竺ノ梵字ノ如シ。又道家ノ符ニ用ル字ナレハ、皆用カタシ。

（宮城教育大学附属図書館蔵『和字伝来考』〔尹二〇二〇〕）

その代わりに、「一書云」として、

神代文字（渋川春海『瓊矛拾遺』〔内閣文庫〕より）

という文字列を掲げ、これらは十二支を意味する「神代文字」なりと主張する。『和字伝来考』によると、春海がこれを師の山崎闇斎に見せたところ、闇斎は「是神代ノ文字ニ極リタリ」と述べたという。ただ、これは既に山田孝雄氏が指摘しているように、袋中の『琉球神道記』巻第五に出てくる琉球の文字である〔山田一九五三〕。

琉球文字（袋中『琉球神道記』〔慶安五年版本〕より）

「霊符」にせよ「琉球文字」にせよ、出処を異にするさまざまな文字や記号が「神代文字」として巷間に流布し始めていたのである

『先代旧事本紀大成経』の「ひふみ」文字と諦忍

近世において、吉田神道とは別に神代文字の根拠とされるようになるのは、『先代旧事本紀大成経』の説である。この書は『先代旧事本紀』をもとに一七世紀中期以降に偽作されたもので、七十二巻、あるいは三十巻と大部なものである［久保田一九七三］。『旧事本紀』同様、聖徳太子に仮託される。その巻十「天神本紀下」に、

> 天照大神、……四十七言を以て詔して大己貴尊に告ぐ、其の霊句に曰く、
> 人含道善命報名親子倫元因心顕煉忍君主豊位臣私盗勿男田畠耘女蠶続織家饒栄理宜照法守進悪攻撰欲我刪（ひふみよいむなやこと　もちろらねし　きるゆゐつわぬそ　をたはく　めかうお　ゑにさりへて　のますあせえほれけ）
> 是のごとく宣る。依りて大己貴尊と天八意命と、意を同じくして是の言を以て神代字を造り、是の四十七字を以て通連して万言の句を作る。（原漢文）
> （続神道大系『先代旧事本紀大成経㈠』二〇〇頁）

とある。天照大神が大己貴尊（大国主命）に下した四七十音を、大己貴尊と天八意命《あめのやごころのみこと》（記紀の

思《おもい》兼神《かねのかみ》）が文字化した、というのである。

この「ひふみ」四十七字が神代文字のはじめとして、その詮索が以後始まる。それを積極的に行った代表的存在が、真言宗の学僧だった諦忍《たいにん》（一七〇五～八六）である〔川口一九九五〕。彼は宝暦十四年（一七六四）に『以呂波問弁』を刊行した。本書は三八の問答から成る書で、主題は「いろは歌」についてだが、第一から第六にかけて、神代文字について論じている。以下にその内容を略記しておく（適宜①～⑥と表記）。

①いろは四十七字の作者を空海とするのは「慥ナル本拠」はない。

②天照大神の「四十七言」に基づいて大己貴尊と天八意命が「神代ノ文字」を作ったが、空海はそれを漢字の草書に置き換えた。

③大己貴尊についての説明と、天照大神から下された四十七言の解説（『先代旧事本紀大成経』に基づく）。

④神代文字といいながら、漢字で表記されているのはわかりやすさのためで、梵字を漢字で表記にするのと同じである。

⑤神代文字が今日に伝わっていないことを以て、その存在を否定する者がいるが誤りである。たとえば、もし文字がないのなら、同じ神を「大日孁貴（オヲヒルメノムチ）」と名づけたり「天照太神（アマテラスヲホンガミ）」と呼んだりすることはなかったはずであり、素戔嗚尊の詠じた「八雲立つ……」の歌（和歌の起源とされる）も伝わらなかったはずで

ある。

⑥平岡宮や泡輪《あわ》宮には、「神代ノ文字」があり、それを聖徳太子のときに借りだして拝見したことが「古書」にある。

なお、⑥でいう「古書」とは『先代旧事本紀大成経』を指す。

「ひふみ」文字をめぐる真偽論争

諦忍の『以呂波問弁』に対して、安永七年（一七七八）、詩文を以て知られ、また狷介な奇人との評判もあった金龍敬雄《きんりゆうけいゆう》（一七一二～八二）という天台僧が「駁以呂波問弁」という『以呂波問弁』批判の文を草した。

そのなかで、諦忍の神代文字論についても以下のように批判する。もし神代文字が本当にあったのなら、どこかに断片でも残っているはずなのにどこにもないのは、『古語拾遺』等のいうように、日本には文字がなかったということを意味するのではないか。根拠としている「旧事紀」（先代旧事本紀大成経）は「真偽未決」の書で、全くは信じ難い本である。和歌は文字がなくては伝わらないわけではない。たとえば「座頭仲間ノ法ハ、書シ物ハ証拠ニナラズ。覚ヘタルコトヲ以テ証拠ニスル」ではないか。

そして、神代文字の実在を主張する諦忍の姿勢について、次のように批評する。

兎角《トカク》人ハ、我《ワガ》生レシ国ヲ贔屓《ヒイキ》スルモノ故、日本ヲ唐土ト同ジ様ニ、開闢久シク抗《ハリアハ》セントスル故ニ、天神七代ノ、地神五代ノトテ、奇妙ナ舌モモトヲリカネル尊《ミコト》ノ名ヲ作リ、寿命ハ百億万歳ノ、何《ナン》ノ角《カ》ノトテ、空蒙杳冥虚誕杜撰《クウモウヨウメイコタンズサン》ノ事ヲ取集《トリアツ》メ、神代巻トヤラン云書ヲ偽作ス。今其書ヲ見ルニ、仏法二分、易三分、妄《ウソ》六分合方シテ、山ヲ産《ウム》ノ、海ヲ産《ウム》ノトテ、相生相剋ニ影傍《ヤウボウ》レ、特《コト》ニ可レ笑ハ、此四天下ヲ照ス日輪ヲ、天ノ窟《イワト》ニ隠レ玉ヘバ、世界ハ常《トコ》暗《ヤミ》ニ成タトハ、サテサテ唯日本バカリヲ照スト思ヘル井蛙《セイア》ノ見ヲ起セバナリ。畢竟日本ハ、唐ノ新田場《シンデンバ》同前ナルコトヲ知ザル故ニ、天竺唐土ノ事ニ附会シテ、迹形《アトカタ》モナキ下手文盲ナ虚《ウソ》ヲ云触スナリ。唐土ヨリ文字万物渡シ来レバ、上古彼国ヲ仰ギテ遣唐使ニ歴歴ヲ遣サレ、モロモロヲ、ヲコセシ国ナレバトテ、モロコシト呼シトナリ。

（刊本『神国神字弁論』三丁ウ〜四丁オ）

『日本書紀』の神話記事など後世の偽作に過ぎないといい、中国の「新田場」（模倣）なのに、そのことが認められないで神代文字などという「虚（うそ）」を言いふらすと言い放つ。敬雄の論は、諦忍に限らず中国文明との異質性を強調し、日本固有論に傾斜していく同時代的論調への合理的批判となっていて興味深い。天の岩戸についての評などは、後の宣長・秋成論争を彷彿とさせる（もっとも、この後で、例の呉太伯日本渡来説を全面的に支持していて、その点は不合理きわまるのであるが）。

それはともかく、この批判を受けた諦忍は、敬雄の「駁以呂波問弁」への反論「金杵摧駁」

を著し、「駁以呂波問弁」と合冊、『神国神字弁論』として刊行した（安永八年）。ここで彼は、現存する神代文字として鶴岡八幡宮や河内の平岡宮・泡輪宮、三輪神社の額に残る文字（らしきもの）の模写を掲載した。さらに、紀に載る神々の詠歌を掲げ、文字なくしてはこのような詠作はできず、「いろは四十七文字」同様の文字が存在したはずだという。

　その他についても一々駁しているが、合理的な批判は少なく、多くが問答無用の罵倒である。たとえば『日本書紀』は偽書だとの指摘については「我慢法外ノ馬鹿者ナリ。……国家へ対シテモ忌憚ルベキコトナルニ、無礼法外ナルソシリ様、人倫ノ行跡ニアラズ」といった具合である。また「日本上古天造自然ノ神字」をそのまま用い続けず、仮名に置き換えるようになったのは、それらが「迂遠ニシテ末世日用ニ意易《こころやす》クツカヒガタ」いからであるとし、外国での同様の例として、朝鮮の諺文（ハングル文字）を挙げている。後に諺文と酷似した文字群が神代文字として、世上に現れることになる（後述）。

　以上のように諦忍は、一八世紀における神代文字実在説の代表的存在だが、彼のような神代文字賛成派のいっぽう、その存在を否定する論者も多い。神代文字の存在を否定するのは、儒者では貝原益軒『自娯集』や太宰春台『倭読要領』などである（先の諦忍は、このふたりを激しく批判している）。国学においては、賀茂真淵・本居宣長などは神代文字を全く否定する。先に述べたように真淵は、本来文字を持たず、音声のみで全てを伝えられていることに日本の固有性を見いだしていた。また、宣長も神代文字を認めず「今神代の文字などいふ物あるは、後ノ世人の偽作にて、いふにたらず」（『古事記伝』一之巻「文体の事」）と、全面的に否定した。

日文四十七音（平田篤胤『神字日文伝』上巻より）

平田篤胤の神代文字論と訓民正音（ハングル）

それに対し、実在説を展開したのが平田篤胤である。当初篤胤は、師と見なしていた宣長などの見解を受けて神代文字に否定的だったようだが、次第に実在説に傾いていった。特に先に見た諦忍の『神国神字弁論』が決定的影響を与えた。彼は、同書所載の鶴岡八幡宮所蔵の文字を見て「是ぞ今予が著はし伝ふる日文字《ひふみもじ》を世に著せる初にて、いとも感《めで》たき功なりける」と感激し、その後自らも諸国・諸書から神代文字を収集・考証して完成させたのが、文政二年（一八一九）刊行の『神字日文伝』である。

本書には、実例十三を挙げるが、その最初に挙げるのが「日文四十七音」である。これは「天兒屋根命之真伝」として、対馬国の卜部阿比留氏に密かに伝えられたものという。四七字の構成は、母音である「たて五画」にㅜ（う）・ㅗ（お）・ㅣ（い）・ㅓ（え）・ㅏ（あ）、「よこ九画」（子音）にㅅ（す）・ㅎ（ふ）・ㄷ（つ）・コ（る）・ㄴ（ぬ）・ㄱ（く）・工（ゆ）・ㅁ（む）・ㅇ（う）を立て、その組み合わせより成るとした（図参照）。篤胤はこれこそが『釈日本紀』がいう「肥人書」であると見なし、さらに諦忍が挙げた鶴岡八幡所伝の文字をその草書体だと主張した（『新修平田篤胤全集』一五、一九三一〜一九四頁）。

これらの文字を一見して明らかなのは、韓国のハングル文字（諺文）と酷似することである。「日文四十七音」の類は他にもあり、それらと諺文とを比較したのが伴信友である。信友はその著『仮字本末』に付した「神代字弁」という論考において、次のように説き起こす。世上「神代字」として写し伝えたものの多くは亀卜の灼兆《しゃくちょう》を元に作り出したもので、唯一（吉田）神道の関係者、あるいはその追随者の作である。また、近年では「紅毛字」（ラテン文字、キリル文字）を倣って新たに作り出した文字を、何がしの神社に伝わるともっともらしくいうのもあり、これらは皆論ずるに足らない。ところが、そのような中に、字体も「おほかたさだかにて、みだりに作れるものとはみえざる」ものが三体あるが、これらは、「今朝鮮にて、諺文といひて用ふ国字の古体にて吏道といふもの」である。ところが、若い友人たちの中に、本物の神代文字と信じ込む者がおり、そのつど言い聞かせていたが、煩わしいのでまとめて書くとして、以下吏道〔読〕・諺文の歴史（信友は吏読を諺文の原型とするが、これは正確ではない）を述べたあと、ヒフミ文字の真字・行字・草字体と、諺文の真体・草体を綿密に比較して、神代文字と称するこれらが、諺文を模倣して作られたことを明らかにしている（『伴信友全集』三、四七〇〜四九〇頁）。

これに対して篤胤は、諺文に酷似することは認めつつも、諺文の方が神代文字を模倣して作られたのだと主張、その根拠を神功皇后の時代に遡って無理な証明を試みている。篤胤がなぜ、ハングルを模倣した神代文字にこれほど執着したのかについて、川村湊氏は次のように指摘する［川村二〇〇二］。

日本の五十音の音の秩序を書き表すには、平仮名では不便であり、宇宙秩序の原理としての五十音図を不完全にしか組み立てることができないという理由によるものではなかったろうか。つまり、母韻と父声（子韻）との組み合わせによる、日本語の音韻体系は、当然のこと基本的には、子韻と母韻の組み合わせを一字とする仮名では、その〝霊妙〟な音の働きを映し出すことができないのである。（『言霊と他界』「二章　篤胤の柱」四五〜四六頁）

つまり諺文こそが、音と文字との全き調和を体現する理想的な文字の体系だったのであり、だからこそ篤胤は、これが本来日本起源であることに執着したのである。

篤胤の神代文字論は、彼以後も平田派の人々によって継承され、近代以後も続いていくことになる［三ツ松二〇一七］。ある種の人々にとって、固有の文字がないことは、かくも深刻で諦め切れないことだったのである。

四　梵字幻想

1　梵字の伝来と五十音図

梵字伝来説

漢字と並んで、日本国の住人に知られていた文字は悉曇（梵字）である。本章の最終節では、梵字の伝来とそれにまつわる諸説について述べよう。「梵字」と言った場合、今日のデーヴァナーガリーも含むが、ここでは「悉曇文字」の意味で「梵字」の語を用いる。

さて、梵字がいつ日本に伝わったのか、仏教公伝初期の状況は分からない。これをめぐって、法隆寺に伝わっていた「法隆寺貝葉」を最古とする説がある。「法隆寺貝葉」とは、多羅葉に梵字で書かれた『般若心経』及び『尊勝陀羅尼』の二葉の貝葉経のことで、現在は東京国立博物館に所蔵されている。江戸時代の法隆寺僧覚賢（一七六四〜一八三九）が、法隆寺の古物・宝物についてまとめた『斑鳩古事便覧』には、以下のようにある。

一、尊勝陀羅尼、般若心経。多羅葉の梵書
　右は太子御前生、衡州南嶽山に於て、恵思禅師、念禅法師、中六生の間の御持物

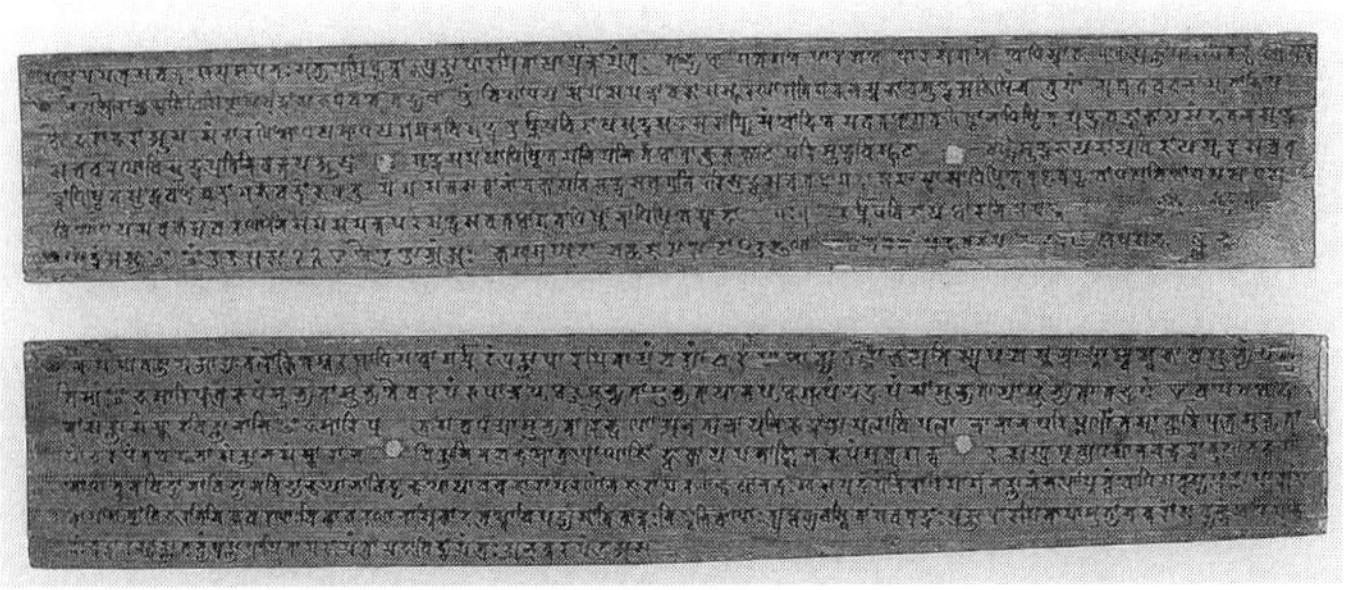

法隆寺貝葉（東京国立博物館、後グプタ時代〔7～8世紀〕）

なり。太子三十七歳の時、小野妹子、大隋国より将来の品なり。（原漢文）

（法隆寺史料集成15『斑鳩古事便覧』一四九頁）

すなわち、この二葉は、聖徳太子の前生である南岳慧思、念禅法師などの六生の宝物だった。果たして、太子三十七歳のとき、小野妹子はその経を隋からもたらした、というのである。

右に引用したのは江戸時代の文献だが、鎌倉時代の顕真『聖徳太子伝私記』に「多羅葉二枚に尊勝陀羅尼、般若心経、梵本十二廮吒・三十五体文を書し、青糸を以て之を貫く。此又奇特の勝事なり」とあり、既に何らかの神秘化が起こっていたことを示唆しており、妹子将来説が中世まで遡り得る可能性がある。ただ、現代の研究では、このふたつの貝葉経は八世紀あたりとするのが妥当とされており〔干潟一九三九〕、太子の生きた七世紀前半までの将来物とすることは難しい。

安然『悉曇蔵』巻三に「或いは悉曇有り。人は仏哲の将来といふ」とあるように、通説では梵字が日本に入ってきたのは八世紀に入ってからである。林邑国（通常チャンパ王国のこととされるが異論もある）の僧で婆羅門僧正とともに来日した仏哲が最初の将来者とされている。このとき仏哲が持って来たのが「悉曇章」（梵字の発音と文字の合成を示した図表）で、これによって梵字を系統的に学ぶことができるようになったのである［馬渕二〇〇六］。また、仏哲と共に来日した中国人僧道璿（七〇二～七六〇）が梵語をよくしたことが知られている。

その後、来朝した鑑真が「天竺朱黎」等の字帖を献上しているが、悉曇学の体系的な知識を日本に伝えたのは空海で、その後も常暁・円行・円仁・円珍・宗叡等入唐八家によってもたらされた悉曇学は、安然によって大成された。それが『悉曇蔵』全八巻である。

梵字と五十音図

梵字は十六種の摩多（＝母音）と三十五種の体文（＝子音）の組み合わせから成る表音文字であり、表意文字の漢字とは全く相違する。日本列島の人々は、表意文字である漢字を基に、表音文字である仮名を発明した。では、同じ表音文字同士である仮名と悉曇とはどのような関係があったのだろうか。

古くから言われているのは、五十音図が梵字を起源とする説である。五十音図の起こりについては、前出した明魏の『倭片仮字反切義解』は吉備真備が片仮名とともに作り出したとしており、近世前半までは、多くの論者が吉備真備説を踏襲した（新井白石『同文通考』、谷川士清『日本書紀通証』、文雄『和字大観鈔』）。

また、後半になると、主に国学者によって固有創造説が主張された（賀茂真淵『語意考』、平田篤胤『古史本辞経』、橘守部『五十音小説』）。彼らの中には、神代から存在したと主張する者もいたが、おおかたは五十音図自体は、応神天皇の時代に文字が渡来したとき、和語の音を当てはめてできたと考えたのである〔山田孝雄一九三八、竹田一九四二〕。ここでは『古史本辞経』巻之一「五十音古図記第二」から篤胤の説を引いておく。

> 抑《ソモソモ》皇国人《ミクニビト》の言語《コトド》ふ正雅の声の、有りの尽く数へ集めて、まづ其の無音の声元《モト》を索むれば、宇の声に定まり、開声の始めを攷《カムガ》ふれば、阿の声に極まり、其の声の類を攷ふれば、此の行の五声に定まり、其五声の次第を攷ふれば、阿伊宇衣於《アイウエオ》に極まるを、是の行に効《ナラ》ひて、余りの四十五声の類を聚《アツ》め、横韻を斉《トトノ》へて聯ねむに、誰人《タレビト》の為《ツクリ》たらむも、大抵同じ様《サマ》なるべく、実《マコト》には然《サ》しも難からぬ事《ワザ》なり。（然《シカ》るに、今なほ是の図を、悉曇などに習はずは、作得《ツクリウ》まじき物のごと云ふ人あるは、なほ異国を揚げて、我が古を陋《イヤ》しむる僻《クセ》の、止《ヤマ》ざるになむ有ける。）
>
> （『新修平田篤胤全集』第七巻、四二一九頁）

いっぽう、梵字起源を主張したのは、仏家より始まる。近世前期真言宗の学僧として名高い浄厳（一六三九～一七〇二）はその著『悉曇三密鈔』巻上において、

> 凡そ一切の音声は五十字〔𑖀《ア》𑖂《イ》𑖄《ウ》𑖊《エ》𑖌《ヲ》等〕を過ぎず。五十字の音は尽く十四音〔𑖀《ア》𑖂《イ》𑖄《ウ》𑖊《エ》

𑖌《ヲ》の五は韻なり。𑖎𑖭𑖝𑖡𑖮𑖦𑖧𑖨𑖪《カサタナハマヤラワ》の九は声なり。合して十四と為る〕に摂す。十四音は五韻〔十二の麼多も五韻を体と為す。後に当に具さに述ぶべし〕に収まる。五韻は総て三内の所発なり。謂く𑖀《ア》は是喉内、𑖂𑖊《イエ》は舌内、𑖄𑖌《ウヲ》は唇内なり。尚を究めて論ずれば、則ち五韻統て𑖀の一音に収まる。（原漢文）

（刊本、巻上本三一オ〜ウ）

と述べ、その後に「五韻・三内・十四音・五十字、能生・所生の分別、幷に十三直拗等、且く図して童蒙に示さん」として、悉曇表記による五十音図を掲げる。縦の𑖀𑖂𑖄𑖊𑖌《アイウエヲ》段には、各々喉（声韻一体・諸音の能生の本）・舌（唯韻非声・𑖀所生）・唇（唯韻非声・𑖀所生）・末舌（唯韻非声・𑖂所生）・末唇（唯韻非声・𑖌所生）と記している。

　この浄厳に師事したのが、国学の事実上の祖というべき契沖である。彼はその著『和字正濫鈔』において、万葉仮名表記による五十音図を掲げるが、各段の表示が浄厳の図と同じで、作図において明らかに師に倣っている。さらに図の後に「右の図、梵文に准《なぞ》らへて作れり」（『契沖全集』一〇、一二〇頁）と明記しているのである〔山田孝雄一九三八〕。

　浄厳―契沖の説は、国学者の中でも固有説に反対する論者に受け継がれた。たとえば『字音《じおん》仮字用格《かなづかひ》』において本居宣長は、「五十連音図」が「悉曇字母」に依って作られたとしている。また伴信友は、吉備真備製作説を採る人だが、真備は五十音図製作に当たって、悉曇の知識を借りたのだと主張している。信友の『仮字本末』下巻によれば、真備は「きこゆる多才の儒者」で、諸学に通じていたから音韻の道にも優れていただろう。だから「そのかみ唐国に天竺より伝はりたりつる悉曇法を受習ひ来て、それに倣ひて皇国の正しき音声に転じ、音位を換へて、新に五十音図を作」ったのだとする。しかもその際に、漢字を用いて字音を表記するための不都合を是正するため、偏旁を省いた文字を考案した、それが「片仮字」なのだと結論づけている（『伴信友全集』三、四五〇頁）。

明覚のカナ反切法

「五十音図」成立の経緯について、近代の国語学で吉備真備説を信じる人はいないが、成立の初発については諸家の見解は分かれている。悉曇学から起こったという見解が多く支持される［大矢一九一八］いっぽう、音韻についての知識が整理された結果作られたという説もある［山田一九三八］。

また、漢字の字音を知るための反切法が日本に移入された後、その応用としてカナを使った反切法が発明され、そのときの参照の必要から、縦に母音「アイウエオ」の列、横に「カサタ……」の子音の列を配し、縦の各行は「カキクケコ」「サシスセソ」という文字列（つまり、後の五十音図）が考案されたという説もある［橋本一九五〇、古田＝築島一九七二、築島一九七七］。

この問題について、カナ反切法と悉曇学と関係づけて五十音図の成立を論じているのが馬渕和夫氏である［馬渕一九六五、一九九三］。その際に馬渕氏が最も重要視したのが明覚（一〇五六～一一〇六？）の存在である。明覚は比叡山に学んだ天台僧で、加賀の温泉寺に隠棲した。

悉曇学を修め、その知見を日本語の音韻研究と結びつけた人物であった。代表的著作に『反音作法』〔寛治七年（一〇九三）〕、『梵字形音義』〔承徳二年（一〇九八）〕、『悉曇要訣』〔康和三年（一一〇一）〕がある。

『反音作法』はカナ反切の方法を説いた書である。反切とは、ある漢字の音を、別の二字の漢字で示す方法で、上の字の頭子音（声母）と下の字の母音（韻母）とを合わせて一音を構成するもので、子音と母音が分かちがたい漢字の音表記のために二世紀ころに考案された。日本にも漢字音習得の必要上、早くから移入されて使われていたが、原音をよく知らない日本国人にとって使いこなすことは容易ではなかった。明覚はこれを、カナ五十音（アイウエオ　カキクケコ　ヤイユエヨ　サシスセソ　タチツテト　ナニヌネノ　ラリルレロ　ハヒフヘホ　マミムメモ　ワヰウヱヲ）に当てはめて説こうとしたのである。

まず「アイウエオ」を諸字の通韻とし、以下「ア」は「カ・ヤ・サ……」の韻、「イ」は「キ・イ・シ……」の韻、と以下「ウ・エ・オ」も同様にして都合五韻とする。これを参照して反切を説明するのだが、例として最初に「東【徳紅の反】」が挙げられている。「徳」は「トク」、「紅」は「コウ」なので、「徳」の初声「ト」と紅の終声「ウ」を取り、「東」の音「トウ」となる。さらに四声（平上去入）は下字に従い、「紅」は平声なので「東」も平声である、と云々。

明覚がカナによる反切を思いついたのは、彼が悉曇学に通じ、母音・子音を分かつことを理解していたからである。五十音図の前身となる音図は、明覚以前から断片的に現れていたが、彼の書によって初めて全貌が示された。
『梵字形音義』は、梵字の字形・字音・字義について解説した書だが、字音について説いた巻三において、梵字音を明らかにするためには、本朝のカナ（「仮字」）と「反音作法」とを使わねばならないとする。明覚はカナについてはその理由を次のように説明している。

　本朝の仮字が必要なのは、梵音には中天竺と南天竺では音に相異があるし、漢字にも漢音・呉音の区別がある。だから梵字・漢字とも文字だけではその音が分からない。仮字を用いることで理解できるのである。仮字とは「阿伊烏衣於　可枳久計古　左之須世楚　多知津天都　那爾奴禰乃　羅利留礼魯　波比不倍保　摩弥牟咩毛　和為于恵遠　夜以由江与」の五十字を、諸字の「借音（カナ）」とするのである。（取意）

（『悉曇学書選集』一、二一九〜二二〇頁）

続いて「反音作法」とは、本来の反音（反切）ではなく、『反音作法』で説いたカナ反切のことであるとする。ただし、ここでは漢字ではなく、梵字の音を示すために使われている。このことを彼は、実例を以て以下のように説明している。
（he）字に「係」〔計（け）・伊（い）〕音ありとするのは、字は賀（ha）音、点（摩多点画）は翳（e）〔衣（え）・伊（い）〕の音である。上の「賀」字と五音の中で「衣（え）」

と同じ段にあるのは「計（け）」である。だから「計」と「伊」を組み合わせると、係（he）となるのである。「賀」字は清音なので、「係」も清、「翳」は去声であるので、「係」も去声である。（取意）

（同前、二二一頁）

五十音図による梵・漢・和語の包摂

馬渕氏も指摘しているように、梵字の発音を、本来漢字のために開発された反切法で導き出せるはずもない。しかもその漢字音自体も日本化したものである（だからカナ反切法が可能になっている）［馬渕一九六五］。音韻上は、明らかな錯誤なのだが、このように、カナの五十音を以て、漢音も梵音を表現できるという考えは、梵語と漢語と和語とが、五十音図の中に収まるという結論を導き出す。

そのことを明確に主張しているのが、明覚の学問の集大成である『悉曇要訣』である。同書巻二において明覚は、梵語・漢語・和語の関係について、次のようにいう。

……本朝に四十七字有り。一切の字母と為す。梵文の意を以て竊かに之を案ずるに、九字を以て経《たていと》と為し、五字を以て緯《よこいと》と為し、四十五字を織り成す。五字の中に二を加へて、即ち四十七字を成すなり。此の中の五字は、梵文𑖀等十二音のごとし。九字は𑖎等三十四字のごとし。五字は、一はア、二はイ、三はウ、四はエ、五はオなり。九字は、一はヤ、二はカ、三はサ、四はタ、五はナ、六はラ、七はハ、八はマ、九はワなり。梵文既に三十四字を経と為し、十二字を緯と為し、四百八字を織り成す。和言、豈《あに》経緯無けんや。今和言に梵字を副《そ》へ、音響の同じきを知らしむ。

𑖀𑖂𑖄𑖊𑖌
アイウエオ　已上五字、但し諸字通韻為り。
𑖧𑖧𑖰𑖧𑖲𑖧𑖸𑖧𑖺　𑖎𑖎𑖰𑖎𑖲𑖎𑖸𑖎𑖺
ヤイユエヨ　カキクケコ
𑖭𑖭𑖰𑖭𑖲𑖭𑖸𑖭𑖺　𑖝𑖝𑖰𑖝𑖲𑖝𑖸𑖝𑖺
サシスセソ　タチツテト
𑖡𑖡𑖰𑖡𑖲𑖡𑖸𑖡𑖺　𑖨𑖨𑖰𑖨𑖲𑖨𑖸𑖨𑖺
ナニヌネノ　ラリルレロ
𑖢𑖢𑖰𑖢𑖲𑖢𑖸𑖢𑖺　𑖦𑖦𑖰𑖦𑖲𑖦𑖸𑖦𑖺
ハヒフヘホ　マミムメモ
𑖪𑖪𑖰𑖪𑖲𑖪𑖸𑖪𑖺
ワヰウヱヲ　已上四十五字の経緯、相成るなり。

三朝の言、一言も五十字を出ざるなり。竪に五字を読みて紐と為し、横に九字を読みて韻と為す。大唐天竺の音、或いは通用すること有り。本朝にも或いは通用する時有り。（原漢文）

（『大正新脩大蔵経』八四、五二九～五三〇頁）

すなわち、日本のいろは四十七文字に、梵字の摩多・体文を宛てはめると、九字（ヤ・カ・サ・タ・ナ・ラ・ハ・マ・ワ）が経（横の列）となり、五字（ア・イ・ウ・エ・オ）が緯（縦の列）となって、合計四十五字が出来上がる。これに五字の中から重複しないア・オ二字を加えると都合四十七字となる（五字＝通韻と経緯を合して数えれば五十字）。十二摩多は長短を重ねれば五字に、三十四体文も重ねれば九字となり、四十五字の中に収まる。漢音も同様であり、つまり梵漢和三語は、五字（通韻＝母音）と五字と九字との組み合わせ（母音＋子音）四十五字を合した五十字（五十音）に包摂されるというのである。

明覚は五十音を三国通有の普遍的な音韻の体系として理解したが、もとより和語の五十音より複雑な音韻を持つ梵語・漢語を無理に当て嵌《は》めたもので、音韻学的には無意味であろう。しかし、彼の主張は、悉曇学の文脈を超えて、同時代の三国世界観と共振する。慈円が『拾玉集』において「漢字にも仮名つくるときは、四十七言を出ることとなけれど、梵語はかへりて近く、やまとごとには同じといへり」と和語と梵語の本源的同一性を主張し、また「三国之言音異なると雖も、片州の和字他者を摂すか」と、和語の中に漢語・梵二語が包摂されると説いたのは、明覚の所説がその根拠となっていたと考えられるのである［伊藤二〇一二］。

2　梵字・漢字同祖説と和語

漢字と梵字の起源譚

さて、梵字・梵語とカナ・和語との問題からいったん離れ、ここでは梵字と漢字との関係について述べておきたい。いうまでもなく、中国への仏教の移植は、梵文から漢文への翻訳を通して達成された。漢訳仏典こそが、日本を含む東アジア世界の仏教の中心であり、これなくしては韓国仏教も日本仏教もその多様化と深化はあり得なかった。ただそこで問題になるのが、漢訳仏典が、正しく仏の言葉を伝えているのかということである。これは誤訳や意味のずれなどの技術的なことではない。仏語を漢字・漢文という文字体系に置き換えたときに、仏語に込められた真理を伝えうるのかということである。たとえばイスラム教のクルアーンがアラビア語以外に翻訳されたとしても、それが聖典とは見なされないのは、神がアラビア語で真理を説いた以上、代替することはできないからである。漢訳仏典によって成り立っている中国仏教にとって、このことは同様に根本的な問題たり得たはずである。しかしながら、仏教は事情が違っていた。

なぜなら、すでにインドにおいて、仏典は複数の言語で存在していたからである。俗語であるパーリ語、書記言語であるサンスクリット、また北部で使用されたガンダーラ語仏典もあった。そのため早くから、世界のあらゆる言語・文字が仏説に通ずると認識されていた。その典型が『大般涅槃経』巻八文字品第十三の「所有の種々の異論・呪術・言語・文字は、皆是れ仏説にして、外道の説に非ず」という一節で、仏説はどのような言語にも翻訳可能であることが正当化されていたのである。

中国において、文字（篆書）を発明したとされるのが蒼頡《そうけつ》である。蒼頡は黄帝の時代の人で、鳥獣の足跡から文字を発明したという。彼の伝説は戦国時代の末にはできていたようで『韓非子』『呂氏春秋』に言及が見えるが、ここではより詳しい『説文解字』許慎の自叙の説を引いておく。

……黄帝の史倉頡、鳥獣蹄迒の迹を見、分理の相別異すべきを知り、初めて書契を作る。……倉頡の初めて書を造る、蓋し類に依り形を象れり。故に之を文と謂ふ。其の後、形・声相ひ益す。即ち之を字と謂ふ。文とは物象の本、字なる者は孳乳《じにゅう》にして浸よ《いよい》多きなり。

（原漢文）

（中華書局本、三一四頁）

いっぽう、梵字については、玄奘『大唐西域記』巻二に以下のようにある。

其の文字を詳かにするに、梵天の所製、原始の垂則四十七言なり。物に寓りて合成し、事に随ひて転用す。枝派に流演して其の源浸く広し。地に因り人に随ひて微かに改変有れども、其の大較を語るに、未だ本源を異にせず。而るに中印度、特に詳正と為す。辞調和し

雅にして天と同音なり。気韻清亮にして、人軌の則と為る。（原漢文）

（『大正新脩大蔵経』五一、八七六頁c）

すなわち、文字を調べてみると梵天〔Brahmā-deva〕が作ったもので、はじめに手本としてすなわち、四十七言とした。物に出遇って〔語を〕合成し、事に従って転用するうち、枝派が拡がり其の源は遍く拡がった。地域によって変化したが、大体において本源は同じである。しかし中インドは特に詳細正確である。語調も温雅で梵天と同音である。発音は清らかで人々の軌範となっている。

梵字・漢字同祖説

以上ふたつの起源説を結びつけることで、仏典を漢訳することの正当性を神話的に説明したのが、梵字・漢字同祖説である。南朝梁の僧祐（四四五〜五一八）の『出三蔵記集』巻第一「胡漢訳経文字音義同異記第四」には、次のように記されている。

昔、造書之主、凡そ三人有り。長は名づけて梵と曰ひ、其の書右行す。次は佉楼、其の書左行す。少は蒼頡、其の書下行す。梵及び佉楼は天竺に居し、黄の史蒼頡は中夏に在り。梵・佉は法を浄天に取り、蒼頡は華を鳥跡に因る。文画誠に異れども、伝理則ち同じ。（原漢文）

（『大正新脩大蔵経』五五、四頁b）

すなわち、昔文字を作った者は梵・佉楼・蒼頡の三人であった。梵の文字は左から右に、佉楼のは右から左に、蒼頡のは上から下に書かれる。梵と佉楼は天竺に、蒼頡は中夏にいた。このうち、梵と佉楼とは浄天を手本にし、蒼頡は鳥跡を手本にして文字を作った。これらは文字の形は異なるが、「伝理」（伝えたる道理）は皆同じである、と。

梵（天）が作った文字とは、いうまでもなく梵字（Brahmi-lipi）のことである。佉楼とはカローシュティー文字（Kharoṣṭhī-lipi）を指す。この文字は、紀元前三世紀から紀元後三世紀までの期間、インド北西部と中央アジアでのみ使用され、右から左に書かれた。佉楼（カローシュッタ〈佉盧虱吒〉）という大仙が製作したという（『翻訳名義集』巻第二・趣篇第一六）。

梵天と漢字の起源譚は、別個に成立したものであり、本来的に関係はない。にもかかわらず、これらを兄弟とすることにより、三文字がその起源において結びつけられる。それゆえ、「文画誠に異れども、伝理則ち同じ」と記されるのである。このことによって、両文字は同祖であり、漢字も梵字と同様に真理を記す文字としての資格がある、と主張している。かくして、漢訳仏典は、梵字仏典と、質的に相違するものではないことが説明されるのである［伊藤二〇一二］。

梵字・漢字同祖説の日本伝来

右の説は、悉曇学の伝来とともに日本にも伝えられたが、あまり関心を持たれなかった。たとえば空海だが、その著『文鏡秘府論』の総序の冒頭で次のように記す。

夫れ大仙の物を利するや、名教もて基と為し、君子の時を済ふや、文章是れ本なり。故に能く空中塵中に、本有の字を開き、亀上龍上に、自然の文を演ぶ。時変を三曜に観、化成を九州に察するが如きに至りては、金玉笙簧《きんぎょくしょうこう》、其の文を爛かせて黔首《けんしゅ》を撫し、郁乎煥乎《いくこかんこ》として、其の章を燦《あき》らかにして以て蒼生《そうせい》を馭す。然らば則ち一は名の始めと為し、文は則ち教の源なり。名教を以て宗《むね》と為せば、則ち文章は紀綱の要為《ようた》るなり。（原漢文）

（『弘法大師空海全集』第五巻、五頁）

すなわち、「大仙」（仏）が人々に利益を施したのは「名教」（言葉）が基本だったし、君子が時勢を救済しようとするにも文章が基本となる。だから空や塵の中に「本有の字」が現れ、亀や龍の背に「自然の文」が開示される（河図洛書のこと）。古代の聖人が時の変化を日月星辰の運行より看取し、民衆教化を国土の様子で察するのは、彼らが楽器を奏でるように、文を以て「黔首・蒼生」（民衆）を撫育し統治するためである。だから「一」とは言葉の始めであり「文」は教えの根源である。言葉は教えの宗（むね）であり、文章は統治の要（かなめ）である、という。このような空海の立場からすれば、梵天と蒼頡の神話などは取るに足らぬものであったろう。

日本で、同祖説に深い関心を示したのは、天台宗の安然であった。前述したように安然は、自ら入唐することはなかったが、それまでの悉曇学の諸書を渉猟・集成した『悉曇蔵』全八巻を完成させた。彼はその第一巻「梵文本源」において、先に触れた『大般涅槃経』文字品の文章を掲げた後、梵漢語同祖説を説くさまざまな資料を採り上げる。その多くは現在失われており、梵漢語同祖説の拡がりを知る上で貴重である〔伊藤二〇一一〕。

ただ、安然以後も梵漢語同祖説に言及する人はいるが（良忠『観経疏伝通記』、袋中『梵漢対映集』等）少ない。日本でこの説への関心が総じて低いのは、固有文字のない日本の出る幕がないからである。神代文字のような固有文字へのオブセッションはこういうところから醸成されていったのである。

3　和歌陀羅尼説

狂言綺語観

文芸的営みが、仏道と相即関係にあるという考え方が起こったのは、平安中期のことである。和歌や詩文といった人の心を弄ぶ行為は、仏法が戒める妄語・綺語であり、本来抜苦出離を目指す仏道修行の対局にあるはずである。ところが、浄土信仰や『法華経』の影響のなかで、詩歌を以て仏法を讃歎するならば出離の道に通ずる、さらには文事そのものが仏法究極的に同一であると考えるようになってきた。

これを白居易の詩句を取って狂言綺語《きょうげんきぎょ》観といった（「狂言綺語」とは偽りの飾り立てた言語行

為）。「狂言綺語の誤ちは、仏を讃むるを種として、麁《あら》き言葉も如何なるも第一義とかにぞ帰るなる」（『梁塵秘抄』巻二）、「狂言綺語のあだなる戯《たはぶれ》を縁として、仏乗の妙なる道に入れ」（『沙石集』序）といった意識が、文事に関わる者たちに共有された。文学芸道が全体的に宗教的色彩を持つ中世文芸はこのように作られていったのである。

神祇信仰と文芸との関わりも、この狂言綺語観と深い関係を持っている。本地垂迹的世界において、神とは仏菩薩の俗世での姿、あるいは「本朝」（日本）に相応《ふさわ》しい身に変じて顕現したものである。これは文芸と仏教との関係とまさに対応している。「和光同塵（光を和らげて塵に同じうす）」という本来仏身論に淵源する語が、中世では垂迹する神の有り様を意味するものとして流通するが、和光同塵の文芸というべきものが中世文芸の大きな特色を成している。中世に起こった神道説も、歌学・説話・軍記・謡曲等の中世の諸文芸と深く結びついて、中世文化の一角を占めるようになる［岡崎二〇〇八、伊藤二〇一六］。

和歌陀羅尼説の成立

狂言綺語観の流れが生み出したのが和歌陀羅尼説である。和歌陀羅尼説とは日本の歌は、インドの陀羅尼と同じ功徳があるという主張である［山田昭全一九六九、石田一九八四、菊地二〇〇五、荒木二〇一六］。ここではそのような和歌陀羅尼論の代表的な説明として、無住『沙石集』巻第五「和歌の道深き理りある事」を現代語に訳して掲げておこう。

和歌の道を思い解いてみるに、散乱麁動《そどう》の心をやめ、寂然静閑の境致となる徳がある。あるいは短い言葉の中に深い心を含ませている「惣持」の意味がある。「惣持」というのは陀羅尼である。我朝の神は、仏菩薩の垂跡であり、応身の随一なるものである。曾て素盞雄尊は「出雲八重ガキ」の三十一字を詠いなさった。仏の詞と異なるものではない。天竺の陀羅尼も、ただその国の人の言葉である。仏もそうだからこそ、陀羅尼を説きなされたのである。それ故に、一行禅師の『大日経疏』にも、「随方ノコトバ、皆陀羅尼」とある。仏がもし我が国に出現なさったのならば、ただ日本の詞を以て陀羅尼となされたに違いない。……陀羅尼も、天竺の世俗の詞ではあるが、陀羅尼として用いて、これを唱えれば、滅罪の徳、抜苦の用がある。日本の和歌も、世の常の詞ではあるが、和歌として用いて思いを〔恋する相手に〕述べれば、必ず反応がある。ましてや仏法の心を含ませたならば、疑いなく陀羅尼となろう。天竺・漢土・和国と、その詞は異なるが、その意味することは相通じ、その利益は同じであるから、仏の教が弘まって、その教義について述べれば、必ず感応がある。……（取意）

（岩波文庫『沙石集　上』二二六〜二二七頁）

陀羅尼（dhāraṇī）とは、仏教行者が唱える章句のことである。「惣持」（あるいは「能持」）と漢訳されるのは、行者がこれをよく記憶して忘れないでいることで、その身を守ってくれる呪句だからである。言葉自体に力があると考えられるので、梵語原音を訳さず、梵字表記あるいは漢字に音写して表記される。ただ、右の『沙石集』では仏の口から発せられた言葉そのものの意味として陀羅尼を使っている。そして、インドにおける聖句たる陀羅尼が、日本においては和歌に相当するのだと主張されているのである。

その根拠として、まず仏と神との本地―垂迹関係を挙げ、次いで和歌の起源、すなわち素盞雄尊が八岐大蛇を退治した後、妻となった奇稲田姫《くしなだひめ》と新居を持ったときに詠じたという「八雲立つ出雲八重垣妻籠みに八重垣つくるその八重垣を」を起源とするという説（『古今集』以来の和歌史上の通説）に言及して、和歌もまた仏が別の姿で現れた「応身《おうじん》」（正確には「化身」）たる神により創始されたものなる故に、陀羅尼と異ならないとする。

さらに、陀羅尼もインド（天竺）における世俗の言葉であり、釈迦は梵語にて「陀羅尼」を発したのは、釈迦が彼の地に出現したからに過ぎない。だから、もし釈迦が日本で生まれたならば、日本語にて「陀羅尼」を唱えたであろう。陀羅尼には罪を消し、苦しみから救う徳がある。和歌も世俗の言葉だが、歌にして自分の恋する思いを述べれば、必ず相手の感応があるではないか。まして、歌に載せて仏法の心を含ませたならば、まさに陀羅尼と同じではないか。インドでも中国でも日本でも、言語を異にするとはいえ、仏法はその意味を通じて利益も同じく広まっている。だから、それぞれの言葉に載せて仏の教えを説けば、必ず感応がある。仏菩薩が日本において和歌を詠じたり、またその垂迹である神が歌に感じるのも、和歌が陀羅尼なのだからだ、というのである［伊藤二〇一六、高尾二〇一九］。

無住がこのような知見を獲得するに至った前提には、明覚によって見いだされた梵・漢・和語同一観があるのだろう。ただ、なぜ漢を除いて、梵（陀羅尼）と和（和歌）が直接に結びつけられるのだろうか。やはりここにも、小国日本が大国たる中国に対峙するとき、インドと結びつくことで対等ないし優位性を確保しようとする、第三章で見たのと同様の心性が見て取れる。和歌陀羅尼説も、三国の言語的同一性を掲げながら、実は〈中国的なるもの〉＝漢字世界への対抗言説として構想されていたといえよう。

婆羅門僧正と行基の和歌贈答の意味

和歌陀羅尼説と関連して、第三章第二節で言及した婆羅門僧正菩提僊那と行基の和歌贈答の意味について、補足しておきたい。前述したように、行基はともかく、インド人の婆羅門僧正が和歌を詠ずるのは甚だ奇妙である。もちろん、ふたりは普通の人間ではなく化人・権化の人なのであるから、和歌をやりとりすることも可能であろう。だが、もしそうだとしても敢えて外国人の僧正に和歌を詠じさせる必要はどこにあったのだろうか。

これについて私は、和歌即陀羅尼という考え方の萌芽を見る。化人であるふたりにとって、梵語で対話するのも和歌でするのも自由自在なはずである。彼らは霊鷲山では梵語で言葉を交わしたのだろう。だから、日本に来れば和語でということになるわけだが、この説話の第一義的な意味は、行基（そして婆羅門僧正）が常人ではなく、インドから転生してきた化人であることを、皆に知らしむるということにあろう。ただ、その際に歌のやりとりを以てそのことを明かすということに、特別の意味が込められていたはずである。すなわち、化人同士の対話は世俗の言語ではなく、聖なる言葉でなくてはならない。それは梵語においては陀羅尼ならば、和語においては歌ということになる。インド人たる婆羅門僧正が和歌を詠ずるという設定は和歌が陀羅尼たり得るという観念を前提に初めて成り立つのである。

もっとも、この和歌贈答の説話自体『三宝絵』の成った一〇世紀末に遡るから、和歌陀羅尼説が明確に説かれるようになる時期より相当早く、先行する狂言綺語観の関連で考えるべきかも知れない。だが、それと和歌陀羅尼説は地続きであるのだから、むしろ狂言綺語観が和歌陀羅尼説を生み出していくことを示す具体的な事例として、この説話を考えることができるだろう。「霊山の釈迦のみまえに契りてし真如くちせずあひみつるかな」「迦毘羅衛にともに契りしかひありて文殊のみかほあひみつるかな」という贈答は、文殊菩薩たる行基（そして普賢としての婆羅門僧正）による仏法の新たなる流伝のメッセージである［阿部二〇一七］。そのメッセージが和歌に託されていることは、和歌が真如を乗せる媒体として陀羅尼と同等であるという発想が、比較的早い段階から生成され始めていたことを示唆している。

このことと関連して想起されるのは、「難波津に 咲くや木の花 冬ごもり 今は春べと 咲くや木の花」という『古今和歌集』仮名序にも登場する古歌が、平安中期ころの成立とされる「古注」（『古今集』仮名序に付記されている古い注釈）において、渡来人である王仁（本章第一節参照）の詠歌とされていたことである。しかも王仁は異国の文字（漢字）の将来者であった。このことを前提に敢えて彼を作詠者に擬するのである［安國二〇〇九］。

婆羅門僧正にしろ王仁にしろ、異国人が和歌を詠ずるというモチーフは、和歌という日本的特殊を体現するものに普遍的な価値を付与したいという指向の産物である。ただ、これは和歌だけに限らない。異国人に〈日本的なるもの〉を実践させることで、それが国際的・普遍的価値を有すると思いたがる現象は今日でもよく見られるものである。〈日本的なるもの〉は、それのみでは価値づけられない。他者による関与や評価がどうしても必要なのである。和歌陀羅尼説は、このような思いが生み出した中世日本での典型例といえよう。

むすび

本章は、固有の文字を持たないことをめぐって、日本文化史上に起こったいくつかの事象について述べてきた。第一節では、まず前半の二項で文字（漢字）が応神天皇の時代に伝来したという〈定説〉とそのことをめぐる近世の論争、さらに複数の異説を紹介しながら、文字とは外来のものだという意識が共有されていたことを述べた。そして第三項では、翻って、文字を持っていないということが、日本の固有性への自覚と絡んでどのように位置づけられていたかを辿った。固有文字を持たないことは、中世までは欠損として理解されていたのに対し、近世の国学者は文字がないことに、日本の独自性・優越性を見ようとした。しかし、そのような主張を貫徹したのは、真淵や宣長などの一部にとどまり、自国文化への不全感として残り続けたことを述べた。

第二節では、「カナ」（平仮名・片仮名）の製作をめぐる伝承について採り上げた。平仮名については、専らいろは歌をめぐる伝承を中心に辿った。今日ではいろは歌の作者について、空海とする伝承のみが採り上げられるが、中近世においては、単独製作説よりも護命や最澄との合作説が多く見られた。一方、片仮名については中世までは『倭片仮字反切義解』に基づく吉備真備説が「定説」だったが、近世になると新知見が加わって変化する。ところが、これは多田義俊の捏造だったのである。

第三節では、中世から近世に至る固有文字の探求の歴史を追った。平安期の仮名日本紀に始まり、中世においては徐々にその存在が指摘され始めるが、実際には言説のみあって、実物が示されることはなかった。それが近世に入ると、各地に「神代文字」が出現し始める。その多くがあからさまな捏造品であり、儒学・国学問わず、実証性を重んずる学者の多くは否定するのだが、諦忍のように全面的に肯定する学者も現れる。その極北に位置するのが平田篤胤である。ただ、篤胤の説で興味深いのは、彼が理想的な「神代文字」として見いだしたのがハングルを模倣したものだったことである。固有性の追求の挙げ句が、あからさまな剽窃に帰着したわけである（「神代文字」の歴史は、近代以後も続くが、本書はそちらにまでは及ばない。別書に当たってもらいたい）。

第四節は、漢字と並んで日本に古くから渡来していた梵字（悉曇）と和語との関係について論じた。最初に梵字渡来伝承について触れた後、梵字及び悉曇学が五十音図の成立にどう関わったかを述べた。国語学の厚い研究の蓄積に学びながら、本書では、明覚などの悉曇学者による五十音図の「発見」が、梵・漢・和同一観の基底を成し、それが和歌陀羅尼説を生み出す淵源となったと説いた。さらに、日本の和歌とインドの陀羅尼の接合は、狂言綺語観を前提とするとともに、日本をインドと重ねることで、漢（中国的なるもの）と対峙しようとする対中意識の所産であることを述べた。

以上、四節を通じていえるのは、「固有文字の非在」という事実の、日本文化における意味の重大さである。古代中世において作り上げられた三国世界観は、日本を以てインド的なるもの、中国的なるものを対峙させ、さらには相対的優越性を主張するための〈舞台〉である。そこにおいて仏教・儒教・神道、陀羅尼・詩賦・和歌が並置され、その同一性や優劣が云々されるのである。ところが文字のみは、日本固有のものがないのである。

これを超克するには二つの道があった。ひとつは、文字の非在に優越性の根拠を求めることで、古くは『古語拾遺』序があり、近世には真淵や宣長がいる。しかし、実際には『古語拾遺』の本文は正格漢文だし、真淵・宣長が追究した『万葉集』も『古事記』も「漢字」で綴られたテキストなのである。古代から近代まで、「神代文字」なるものが繰り返し出現するのは、「文字なき国」であるという厳然たる事実が如何に重くのしかかり続けていたかをよく示しているといえよう。

第五章　武の国「日本」の創造

「侍ジャパン」などといって、武士あるいは武士的なものが、日本的なるものの表象として、今日でもしばしば第一に採り上げられる。しかし、そのような武士イメージの理想化は中世以前に遡るものではなく、武士の世になった近世以降に起こってきた心性である。それ以前においては、王朝的な「みやび」こそ理想であり、「色ごのみ」が重要な徳として称揚されたのである。

もっとも近世においては武士的なものと王朝的なものは拮抗しており、町人層は王朝文化の方にむしろシンパシーを感じていた。だからこそ、吉原のような遊興空間も『源氏物語』をモデルに構築されたのである。ところが、近代に入ると、日本男子全員が「武」を担うことが理想とされた。これは富国強兵・国民皆兵という明治国家の大方針に沿ったもので、国民教育においても勇武であることが賞賛・推奨された。天皇自身が「武人」化し、男子皇族のほとんどが軍人になったことは、まさにその象徴であった。

本章では、このような作られた伝統としての「武」の問題を追求していく。その際のキーワードとなるのが「やまとだましひ」「武威」「肉食」である。

第一節「変容する「やまとだましひ」」は、「やまとだましひ」の意味の変遷を辿る。併せて対語である「才」、「やまとだましひ」の類語たる「やまとごころ」についても論及する。

第二節「「武威」の国としての日本」は、日本の武国イメージの展開を近世を中心に辿り、さらに武士道なるものが、戦国の世ではなく、「平和」な近世の言説空間のなかで作り出されていったものであることを説く。

最後の第三節「肉食と日本人」は、たくましい肉体を理想としない日本の武士の身体観と、そのことと密接に関係すると思われる肉食の忌避の歴史的展開を辿る。

以上の三節を通じて「武」とそれにまつわる表象やイメージが、〈日本的なるもの〉と結びついてゆく様相を見て行きたい。

一　変容する「やまとだましひ」

1　「やまとだましひ」と「才」

『源氏物語』における「やまとだましひ」

「やまとだましい（大和魂）」というと、勇武な日本人の心性を表現する言葉として流布している〔森二〇一七〕。また「和魂洋才」などと言って、知識として欧米の科学技術、学問を修得しても、「日本人」としての精神（それがどのようなものであるかはともかく）は失わないでいることを称揚することも多い〔平川一九七一〕。しかし、「やまとだましひ」をそのような意味で使うようになったのは、近世以後のことであって、古代中世においては、全く違う意味で用いられていたのである〔加藤一九二六、亘理一九四三、斎藤正二一九七二、島内二〇一五〕。

「やまとだましひ」の初見は『源氏物語』少女巻である。光源氏は、十二歳になり元服した長男の夕霧を大学寮に入れようとする。当時の大学は、中下級貴族の子弟の登竜門であって、最上級の貴族の子である夕霧が行く必要のないところであった。そのことを不満に思う（任官が遅れるので）夕霧の祖母（実母葵上の母の大宮）に対して源氏は、大略次のように言う。敢えて回り道させても、大学寮に入れるのは、自らの体験からである。自分は父親である帝のそばで育てられたので、世間のことも知らず、わずかの書物を学んだに過ぎなかった。「文才」や琴・笛についてもいたらぬところが多かった。賢明な子であってもつまらぬ親に位階で勝る例はめったに見られぬことで、その後の子々孫々の代になっては、どんどん差が大きくなってしまうものである。それが気がかりであるので、このように決めたのである。名門に生まれて、早くに昇進して栄華に慣れて、学問など無用だと思っていると、時勢が変わって落ち目になったとき、寄る辺ない身となってしまうかも知れない……。続けて光源氏は以下のようにいうのである。

なほ、才《ざえ》をもとゝしてこそ、大和魂《やまとだましひ》の世に用《もち》ゐらるゝ方《かた》も強《つよ》う侍らめ。

（岩波文庫〔新版〕『源氏物語㈢』四二八頁）

「才（ざえ）」を元にしてこそ、「大和魂（やまとだましひ）」が、世の中に用いられるというのであるが、今ひとつ言わんとすることがとりづらい。これはどういうことなのだろうか。

右の一文を理解するには「才」について分からなくてはならない。ここでいう「才」とは、今日でいう才能・才覚とは相当ニュアンスを異にする。ここでの「才」の意味について、北村季吟『湖月抄』（延宝元年〔一六七三〕刊）に「是ハ漢才なるべし」との注記がある。引用前の源氏の言に「文才」とあるように、「才能」一般を指すのではなく、漢学的能力・素養のことである。いっぽう「やまとだましひ」とは何か。『湖月抄』では「和才の魂魄と也」とあり、

「(漢)才」の対語になる日本に対する能力を指すらしい。『湖月抄』では先行する源氏注たる九条稙通《たねみち》の『孟津抄《もうしんしょう》』の「もろこしの文を広学してこそ日本の事をも知るべきと也」の一文を引く。

『孟津抄』以前の源氏諸注より見ておくと、四辻善成『河海抄』には「やまとだましひ　和国魂〔和才魂魄也〕」とあり、『湖月抄』の定義はここから来ている。次いで一条兼良の『花鳥余情』には「やまとたましゐ　わが国の目あかしになる心なり」とある。「目あかし」とは「人人の暗愚の目を開いて、真実を明らかに照らし出してやること。また、そのはたらきをするもの」(『時代別国語大辞典　室町時代編』「めあかし」項)という意味であるから、「わが国の目あかしになる心」とは、日本の物事の是非・実否を判断する能力ということであろう。『孟津抄』の説明もこの兼良の説に基づくもので、三条西実隆《さんじょうにしさねたか》・公条《きんえだ》『細流抄《さいりゅうしょう》』、中院通勝《なかのいんみちかつ》『岷江入楚《みんごうにっそ》』も、この説が踏襲されている。

『大鏡』の「やまとだましひ」

「やまとだましひ」なる語のニュアンスを、『源氏物語』と同時代の他の文献から見ておこう。『大鏡』巻二「左大臣時平」に次のようなくだりがある。

……右大臣(菅原道真)は、才よにすぐれめでたくおはしまし、御こゝろをきてもことのほかにかしこくおはします。左大臣(藤原時平)は、御としもわかく、才もことのほかにおとり給へるにより、右大臣の御おぼえ事のほかにおはしましたるに、左大臣やすからずおぼしたるほどに、さるべきにやおはしけん、右大臣の御ためによからぬ事いできて、昌泰四年正月廿五日、大宰権帥になしたてまつりてながされ給ふ。

（日本古典文学大系『大鏡』七一頁）

右は宇多天皇の時代の二人の大臣だった右大臣菅原道真（八四五〜九〇三）と左大臣藤原時平（八七一〜九〇九）を比較したくだりである。道真は微氏にして大臣に昇りつめた人であり、いっぽうの時平は関白藤原基経の嫡子として若くして左大臣になった者であった。まず道真の「才」が傑出しており、ことのほか賢いとする。ここでいう「才」は、先に見たごとく漢学的知識・教養を指している。いっぽうの時平については、「才もことのほかにおとり給へる」、つまり漢学的教養がないと指摘する。そして、道真が大宰権帥として左遷されたことが、時平の嫉みによる陰謀だったことが示唆されている。『大鏡』では、右の後に時平が三十九歳で死去、さらにその子どもたちも早くに亡くなったことが記され、「あさましき悪事を申をこなひたまへりし罪により、このおとゞの御末はおはせぬなり」と、子孫の断絶が道真を陥れた報いだったとしている。

このように、時平については批判的なトーンだが、「さるは、やまとだましひなどはいみじくおはしましたるものを」とも書き添えている。すなわち、悪行を為した人だったかも知れないが「やまとだましひ」がすぐれていたのに、子孫が絶えたのは惜しいことだというのである。

ここでいう「やまとだましひ」とは何なのだろうか。『大鏡』では、それを示す逸話が続いて語られる。

醍醐天皇は、廷臣たちが服飾の規定を逸脱して華美に走るのを抑えようとしたがなかなか果たせずにいた。そんなある日、時平が「制をやぶりたる御装束の、事のほかにめでたきを」着て参内してきた。それを見た天皇は怒り、「職事」(蔵人)を召して「世間の過差の制きびしきころ、左のおとどの、一の人といひながら、美麗事のほかにてまいれる、びんなき事也。はやくまかりいづべきよしおほせよ」(世の中の過差〔贅沢〕に厳しくしているときに、左大臣〔時平〕は廷臣の第一の者であるにもかかわらず、華美に過ぎた風体で参内した。不都合なことであるから、早々に退下せよと伝えよ)と命じた。職事は時平の威勢を怖れながらもその旨を伝えると、彼はすっかり恐懼《きょうく》して急ぎ退出していった。時平はその後も、一月ばかり邸の門を閉じ、室内でも御簾《みす》から出ないで、「勘当が重いので」と言って人にも会わなかった。彼がこんな様子なので世の過差は一気になくなった。ところが、内々に聞いたところでは、時平の一件は、彼が天皇と示し合わせて打った芝居だったというのである(同前、八〇頁)。臣下第一の自分が天皇より咎められれば、周囲の人間は自ずと恐れて、贅沢な風潮は収まるだろうというわけである。このような人間の心理を巧みに読み取れる心根を「やまとだましひ」と言っているのである。

この話に続けて、時平がひどい笑い上戸で、一旦笑い出すと止まらない性癖があり、彼に陣座(会議)で勝手なことを言わせないように、ある史(書記)がわざと放屁して笑わせ、その隙に道真が議事を取り仕切ったという話を載せる。これなどは必ずしも「やまとだましひ」に叶う話とも思えぬが、続く道真の怨霊と対峙したときの話などは「やまとだましひ」の持ち主の面目躍如たるものがある。すなわち、死後に雷神となった道真が、清涼殿に落ちかかろうとしたとき、時平は太刀を抜き、「あなたは生きていたときは、私の下位にいた人ではないか。神となられたとしても私には遠慮すべきである」とにらみつけると、雷鳴は一度は収まったと、世間では噂になった云々。このような怨霊をも恐れない胆力もまた「やまとだましひ」の所産なのだろう。もっとも本文では、時平がえらいのではなく、道真の霊が王威を慮《おもんぱか》って理非を示したに過ぎないと付け加えているのだが。

『中外抄』に見る摂関学問不要論

何れにせよ、『大鏡』時平の条では、「才」の体現者であった菅原道真に対して、藤原氏の嫡流たる時平が「やまとだましひ」を持つ者として対比的に描かれている。このことをどのように考えたらよいのであろうか。

『大鏡』の数十年ほど後に成立した『中外抄』という作品がある。同書は、関白藤原忠実（一〇七八～一一六二）の談話を記録したもので、そこに次のような一節がある（下―三〇）。

故殿の仰せて云はく、「この男、学問をせぬこそ遺恨なれ」と仰せられしかば、匡房卿の申して云はく、「摂政関白は、必しも漢才候はねども、やまとだましひだにかしこくおはしまさば、天下はまつりごたせ給ひなん。紙を四、五巻続けて『只今馳せ参らしめ給ふべし』『今日、天晴る』など書かしめ給ふべし。十廿巻だに書かせ給ひなば、学生にはならせ給ひなん」と申しき。（新日本古典文学大系『江談抄・中外抄・富家語』三三八頁）

これは、忠実の祖父師実が、当時の大学者だった大江匡房（一〇四一〜一一一一）に対して、「この男（忠実）は、ちゃんと学問をしないのが残念である」と言ったところ、匡房は「摂政関白は必ずしも漢才はなくても、やまとだましいさえ立派でいらっしゃれば、天下のまつりごとをとり仕切ることができるでしょう。紙に『只今馳せ参らしめ給ふべし』『今日、天晴る』（日記の決まり文句）などと書かせ、それが十冊、二十冊にもなれば、学者になれます」と応えたという話である。

匡房は大江氏という下級貴族に生まれるも、まさにその学識を以て権中納言にまでなった人である。かかる「才」の体現者たる彼が、関白・摂政として天下の政治を行うのに「やまとだましひ」がありさえすればよく、漢才などちょっと出来ればよいと言っているのである。権力者へのへつらい・追従《ついしょう》とも取れるが、それだけではなかろう。既に述べたように、律令制の下、日本には役人養成機関として大学が置かれたが、そこで学んだ学生たちが、政治の頂点に立つことはなく、その代わりに藤原氏が（内部で権力闘争を行いながら）、常にその地位を占め続けたという現実を踏まえた発言なのである。

ではなぜ、彼らに政治的指導者たる資格があると考えられたのだろうか。それを保証したのが、ほかならぬ「やまとだましひ」なのである。学識を備えた中下級貴族たちを差し置いて、藤原嫡流の子弟が昇進していくことの正当性（たとえば、右の忠実は、匡房が最終的に辿り着いた権中納言にわずか十四歳のときになっている）は、彼が「才」ある者たちにはない、政治的な特殊能力＝やまとだましひの持ち主であることにある。

そう考えると、前述の時平の蟄居《ちっきょ》事件などは意味深いものとなる。つまり、あのような人情の機微を踏まえた芝居は、「やまとだましひ」の所有者である時平だからこそできる芸当であって、「才」の人道真にはとてもまねできないことだったのである。『大鏡』作者が時平の子孫が絶えたのを惜しむのは、彼には「才」なく、さらにライバルを陰謀によって陥れるような悪辣な人物ではあったが、「やまとだましひ」を持つ故に、政治家としての資質を十分に備えていたと見なしたからである。

摂関による政治支配の根拠としての「やまとだましひ」

この才＝下級貴族（文人貴族）・やまとだましい＝摂関をめぐっては、『今昔物語集』巻二十九第二十話「明法博士善澄、強盗に殺さるる語」に収められた話が示唆的である。すなわち、明法博士清原善澄《よしずみ》は「道ノ才ハ並無」き者だったから、七十を過ぎても重用されていた。ある日その居宅に強盗が入った。善澄はすばやく簀の子に隠れて出ていくのを待っていた。強盗たちは家の物を奪い取り、または毀してから出て行った。這い出た善澄は、強盗たちに向かい「お前たちの顔はすっかり見たぞ。夜が明けたら検非違使に連絡して、片っ端から捕らえさせてやる」とののしった。彼の声を聞いた強盗たちは、引き戻ってきて善澄を切り殺し、そのまま再度逃げ出して行方しれずとなった。これについて話末の評では「善澄、才ハ微妙《めでた》カリケレドモ、露和魂無カリケル者ニテ、此《かか》ル、心幼キ事ヲ云テ死ヌル也」と皆に謗《そし》られた、とある。

つまり、善澄は「才」はあったが「和魂（やまとだましひ）」がなかったので、軽率な行為のために死ぬことになったというのである。ここでいう「和魂」とは、出ていった強盗たちが顔を見られたことを知ったならば戻って来るかも知れないと考えるような、人間行動についての判断力を指すのであろう。「才」すなわち漢学的教養こそ優れていた善澄であったが、「やまとだましひ」に欠けていたので、怒りにまかせて声を張り上げてしまったというわけである。

善澄に象徴されるのは、知識・教養はあるが人間心理の機微に疎い「才」人像である。「やまとだましひ」（和魂）とは、そのような機微に通じた機智・包容力・周到さ（今風の言葉でいえば「人間力」）を指しているのである。さりながら、才ある人であって同時に「やまとだましひ」の所有者であることはもちろんあり得る筈である。ところが、ここに見られる善澄への揶揄や、先の匡房の言からすると、二つながら備えていることが理想的な政治的人格として掲げられることはなかったのである。

その理由は明らかであろう。なぜなら、そうでなければ、藤原摂関家による政治支配の正当性が成り立たないからである。かくして、治世者としては、「やまとだましひ」＝人間力を持つものが優先される。そして、かくのごとき「やまとだましひ」を生得的・血統的に受け継いでいるのが藤原氏の嫡流なのであり、そうであるが故に彼らが代々政治を主導する、ということになるのである。

いうなれば、「やまとだましひ」とは、大陸から移入された政治指導者選抜・養成のシステムと日本の政治的現実との間に生じている矛盾を糊塗するというか、ねじ伏せるためのロジックとして生み出されたものなのである。なお、『源氏物語』の夕霧をめぐるくだりは、「才」と「やまとだましひ」とを兼ね備えた人材を養成するという現実にはあり得ない理想を語っているといえよう。そこには、藤姓ながら「才」を担った家の出身だった紫式部の思いが見て取れる。

2　やまとごころ

赤染衛門と「やまとごころ」

「やまとだましひ」とよく似た語に「やまとごころ」がある〔亘理一九四三〕。現代においては、「やまとだましひ」に比して、日本人の優美さを示す語と見なす傾向にあるが、中古においては「やまとだましひ」とほぼ同義で用いられている（後述のように近世でもほぼ同義）。その典型的な例として、『後拾遺和歌集』巻二十に収められた、赤染衛門（九五七？〜一〇四一以後）とその夫で文章博士だった大江匡衡（九五二〜一〇一二）との次の贈答歌がある。

乳母せんとてまうできたりける女の乳の細う侍りければよみ侍りける

大江匡衡朝臣

はかなくも　思ひけるかな　ちもなくて　博士の家の乳母《めのと》せんとは

返し　　　　　　　　　　　　　　　　　　　　　　　　赤染衛門

さもあらばあれ　山と心し　かしこくは　ほそぢにつけて　あらす許《ばかり》ぞ

（新日本古典文学大系『後拾遺和歌集』三九五〜三九六頁）

すなわち、匡衡・赤染夫妻が子どものために乳母を雇ったが、乳の出が悪かったので匡衡が乳に知を掛けて、「乳《ち》（知）がないのに、博士の家の乳母をしようとは浅慮なことよ」と詠ったのに対し、赤染は「そうはいっても、やまとごころさえ賢ければ、細い乳（知）であっても置いておけばよろしいでしょう」と応じたのである。ここでは「やまとだましひ」↕「才」ではなく、「やまとごころ」↕「ち（知）」が対語になっている。匡衡の出た大江氏は、代々文章博士が輩出する「知」＝才を担う「博士の家」であり、「やまとごころ」が、「やまとだましひ」と同義の意味で使われていることは明らかである。

さらに『赤染衛門集』に収められた赤染と菅原為理との贈答歌にも「やまとごころ」が出てくる。詞書によると、尾張守だった匡衡とともに尾張在国中だった赤染の元に、三河守として任地に向かう為理が立ち寄り、折しも彼は「宇佐の使ひ」（三年ごとに朝廷より九州の宇佐八幡に派遣される勅使）を務めた直後だったので、舶来の丁子などの香料をみやげによこして次のように詠った（以下の引用と現代語訳は、和歌文学大系20『賀茂保憲女集・赤染衛門集その他』による）。

唐国《からくに》の　物のしるしの　くさぐ〳〵を　大和心の　ともしとやみむ
（唐の国の物であることがはっきりする心ばかりの品をあれこれ差し上げますと、大和心に乏しいと御覧になるでしょうか）

それに応えて、赤染は、

はじめから　山と心に　せばくとも　をはりまでやは　かたくみゆべき
（はじめは　大和心が乏しいと思っても、最後までそう思い続けることはできません）

と返した（接続助詞「から」と「唐」を掛ける。「尾張」と「終わり」に掛ける）。対語になっているわけではないが、「からくに」↕「やまと（心）」が対比的に用いられていることを知り得る。

「やまとごころ」の体現者藤原隆家

では、この当時の「やまとごころ」は、具体的にどのような意味を帯びていたのだろうか。その典型的な用例を示してくれるのが『大鏡』巻四の藤原隆家（九七九～一〇四四）の話である。彼は叔父である道長との政争や、いくつかの破天荒な行状（花山院に矢を射かけたりした）で知られる人物である。

寛仁三年（一〇一九）のこと、九州を「刀伊」と呼ばれた異国人の船団が来襲した。刀伊とは女真族（後の満洲族）のことといわれる。まず三月の末、壱岐と対馬が襲われ、壱岐守が殺害された。四月に入ると筑前国諸郡で略奪、博多にも来襲した。折しも隆家は、大宰権帥（大宰大弐）として大宰府に赴任していたのである。そのときの模様を『大鏡』は次のように記す。

……刀夷国のもの、にはかにこの国をうちとらんとやおもひけん、こえきたりけるに、筑紫にはかねて用意もなく、大弐殿ゆみやのもとすゑもしりたまはねば、いかゞとおぼしけれど、やまとごゝろかしこくおはする人にて、筑後・肥前・肥後九国の人をおこしたまふをばさることにて、府の内につかうまつる人をさへをしこりてたゝかはせ給ければ、かやつがかたのものどもいとおほくし《（死）》にけるは。さはいへど、家たかくおはしますけに、いみじかりしこと、たひらげたまへる殿ぞかし。おほやけ、大臣・大納言にもなさせ給ぬべかりしかど、御まじらひたえにたれば、たゞにはおはするにこそあめれ。このなかにむねと射かへしたるものどもしるして、公家に奏せられたりしかば、みな賞せさせたまひき。……さて、壱岐・対馬の国の人をいとおほく刀夷国にとりていきたりければ、新羅のみかどいくさをおこし給て、みなうちかへしたまてけり。さてつかひをつけて、たしかにこの嶋にをくり給へりければ、かの国のつかひには、大弐（隆家）、金三百両とらせてかへさせ給ける。このほどの事も、かくいみじうしたゝめ給へるに、入道殿（道長）なをこの帥殿（隆家）をすてぬものにおもひきこえさせたまへるなり。さればにや、世にも、いとふりすてがたきおぼえにてこそおはすめれ。

（日本古典文学大系『大鏡』一九二〜一九四頁）

刀伊の来襲があったとき、大宰府には備えもなく、しかも大弐殿（隆家）は武器の扱い方（弓矢の本末）も知らない人であるので、どうなることかと思っていたが、彼は九州諸国の人々を奮起させ、大宰府の配下の者どもを督励して戦わせ、その結果、敵方には多くの死者が出た、という。戦の経験もない隆家に、なぜこのようなことができたのかといえば、「やまとごゝろかしこくおはする人」だったからなのである。この表現は、後の「家たかくおはしますけに、いみじかりしこと、たひらげたまへる殿ぞかし」と呼応しており、中関白道隆（道長の長兄）の息子という最上級の家の出身者だからこそ、やまとごころを持ち合わせていたのだという認識が見て取れる。

ここでは続けて、彼自身には何の見返りもなかったが、活躍した者たちを朝廷に報告したお蔭で、彼らが恩賞に与かったこと、さらに刀伊の軍が新羅で壊滅した後、新羅が捕虜となっていた日本国の者たちを送り届けてくれたことに対し、三百両を渡して帰らせたことなど、対外交渉にも手腕を発揮しており、そのため政敵だった道長も、彼を捨て去ることができなかった、としている（この事件については第二章第一節でも言及した）。

以上述べてきたように、平安時代における「やまとだましひ」（さらに「やまとごころ」）とは、漢学的教養及びそれに依拠する知見である「才」の対義語で、情誼をわきまえた如才なさ、包容力などを指す言葉である。ただ、それは一般的な社会関係において日常的に使われるものというより、政治に携わる貴族・官人たちの行動・態度に関するものだった。しかも、「やまとだましひ」を生来持ち合わせていたのは摂関のような上級貴族であり、それ故に彼らは、勉学・研鑽を積んで「才」を身につけた下級貴族より政治指導者としての適性があるとされたのである。

3　近世神道における「やまとだましひ」

若林強斎の「やまとだましひ」論

「やまとだましひ」とは、このような特別な言葉であるので、摂関家が権力主体としての地位を喪失した中世においては意義を失い、用例はほとんど見当たらない。ただ、既に述べたように『源氏物語』の語彙だったことから、源氏注において検討され、「わが国の目あかし」（日本の物事の是非・実否を判断する能力）、すなわち日本的現実に対処する力と解されるようになる。「才」との対比でいえば、儒教的・中国的普遍に対する日本的特殊である。かかる理解が、中国的なるものへの対抗言説として〈日本的なるもの〉を求める近世の思想空間において、シンボリックな用語として、この語を浮上させることになった

近世において、最初に「やまとだましひ」に関心を向けたのは、神道流派、特に山崎闇斎に発する垂加神道の人々であった。その中心というべきが若林強斎《わかばやしきようさい》（一六七九〜一七三二）である。強斎は浅見絅斎（一六五二〜一七一二）に学んで崎門（山崎闇斎学派）の一人に連なった。

闇斎没後の垂加神道の主流は玉木正英《たまきまさひで》（一六七〇～一七三六）だったが、強斎はその主流派から距離を取り、独自の垂加神道説を展開した［小林一九四二］。その所説は彼の号を取って望楠軒《ぼうなんけん》神道という（「楠」とは楠木正成のこと。強斎は正成の崇拝者だった）。もちろん強斎も「やまとだましひ」の語を見いだしたのは『源氏物語』からで、その談話集『雑話続録』二において以下のようにいう。

サテ日本魂ト云コトハ、神道ニ口授アルコトナリ。源氏乙女ノ巻ニ、日本魂ト云フコト見ヘタリ。日本魂ト云コトハ、吾邦ノ人ノタマシヒヲ持テ不レ失コトナリ。吾邦ノ人ノ魂ト云ハ、君ヲ仰ギ尊ミ奉リ、ドコマデモ二心ナク、貫キ亨《とお》ル本心ノコトナリ。
（神道大系『垂加神道　下』一四九頁）

強斎は『源氏』乙女（少女）の「やまとだましひ」を、自国の魂を失わないことで、ひたすら「君」を仰ぎ尊ぶ心（忠）の意味に解している。右の談話の発端は、公家の大炊御門家の諸大夫で、弟子だった山本兵部大輔が詠った「身ニソヘテトリハク太刀ノツカノ間モ忘レジト思フ日本魂」という和歌への所感である。

右の文中に「神道ニ口授アルコトナリ」とあるが、これを具体的に説明していると思われるのが『神道大意』である。同書は、彼が享保十年（一七二五）に行った神道講義の聞き書きである。彼は人の霊魂について論じて次のように言う。

子たるものには、親に孝なれと天の神より下し賜ふ魂を、不孝にならぬやうに、臣たるものは、忠なれと下し賜ふ魂を、不忠にならぬやうに、どこからどこまでも、けがしあなどらぬやうに、もちそこなわぬやうに、この天の神の賜物をいたゞき切て、つゝしみ守ることなり。これを経学でいへば、理といふことなるが、それを神様の詑度上に御座なされて、其命をうけ、其御魂を賜わりて、一物一物形をなすゆへ、内外表裏のへだてなく……あがめ奉つりて、敬み守が神道の教なり。……あの天の神より下し賜はる御玉を、どこまでも忠孝の御玉と守り立て、天の神に復命して、八百万の神の下座に列り、君上を護り奉り、国家を鎮むる霊神と成に至るまでと、ずんと立とほす事なり。さるによりて死生存亡のとんじやくはなき事なり。若も此大事の御玉ものをもち崩して、不孝不忠となせば、生ても死ても天地無窮の間其罪不レ可レ逃なり。

（『神道叢説』三二五〜三二六頁）

すなわち、魂とは親に孝、君に忠を尽くすべく、各人が天から下されたものであるから、生前は忠孝を守り立て、死後は天神に復命して、八百万の神の一員に加わるのである。だから生死を超越する、というのである。『雑話』の「吾邦ノ人ノ魂ト云ハ、君ヲ仰ギ尊ミ奉リ、ドコマデモ二心ナク、貫キ亭ル本心」が、ここと対応していることは明らかである。

強斎「やまとだましひ」の独自性

右の強斎の神魂論は、吉田（吉川）神道の心＝神観と中国由来の天人合一説を結びつけた垂加神道の考え方を前提とする。闇斎以後、神道系の弟子たちの多くは朱子学との接続をしなくなってしまう。その中にあって強斎は、玉木正英を中心とする垂加派の主流派を批判し、あらためて神儒を明確に結びつけようとしたのであった。

朱子学において、天より賦与された理とは、仁義礼智の性のことである。これが朱子学の中心命題たる「性即理」である。強斎は四書のひとつ『大学』について講じた『大学序講義』（享保十〜十一年ころ）において、中国にて「天」とよばれるのは、日本では天地初発の神たる「天御中主尊《あめのみなかぬしのみこと》」に当たるとし、それが各人に与えた「御魂」が仁義礼智なのだと説く。朱子学では仁義礼智の本然の性がそのまま理であるとするのにならい、霊魂をそのまま仁義礼智と解するのである。右の引用に「これ（魂のこと──引用者注）を経学でいへば、理といふことなりとあるのは、このことを指している。つまり、理を人格化したものが天御中主尊であり、それが各人に付与する魂は仁義礼智で構成されると考えたのである。右の『神道大意』の文章では「忠孝」とあるが、これは仁義礼智を別に言い換えたものである。

ただ『神道大意』の右の箇所では「やまとだましひ（日本魂）」という語を使っていない。この語が使われるのは後半の一カ所のみである。後半で彼は、天と人とが神魂によって結びついた「祭政一致」の風俗は、時代が下るに従い、仏教の影響によって、神明を尊ばないようになり、君上を大切にし冥慮をおそれる心も失われてしまったと歎くが、「しかれども」として、神孫の君臣が今日まで続き、伊勢神宮や賀茂社での仏教忌避の風もなくなってはいないとして、次のように述べる。

されば末の世といふて、我と身をいやしむべからず。天地も古の天地なり。日月の照監も今にあらたなれば、面々の黒心を祓清め、常々幽には神明を崇め祭り、明には君上を敬ひ奉り、人をいつくしび、物をそこなわず、万事すぢめたがふことなければ、おのれ一箇の日本魂は、失墜せぬといふものなり。（同前、三三七頁）

朱子学において仁義礼智の実践が理となるに対応して、神道では神明・君上への崇敬・祭儀の執行が魂を保つ道である。ここでなぜ「日本魂」と呼んでいるのかというと、朱子学が万国普遍であるのに対し、神道は日本のみに特殊なものだからである。強斎はこのような脈略で「日本魂」という語を使ったと考えられよう。

松岡雄淵の「日本魂」論

強斎の説を承け、「日本魂」を前面に掲げて論を展開したのが松岡雄淵《まつおかゆうえん》（仲良《ちゆうりよう》、一七〇一〜八三）である。彼は元々玉木正英の弟子だったが、秘事行法を重視する正英より、強斎の説に引かれた。そして、文字通り「やまとだましひ」を書名に冠した『神道学則日本魂《しんとうがくそくやまとだましい》』（享保十八年〔一七三三〕）を著し刊行する。本書を刊行した結果、正英より破門されるも、吉田神道家に迎えられ、その学頭となった〔小林一九四二〕。

本書は漢文体の三則（本文）と、それを解説した和文の附録（学則答問）から成る。第一則では、日本が神国たる所以として、天地を定め万物を創成したのは国常立尊であり、世界全体がその被造物であるが、その神が鎮座している場所が日本だからだとする。そして、造化大元の霊である国常立尊が人間化したのが諾冊二尊であり、以後その子孫（天皇）に伝えられたのが「神道」であると説く。第二則では儒教も禅譲革命を是認し、仏道が仁義・礼楽を廃するがゆえに邪説なりと断じ、第三則では、天地が成り日月が運行を変えないように、神孫が位を代々維持し臣民が職務を全うしているのは日本であるとして、以下のように結ぶ。

第令《たとひ》、儒生・釈徒・異端・殊道の頑、村甿《そんぼう》・野夫、賈販・奴隷の愚だも、悃悃款款《こんこんかんかん》として国祚の永命を祈り、紫極《（天皇）》の靖鎮を護る者、これこれ日本魂と謂ふ。予の呶呶然《どどぜん》としてかくの如くその已まざる所以のものは、実に日本魂の教の著れざるを懼れてなり。弁を好むに非ず。学者これ諒とせよ。（原漢文）
（日本思想大系『近世神道論・前期国学』二五六頁）

また、「学則答問」でもこれを和らげた表現で、

只明ケテモ暮レテモ、君ハ千世マセ〳〵ト祝シ奉ルヨリ外、我国ニ生レシ人ノ魂《たましヰ》ハナキハヅ也。吾常ニ此道ニ志ス人ニ、只此ノ日本魂ヲ失ヒ玉フナト、ヒタスラニ教ルハ此ノ故也。
（同前、二六一頁）

とある。つまり、「日本魂」とは「神国」の人として、「神孫」による王位の継承（＝「神道」）を護っていくこと、つまり尊王の意味に集約されるのである。

かくのごとく、日本魂＝やまとだましひは、松岡雄淵に至って、排外主義的な要素を帯びた尊王的観念として浮上した。ここで雄淵が吉田神道宗家の学頭となったことの意味は大きい。つまり、神道がまさに天皇崇拝（尊王）を標榜する神学としてオーソライズされていくことになるのである。

4　国学における「やまとだましひ」

賀茂真淵

このような神道者たちの「やまとだましひ」理解は、当然ながら和学＝国学者たちに影響を与えることになった。その初発が賀茂真淵の『源氏物語新釈』である。真淵は『源氏』幼女（乙女）「やまとだましひの」の項で、次のように注釈する。

此頃となりては、専ら漢学もて天下は治る事とおもへば、かくは書たる也。されど、皇朝の古、皇威盛に民安《やす》かりける様は、たゞ武威をしめして民をまつろへ、さて天地の心にまかせて治給ふなり。人の心もて作りていへる理学にては、その国の治りし事はなきを、偏に信ずるが余りは、天皇は殷々として尊に過給ひて、臣に世をとられ給ひし也。か丶る事までは、此比の人のしる事ならずして、女のおもひはかるべからず。

（『賀茂真淵全集』一四、七二頁）

実は右の注で、真淵自身は「やまとだましひ」の語自体を説明していない。それについては、右の文章の後に「春海考に」として、弟子の村田《むらた》春海《はるみ》（一七四六〜一八一一）が「大和魂とは学問の道はもろこしが本なれば、日本の人の魂といふ意にて、大和といふ詞をそへたるのみ也。桐壺に大和相とある類也。大和魂とて別に一筋たてたる魂をいふにはあらず」と補記している。春海の見解では、学問（才）とは専ら中国から来たものであるから、それとの対比で「魂」に「大和」を付したに過ぎないということである。

この弟子の穏当な解説を超えて、真淵の本文にはファナティックな主張が籠もっている［田中二〇〇〇、二〇一四］。すなわち、『源氏』の（それはとりもなおさず作者紫式部の）、「中国的教養（才）を積んでこそ「やまとだましひ」が生きるのだ」という認識を批判し、王朝が繁栄し人民も安寧していた古には、「天地の心」に任せて治まっていたのを、「理学」（漢学）を以て治めようとしたばかりに、臣下に壟断《ろうだん》されるようになってしまったのだが、女性である紫式部には、このことが理解できないのだというのである［高野二〇一六］。真淵にとって「やまとだましひ」とは、「天地の心にまかせ」た心のありようであり、従って「才」によって涵養されるものであってはならないのである。

本居宣長

真淵のこのような理解を引き継いだのが本居宣長である。宣長もまた、真淵やそれ以前の和学の伝統を承け、「才」の対語として「やまとだましひ」を捉えるが、彼の解釈の特徴は、学問の問題としてこの語を考えていることである。いうまでもなく、日本の学問伝統の中心にあったのは漢籍の学びである。これは取りもなおさず「才」として観念化されたものにほかならない。

宣長は、六十九歳のときに著した、入門者への指南の書『うひ山ふみ』のなかで、七箇所に亘って「やまとだましひ（倭魂）」の語を使っている。たとえば、本書の最初の方で次のように述べる。

> 此道は、古事記書紀の二典《ふたみふみ》に記されたる、神代上代の、もろ〳〵の事跡のうへに備はりたり。此ノ二典の上代の巻々を、くりかへし〳〵よくよみ見るべし。又初学の輩は、宣長が著したる、神代正語を、数十編よみて、その古語のやうを、口なれしり、又直日のみたま、玉矛百首、玉くしげ、葛花などやうの物を、入学のはじめより、かの二典と相まじへてよむべし。然せば、二典の事跡に、道の具備《そな》はれることも、道の大むねも、大抵に合点ゆくべし、又件の書どもを早くよまば、やまとたましひよく堅固《かた》まりて、漢意《からごころ》に、おちいらぬ衛《まもり》にもよかるべき也。道を学ばんと心ざすともがらは、第一に漢意儒意を、清く濯《すす》ぎ去て、

やまと魂《たましひ》をかたくする事を、要とすべし。

（『本居宣長全集』一、五頁）

すなわち、記紀を繰り返し読み、初学者はそれに加えて宣長の著作を読めば、「此道」（古道）の何たるかを理解できるようになるだろう。これらをいち早く読めば、「やまとだましひ」が堅固になり、「漢意」に陥らないようになる。古道を学ぶためには、中国的な発想（漢意儒意）を除去し、「やまと魂」を堅くすることが必要なのだ、という。

宣長は本書で、「漢意」を去り、「やまとだましひ」を固めることの必要性を再三説く。また別のところでは、次のようにこのことを繰り返している。

近きころは、道をとくに、儒意をまじふることの、わろきをさとりて、これを破する人も、これかれ聞ゆれども、さやうの人すら、なほ清くこれをまぬかるゝことあたはずして、その説クところ、畢竟は漢意におつるなり。かくのごとくなる故に、道をしるの要、まづこれを清くのぞき去ルにありとはいふ也。これを清くのぞきさらでは道は得がたかるべし。初学の輩、まづ此漢意を清く除き去て、やまとたましひを堅固《かた》くすべきことは、たとへばものゝふの、戦場におもむくに、まづ具足をよくし、身をかためて立出るがごとし。もし此身の固めをよくせずして、神の御典《みふみ》をよむときは、甲冑をも着ず、素膚《すはだ》にして戦ひて、たちまち敵のために、手を負ふがごとく、かならずからごゝろに落入べし。

（同前、一二頁）

宣長は、伝統的な「才」の代わりに「漢意」を置いて「やまとだましひ」に対置した。「才」が単に漢学的知識・教養を意味するのに対し、「漢意」とは中国由来の感性・発想・理路といったものを包括する。すると、対応する「やまとだましひ」の意味も自ずと拡がる。このような発想は真淵から受け継いだものである。真淵は、やまとだましいに象徴される日本的なものを言語化できないところに置こうとしたのだった。

宣長における漢籍

しかし宣長は、学びにおいて漢籍を読まないでいることはできないこともよく分かっていた。だから次のようなことも言ってる。

からぶみをもまじへよむべし。漢籍を見るも、学問のために益おほし。やまと魂だによく堅固《かた》まりて、動くことなければ、昼夜からぶみをのみよむといへども、かれに惑はさるゝうれひはなきなり、然れども世の人、とかく倭魂《やまとだましひ》かたまりにくき物にて、から書をよめば、そのことよきにまどはされて、たぢろきやすきならひ也。ことよきとは、その文辞を、麗《うるは》しといふにはあらず、詞の巧にして、人の思ひつきやすく、まどはされやすきさまなるをいふ也。すべてから書は、言巧にして、ものの理非を、かしこくいひまはしたれば、人のよく思ひつく也、すべて学問すぢならぬ、よのつねの世俗の事にても、弁舌よく、かし

こく物をいひまはす人の言には、人のなびきやすき物なるが、漢籍もさやうなるものと心得居べし。（同前、一六〜一七頁）

「学問」（ここでは和学のこと）にとって、漢籍を学ぶことは必要である。しかし、その学びによって、多くはその巧みな表現や、つい納得してしまう論旨に惑わされてしまう。そうならないために「やまとだましひ」が不可欠なのだというのである。

彼はこのことをほかの書でも繰り返し言っている。これらでは「皇国魂（みくにだましひ）」という表現を使っているが、同じ意味である。まず『玉勝間』巻一「もろこしぶみをもよむべきこと」には、

から国の書をも、いとまのひまには、ずゐぶんに見るぞよき。漢籍も見ざれば、その外ッ国のふりのあしきこともしられず、又古書はみな漢文もて書たれば、かの国ぶりの文もしらでは、学問もことゆきがたければなり。かの国ぶりの、よろづにあしきことをよくさとりて、皇国《みくに》だましひだに強くして、うごかざれば、よるひるからぶみを見ても心はまよふことなし。然れども、かの国ぶりとして、人の心さかしく、何事をも理をつくしたるやうにこまかに論ひ、よさまに説きなせる故に、それを見れば、かしこき人もおのづから心移りやすく、まどひやすきならひなれば、から書籍見むには、つねに此のことをわするまじきなり。（同前、四七頁）

とあり、また『古事記伝』一之巻にも収められた『直毘霊《なおびのみたま》』には、

大御国の説《こと》は、神代より伝へ来《こ》しまゝにして、いさゝかも人のさかしらを加へざる故に、うはべはたゞ浅々《あさあさ》と聞ゆれども、実にはそこひもなく、人の智《さとり》の得《え》測度《はから》ぬ、深き妙なる理のこもれるを、其意をえしらぬは、かの漢国書《からくにぶみ》の垣内《かきつ》にまよひ居る故なり。此《こ》をいではなれざらむほどは、たとひ百年《ももとせ》千年《ちとせ》の力をつくして、物学ぶとも、道のためには、何の益《しるし》もなきいたづらわざならむかし。但し古《キ》書は、みな漢文《からぶみ》にうつして書きたれば、彼国のことも一わたりは知てあるべく、文字のことをしらむためには、漢籍《からぶみ》をも、いとまあらば学びつべし。皇国魂の定まりて、たゞよはぬうへにては、害はなきものぞ。

（『本居宣長全集』九、五八〜五九頁）

とある。単に中国典籍の「学問」上の効用のみを説いているように見えるが、彼の認識はもっと深刻である。右のうち後者（『直毘霊』）によりはっきりと書かれているように、日本の古の事柄（古道）は、漢字文献を通してしか知ることはできないからである。

学びにおける「やまとだましひ」の必要性

だからこそ「やまとだましひ」「みくにだましひ」が、必要不可欠なのである。ところが、

田中康二氏が指摘するように〔田中二〇〇〇〕、宣長自身は「やまとだましひ」とは何かということを説明しない。彼の源氏註釈書である『源氏物語玉の小櫛』乙女巻にも何も書いていない。彼の唯一の返答は、人口に膾炙した次の歌、

敷島の大和心を人問はば朝日ににほふ山桜花

があるのみである。ここでは「やまとごころ」とあるが「やまとだましひ」と同意と見て差し支えない。

何れにせよ宣長は、「やまとだましひ」という語を『源氏物語』の文脈から切り離し、「漢意」に取り巻かれながらも失われることのない日本の固有性を保つための根拠としたのである。『うひ山ふみ』等だけを見ると、本居宣長の「やまとだましひ」論は、学びの問題としてのみ説いているように見えるが、日本の対外関係史を論じた『馭戎慨言《ぎよじゆうがいげん》』では「皇国《みくに》だましひ」という表現を使っている。この書は、日本の諸外国との関係を全て日本中心に辿った書で、三韓・渤海はもとより中国歴代王朝までが、太古より「まつろゐまいる」（朝貢）してきたことになっている。遣隋使や遣唐使も、宣長に言わせれば、先進文明に学びに行ったのではなく、「皇国」友好のためにかの地の「国王」に使者を派遣したというのである。

本書の中で彼が憤るのは、日本の「儒者」たちが中国を尊崇する余り、「もろこし」のことを「中国」「中華」と呼ぶし、「御国（みくに）」のことを「日本」「本朝」「我国」などと対他

存在として呼ぶことである（彼は「日本」という呼称も、中国を意識して作られた名前であることをよく分かっていた）。「やまとだましひ（皇国だましひ）」は、実際の語用において、排外主義的に展開することは容易であった。

5　幕末における「やまとだましひ」の展開と「和魂漢才」

平田篤胤の「やまとだましひ」論

垂加神道は、「やまとだましひ」を幕藩体制を支える道徳である「忠孝」の源泉と主張した。いっぽう国学は、中国文化に冒されない日本の固有性の根拠として「やまとだましひ」を位置づけた。幕末の復古神道や水戸学は、この両者の要素を融合して、自ら「やまとだましひ」観を構築していったのである。

まず、平田篤胤から見ておこう。文政七年（一八二四）に出た『古道大意』上の冒頭に「御国ノ人ハ、ソノ神国ナルヲ以テノ故ニ、自然ニシテ、正シキ真ノ心ヲ具ヘテ居ル。其ヲ古ヨリ大和心トモ、大和魂トモ申テアル」（『新修平田篤胤全集』八、一一頁）とあり、さらに同書下の後半には、

> 天津神ノ御霊《みたま》ニ因テ、生レ得テヰルニ依テ、夫ナリニ偽ラズ枉《まが》ラズ行クヲ、人間ノ真《まこと》ノ道ト云フ。又其生レ得タル道ヲ、邪《よこしま》心ノ出ヌヤウニ修シ斉《ととの》ヘテ、近クタトヘヤウナラバ、

御国人ハ 自《おの》カラニ、武《たけ》ク正シク直ニ生レツク、是ヲ大和心トモ、御国魂トモ云デゴザル。……ドウゾ此大和心、御国魂ヲバ、枉《まげ》ズ忘レズ修シ斉ヘテ、直ク正シク、清ク善シイ大和心ニ、磨キ上タイ物デゴザル。古人ノ歌ニ「武士《もののふ》ノ 取佩《とりは》ク太刀ノ ツカノ間モ 忘レジト思フ 大和魂」ト云ガアル。此ノ歌ノ心ハ、武士タル者ノ、常ニ腰ヲ放タンデヰル太刀ノ束ニイヒ挂テ、少ノ間モ大和心ヲバ忘レマイト思フテヰル、ト云フ意《こころ》デゴザル。

（同前、六九〜七〇頁）

という。勇武で正直であることが「大和心」「御国魂」だといい、その精神を詠み込んだ「古歌」を引く。更に先述した宣長の「敷島の……」歌を解説しながら、「御国人」は皆心のうちに、桜のように大和心＝「美シク潔キ心」を持っているのだが、「外国ドモノ心」に移って、本心が曇ってしまっている。だから「大和心」を磨くには宣長の著作を読むことを勧めている。篤胤の論は宣長を継承しているかに見せて、勇武の強調といった宣長にはなかった要素が加わっている。

また篤胤は、『霊の真柱』の冒頭でも、宣長の学問論を受けて「古 学《いにしへまなび》する徒は、まづ主と大倭心を堅むべく、この固《かため》の堅在《かたから》では真ノ道の知りがたき由は、吾師翁（宣長のこと——引用者注）の、山菅《やますげ》の根の（「丁寧」に掛かる枕詞——引用者注）丁寧《ねもころ》に、教悟《をしへさと》しおかれつる」という。ただ、彼はさらに「斯くてその大倭心を、太く高く固めまく欲するには、その霊の行方の安定《しづまり》を、知ることなも先なりける」と、宣長にはなかった霊魂の行く先を探求し始めるのである

（『新修平田篤胤全集』七、九三頁）。これが篤胤の幽冥観とよばれるものだ。

和魂漢才と『菅家遺誡』

篤胤をはじめとする宣長の後継者は、漢意批判を支持しつつも、「やまとだましひ」だけでは、〈日本的なるもの〉を存立させることはできないことを分かっていた。そのような意識を背景に持って登場してくるのが「和魂漢才」である〔加藤一九二六、一九四〇〕。

「和魂漢才」とは、もともとは『源氏』以来の「才」と「やまとだましひ」との対比関係を強調すべく作り出された成語である。この語が現在確認できる初見は、垂加神道家で山崎闇斎や渋川春海に学んだ谷重遠《たにしげとお》（秦山《じんざん》、一六六三～一七一八）の『秦山集』二十一に「三条殿博学厳毅、公卿無双。……有職故実、和魂漢才、其学無津涯」（雑著甲乙録七）とあるくだりで、ここは「三条殿」という公家が学才と気概を兼ね備えた人だと賞賛する内容である。『源氏』乙女の夕霧の故事に擬えていると考えられ、その漢文脈に合わせた表現だったと考えられる。必ずしも秦山の創案ではなく、垂加派の人たちによって使いだされたものかも知れない。

それはともかく、この語が拡がるきっかけになったのが谷川士清『日本書紀通証』である。その巻一彙言の文中、『懐風藻』序の「斉魯之学」（儒学のこと）の語に注記して以下のようにある。

　菅家遺誡に曰く、①凡そ世を治むる道、神国の玄妙を以て之を治めんと欲す。其の法密にして其の用之に充て難し。故に三代の正経、魯聖の約書、平素之を簪して之を冠し、其の細塵に至るべし。今按ずるに、中古以来の世を治むるや、周孔の教を兼ね取りて以て之を羽翼と為す。故に②国学の要する所、古今に渉り天人を究め亡しと雖も、倭魂漢才に非るよりは、其の閫奥《こんおう》を闚《み》ること能はず。（原漢文）

（臨川書店版『日本書紀通証』第一冊、五七頁）

ここに引かれる『菅家遺誡』とは、菅原道真の訓戒と称するもので、元来は巻一は二十条、巻二は十三条から成る。もちろん後世の仮託である。諸伝本には元弘二年（一三三二）に藤原実純、次いで嘉吉二年（一四四二）藤原実常の識語があるが、これらもあやしく、実際には室町後期以降に述作されたと思しい。

士清が『菅家遺誡』から引用しているのは、傍線部①で巻一第四条に当たる。ところが、問題は②である。引文から分かるように、これは士清による地の文である。「倭魂漢才」の表現も『秦山集』などを承けたものであろう。ところがこの②が、『菅家遺誡』の一条として以後竄入する。更に①（第四条）を元にして「凡そ神国一世無窮の玄妙は」に始まる別の一条が作られ、これが巻一の二十一条、②が二十二条として『菅家遺誡』に加えられ、むしろこの二条を加えて改竄増補された伝本が世に拡まったのである。なぜ、改竄本の方がポピュラリティを獲得したのかというと、言うまでもなく「倭（和）魂漢才」の語を含んでいたからである。

これが何人によって為されたかは加藤仁平氏による詳細な研究があるが、はっきりとはしていない［加藤一九二六］。しかしながら、この語から「和魂洋才」という成語まで生まれることになるほど、人口に膾炙するようになる。そしてその普及に大きな役割を果たしたのが大国隆《おおくにたか》正《まさ》（一七九三〜一八七一）である。

大国隆正の和魂漢才論

隆正は平田篤胤の門人ながら、彼とその弟子たちは津和野派とよばれ、明治初年の神祇行政を主導した（つまり、神仏分離を推進した張本）。その彼の「やまとだましひ」論が『和魂（やまとごころ）』である。同書は『菅家遺誡』を真撰とする立場に立ち、その「和魂漢才」を高く評価する。

そして「和魂」の意味を主君への忠心と捉えて、宣長の解釈を否定する。例の「敷島の……」の下句を「朝日ににほふ山桜花」ではなく、「わが君のため身をば思はじ」と詠むべきだとする。「やまとだましひ」「やまとごころ」に「忠」の含意を見るのは、すでに垂加神道の若林強斎に見られたが（前述）、強斎は儒教の徳目としての「忠」に神・儒の冥合を見ていた。それに対して隆正は、天皇に対する「まごころ」こそが忠の根本だとし、儒教から切断するのである［南一九七二］。

宣長―篤胤や『菅家遺誡』によって、一挙に知られるようになった「やまとだましひ」は、外国の脅威が現実化し、攘夷思想が高まっていく中でさらに浮上する。「備へとは艦と礮《ほう》との謂ならず我しきしまのやまとだましひ」（吉田松陰）、「こと国の人のすがたをうつ筒はやまとだましひ如何にこもれる」（野村望東尼）など、「やまとだましひ」に攘夷の意を込めた歌が盛んに詠まれ、「凡そ神国に生まれし人々は、一人づつも大和魂を礪《みが》き、一人づつも猛きわざを学び、……穢はしき夷狄の寄せ来らんこと有らんには、……一人も残さん許《ばか》りに、憂き目を見せたらんには、いかに心地よきわざならずや」（藤田東湖『常陸帯』）など勇ましい文章が綴られる。

　ところがその後、攘夷が不可能であると分かり、西洋文明の受け入れが不可避になってきたとき、浮上してきたのが和魂漢才をもじった和魂洋才だったのである。

二 「武威」の国としての日本

1 文の国日本

近代の産物である侍〈さむらい〉の国という自己像

現代において、日本人イメージのある部分を構成しているのが〈さむらい〉（侍、武士）である。かつて全人口の数パーセントを占めるに過ぎず、近代に入って消滅したはずのある階層のイメージが、近現代の日本人に投影されているのである。それは日本人自身の自己イメージであるとともに、外国から見た日本人像でもある。もっとも自他においてその含意するところはいささか異なる。日本人においては、勇敢さ、礼儀正しさの表象となっているが、外国人のそれは、勇武・礼節さへの評価とともに、好戦性・残虐性・人命軽視の傾向などの、日本人自身がなかなか認めたがらない要素も伴っている。

それはともかく、日本人が個人レベルで、〈さむらい〉を自己像として共有するのは近現代になってからのことで、これはとりもなおさず明治国家の国民皆兵制度の所産であった。ただ、国というレベルでいえば、日本を尚武の国と見なすことが、近世には存在したのは確かである。しかしながら、そのような自国イメージが中世・古代にまで遡るかというと、必ずしもそうは言えない。

文事優位の伝統

そのことを端的に示す例が、古代における日本国への美称・別称である。『日本書紀』神武天皇紀には、天皇が国土を巡幸して、国土の形が「蜻蛉之臀呫（あきづのとなめ＝トンボの交尾）」するような形をしたので、国号を「秋津洲（あきづしま）」と名づけたとあり、続けていにしえの伊弉諾尊・大己貴大神の命名として「浦安国（うらやすのくに）」「細戈千足国（くわしほこちたるくに）」「磯輪上秀真国（しわかみのほつまくに）」「玉牆内国（たまかきうちつくに）」「虚空見日本国（そらみつやまとのくに）」を挙げる。また、その後の諸書により加わった号として「大八洲」「扶桑国」「山迹国」「君子国」「藤根国」などがある。一見して分かるようにこれらには「武」を想起させるものはほとんどない。唯一の例外が「細戈千足国」であるが、これはむしろ神体たる銅矛が多く存する国と解すべき表現であり、尚武の含意があるとしてもそれを前景化した国号ではなかろう（もっとも、この号が近世において、武国日本の古称として流布する〔後述〕）。

右の例でも分かるように、古代において、日本を尚武の国・武威の国として表象する意識はうかがえない。既に別章で論じたように、奈良・平安時代の人士が目指したのは文章経国の道であって、制度においても太政官の中核は文官であり、武官は常に下位に位置づけられていた。また、詩歌管弦の道＝文事への精進こそが日本的な徳目と考えられていた。

かかる文事優位の傾向は、俗に〈武家の世〉といわれる鎌倉時代以降においても、基本的には変わらない。清和源氏、桓武平氏、秀郷流・利仁流藤原氏等、〈武〉を家職とする門流が平安後期より登場する。その軍事的技芸は〈兵の道〉〈弓箭の道〉と呼ばれて、継承される。一四世紀以降になると、これらの「道」が倫理性・道徳性をも含意するようになって、武士独自の生き方が強調されるようになってくる〔佐伯二〇〇四〕。しかし、文事に優越するものとは考えておらず、武士とても、詩歌管弦に親しむ教養を備えていることが賞賛されたのである。

たとえば『平家物語』の忠度や経正ら平家一門の逸話を思い出すとよい。いわゆる平家の都落ちに際して、忠度は藤原俊成を訪ね、勅撰和歌集への入集を願って詠草を託すのだし、琵琶の名手だった経正は仁和寺宮より下賜された「青山《せいざん》」なる名器を返上して都を去っていく。そして二人はともに、一ノ谷合戦で戦死を遂げるのである。

2　天下統一と「武威」

「弓箭きびしき国」

このような状況が大きく転換するのが、室町後期から安土桃山時代にかけてである。長い戦乱は最終的に、豊臣秀吉・徳川家康という天下人の軍事的勝利によって終息するが、その中で従来とは違った意識が、武士たちの間に芽生えてくる。日本は「武」を以て立つ国家だとの意識である。

天下統一を果たした豊臣秀吉は、明国征服を夢想し、その目的を遂げるべく、朝鮮国への侵略を始める。毛利家に伝えられた彼の天正二十年六月三日付の朱印状には、十三万人もの兵員を動員したことを記した後に以下のように述べる。

日本弓箭きびしき国ニてさへ、五百千人にて如此《かくのごとく》不残《のこらず》被仰付候《おおせつけられそうろう》。皆共ハ多勢にて大明之長袖国へ先懸仕候間《さきがけつかまつりそうろうあいだ》、無心元《こころもとなく》も不被思食候《おぼしめされずそうろう》。早速可申付事《もうしつくべきこと》肝要候。

（『毛利家文書』三〔九〇四〕、一六七頁）

日本のことを「弓箭きびしき国」すなわち武勇盛んな国、明国を「長袖国」つまり文弱の国と見なし、自分は日本でさえ五百人千人の軍勢を帰伏させたのだから、このような大軍勢を以てせば明国を征服することは造作も無いと豪語するのである。戦国の世を生き抜いて、最終勝利者となった秀吉にとって、日本は対外的に武威を以て立つ国なのである。

もっとも、このような日本イメージは、他国からも同様に持たれていた。中国で活躍したイエズス会宣教師マテオ・リッチが一六〇二年に刊行した世界地図『坤輿万国全図』の日本国図の脇に付された説明には「……俗、強力を尚び、総主有りと雖も、権、常に強臣に在り。其の民、多く武を習ひ、少なく文を習ふ」とある。以上の文言は肯定的に評価したものではない。ここで見いだされているのは「武力に優れているというだけで権力者になることができる野蛮な風土」であり、「文を重く武を軽くする文明の価値観からするならば、大いなる異端」だった［入間田一九九一］。

日本国内だけで考えていると、「天下人」の観念や、文より武を優先する風儀は異常に感じないが、当時の東アジア世界の常識に照してみれば、明らかに特殊で野蛮な心情だった。

近世へ継承される「武国」意識

武威の国＝「武国」という自国意識は、戦乱が終息し、徳川氏による泰平が到来した江戸時代以後も受け継がれていく。たとえば熊沢蕃山は、その著作『大学或問』上・第六問「北狄の備、其外不意のたくはへ、凶年のすくひも、富有大業の一事なる事」で次のように述べる。

文事あるものは武備ありといへり（出典『史記』孔子世家――引用者注）。文事は治国・平天下の政なり。武備は内堅固《ウチケンゴ》にして、外恐惧《ホカキヨウク》す。武威の備なり。内堅固なる第一は、道ありて和し、兵粮多なり。外国のおそるゝ第一は、弓馬兵法のたしなみふかく、士民共に達者にて、武国の名に叶ふ也。今の急務は兵粮多く貯るにあり。

（日本思想大系『熊沢蕃山』四二五頁）

蕃山は儒者として、日本が儒学＝文事による統治（治国平天下）がよく行われていると述べるが、並べて「武備」堅固なることを掲げる。そして、日本が外敵に攻められないのは、武士・平民ともに武具を備え、武事を怠らない国だからだと主張するのである。

さらに蕃山は、日本は武威の国なるが故に、その支配者は武士でなくてはならぬと、以下のように主張する（『集義和書』巻第十六・義論之九）。

士の文を学び礼儀を慎み、弓馬に遊び武勇をたしなむは、民の耕作の業に同じ。士は天下を警固して民を安からしめ、君上の干城となり、武威を以て世のしづかならんことを欲す。是道徳をしるが故に、少し民の労に報むと思ふもの也。国・郡の主は、士の文武をす、め人の善悪を知、民の艱苦をわすれずして人民の君・師たり。何ぞ下の情を知をいやしとせん。（同前、三五三頁）

武士が武に励むのは、君と民とを守って安寧ならしむるためであり、文を学んで礼儀を慎むのは、民の労働に伴う労苦を知り報いようとするためである。だから、国・郡の領主たる者は、武士に文武両道を勧める必要がある、というのである。

3　武国としての日本

山鹿素行の武国＝日本論

蕃山は文を中心に据えつつ、日本的特殊として武を説いているが、それを超えて「武国」＝日本論を押し進めたのが兵法家たちである。山鹿素行は、儒者でもあったが山鹿流を創始した兵学者でもあった。彼は、その著『山鹿随筆』巻九の中で、文を以て天下を治めることはよく聞くことだが、武を以て治めるとは聞いたことがない。そのように武を中心に考えるのは、儒教の聖典に書いてあることと相違するのではないかとの問いに対して、次のように返答している。

曰はく、聖人今世に出でなば、必ず武を以て天下を治むべし。文武の重き、天下人民を治むるの用なり。故に文武は唯だ時と先後を為す。清盛より已来、皆武を以て天下を治む。故に後世皆武治と為す。武治を忘れて文教を以てすれば則ち亡敗す。必文の説は皆古人の説に順ふなり。文武は賞罰と威愛となり。唯だ時と場とを見てその先後を為すなり。文武何ぞ必ずしも先後を定めんや。（原漢文）　（『山鹿素行全集』八、四〇三頁）

太古の聖人たちだって、乱れた今の世に出現したならば、武で天下を治めたはずである。文と武は天下の人民を統治するのにどちらも重いものであって、時勢により先後する。日本では清盛以来、武を以て統治する。だから「武治」というのである。武治をないがしろにして「文教（文治）」のみに傾斜すれば滅ぶ。文治は必ず古人の説に従うからである。文武の本質はともに賞罰と威愛（威圧することと愛慈すること）であって、ただ時と場所によって先後が変わるのであって、優劣はない、という。

そして日本の場合は、「武」の国であると素行はいう。そのとき彼が持ち出したのが神話である。『謫居随筆』には以下のようにある。

地の水土は自然の勢なり。中国は洋海の中に挺生し、万邦の間に特秀す。往古の神聖、戈を投じて地を求め、戈鋒より垂落つる潮、結びて州と為る。是れ乃ち瓊矛の成す所なり。故に其の形勢戈矛に似る。而れば細矛千足国と号くるなり。其の水土最も威武を用ふるに長ず。宜しきかな。

（『山鹿素行全集』一、二〇六頁）

伊弉諾尊・伊弉冊尊が天浮橋から指し下ろした天瓊矛の先から滴り落ちた潮が日本国となったという記紀神話の記述を、日本が「武国」として生まれる淵源と考えるのである。また、先にも触れた「細戈千足国」という日本国の異称も「武国」たる証しと捉えるのである［前田一九九七］。

しかしこのくだりは、中世においては性行為のメタファーとして捉えるのが普通で、勇武の証しなどと考えはしなかった（おそらく現代の神話解釈でも同様である）。素行のような理解はまさに、日本＝武国観が浸透する中で生まれるべくして生まれた解釈だった。

津軽耕道の武徳論

素行の娘を母に持ち、弘前藩の家老を務めた津軽耕道（喜多村政方、一六八二〜一七二九）は、津軽の山鹿流の継承者である。彼が著した『武治提要』には、武士による統治のありかたを

「武徳」、その徳が外に発露されることを「武威」と呼び、文武を並置するのではなく、武を優位に置く。

武を以て吾を脩《をさむ》るは武徳の始也。武を以て士を治るは武徳の終り也。武を以て天下を化するは武徳の極功也。始終本末貫通して残すことなき、是真の武徳也。本邦は武国にして、頼朝公以来、大一統武門に出《いづ》。故に武徳を以て、治平の基盤を立ざるときは、其根帯輭《なん》弱《じゃく》にして、傾廃すること易し。武徳の実甚《じつはなはだ》探重なり。……武徳の外に発する処の跡は、畏と服との二なり。これを呼で武威と云。武威の著《いちじるし》きと云は、人服して畏れ、畏て而も服す。畏と服と二物にして、其功用をなすに及では一なり。

（大日本文庫『武士道集』上巻、三八六頁）

いっぽうの文治についてだが、耕道は、

外国に所謂四海を治の徳は、其の用仁を主とす。故に文徳なり。武門に所謂天下を治の徳は、其の用義を主とす。故に武徳なり。本朝と外国と共に六合の内にあって如レ此其主意相反する所以は、蓋し太古艸昧の風化万世に習来因循し、以て天下の性情となるが故にして、其の大源水土の形気をうくる処やむことを得ずして、好悪の情同じからざるに至る。故に衆情を以て徳政立るときは、中《あた》らずといへども遠からず。

（同前、三八八頁）

と述べ「外国」が文徳であるのに対し、日本は武徳だと強調する〔前田一九九七〕。

文徳よりも武徳を重視することは、具体的にはどのように表れるのかというと、文徳＝儒学世界を成り立たせている礼法の秩序を軽視して、簡素・簡明なものに置き換えていくことになる。たとえば、田宮仲宣《たみやちゆうせん》（一七五三?～一八一五）は、その随筆『東牖子《とうゆうし》』の中で次のようにいう。

それ本朝は少陰の国にして、唯《ただ》質実のみを欲して、文華を嫌ふが故に、国晏《やす》く民堅し。当時の礼服なをいにしへの質素残りて尊し。武家に於は、文華を更に用ひらるる事なく、肩《かた》衣袴《ぎぬはかま》をただ上下《かみしも》と云、佩刀《かたな》差添《わきざし》をも大小とのみ唱ふ。……宗廟の茅葺《かやぶき》、片そぎなど、皆質朴を示し給ふ教へ炳然たり。……

（『日本随筆大成』〈第一期〉一九、一一五～一一六頁）

仲宣は儒者や兵法家ではなく、町人出身の文人である。このような人であってさえ、中国的な「文華」に対する、日本的（武士的）「質素」「質朴」の優位を主張するのである。

「武国」批判

かくのごとき日本＝武国説に批判的なのが、荻生徂徠（一六六六～一七二八）であった。『徂徠先生答問書』巻下に、次のように記す。

……世久しく戦国になり候故、世皆軍中の法令を以て国を治め候。其後天下一統しても、何れも文盲にて古を稽《かんが》へ文徳に返る事をしらず。太平の今に至るまで、官職も軍中の役割を其儘に用ひ、政治も軍中の法令を改めず候。是によりて武威を以てひしぎつけ、何事も簡易径直なる筋を貴び候事を武家の治めと立て、是吾邦に古より伝はり候武道に候などと文盲なるものの存候にて御座候。（『荻生徂徠全集』一、四六五頁）

すなわち、太平の世になっても、戦時の状態が維持され、官職も戦中に仮に立てたものをそのまま用い（「老中」「若年寄」「目付」などの職名が正式の官名であるはずはないから）、法令も戦時下のままである。何事も「武威」によって強制され、礼法も戦国時代以来の簡素な方法が踏襲され、それを良しとしているというのである。つまり徂徠は、戦乱・騒乱が終息した後も戒厳令を解除しない独裁国家のような状態にあることの異常さを指摘しているのである。

同様の批判は、山崎闇斎の高弟（ただし師の神道かぶれに批判的）の佐藤直方『韞蔵録拾遺《うんぞうろく》』巻三に見え、そこでは「日本デハ、軍法ヲ大極ノヤフニ思フテ居ル。道ノ行ハレヌ筈ゾ。……軍法ハ日用デナイ、コレヲサビシク思フテ、イツノ頃ヨリカ、軍法デ国ノ仕ヲキガナルト云コトヲ云出シタ。コレハ唐ニハナヒコトゾ」（『佐藤直方全集』二、四四頁）と言っている。

また、本居宣長の儒学における師でもあった堀景山（一六八八〜一七五七）は、その著『不《ふ》尽言《じんげん》』において、武力の優越性によって保たれている「武国」の脆弱性を、以下のように説いている。

武家はその武力を以て天下を取得たるものなれば、ひたすら武威を張り耀やかし下臣をおどし、推しつけへしつけ帰服させて、国家を治むるにも只もの上の威光と格式との両つを恃みとして政をしたるものなれば、只もの上の威を大事にかけることゆへ、自然とその風に移りたるもの也。韓非子が術も日本の武風に似たるもの也。古来の史をあまねく覧るに、百年も治りたる世はどのやうにしても、大体のことにて乱るゝものにてなければ、かの武威に人を懼れ服して治り来れるを見て、日本は武にて治りたる国也と心得て、武国といひ、いよいよ武威に自負する事になりぬ。……我朝の武家は武威を護する為に、治世に成てもやはり一向に軍中の心を以て政をしたるもの也。少でも武威が落つれば、人に天下をつい取られうかと安い心もなく、平生に気をくばり用心したるもの也。それゆへ司馬法に「天下雖レ安、忘レ武必危」と云ふことを口実とし、軍学も以て吾道也と心得、これを尊信する……上たる人の威光を恃みにし、推しつけ人を帰服さすることは武勇なるやうに見ゆれども、能くたちかへりて思てみれば、けつく却て怯《をくびよう》なる事とも云べき也。そのゆへは畢竟その威を張り強ふして、人をおどして帰服さするは、万一に上の威が落れば人が上をあなどり、それから違背せふかと恐るゝからの事なれば、我が心の内に省みて、その人君たる徳がかいなきゆへに、気づかはしく疚しき事あれば、人の我に帰服せまじきかと恐るゝの卑怯なる心より起る事也。

（新日本古典文学大系『仁斎日記・たはれ草・不盡言・無可有郷』一七一〜一八二頁）

景山の右の指摘はまさに予言的であった。圧倒的な武力を以て諸大名を帰服させていた徳川政権は、黒船が来航したことで、欧米諸国にまるで太刀打ちできないことを露呈させた。すると、その「御威光」はみるみると薄れ、十年あまりのうちに倒れてしまったのである。まさにあっという間であった。

4 「武士道」の成立

創られた「武士道」

日本文化を論ずるとき必ず出てくるのが「武士道」である。しかし、日本文化をめぐる議論において「武士道」がその代表として採り上げられるようになったのは近代のことであったし、そこで強調された「武士道」イメージも、その多くが近代においてできあがったものである。特に新渡戸稲造が英文で著した『武士道』（一八九九）の影響は大きく、騎士道と類比的に理解され、国際的な日本イメージの中核に武士が置かれることになった。

そのような一般化された理解に対して軍記の研究者である佐伯真一氏は、「兵の道」「弓箭の道」とよばれた中世の武士たち（実際に戦闘が日常だった）の行動様式が、今日「武士道」といわれているものと如何に違っているかを明らかにしている［佐伯二〇〇四］。

たとえば、「だまし討ち」であるが、卑怯な振るまいとして、いつの時代でも否定されていた、と思われがちだが、中世（特に室町から戦国）では、積極的に肯定されており、実は近世においても、戦場でのリアリズムを重んずる兵法家などでは、必ずしも否定されていなかった。騎士道に由来する欧米流のフェアプレイとは異質の精神がそこにはある。

また、近代の武士道イメージを決定づけたのが、山本常朝（一六五九～一七一九）の『葉隠』であった。この実戦の経験のない一武士が作り上げた武士道論は一世を風靡した。その「武士道」とは、平和な社会における観念化された武人像として作り上げられたものだったのである。いっぽう近代は、日本が実際に戦争をはじめるようになった時代だった。敗戦までの近代日本国家は、ほとんど十数年おきに対内・対外戦争を行っており、戦死者を〈英霊〉と称して神格化した社会であった。このような社会において、観念的な「武士道」精神は、日本軍人の行動に大きな影響を与え、実際の戦争時に応用されてしまう。日中戦争から太平洋戦争における異常なまでの人命軽視や、現実を無視した無謀な戦闘行為は、机上で作り出された観念が、実戦に応用されたときに起こったものであった。

武士の職分

そもそも「武士道」なる用語は近世になってから現れたもので、戦う人＝「武士」でありながら戦うことがない時代において作り上げられた極めて奇妙な言葉なのである。徳川幕藩体制は、武士によって構成された政権である。先にも述べたように、徳川氏の覇権の正当性もまた

「武」にある。にもかかわらず、それを実際に行使することを極力回避し、対外的にも、国内的にも戦争状態になる芽をあらかじめ摘んでおくことを基本的方針とした。そして、武士たちの任務は戦闘ではなく、治者として世を治めることが本務となった。

近世において広く行われた「職分論」(士農工商その他の社会分業論)においては、武士の役割が問題として浮上した。農工が生産活動に、商がその流通に関与するのに対し、武士の社会に果たす役割は何かということである。このことについては、先に熊沢蕃山や山鹿素行等の見解を紹介した。武治、すなわち武力による統治である。外敵から農工商を守り、国内では武の威勢を以て平和を維持するというわけである。

同様の見解として、北条流兵学の祖で将軍秀忠・家光の側近だった北条氏長(一六〇九~七〇)の例も挙げておこう。氏長は、その著『士鑑用法』の序で次のように言う。

夫軍法ト云ハ士法ナリ。……兵ト云ハ、士ヲサシテ云。天地ノ間ニスムモノ、衣食住ノ三カケテハ叶ガタシ。或ハ田ヲカヘシ、或ハ蚕ヲヤシナイ、衣食ヲ調ルヲ農人ト云。其器ヲコシラヘ、家ヲツクリ、居ヲ安クスルヲ工人ト云。器ヲバ農人ニクバリ、食ヲ工人ニアタへ、コレヲ持ハコビテ世ヲ渡ルモノヲ商人ト云。是ヲ三宝ト云ナリ。農、其国ニ盛ナレバ、食足リ、工、其国ニ盛ナレバ、器足リ、商、其国ニ盛ナレバ、宝足ルガユヱナリ。然レドモ、国ニ守護ナキトキハ、タガヤサズシテ喰《くらひ》、工セズシテ家ニ居リ、アタイナクシテ宝ヲウバイ、三民ヲミダル邪ナルモノ出来ル。是ヲ盗人ト云。其盗人ヲ征罰シテ、泰平ノ世トナス役人ヲ名付テ、士ト云ナリ。士農工商ノ四民是ナリ。……

（『武士道全書』二、一四五〜一四六頁）

ただ、このような理解は、本来の儒教の教えから明らかに逸脱する。「武士」などといっても、中国の士と日本の武「士」とは、全く性格を異にする。中国の「士」とは、学問を修め、道を追求する「読書人」たちであり、科挙によって選抜され、その資格によって官途に就く「士大夫」のことである。それに対して「武士」の「士」は、「者」（武者）「人」（武人）と置き換えてもさしつかえなく、「ヒト」「ヲトコ」「サムライ」と訓じられる含意しかない。

元来が武芸を職として世を渡る者であった「武士」が、近世においては治者となった。そこにおいて「士」の意味があらためて問題となったのである（本来の治者だった公家は、近世では、僧侶・神主等とともに「遊民」に分類された〔守本一九八五〕）。成立の経緯を全く異にするふたつの「士」を、共に「治者」として括ることの問題性が浮上せざるを得なかった。先に見た荻生徂徠の批判は、日本的特殊として「武治」に居直る態度に向けられていた。

武治を肯定する人たちのなかで、ふたつの「士」の齟齬を超克することを強く意識していたのは、ほかならぬ山鹿素行だった。兵法家であるとともに、林羅山にも学んだ正統の儒者でもあった素行は、武国論者として、武士の「武」の部分を保持しつつも、「士」の部分を、中国的・儒教的「士」に近づけようとした。素行はこれを「士道」とよんだ。『山鹿語類』「士道篇」や『武教小学』において、素行は三民（農工商）に対して、文・武・徳において師範たることを要求し、そのため日常生活の細部に亙って、心身共に規律ある生き方を求めたのである［前田二〇一〇、谷口二〇一三］。

暴力の観念化としての「武士道」

ただ、武士を中国的な「士」に近づけるとしても、武士を武士たらしめている暴力的エートスが完全に否定されることはなかった。

侮辱を受けたとき、父や兄が殺されたとき、主君から重大な下命を受けたときなどの場合、好むと好まざるとにかかわらず、命を賭して対処しなくてはならなかった。時と場合によっては、理非を問わず命を捨てることが要求され、見事やり遂げれば称賛された。そしてもしそうしなければ、武士社会で生きていけなかったのである。

実際に戦争状態が日常だった室町・戦国時代には、このようなことは厳密に要求されはしなかった。不名誉は戦場での振る舞いによって挽回可能だったからである。ところが、いくさがなくなった近世武士にとっては、そのような機会はない。従って、平和な生活の中で起こる突発的事件（多くの場合ささいな）に対しても、場合によって命を懸ける事態が起こるのである。そうすることのみが武士の本分を保つ道だからである。

谷口眞子氏は、日常生活の延長線上に発生する喧嘩・無礼討ちなどに如何に対処するかが、武士のアイデンティティに関わる重大事だったことを、豊富な事例を紹介しながら説明している［谷口二〇〇五、二〇〇七］。たとえば町人に悪口を言われて反論しなかった、あるいは無礼討ちに失敗した、朋輩の喧嘩に際会して助勢しなかった、といったことが、武士の名誉の維持と回復に失敗したものとして、多くの場合自身の死と家の断絶に直結するのである。

固定的な家同士の関係と身分秩序によって成り立っている近世の武士社会において、いったん毀損された名誉は、時間とともに逓減することはなく継続する。よしんば、ある不名誉が誤解であったとしても、あるいは不可避的なものであったとしても、何らかの措置を講じなければ回復されない。だから死を避けようとするならば逐電、つまり共同体から逃亡するしかなかったのである。

江戸時代という、空前の「平和」社会において、「武」は実際に戦闘行為ではなく、日常的な暴力によって発現された。それを理念化したのが近世の「武士道」であった。そして「武士道」という観念を基礎づけているのは、閉鎖的な社会関係だったのである。

三　肉食と日本人

1　日本人の身体と肉食

武士の身体

武士の身体について、筋肉美を示す描写は、軍記類にはほとんど見られない。筋骨隆々たる肉体表現は、地獄の獄卒、羅刹、金剛力士などの異界の鬼神を示す表象としてはあっても、武士の身体表現を示すものとはされなかった。日本のみならず、その属する中国文化圏では、筋骨たくましい肉体は野蛮性・獣性を象徴するものであった。インドにおいても釈迦の三十二相（釈迦の持つ三二の身体的特徴）の「手柔軟相」「伊泥延膊相《いにえんせんそう》」が示すように、柔和な肉体を理想とした［山本二〇一二］。

近世後期の武者絵には、筋骨たくましい英雄・豪傑の類が描かれるが、これは大力自慢の一部の姿であって、武士全体の理想像ではない。しかも、このような表現は、荒事を得意とした初代市川団十郎の所作を描いた鳥居派の役者絵に始まるものという（筋肉の描線を「瓢簞足蚯蚓《ひょうたんあしみみず》描《がき》」という）。これらは舞台における歌舞伎の所作に基づき、隈を描いた肉襦袢を着た役者の身体がモデルになっているのである。何れにせよ、現実の武士の理想的身体を表象したのではないのである〔同二〇一二〕。たとえばここに、荒々しいことで知られる薩摩の示現流の始祖東郷重位（一五六一～一六四三）の肖像画を挙げておくが（図参照）、筋骨たくましき戦士ではなく、まるで公家のように描かれている〔村山一九九五〕。

中国でも筋肉美を評価しないといったが、その代わりに、聖人や英雄を高身長の偉丈夫として描出することが多い（たとえば孔子や劉備）。それに対して日本では、背の高さとその人物への評価が相関すること（特に肯定的意味において）はない。つまり、肉体的美しさ・立派さに対する関心が、少なくとも近代以前においては総じて低いのである。

肉体への審美的関心の低さと関連して注目されるのは、日本列島に住んでいた人々の身長が、歴史を通じて矮小だったことである。平均推定身長は、男女とも古墳時代が最も高く（男性：一六三センチ、女性一五二センチ）、以後漸次下がり、江戸後期～明治時代においては男子は一

東郷重位像（東郷家〔鹿児島市〕、江戸時代）

五五センチ、女子は一四七センチ内外が平均だった〔平木一九八一〕。

低身長の理由としてしばしば指摘されるのが、日常的に肉類を摂取する習慣がなかったことである。

明治維新における肉食解禁

長い間魚鳥を除く肉類を常食としなかった日本の人々が、本格的に肉を食べ始めるようになったのは明治以降のことである〔原田一九九三〕。仮名垣魯文《かながきろぶん》の『安愚楽鍋《あぐらなべ》』（明治四年〔一八七二〕）によっても知らるるごとく、肉食就中《なかんずく》牛肉食は、文明化の象徴であった。肉食は、単に西欧化に伴う風俗習慣の変化として、漸次進行したのではない。明治新政府によって積極的に推し進められた施策の結果であった。

その具体的な実施が、明治四年十二月における、宮中における肉食の禁の解除である。これは一ヶ月後の明治五年二月十八日の御嶽行者の皇居乱入事件などの感情的反発を引き起こすが、以後も「肉食」の普及に努める。新政府にとって日本国の変革は、社会制度の改変とともに、国民の「矮小な」身体を、西欧人に近づけるべく改造することによって成し遂げられると考えられたからであった〔鹿野二〇〇一、真嶋二〇〇二〕。

明治初年の肉食啓蒙の言説のなかで特徴的なのは、たとえば、国学者の近藤芳樹（一八〇一〜八〇）が明治五年九月に刊行した『牛乳考・屠畜考』（本書は、新政府の顕官福羽美静の序文が付されていることからも分かるように、政府の依嘱を受けて出されたものである）に、仏法盛になれりしより、仏法は……人と禽獣との差別をなさざるゆゑに、人皆此道理を弁ず、死骸を屠るを憐の情起りて、人とおなじく葬らむとす。これ釈氏の教に迷はされしものにて、上古は更に然らざりしなり（「屠畜考」）。

（刊本、五丁オ～ウ）

とあり、また、加藤祐一『文明開化』（明治六年）に「元来獣肉魚肉、都て肉類を忌むは、仏法から移つた事で、我が神の道には、其様な事はない」（初編上巻「肉食は穢るべきことに非る道理」〔『明治文化全集』二〇文明開化篇、一二三頁〕）、小川為治『開化問答』（明治七年）に「昔しは獣の肉を食はぬといふはよく古しへをしらぬ人の言葉」で、獣肉を「穢などといふ事は、仏法が伝て以来坊主等のいひ出せしことにて取に足らぬこと」（初編下「衣食住の問答」〔同前一二五頁〕）と見えるように、日本は本来肉食の習慣があったが、仏教の「悪影響」により肉食の風が断絶したという論調である。これが同時期の排仏論的言説の一部を成すのであるが、このような理解は、その後も踏襲されていく。

他方、特に比較文化論などにおいて、肉食中心の西洋文化に対し、米食中心の日本文化を対比させ、その文化的特性を論ずることが、近年に至るまで行われてきてもいる。つまり、肉食を常食としなかった伝統をめぐって、相矛盾する見解が行われているのである。

このような捻れはどのように理解したらよいのだろうか。本節では、肉食忌避する伝統がいかに形成され、それが日本文化の〈固有性〉をめぐる議論といかに関連づけられたかを、以下古代に遡り、時代を順繰りに辿ってみたい。

2　穢れ観の拡がりと肉食忌避の形成——古代——

殺獣祭祀

少なくとも古代前期の日本において、肉食を忌避することはなかった。祭儀においても、獣肉を捧げること、特に殺牛殺馬祭祀が広く行われていたことが夙《つと》に知られている［佐伯一九七〇］。

その祭神の多くが「漢神」と呼ばれたことからも分かるように、比較的近来大陸から渡来したものであったが、ほかに『播磨国風土記』讃余郡条の稲籾を獣血に蒔く逸話や、『古語拾遺』の牛肉を農民に喰わせたり、神に捧げる説話など、古くからの農耕儀礼に由来すると考えられるものも存する［平林二〇〇七］。

『播磨国風土記』

讃容《さよ》の郡。讃容と云ふ所以は、大神妹妋《いもせ》二柱、各《おのもおのも》、競ひて国占めましし時に、妹玉津日《たまつひ》女命《めのみこと》、生ける鹿を捕らへ臥せて、その腹を割きて、稲をその血に種《ま》きたまひき。すなはち、一夜の間に、苗生ふ。すなはち取りて殖ゑしめたまふ。ここに、大神勅《の》云りたまひしく、「汝妹《なにも》は、五月夜《さつきよ》に殖ゑつるかも」とのりたまひき。すなはち他《あた》し処《ところ》に去りき。故《か》れ、五月夜の郡と号け、神を賛用都比売《さよつひめ》の命《みこと》と名づく。

（新編日本古典文学全集『風土記』、七五〜七六頁）

『古語拾遺』

一《ある》いは、昔在《むかし》神代に、大地主神《おほなぬしのかみ》、田を営《つく》る日に、牛の宍《しし》を以て田人《たひと》に食はしめき。時に、御歳《みとし》の神《かみ》の子、其の田に至りて、饗《あへ》に唾きて還り、状《さま》を以て父に告《まを》しき。御歳神怒を発して、蝗《おほねむし》を以て其の田に放ちき。苗の葉忽に枯れ損はれて篠竹に似たり。是に、大地主神、……其の由を占ひ求めしむるに、「御歳神祟を為す。白猪・白馬・白鶏を献りて、其の怒を解くべし」とまをしき。教に依りて謝《の》み奉る。御歳神答へて曰ししく、「実に吾が意ぞ。……牛の宍を以て溝の口に置きて、男茎形《をはせがた》を作りて之に加へ、……薏子《つすだま》・蜀椒《なるはじかみ》・呉桃《くるみ》の葉及塩を以て、其の畔に班《あか》ち置くべし。」とのりたまひき。仍りて、其の教に従ひしかば、苗の葉復茂りて、年穀豊稔なり。是、今の神祇官、白猪・白馬・白鶏を以て、御歳神を祭る縁なり。

（岩波文庫〔西宮一民校注〕、五三〜五四頁）

また、『日本書紀』皇極天皇三年（六四四）七月条に記す「常世神」の話でも、酒・菜とともに「六畜」が神に供えられており、在来・外来問わず、殺獣祭祀が広く行われていたのである〔喜田一九一九〔一九八二〕、佐伯一九七〇〕。

肉食禁止のはじまり

肉食の禁止の最初は、天武天皇四年（六七五）四月十七日のことである。『日本書紀』同日条に拠ると、諸国に詔して、漁猟者が檻穽・機槍・梁《やな》等を施置することを禁止、併せて牛・馬・犬・猨・鶏の五畜を食うことを禁じた。この禁令の理由は、先立つ五日に二千四百人の僧尼をして大規模な設斎が行われ、同十日に龍田・広瀬両神に使者を派遣して祭祀を執り行っていることからも分かるように、収穫に対する一連の祈禱の一環として行われたものである。天武朝では、翌五年八月十七日、十一月十九日に放生の詔が発せられているが、このときも龍田・広瀬神の祭祀と前後して行われており、この時期の肉食禁止・放生の勅令は、大乗仏教の殺生禁断の思想に基づきつつも、その本旨が豊穣・息災にあったことを示している［原田二〇〇〇］。

その後、持統朝は二回、文武朝は一回、奈良時代に入ると、元正（二回）、聖武（九回）・孝謙（五回）、淳仁（四回）、称徳（一回）と、頻繁に放生さらには殺生禁断令が出されていく傾向にあった。しかしながら、度重なる殺生禁断令の結果、肉食忌避の習慣が広まったとはいえない。寧ろ、それにもかかわらず、肉食の風が廃れなかったというべきである。もちろん、僧尼にとって肉食禁忌は当然であるが、これを俗人に当てはめることはなかったのである。

笹生衛によれば、九〜一〇世紀の地方官衙の遺跡から動物供犠祭祀が行われた痕跡が見つかっており、このことは平安以降もその風が衰えていなかったことを示す（しかもその種類として、農耕儀礼系譜のものと、釈奠などの大陸起源のものがあるという）［笹生一九八四］。これら動物祭祀と仏教との関係であるが、ここで注目すべき説話として、『日本霊異記』巻中第五話「漢神の祟りに依り牛を殺して祭り又放生の善を修して以て現に善悪の報を得し縁」が挙げられよう。本話は、漢神の祟りを宥めんがために殺牛祭祀を行った男が、その為に犯した殺生の罪によって地獄に堕ちる話で、ここに平安前期における殺生禁断と動物供犠との緊張した関係が窺えるのである。

拡大する穢れ観

肉食忌避が始まるのは、穢れ観の拡大と関わりがある。『神祇令』に記載された祭祀における「斎（忌）」の散斎の規定に、「食宍」を慎むとあるが、これは魚鳥を含まず、獣肉のみである。さらに既に指摘されているように、「斎忌」は「穢れ」とは別の観念で、排除するのではなく、慎むことに目的があるのである〔三橋一九八九〕。

それが、九世紀以降、神祇官祭祀において肉食の禁忌原則が形成される。その確立した規定は『延喜式』巻三「臨時祭」に見えるが、ここでは「穢悪」のこととして、「人死」「産」「六畜死」とともに「喫宍」のことが挙げられる。即ち、肉食禁忌は、穢観の拡大によって起こったのであって、仏教における放生・殺生戒の直接の影響とはいえないのである〔平二〇〇〇〕。

このように、穢れ観の影響で、神祇祭祀においては、肉食忌避が浸透していく。さらに、折からの神仏習合思想の進展のなかで、先に述べたような仏教の殺生禁断の思想と深く結びついていく。つまり、神が仏の垂迹・化身であるのなら、動物供犠・肉食を嫌うのが当然のことと認められたのである。

鎌倉初期に成立した『諸社禁忌』(『続群書類従』三下)によれば、「鹿食」の服忌《ぶっき》の期間として、百日→石清水・大原野・住吉・梅宮・広田・祇園、七十日→稲荷・春日(或七日)・日吉・吉田、三十日→伊勢・賀茂・松尾・平野・貴船(或七日)・日前、十四日→天野、七日→北野、となっている(伊勢神宮については『文保記』〔文保二年〕および『伊勢大神宮参詣精進條々』〔永享十二年〕では百日)。

継続する動物供犠

しかし、右のように獣肉を禁忌とするのは、朝廷が奉幣使を派遣する二十二社など中央と結びつきの強い神社であって、地方神では動物供犠を行っている場合も多かった〔中村二〇〇一〕。

後述する諏訪神に対する鹿肉供犠が有名だが、ほかにもたとえば、『今昔物語集』巻十五第二二話や『宇治拾遺物語』第五九話に見える大江定基(寂照)遁世譚に、三河国の風祭では猪肉を捧げられていたことが見える。また『今昔』巻二十六第七話、『宇治』第一一九話には、猿神だった美作の中山神が、長いこと人を生贄として求めていたが、東国から来た男に殺されそうになってからは、猪や鹿に替えたという説話がある。以下、両話につき該当部分を『宇治』より引いておこう。


『宇治拾遺物語』第五九話「三河の入道、遁世の間の事」

……三河国に、風祭といふことをしけるに、生贄といふことに、猪を生けながらおろしけるを見て、この国退きなむと思ふ心つきてけり。（新潮日本古典集成本、一七二頁）

同　一一九話「東人、生贄を止むる事」

今は昔、山陽道美作国に中山《ちゆうさん》・高野と申す神おはします。高野は蛇、中山は猿丸にてなんおはする。その神、年ごとの祭に、かならず生贄を奉る。人の女《むすめ》の、形よく、髪長く、色白く、身なりをかしげに、姿らうたげなるをぞ選び求めて、奉りける。昔より今に至るまで、その祭、怠り侍らず。……そののちは、かの国に猪、鹿をなん生贄にし侍るとぞ。（同、三四一、三五〇頁）

牛馬の殺獣祭祀については確かに廃れたが、魚鳥はもちろん、鹿猪に関しては根絶することはなかった。このような実態こそが、中世の神祇信仰における肉食・動物供犠の問題を錯綜したものとさせたのである。

3　殺生罪業観と神祇信仰――中世――

諏訪神の動物供犠

本地垂迹思想が神祇信仰全体を覆っていた中世において、動物供犠については、殺生を嫌う神々は仏菩薩の垂迹神であり、供犠を求めるのは本地を持たない実類神であるという解釈が行われていた。先の中山神は、その本身は猿であり、その場合はこのような理解は有効である。

しかし、浄土宗の信瑞（?～一二七九）が『広疑瑞決集』（建長八年〔一二五六〕成）の中で述べているように、「生を殺して祭る所の神明をきくに、多く本地をあらは」していたのである（巻第四）。そして、その典型というべき存在が、まさに『広疑瑞決集』が問題にしていた諏訪神である［千葉一九六九、吉原一九九二、中澤一九九八、鈴木二〇〇四］。

信州の諏訪社は、古来御狩神事・鹿頭祭などの動物供犠が行われていたことは周知のことである。しかし、諏訪社は古代より神宮寺を持ち、神仏習合が深く浸透していた神社でもあった。その本地は、上社が普賢菩薩、下社が千手観音である（『諏訪大明神絵詞』）。また、中世神道説の影響を受けた『諏訪大明神深秘御本地大事』等では、上・下社を金胎両界大日に配当する。

殺生罪業観と動物供犠の矛盾については、『広疑瑞決集』では、「清浄祭祀」と称して、本地を持つ神自身は、自死及び命尽によって供進されることにより縁を結ばせようとの計らいであって、実際に食するのは神官等である、との解釈を下している（『国文東方仏教叢書』第二輯第一巻、七四頁）。

信瑞の場合は、殺生祭祀自体には批判的であるが、鎌倉中期以降になると、鎌倉幕府では殺生禁断政策を強化していく傾向にあり、それに応じて、より積極的説明を要するようになった。そこで現れるのが「業尽有情、雖放不生、故宿人身、同証仏果」の四句偈（別名「諏訪勘文」）であった。これは、鎌倉後期～南北朝期成立の『渓嵐拾葉集』巻四「諏訪明神託宣事」、『諏訪大明神絵詞』、『諏方大明神講式』、『神道集』「諏方縁起」に見え、諏訪関連書以外には、『諸神本懐集』に見いだせる。
この偈の意義について、『諏方大明神講式』では「御記文に云く」として、次のように説明している。

我燃燈仏より已来、神通を以て諸業類を見るに、六趣の中愚痴深重の者、一切禽獣魚虫なり。生死を流転し、出離の期無し。故に輪廻業命を傾けて常住の妙果に趣かしめ、三業の作罪を断尽す。……誠に以て冥より冥に入り、覚悟の暁を隔て、苦より苦に移て、解脱の道を失ふ者、畜生道の果報なり。……是故吾大明神、内には菩薩の行を秘し、外には霊神の形を現ず。不生にして殺生し、無化にして化物す。縦ひ殺業に依て、牢獄の苦を受くと雖も、之を以て患と為さず。只逆縁を結て菩提の因と成さしむ。……

（神道大系『諏訪』二四五頁）

すなわち、動物供犠による殺生を、それらを畜生道から救い出すための方便であると解釈するのである［中澤一九九八、鈴木二〇〇四］。

動物供犠の衰退と肉食忌避の浸透

かかる解釈は、各社でも起こっていたことは、同時代の以下のような説話から窺われる。まず『沙石集』巻一第八話「生類を神明に供する不審の事」に、厳島社に魚類を供することに不審を述べた或る上人に、神が示現して「ころさるる生類は、報命尽きて、なにとなく徒らにすつべき命を、我に供ずる因縁によりて、仏道に入る方便をなす」と告げられた話がある（岩波文庫『沙石集　上』四二頁）。本話では続けて「信州の諏方、下野の宇都の宮、狩を宗として、鹿鳥なんどをたむくるもこのよしにや」と諏訪・二荒山神社も挙げられる。

また、『発心集』巻八第一三話に、或る聖が捕らえられた鯉を放生したところ、夢に鯉の霊が出て「我、鱗の身をうけて、得脱の期を知らず。此の湖の底にて、多くの年をつめり。しかるを、またまた賀茂の供祭になりて、その縁として苦患をまぬかれなんと仕りつるにを、さかしき事をし給ひて、又、畜生の業を延べ給へるなり」と恨み言をいわれる話がある（新潮日本古典集成本、三七九頁）。

さらに『八幡愚童訓』甲には、西宮明神について、西宮の魚の供進は「業力限在テ、只今迠《とて》モ可死魚ヲ、以神通鑑ミ通サセ給テ、大ノ網ニ懸テ生死ノ海ヲ済ヒ出サセ給フ」ためだとある（日本思想大系『寺社縁起』二〇四頁）。

以上のように、中世では殺生禁断と動物供犠は、和光の方便に基づく本地垂迹の論理によって、かろうじて併存していた。ただいっぽうで、仏法との結びつきが強固になるほど、殺生・肉食忌避は神祇信仰の内部に浸透していったのも事実で、諏訪の御狩神事が年四回の限定された時期だけに行われていたことからも分かるように、全体的に神事における動物供犠の割合は減っていった［河田一九八六（一九九五）、平一九八八、原田二〇〇七］。

このように肉食忌避の傾向が拡がるなかで、漁撈や狩猟に従事する者、特に牛馬の死体処理に当たる者たちへの卑賤視は強化されることになり、近世の幕藩体制下には被差別民として身分的固定化が成されることになっていくのである。

4　肉食忌避と肉食肯定論の登場——近世——

風土論と肉食

近世以降も肉食忌避の傾向は続くが、時代思潮の中心が仏教から儒教に移ったことにより、肉食をめぐる議論はまた違った展開を見せるようになる。特に儒者が理想に仰ぐ中国における肉食文化の存在と、日本人の伝統的肉食忌避の感覚との齟齬をどう解釈するかが問題となったのである。

この問題について、その後の解釈を方向付ける発言をしているのが、近世医家の鼻祖というべき曲直瀬《まなせ》道三《どうさん》（一五〇七～九四）である。彼はその著『雖知《すいち》苦庵養生物語《くあんようじようものがたり》』のなかで、日本人は「水田ノ油フカキ稲」「大豆ヲ味噌ニテ」食う故、「海魚ノ美ナル」のみを食するので十分であるのに対し、唐人は「岡穂ノ油ナキ米」を食し、「海魚ヲタヱダヱニ食フ」のみ故、「鳥肉ノ肉」を食する必要がある、と言っている（『日本衛生文庫』一、二三四頁）。

この解釈を承けたのが人見必大（一六四二?～一七〇二）である。彼は『本朝食鑑』（元禄五年〔一六九二〕）のなかで、中国では牛を「大牲」「大牢」となし、日本では「穢物」「温毒」とする理由として、中国は「人性壮実堅固。其ノ食スルハ、厚膩ノ肉味ニ非レバ、則チ内外ヲ保養スルコト能ハズ」、本邦は「其ノ人性升騰浮揚ス。其ノ食スル所ハ、淡薄ノ味ニ非レバ上下ヲ調護スルコト能ハズ。故ニ穀菽魚鳥ヲ常供」となすのであり、牛肉を穢物とするのは「皮膠之臊臭」により病むことを、神々が懼れて禁じたのだとする。いっぽう鹿については民間ではよく食されていることを認め、諸社において禁じるのは「神使」とされているからであるからだとする（巻十一・獣畜部「牛」「鹿」（古典文庫本、九一七～九一八、九三六～九三九頁））。

さらに貝原益軒は、『大和本草』（宝永六年（一七〇九）刊）巻二「節飲食」のなかで次のごとく論ずる。

> 古今華夷風土により、人の稟賦によりて宜不宜あり。中華の人に宜とても、日本人に不レ宜事多し。凡日本人の性質は薄弱なり。六畜の性味濃厚也。恐くは薄弱の性、濃厚の味を受に不レ勝べし。故に日本人は牛馬犬羊の畜を不レ食。神にも不レ祭。只菜蔬、魚鳥介類の淡薄なる物を以身を養を宜とす。是風土の宜に随ふ也。
> （『益軒全集』六、五五頁）

何れも、風土論的発想に基づく彼我の体質上の相違と絡めた説明である。ここでは、強壮・強靭なる中国人に対して淡泊・虚弱なる日本人として、身体的に対称化されている。前節で秀吉が日本を「弓箭きびしき国」と呼ぶ一方、中国を「長袖国」と呼んで嘲笑していたことに触れた。かかる「武威」の国という自覚と評価に対して、肉食忌避を日本人の虚弱な体質に求めようとする医家や本草家の見解は矛盾したものになってしまっているのである。

肉食肯定論と排仏論

この矛盾に気づき、その解消・超克を図ったのが、医家であり、また伊藤仁斎門下の儒者でもあった香川修庵《かがわしゅうあん》（修徳、一六八三～一七五五）である。彼は享保十六年（一七三一）に発刊した『一本堂薬選《いっぽんどうやくせん》』下編のなかで、李時珍の『本草綱目』によって獣肉の薬効を説きつつ、我邦の伝統を批判する。即ち、同書「鹿」項で、日本は「神武皇帝創業」のころは「牛鹿鶏豚魚鼈之畜」を食していたが「仏教始テ吾カ国ニ入テ、神祖之聖法触変シ、愚俗邪説ニ惑溺シ、靡然トシテ皆其術中ニ陥入」することになったのであるとし、以下『日本書紀』『続日本紀』『延喜式』等古記録を引きつつ、古代において肉食の習慣が広く存在していたことを示し、「邪説ヲ拒ギ、古道ヲ明」すことで再び「神道聖徳之敦化ニ浴」せしめむと、憎悪をむき出しにした筆致で、仏教によって肉食の風が廃れたのだと断罪する（近世漢方医学書集成69『香川修庵　一本堂薬選（二）』二一七～二二六頁）。つまり、肉食忌避は、日本「本来」の伝統なんかではないとするのである。

彼においては、本草論的・医学的知見に基づき肉食を肯定する。そして、本来なら肉食の習慣によって、頑健なる体質が獲得できた筈なのに、その可能性を奪ったものとして仏教を見いだし、同時代の排仏論的言説と共振するのである［山田一九八二、若尾一九八九］。

医家たる修庵の言説に即反応したのが、本書で何度か登場願っている多田義俊である。享保十九年（一七三四）に成った『神明憑談《かんがかり》』（宝暦五年〔一七五五〕刊）は、彼の所談を弟子の植松次親が記したもので、その上巻「神道忌獣肉乎之考」において次のように言う。

スベテ獣肉ヲ食セズ、五辛ヲ忌ムハ、空海等ノ両部ヲ以、神道ヲ説クヨリ、仏法ノ殺生戒ヲサシコミ、慈悲ノ行ニ帰セントスレトモ、魚蝦マデニハ及シガタク、大ナル物を殺サザラシム。牛肉鹿肉ヲ食スルコトハ、上代ハ曾テ穢レトセズ。之ヲ忌ムハ仏法行レテ後ノコトナリ。（宝暦五年刊本、上巻一七丁ウ）

日本人が獣肉・五辛を忌むのは、空海等が両部神道説によって、神道のなかに「仏法ノ殺生戒ヲサシコミ、慈悲ノ行ニ帰セント」したためであり、上代には牛肉・鹿肉を食することは穢ではなかったと説明する。神道家らしく両部神道批判を絡めたのが特徴だが、いわんとするところは、修庵と同じである。

義俊はその後、寛保二年（一七四二）に『獣肉論』を著す。これは前著『神明憑談』では十分に説き得なかった日本における獣肉食について詳述したもので、山片蟠桃『夢之代』・尾崎雅嘉『群書一覧』でも高く評価されている。同書はその序文において、日本が獣肉を穢とし食用にしなくなったのは、仏法の力が強くなり、祠官にも僧侶が混ざるようになった（社僧のこと）ため、殺生を穢とするようになったのだと述べ、続く本文では、六国史及び『延喜式』に基づき、上代の天皇（神武から清和）の食事に肉類（猪・鹿）が供されていたことを辿っている

（東京大学文学部本居文庫蔵『獣肉論』安永三年〔一七七四〕写）。

日本人は本来肉食民族だったとする以上のごとき主張が、冒頭で述べた幕末明治維新期の官民挙げての肉食解禁の運動に受け継がれたのである。そのことは、幕末に同様の主張を行った岡本保孝《おかもとやすたか》（一七九七〜一八七八）が、特に修庵について、その先達として詳しく言及していることからも分かる（『難波江』巻六「獣肉を食ふ事」〔『日本随筆大成』〈第二期〉二一、四六八頁〕）。

異文化としての肉食

しかしながら、排仏論的傾向で一致している儒家・神道家・国学者のなかにあっても、肉食肯定論が必ずしも多くの賛同者を得たわけではない。たとえば儒家の大田錦城《おおたきんじょう》（一七六五〜一八二五）は『梧窓漫筆《ごそうまんぴつ》』のなかで、獣肉忌避の風を高く評価し、それに反対する香川修徳の名を挙げて次のように批判を加えている。

> 我邦は、四面大海故、魚類極めて多し。故に人獣肉を食ふことを不レ好。四足を食へば穢れ也とて、国家の令甲《れいこう》にもあり。世人も斯く覚えて忌み嫌ふ。是も仏法仁柔《じんじゅう》の余功なるべし。然るを香川修徳と云へる者、邦人は獣肉を食はざる故に虚弱なり、などと云ひおどせし故、近年は山国の人而已《のみ》ならず、海辺の魚肉多き処まで皆々好んで食ふことにはなりたり。今は江戸などにも、冬月に獣店夥《おびただ》し。夫が故に、悪瘡を発し、中風に類する病を発する者少からず。実に虚弱の人は、牛肉鹿肉を寒月に小々食は補虚の功も有るべし。熊肉

猪肉は毒ありて、其害少からず。さて、此邦の人、飢饉乱世なりとも、人を不レ食は、獣肉を忌むの大功なり。今より如レ此獣肉を喜び食せば、遂には人を食ふにも至るべし、残忍の心も習《ならい》より長ずれば、虫を殺して不レ止《やまざれ》ば魚に至り、魚を殺して止ざれば鳥に至り、鳥を殺して不レ止ば獣に至り、獣を殺して不レ止れば人に至る。目出度《めでたき》風俗の都なりしを、大に香川の為に破られたり。仁人君子は残暴の源を塞がずんばあらざるなり。

（有朋堂文庫『名家随筆』上、五三六頁）

すなわち、日本は四方を海に囲まれて魚介類が豊富なので獣肉を好まなかった。ところが香川が、日本人は獣肉を食わぬ故に虚弱なのだと言い出した結果、食肉の風が拡がり、江戸にも「獣店」が増えてきたが、牛や鹿は寒い月に少し食べるには薬効があるが、熊や猪は毒があって害が大きい。また、飢饉になったとき日本人がカニバリズムを行わないのは食肉の習慣がないからだとの憶測めいたことまで書き加えている（実際には、天明の飢饉などで人喰いが行われていたことが報告されている［菊池一九九四、二〇〇三］）。

その他、本居門下や平田派の国学者も、穢れの問題の関係から、肉食への評価は消極的であった。たとえば、宣長門下の石原正明（一七六〇〜一八二一）は、その著『年々随筆』で、肉食が穢か否かを論じて本来穢ではないとしつつも「穢にうたがはしき物をくはざらんに子細なし」と、事実上判断を保留してしまっている（『日本随筆大成』〈第一期〉二一、一三〜一五頁）。肉食肯定派である多田義俊自身も、植松次親によれば「当時朝廷ヨリ百官、是ヲサクル物トナリ来レバ、乖リテ食スベキ理モナシトテ、多田先生、此故実ヲ存ジナガラ、曾ツテ之ヲ食サズ」（『神明憑談』上巻「神道忌獣肉乎之考」）という始末であった。

それどころか、肉食を本来的に異文化的なものと見る視線も存在した。前述の道三・必大・益軒の場合も実はそうだったのだが、近世中期以降になると、単なる風土論に留まらず、排外主義或いは日本的華夷意識と結びついていく［塚本一九八三］。それは欧米人への蛮人視なども生み出すが、国内的には被差別民の異人種起源説を生み出すようになるのである［衣笠一九八一］。そして他方では、特に国学者などの間には米を主食にすることに、自己の優越性を見いだす言説が頻出するのである［藤田一九九三］。

たとえば本居宣長は「稲穀《とうこく》は、人の命をつづけたもちて、此上もなく大切な物なるが、其稲穀の万国にすぐれて、比類な」しと言い（『玉くしげ』）、また平田篤胤は「万国随一」の米穀を食べている故に「御国ニ生レル人ハ、本ノ種ト云ヒ、トント外国ノ人トハ、同ジ年ニモイハレヌ程、武ヅヨク聡明ニ、殊《スグ》レテ居ルデゴザル」（『古道大意』下）と放言している。米食、特に日本の米は世界一というセリフは、今でもよく耳にするが、その淵源はこの辺りに求められよう。

以上のように、近代以降の肉食をめぐる議論は、近世を通じて行われていた論争を引き継いだものだったのである。ただ、近世においては主に中国人との比較において、肉食の習慣と日本人の体質の問題が関心の焦点だったのに対し、近代においては「優秀人種」たる西欧人と「劣等」なる日本人の体格の差異に関心が移り、その改良が議論されたのである。

ここにも、常に優越感と劣等感が同居する日本人の自己像が見て取れるといえるだろう。

むすび

この章では、現代日本人の自己イメージの重要な要素を構成する「武士」的・「侍（サムライ）」的なものの文化的・思想的系譜を辿った。このテーマにおいて採り上げるすべき対象は数多いと思われるが、ここでは「やまとだましひ」「武威」「肉食」に絞り込んで論を進めた。実のところ、「武威」以外は、武士的なものと直接関わるものではない。本書の主題は武士論・武士道論ではなく、日本人の自己イメージの形成であり、関心の所在は、武士的なものを典型的な日本人像と見なすようになる背景の探究にあったため、このような選択になったのである。

第一節では、「やまとだましひ」の意味の変遷を辿った。この語は、中古・中世と近世以降では大きく意味内容を変えていくが、興味深いことは、いつの時代であっても、中国的なものへ対抗する心性として存在している点である。中古においては、中国由来の学力による政治指導者選抜システムに対する、現実政治における世襲的門閥支配の優位性を示す語が「やまとだましひ」であり「やまとごころ」だった。近世になると、神道者においては尊王・敬神、国学者では日本固有の精神性を指す語として使われるが、特に後者の場合、中国的な道徳・感性・論理（宣長のいう「からごころ」）に対立するものとしてのみ定義しうるものであった。

ただ、「やまとだましひ」のみでは何事もなし得ないので、和魂漢才（さらには和魂洋才）として、外来知が併置されることになるのである。実は和魂漢才に淵源する「和魂洋才」の語は、日本の近代化にとって一種のマジックワードだった。近代日本は、長く続いたさまざまな文化伝統の多くを弊履の如く捨てて顧みることがなかったが、それは「洋才」に基づくその行為が「和魂」によって保証されていると信じたからである。その意味で、律令以来の旧制度を無効にしたもうひとつのマジックワード「神武創業之始」（王政復古の大号令の宣旨）と好一対の語となっている［阪本一九九四］。

なお、「やまとだましひ」に尚武の意味を強調するのは篤胤などだが、同時代において、必ずしも一般的ではなかった。この語が『源氏物語』の語彙であったことの制約はことのほか大きかったのである。これに関連して、今日では日本的雅びを意味する語として「やまとごころ」を使い、尚武のニュアンスの強い「やまとだましひ」と使い分けたりしているが、大国隆正の例で分かるように、幕末において両語はほぼ同義である。このような使い分けは、むしろ明治以降に起こったもので、それは武士的なものを日本国民全体の属性と見なしていく傾向と関係していると考えられる。

第二節は、本章の中心的問題である「武威」と〈日本的なるもの〉との関係を扱った。本節で述べたかったことの最も重要な点は、「武」を以て日本的なるものの表象となったのは、戦国期以降で、むしろ新しい傾向だったということである。今日一般的にみられる、武士的なるものを〈日本的なるもの〉に直結させる心性は、近世に或る階層のエートスとして育まれ、近代になって全国民に拡がったのであって、決して古いものではないのである。

しかしながら、武と日本とが繋がっていく過程は、対中意識において、たとえば和歌が〈日本的なるもの〉として見いだされていく流れと極めて類似する。その意味で、本書では十分に扱えなかったが、近世和歌において「ますらおぶり」として男性性が称揚されていったのは、まさに、武が〈日本的なるもの〉の典型と見なされていく状況の産物だったのである。

武国意識が、日本の儒学者においても、一般的に支持されたのは注目すべきことである。本来儒学は普遍的な学問であるはずである。武への偏重は、日本という地域の特殊性に帰されるべきだが、儒者が統治主体ではなく、助言者にすぎない日本社会においては、統治の主役である武士のレゾンデートルたる「武」を従属的なものとすることはできなかったのである。文武両道が理想となったのは、そのような理由からである。そんななかで、荻生徂徠・佐藤直方や堀景山のように、正統的な儒教的倫理に照らしてその異質性を指摘し続けたのは貴重であった（たとえば徂徠は武道について「武家之伝候芸を武道と名付候俗説迄之事に候」〔『徂徠先生答問書』下〕と言い放つ）。しかし、彼らのような主張は主流になることはなかった。

「武威」は国内的には武断政治としての幕藩体制として存在したが、実は武力行使を極力排し、日本化した儒教道徳を以て統治したのが近世日本だった。「武士道」とはその暴力性と儒教道徳を結びつけたところに成立したのであった。しかし、武士道は国民道徳ではなく、特定の階層の特別な倫理観と行動原理であった。しかし、近代になって国民道徳の基盤に据えられたとき、その暴力性が全階層に拡散・浸透してしまったのである。

第三節は、一転して肉食の問題を扱った。これは、日本において筋肉質の身体への否定的評価への注目から、日本人の身体観と肉食忌避の伝統とを結びつけて辿ったものである。日本国人が肉食を忌避するようになるのは、奈良時代の仏教化に伴う殺生禁断からだが、それは穢れ観の拡がりと呼応することで、中世以降本格的な肉食忌避へと移行する。

近世になると日本人は、肉食に合わない体質であると考えられるようにもなる。それに対し、肉食に合うのが中国人とされ、対中意識・日中比較論の対象として肉食が浮上する。そのいっぽうで、肉食肯定論が登場、これは本来あった肉食が失われたのは仏教の影響であり、肉を食べないが故に、日本人が虚弱になったと非難し始めた。この議論は明治以降にまで持ち越すことになり、比較対象も西洋人に替わるのである。

近代以後、肉食の習慣は日本に定着した。にもかかわらず、肉料理を外来性の文脈でいうことが多い。それに対峙するものとして、肉を使わない、あるいは少ない和食を立てる。しかし実のところ、「和食」なる概念は近代の産物である。「和」を立てるときの他者となるのが「肉食」なのである。

以上述べてきたように、「やまとだましひ」、尚武の気風、肉食への忌避といった日本的伝統を採り上げ、それらがある歴史過程のなかで形成されてきたものであることを述べてきた。それらは、前近代においては中国、近代以後においては西洋との差異化を指向して作られていったのであって、しかもそれほど古くまで遡らない。にもかかわらず、古代以後連綿と続く文化伝統であるかのように信じられるほど内面化されているのである。

終章

以上、五章に亙って〈日本的なるもの〉の諸相を見てきた。終章では、まず各章の内容をまとめておこう。

第一章「自国意識の変遷」は、本書のテーマの中心となる章で、古代から中世にかけての国土観や世界認識について扱った。韓半島諸国と中国及びその他の周辺地域との関わりの中でのみ世界を理解していた日本にとって、西に拡がるより大きな世界の存在を知らしめたのが仏教だった。日本の人々は仏教によって初めて、東アジアを超えたグローバルな世界の存在を知ることとなる。そして、その知見によって、自らの世界観を作り上げ、さらにその中における自国の位置づけをするようになった。ただ、このより大きな世界と、日本の人々が直接接触する機会は少なく、多くが文献を通じての存在の把握だった。そのことが、現実と空想とが融合した独特な世界像と自国像を生んだのである。

古代中世を通じて、最も影響力を持った世界像が、インド―中国―日本という、仏教が東漸する経路を世界像に転じた三国世界観であった。また仏教東漸の結果生み出された辺境意識が粟散辺土観であり、これは平安後期の終末思想である末法意識と呼応して拡がっていく。

以上のような仏法由来の意識の刺激を受けて生まれてきたのが神国思想である。これは元来は、隣国に対する小中華意識の産物であったが、三国世界観や粟散辺土観、あるいは本地垂迹思想などとの融合や反発の結果、独特の自国像として展開していく。あるときは密教と融合して「大日本国」説を生み、またその神話化としての第六天魔王神話が流布した。神国思想は中世に入ると、次第に排外・自国優越を専らとする思想へと変質していく。その神話表現が神功皇后の三韓出兵の説話で、蒙古襲来や応永の外寇に際して、神国日本の起源として増広されながら語られていく。そして、そこで育まれた排外・自国優越思想は、豊臣秀吉の朝鮮侵略として現実化するのである。

第二章「中国へのまなざし」では、日本文化のあらゆる面でその源泉となっている中国に対する意識の諸相を追究した。中国を「大国」とよび、自らを「小国」と位置づけ、彼我の優劣を明確にしながらも、そこに生ずる〈負債〉を如何にしてペイバックするかが大きな課題となる。対中意識は、非常に大きな問題で、論点も多岐に亙る上に扱うべき資料は膨大であって、この小著で論じ尽くせるものではない。

そこでここでは、吉備真備入唐説話、徐福・楊貴妃渡日譚、呉太伯説などの説話伝承を具体的に採り上げ、その享受の歴史的展開を跡づけながら、そこに見いだせる日本から中国へのまなざしを浮かび上がらせようと試みた。吉備真備は日本における〈中国的なるもの〉の体現者である。その彼が中国本土において、〈中国的〉教養を以て相手に打ち勝つことによって〈日本的なるもの〉の価値を浮上させるのである。あとの三人は、いうなれば〈中国的なるもの〉の日本への移植をめぐる「神話」である。しかもこれらは、人物はもちろん、話の原点自体が中国に求められるのであって（楊貴妃については少し変則的だが）、それゆえに、説得力を持つものとして流通したのである。

このような対中意識の反作用ともいうべきものとして現れるのが、自らを中華と見立て、韓半島諸国を蛮夷に見立てる態度であった。韓半島諸国家の場合、何れも中国文明圏にある「小国」同士として、日本との関係において対等を指向するのに、日本側は常に華夷関係を立てようとしたのである。また琉球に対して、日本は「大国」として振る舞った。何れの関係は中日におけるそれの相似形だった。〈日本的なるもの〉の恣意性は、韓半島諸国と琉球に対し、対中意識の〈負債〉を補うものとして、かくも露骨に表出したのであった。

第三章「天竺憧憬」では、対インド意識について採り上げた。ただ、インドと日本とは直接的な交流があったわけではない。むしろ〈インド的なるもの〉がどのように表象され、〈日本的なるもの〉とどのように関係づけられているかに焦点を当てて考察した。前半では慶政・明恵・真如など渡天竺を夢見た人たちの群像と、渡日した（あるいはそのように考えられている）インド僧（婆羅門僧正・達磨・善無畏）の足跡と説話を紹介しながら、日本におけるインドへの憧憬の系譜を辿った。後半では、清涼寺釈迦像、聖徳太子、玉藻前、阿育王塔、五天竺図等、インドから伝来する人や文物をめぐる歴史や説話について採り上げ、幻想としてのインド表象が、古代・中世日本に果たした役割を述べた。

古代・中世の日本国の人々にとって天竺＝インドは、仏教発祥の地であり、言ってみれば世界の中心であった。日本の辺境意識はインドを中心とした世界観が生み出したものでもあった。

しかし、辺境意識がもたらす劣等感の直接の源泉は中国である。それに対してインドは机上の想像界にしか事実上存在しないため、そこにさまざまなファンタジーが生まれ、中世日本の空想世界に展開した。

中世においては本地垂迹説が定着拡散し、天竺の仏が本朝の神として垂迹する世界だった。このことがインドと日本とを本迹関係に基づいて一体化させ、そのことで〈中国的なるもの〉に対抗しようとする動きも見せたのである。

第四章「文字なき国のジレンマ」では、文字をめぐる諸問題について考えた。日本が固有文字を持たないことが、〈日本的なるもの〉をめぐる言説においてどのような意味を成したかを考察した。

固有文字を持たないということは、三国的世界観を構築していた古代・中世の人士にとって無視できない欠落であり、なかなかそのことを埋め合わせることができなかった。もちろん、漢字から加工された仮名があった。したがって、仮名を以てそれが固有文字に代替できるかが追求されたのである。いろは歌をめぐる一連の説話伝承はその産物だった。

近世になると、主に国学者の間に、文字がないということを以て日本の独自性と見なす傾向が強まり、一定の影響力を持つようになる。しかし、やはり固有の文字がないことに堪えられず、それが神代文字を作り出していくのである。神代文字の存在は、平安期の日本紀講から示唆されるが、それが具体的に現れるようになるのは近世である。そして、最終的に最も整序された神代文字として「日文（ひふみ）」が現れる。しかしそれは、朝鮮において発明された諺文（ハングル）を模倣したものだったのである。

この章では最後に、漢字と並んで日本に導入された梵字の受容の問題を扱った。五十音図は梵字の影響によって考案されたものだった。また、言語における本地垂迹説とも言うべき和歌陀羅尼説も中世には拡がっていったのである。

このような文字の在非在をめぐる諸相を論ずることを通じ、三国世界観のなかでの固有文字の非在が、〈日本的なるもの〉の追求において、おおきな難問として横たわっていたことを確認した。

最後の第五章「「武」の国日本の創造」では、日本を以て武威の国、武国とすることが近世以後に新しく形成された伝統であって、武士的なものを〈日本的なるもの〉の通歴史的な表象とは見なし得ないことを論じた。具体的には、「やまとだましひ」の意味の変遷と、近世における「武威」イメージの形成や「武士道」について採り上げた。

「やまとだましひ」は、元々は如才のなさや包容力などを意味する語だったが、これは「やまと＝日本」の語を冠することからも分かるように、中国的教養を意味する「才」に対抗する語だった。この語は平安時代においては、藤原氏嫡流が政治中枢に立つことを正当化する言葉として使われた。その後中世に入ると、藤原氏出自の公家たちが政治的実権を失うにつれ、使われない語となった。ところが近世に入ると、文に対する武の観念がこの語に結びつき、尊王や勇武、つまり〈日本的なるもの〉を表現する語として再生したのである。

次いで「武威」「武国」「武士道」といった、「武」にまつわるイメージがどのように作られていったかを、近世の代表的な論者の言説を通じて示した。現在でも「文武両道」という表現は、学校現場などでよく使われる標語となっているが、文と武を等価なものと見なす心性は、このころに培われたのである。

最後に武士の身体との関係で、肉食を非日本的なものと見なす心意の形成について述べた。現在の日本人にとって肉食は、完全に定着した食習慣であるにもかかわらず、「肉類を控えて、和食中心な食生活に」などと、肉食を異文化として〈日本的なるもの〉の外部に置こうとする傾向が未だに見られるが、近世における肉食をめぐる議論はそのような心意の起源を教えてくれるのである。

以上、本書では五つの章に分けて、〈日本的なるもの〉がどのように論じられてきたかを、具体的な事例を示して考察してきたが、これらの言説に共通する特徴は、それを聞き取る、あるいは送り届ける〈他者〉の存在の希薄さである。たとえば、古代・中世の場合、中国に対抗するとき、吉備真備の冒険譚を語り、また和歌の漢詩に対する優位を能の『白楽天』で主張したりしても、これらは中国、あるいは他の漢文文化圏の人々に届くように語られることはない。この種の作品は和語で書かれており、他国人が読むことを全く想定していない。つまり蔭でつぶやいているのに過ぎないのである。近世であっても、日本優位を説く言説は、国学者はもちろん、儒者の場合でも、読者に異国人がいるとはおよそ考えていない（鎖国下で、外国人がいるはずがないから）。

つまり、日本固有論の多くは、あくまで内輪でのみ流通する言論である。従って、日本を超えた共通の価値の上に立って主張されることは基本的にないのである。それでも、このような内部的な言説が外部に表出することもある。第一章で引いた豊臣秀吉のインド副王に宛てた書簡に出てくる「神国」「神道」がその典型だが、あの主張の理路を相手が（同意しないまでも）理解することは不可能だったと思われる。

このような他者性を軽視した言説は、日本の内部において説得性を持つように見えても、外部に向けて発せられるときには無意味なジャーゴンでしかない。しかし、日本は辺境の無害な一小国ではない。本書でもいくつかの例で示したように、時として彼らの排外的で自国中心的言説や心性が、現実の大きな事件の導因となるのである。

恐らく問題は、前近代より近代においてこそ顕著だろう。ただ本書は、あくまで前近代を対象としたものであり、ここで扱った事柄を、近現代の問題と直結させて論じようとは思わない。近現代の日本文化をめぐる言説には、近代固有の新しい要素が加わっており、過去からの連続面だけで論ずることはできないからである。ただ今後、近代以降の事柄にも射程を拡げてあらためて論じられたらと考えている。

参考文献

第一章　自国意識の変遷

一

市川浩史「覚憲『三国伝灯記』と三国―中世初期における対外観の一側面」（『日本思想史』四四、一九九四年）
市野英夫「平安佛教形成期における三国観―特に護命・安然の自土意識をめぐって」（『大谷大学大学院研究紀要』一三、一九九六年）
小沢富夫『末法と末世の思想』（雄山閣、一九七四年）
數江教一『日本の末法思想』（弘文堂、一九六一年）
佐々木令信「三国仏教史観と粟散辺土」（大系仏教と日本人2『国家と天皇』春秋社、一九八七年）
平雅行「末法・末代観の歴史的意義」（同『日本中世の社会と仏教』塙書房、一九九二年）
高雄義堅「末法思想と諸家の態度（上）（下）」（『支那仏教史学』一―一、一―三、一九三七年）
高木豊「末法意識の様相」（同『平安時代法華仏教史研究』平楽寺書店、一九七三年）
同『鎌倉仏教史研究』（岩波書店　一九八二年）
田村円澄「末法思想の形成」（同『日本仏教思想史研究―浄土教篇』平楽寺書店、一九五九年）
寺崎修一「日本末法思想の史的考察」（『文化』一―四、一九三四年）

成沢光「〈辺土小国〉の日本―中世的世界像の一側面について」（同『政治のことば―意味の歴史をめぐって』平凡社　一九八四年）
前田雅之『今昔物語集の世界構想』（笠間書院、一九九九年）
村井章介『アジアのなかの中世日本』（校倉書房、一九八八年）
森克己「日宋交通と末法思想的宗教生活との連関」（同『増補・日宋文化交流の諸問題』勉誠出版、二〇一一年）
山口敦史『日本霊異記と東アジアの仏教』（笠間書院、二〇一三年）
横内裕人「東大寺図書館蔵覚憲撰『三国伝灯記』―解題・影印・翻刻」（『南都佛教』八四、二〇〇四年）
吉田一彦『仏教伝来の研究』（吉川弘文館、二〇一二年）

二

石田一良「愚管抄の成立とその思想」（『東北大学文学部研究年報』一七、一九六六年）
大森志郎『日本文化史論考』（創文社、一九七五年）
坂本賞三『藤原頼通の時代―摂関政治から院政へ』（平凡社、一九九一年）
佐々木馨「中世仏教と神祇」（同『中世仏教と鎌倉幕府』吉川弘文館、一九九七年）
佐藤弘夫「神国思想考」（同『神・仏・王権の中世』法藏館　一九九八年）
田村円澄「神国思想の系譜」（同『日本仏教史　2』法藏館、一九八三年）
直木孝次郎『日本古代の氏族と天皇』（塙書房、一九六四年）
西田長男「百王思想・その超克（上）（下）」（『国学院雑誌』四二―五・六、一九三六年）

三

伊藤聡『中世天照大神信仰の研究』（法藏館、二〇一一年）
同『神道の中世─伊勢神宮・中世日本紀・吉田神道』（中央公論新社、二〇二〇年）
彌永信美「第六天魔王と中世日本の創造神話（上）（中）（下）」（『国史研究〈弘前大学〉』一〇四〜一〇六、一九九八〜九九年）
海野一隆『地図の文化史─世界と日本』（八坂書房　一九九六年）
同『地図に見る日本─倭国・ジパング・大日本』（大修館書店、一九九九年）
片岡了「第六天魔王の説話」（同『沙石集の構造』法藏館、二〇〇一年）
金澤英之「中世におけるアマテラス─世界観の組みかえと神話の変容」（同『宣長と『三大考』─近世日本の神話的世界像』笠間書院、二〇〇五年）
西田長男「本地垂迹説の成立と展開」（同『日本神道史研究』第四巻、講談社、一九七八年）
森瑞枝「吉田神道の根本枝葉花実説再考」（伊藤聡編『中世神話と神祇・神道世界』竹林舍、二〇一一年）

四

相田二郎『蒙古襲来の研究　増補版』（吉川弘文館、一九八二年）
石岡久夫『日本兵法史　上』（雄山閣、一九七二年）
大谷節子「『張良一巻書』伝授譚考─謡曲『鞍馬天狗』の背景」（徳江元正編『室町藝文論攷』三弥井書店、一九九一年）
金光哲『中近世における朝鮮観の創出』（校倉書房、一九九九年）

同「神功皇后の兵法書『張良一巻書』」(『東アジア研究』七、一九九四年)
久保田収「中世における神功皇后観」(神功皇后論文集刊行会編『神功皇后』皇學館大学出版部、一九七二年)
小原麗子「延慶本『平家物語』における八幡神記事」(『日本文学ノート』三二号、一九九七年)
清水由美子「延慶本『平家物語』と『八幡愚童訓』―中世に語られた神功皇后三韓出兵譚」(『国語と国文学』八〇―七、二〇〇三年)
多田圭子「中世における神功皇后像の展開―縁起から『太平記』へ」(『国文目白』三一、一九九一年)
塚本明「神功皇后伝説と近世日本の朝鮮観」(『史林』七九―六、一九九六年)

＊

秋山謙蔵「朝鮮史料に遺る応永の外寇」(同『日支交渉史話』内外書籍、一九三五年)
伊藤幸司「応永の外寇をめぐる怪異現象」(北島万次ほか編『日朝交流と相克の歴史』校倉書房、二〇〇九年)
太田弘毅『倭寇―商業・軍事史的研究』(春風社、二〇〇二年)
大林三千代「『広田社歌合』と『梁塵秘抄』における広田神社とその南宮について(上)」(『江南女子短期大学紀要』一〇、一九八一年)
佐伯弘次「応永の外寇と東アジア」(『史淵』一四七、二〇一〇年)
瀬田勝哉「伊勢の神をめぐる病と信仰」(同『[増補]洛中洛外の群像―失われた中世京都へ』平凡社、二〇〇九年)
中村栄孝「朝鮮世宗己亥の対馬征伐―応永の外寇を朝鮮から見る」(同『日鮮関係史の研究』上、吉川弘文館、一九六五年)
西山克「応永の外寇異聞」(『関西学院史学』三一、二〇〇四年)

＊

阿部吉雄『日本朱子学と朝鮮』（東京大学出版会、一九六五年）
池内敏『「唐人殺し」の世界―近世民衆の朝鮮認識』（臨川書店、一九九九年）
同『日本人の朝鮮観はいかにして形成されたか（叢書 東アジアの近現代史 第3巻）』（講談社、二〇一七年）
井上泰至・金時徳『秀吉の対外戦争―変容する語りとイメージ【前近代日朝の言説空間】』（笠間書院、二〇一一年）
上田正昭編『朝鮮通信使―善隣と友好のみのり』（明石書店、一九九五年）
北島万次「秀吉の朝鮮侵略における神国意識」（『歴史評論』四三八、一九八六年）
同『豊臣政権の対外認識と朝鮮侵略』（校倉書房、一九九〇年）
同『豊臣秀吉の朝鮮侵略』（吉川弘文館、一九九五年）
金時徳『異国征伐戦記の世界―韓半島・琉球列島・蝦夷地』（笠間書院、二〇一〇年）
倉地克直『近世日本人は朝鮮をどうみていたか―「鎖国」のなかの「異人」たち』（角川書店、二〇〇一年）
崔官『文禄・慶長の役［壬辰・丁酉倭乱］―文学に刻まれた戦争』（講談社、一九九四年）
高木昭作「秀吉・家康の神国観とその系譜―慶長十八年「伴天連追放之文」を手がかりとして」（『史学雑誌』一〇一―一〇、一九九二年）
同『将軍権力と天皇―秀吉・家康の神国観』（青木書店、二〇〇三年）
西山克「豊臣「始祖」神話の風景」（『思想』八二九、一九九三年）
堀新・井上泰至編『秀吉の虚像と実像』（笠間書院、二〇一六年）

第二章　中国へのまなざし

一

赤羽目匡由「新羅・渤海からみた日本」（田中史生編『古代文学と隣接諸学1　古代日本と興亡の東アジア』竹林舎、二〇一八年）
朝倉尚『抄物の世界と禅林の文学』（清文堂出版、一九九六年）
石井正敏『石井正敏著作集3　高麗・宋元と日本』（勉誠出版、二〇一七年）
石上英一「古代国家と対外関係」（『講座日本史2　古代2』東京大学出版会、一九八四年）
石母田正『日本古代国家論　第一部』（岩波書店、一九七三年）
泉万里「外への視線―標の山・南蛮人・唐物」（玉蟲敏子編『講座日本美術史5〈かざり〉と〈つくり〉の領分』東京大学出版会、二〇〇五年）
小原仁「摂関・院政期における本朝意識の構造」（佐伯有清編『日本古代中世史論考』吉川弘文館、一九八七年）
金子修一『隋唐の国際秩序と東アジア』（名著刊行会、二〇〇一年）
金子彦二郎『平安時代文学と白氏文集―句題和歌・千載佳句研究篇』（培風館、一九四三年）
河添房江『唐物の文化史―舶来品からみた日本』（岩波書店〔岩波新書〕、二〇一四年）
同『源氏物語時空論』（東京大学出版会、二〇〇五年）
川口久雄『平安朝の漢文学』（吉川弘文館、一九八一年）
木村茂光『「国風文化」の時代』（青木書店、一九九七年）
京都大学国文学研究室・中国文学研究室編『京都大学蔵実隆自筆　和漢聯句譯注』（臨川書店、二〇〇六

年）
倉本一宏『戦争の日本古代史―好太王碑、白村江から刀伊の入寇まで』（講談社〔講談社現代新書〕、二〇一七年）
河内春人「詔勅・処分にみる新羅観と新羅征討政策」（『駿台史学』一〇八、一九九九年）
佐藤全敏「国風とは何か」（『日本古代交流史入門』勉誠出版、二〇一七年）
佐藤道生『平安後期日本漢文学の研究』（笠間書院、二〇〇三年）
佐藤道生編『句題詩研究―古代日本の文学に見られる心と言葉』（慶應義塾大学21世紀COE心の統合的研究センター、二〇〇七年）
島尾新「「和漢のさかいをまぎらかす」―茶の湯の理念と日本文化』（淡交社、二〇一三年）
鈴木靖民『日本の古代国家形成と東アジア』（吉川弘文館、二〇一一年）
関幸彦『刀伊の入寇―平安時代、最大の対外危機』（中央公論新社〔中公新書〕、二〇二一年）
田中健夫「ムクリコクリ」（同『対外関係と文化交流』思文閣出版、一九八二年）
田中史生『国際交易の古代列島』（KADOKAWA〔角川選書〕、二〇一六年）
東野治之『遣唐使と正倉院』（岩波書店、一九九二年）
同『遣唐使』（岩波書店〔岩波新書〕、二〇〇七年）
仁井田陞『中国法制史研究―法と慣習・法と道徳』（東京大学出版会、一九六四年）
中野三敏『十八世紀の江戸文芸―雅と俗の成熟』（岩波書店、一九九九年）
西村さとみ「唐風文化と国風文化」（吉川真司編『日本の時代史5　平安京』吉川弘文館、二〇〇二年）
同『平安京の空間と文学』（吉川弘文館、二〇〇五年）
同「「唐風」と「国風」」（田中史生編『古代文学と隣接諸学1　古代日本と興亡の東アジア』竹林舍、二〇一八年）

彭丹「国宝茶碗に見える日本文化の矛盾と相克」(『日本研究』四五、二〇一二年)
保立道久『黄金国家―東アジアと平安日本』(青木書店、二〇〇四年)
皆川雅樹『日本古代王権と唐物交易』(吉川弘文館、二〇一四年)
満岡忠成『日本人と陶器』(大八洲出版、一九四五年)
村井章介『国境を超えて―東アジア海域世界の中世』(校倉書房、一九九七年)
森克己『続日宋貿易の研究』(国書刊行会、一九七五年)
森公章『古代日本の対外認識と通交』(吉川弘文館、一九九八年)
山内晋次『奈良平安期の日本とアジア』(吉川弘文館、二〇〇三年)
湯沢質幸『古代日本人と外国語―東アジア異文化交流の言語世界』(勉誠出版、二〇一〇年〔増補改訂版〕)
渡邊誠『平安時代貿易管理制度史の研究』(思文閣出版、二〇一二年)
E・ライシャワー『世界史上の円仁―唐代中国への旅』(実業之日本社、一九六三年〔原著一九五五年〕)

二

石井公成「新羅華厳教学の基礎的研究―義相『一乗法界図』の成立事情」(『青丘学術論集』四、一九九四年)
伊藤喜良「中世における天皇の呪術的権威とは何か」(同『日本中世の王権と権威』思文閣出版、一九九三年)
同「王権をめぐる穢れ・恐怖・差別」(『岩波講座　天皇と王権を考える7　ジェンダーと差別』岩波書店、二〇〇二年)
岡田正之『日本漢文学史〔増補版〕』(吉川弘文館、一九五四年)

小林幸夫「燈台鬼―連歌師と野馬台詩伝承」(『説話・伝承学』六、一九九八年)
小峯和明「野馬台詩の言語宇宙」(『思想』八二九、一九九三年)
同『「野馬台詩」の謎―歴史叙述としての未来記』(岩波書店、二〇〇三年)
同「遣唐使と外交神話―『吉備大臣入唐絵巻』を読む」(集英社、二〇一八年)
同『予言文学の語る中世―聖徳太子未来記と野馬台詩』(吉川弘文館、二〇一九年)
黒田日出男『吉備大臣入唐絵巻の謎』(小学館、二〇〇五年)
谷口耕生「吉備大臣入唐絵巻―後白河院政期の遣唐使神話」(『平安遷都一三〇〇年記念　大遣唐使展』奈良国立博物館、二〇一〇年)
西郷信綱『古代人と夢』(平凡社、一九七二年)
酒井紀美『夢語り・夢解きの中世』(朝日新聞社、二〇〇一年)
東野治之「野馬台讖の延暦九年注」(『大阪大学教養部研究集録』四二、一九九三年)
浜畑圭吾『平家物語生成考』(思文閣出版、二〇一四年)
原田信之「鹿児島県硫黄島の遣唐使漂着伝説と灯台鬼説話」(『新見公立短期大学紀要』三〇、二〇〇九年)
同「鹿児島県硫黄島の軽大臣灯台鬼伝承と徳躰神社」(『新見公立大学紀要』三一、二〇一〇年)
牧田諦亮「宝誌和尚伝攷」(『東方学報〈京都〉』二六、一九五六年)
増川宏一『碁〈ものと人間の文化史〉』(法政大学出版局、一九八七年)
宮田俊彦『吉備真備』(吉川弘文館、一九六一年)
村井章介「中世日本列島の地域空間と国家」(同『アジアのなかの中世日本』校倉書房、一九八八年)
森克己「吉備大臣入唐絵詞の素材について」(日本絵巻物全集第五巻『吉備大臣入唐絵』角川書店、一九六二年)

山下哲郎「軽の大臣小弦—『宝物集』を中心とした燈台鬼説話の考察」(『明治大学日本文学』一五、一九八七年)
山田忠雄「宝誌和尚が面の皮」(『文学』三五、一九六七年)
山根対助「大江匡房—『江談抄』の世界」(『日本の説話2　古代』東京美術、一九七三年)

三

天野文雄「《白楽天》と応永の外寇—久米邦武と高野辰之の所説を検証する」(『ZEAMI』一、二〇〇二年)
石川透「白楽天・楊貴妃説話の生成」(同『室町物語と古注釈』三弥井書店、二〇〇二年)
小川豊生「大江匡房の言説と白居易」(白居易研究講座 第四巻『日本における受容(散文篇)』勉誠社、一九九四年)
尾崎久弥「楊貴妃。蓬が島。守り本尊」(同『熱田神宮史料考』三宝書院、一九四四年)
スーザン・クライン(荒木浩訳)「政治的寓意としての能—「白楽天」をめぐって」(『大阪大学大学院文学研究科紀要』五〇、二〇一〇年)
関靖「楊貴妃の珠簾」(同『かねさは物語』横浜土地新報社、一九三八年)
福岡猛志「熱田社とその信仰—海の信仰を中心として」(海と列島文化第8巻『伊勢と熊野の海』小学館、一九九二年)
吉原浩人「神として祀られる白居易—平安期文人貴族の精神的基盤」(河野貴美子・張哲俊編『東アジア世界と中国文化—文学・思想にみる伝播と再創』勉誠出版、二〇一二年)
渡瀬淳子「熱田の楊貴妃伝説—曽我物語巻二「玄宗皇帝の事」を端緒として」(『日本文学』五四—一二、二〇〇五年)

『〔秋季企画展〕熱田神宮の伝説と名所』（熱田神宮、二〇一二年）
石黒衞「中国夷狄論争をめぐって」（『日本思想史研究会会報』二〇、二〇〇三年）
上野武「倭人の起源と呉の太伯伝説」（森浩一編『倭人の登場（日本の古代 1）』中央公論社、一九八五年）

四

大森志朗「呉の太伯後裔説」（同『上代日本と支那思想』拓文堂、一九四四年）
後藤三郎『闇斎学統の国体思想』（金港堂、一九四一年）
阪本是丸「好古への情熱と逸脱―宣長を怒らせた男・藤貞幹」（『國學院大學日本文化研究所紀要』九六、二〇〇五年a）
同「藤原貞幹の華夷思想と偽証心理」（『神道宗教』一九九・二〇〇、二〇〇五年b）
佐藤三郎『近代日中交渉史の研究』（吉川弘文館、一九八四年）
清水則夫「浅見絅斎と谷秦山の論争をめぐって」（『年報日本思想史』八、二〇〇九年）
田尻祐一郎「近世日本の「神国」論」（片野達郎編『正統と異端―天皇・天・神』角川書店、一九九一年）
原克昭「〝焚書〟された「日本紀」―〈呉太伯後裔説〉続貂」（『日本文学』五八―七、二〇〇九年）
日野龍夫「偽証と仮託―古代学者の遊び」（同『江戸人とユートピア』岩波現代文庫、二〇〇四年）
星野良作『研究史　神武天皇』（吉川弘文館、一九八〇年）
宮崎道生「林家と水戸と白石―太伯国祖論をめぐる三史学の立場」（『日本歴史』一五八、一九六一年）
村尾次郎「呉太伯説研究―北畠親房公と中巌円月」（『建武』五―五、一九四〇年）
森新之介「江戸前期における道統と華夷・神儒―神代上古の叙述に着目して」（『日本儒教学会報』二、

二〇一八年）
渡辺浩『東アジアの王権と思想』（東京大学出版会、一九九七年）

五

青木満「近世後期の「神代三代」と南九州—本居宣長・白尾国柱と「神跡」の発見」（『日本思想史研究会会報』二〇、二〇〇三年）
石上敏「森島中良編『琉球談』の考察」（『洋学資料による日本文化史の研究』Ⅷ、吉備洋学資料研究会、一九九五年）
同「『琉球談』の背景—成立・差構・人的連関など」（『大阪商業大学論集』一一五、一九九九年）
石田正治「統合の言説としての日琉同祖論」（『法政研究』六一—三・四、一九九五年）
同「日琉同祖と沖縄人の個性—伊波普猷論のための覚書」（一）、（二）（『法政研究』七〇—三、七一—一、二〇〇三・〇四年）
大田英昭「近世日本の琉球認識の形成と変遷—源為朝渡琉伝説をめぐって」（『思想史研究』一、二〇〇一年）
小熊英二『〈日本人〉の境界—沖縄・アイヌ・台湾・朝鮮　植民地支配から復帰運動まで』（新曜社、一九九八年）
高良倉吉「向象賢の論理」（『新琉球史　近世編　上』琉球新報社、一九八九年）
同「『羽地仕置』に関する若干の断章」（『日本東洋文化論集（琉球大学法文学部紀要）』六、二〇〇〇年）
菅野聡美「明治の沖縄観—菊池幽芳と志賀重昂を手がかりとして」（『政治思想研究』八、二〇〇八年）
原田信男『義経伝説と為朝伝説—日本史の北と南』（岩波書店、二〇一七年）

東喜望「南畝琉球誌考」（重友毅博士頌寿記念論文集『日本文学の研究』文理書院、一九七四年）
同「近世中期の琉球誌」（『沖縄文化研究』二、一九七五年）
同「森島中良の琉球誌とその周辺」（三古会編『近世の学芸―史伝と考証』八木書店、一九七六年）
宮崎道生『新井白石の研究』（吉川弘文館、一九五八年）
同「新井白石と伴信友」（『日本歴史』二六〇、一九七〇年）
同『新井白石の洋学と海外知識』（吉川弘文館、一九七三年）
同『新井白石の史学と地理学』（吉川弘文館、一九八八年）
屋嘉比収「「日琉同祖論」という言説」（九州史学研究会編『境界のアイデンティティ『九州史学』創刊50周年記念論文集：上』岩田書院、二〇〇九年）
安岡昭男「明治前期官辺の沖縄論策」（『沖縄文化研究』一〇、一九八三年）
山路勝彦「近世日本にみる沖縄認識・覚書―生活体験と外界認識」（馬淵東一先生古稀記念『社会人類学の諸問題』第一書房、一九八六年）
横山学「琉球物と琉使来聘」（『江戸期琉球物資料集覧』第四巻、本邦書籍、一九八一年）
同「江戸時代の「琉球」認識―新井白石・白尾国柱・伴信友」（『南島史学』二〇、一九八二年）
同『琉球国使節渡来の研究』（吉川弘文館、一九八七年）
與那覇潤「『日琉同祖論』と『民族統一論』―その系譜と琉球の近代」（『日本思想史学』三六、二〇〇四年）
渡辺匡一「日琉往還―為朝話にみる差異化と差別化、同一化の歴史」（『国文学・解釈と教材の研究』四六―一〇、二〇〇一年a）
同「為朝渡琉譚のゆくえ―齟齬する歴史認識と国家、地域、そして人」（『日本文学』五〇―一、二〇〇一年b）

第三章　天竺憧憬

一

神田喜一郎『敦煌学五十年』(二玄社、一九六〇年)
杉田英明『日本人の中東発見―逆遠近法のなかの比較文化史』(東京大学出版会、一九九五年)
橋本進吉『伝記・典籍研究』(岩波書店、一九七二年)
羽田亨「日本に伝はれる波斯文に就て」(『史学研究会講演集』第三冊、一九一一年)
荻野三七彦「「波斯文」文書と勝月坊慶政」(『古文書研究』二一、一九八三年)

＊

奥田勲『明恵―遍歴と夢』(東京大学出版会、一九七八年)
平野多恵『明恵―和歌と仏教の相克』(笠間書院、二〇一一年)
同「明恵の天竺幻想」(小峯和明編『東アジアの仏伝文学』勉誠出版、二〇一七年)

＊

石崎貴比古『日本における天竺認識の歴史的考察』(三元社、二〇二一年)
王琛発・松尾恒一「戦前・戦中の、日本のマレー半島進出と日本仏教―ゆがめられた真如親王の事跡」(『歴博』二一六、二〇一九年)
大澤広嗣「第二次世界大戦下の仏教界と南進―真如親王奉讃会とシンガポール」(『佛教文化学会紀要』一九、二〇一〇年)
桑原隲蔵「高岳親王の御渡天に就いて」(『東洋史説苑』弘文堂、一九二七年)

近藤ようこ（原作　澁澤龍彥）『高丘親王航海記』全四巻（KADOKAWA、二〇二〇〜二一年）
佐伯有清『高丘親王入唐記─廃太子と虎害伝説の真相』（吉川弘文館、二〇〇二年）
里中徳雄「真如親王渡天にみる光と影」（『東洋学論叢』四八、一九九五年）
杉本直治郎『真如親王伝研究』（吉川弘文館、一九六五年）
手島崇裕『平安時代の対外関係と仏教』（校倉書房、二〇一三年）
細川涼一「真如親王の天竺への旅─日本を棄てた「棄民」の精神史」（『死と境界の中世史』洋泉社、一九九七年）
山下哲郎「和歌の流転─真如親王の「いふならく」の歌をめぐって」（『明治大学日本文学』一九、一九九一年）
鷲尾順敬「高岳親王の御出家及び御天入の壮挙」（『日本仏教文化史研究』冨山房、一九三八年）

二

阿部泰郎「歌う聖─聖人の詠歌の系譜」（阿部泰郎・錦仁編『聖なる声─和歌にひそむ力』三弥井書店、二〇一一年）
伊藤聡『中世天照大神信仰の研究』（法藏館、二〇一一年）
蔵中進「鑑真渡海前後─婆羅門僧正菩提僊那と『東征伝』」（『神戸外大論叢』三一─一、一九八〇年）
小島裕子「大仏を開眼した菩提僊那（ボーディセーナ）─日本文化の中に構築された「印度」」（『鶴見大学仏教文化研究所紀要』二四、二〇一九年）
水口幹記「天竺僧菩提僊那の「呪術」に関する覚書」（『藤女子大学国文学雑誌』九九・一〇〇、二〇一九年）
堀一郎「婆羅門僧正─寧楽仏教史序考」（『堀一郎著作集』三、未来社、一九七八年）

堀池春峰「婆羅門菩提僧正とその周辺」（同『南都仏教史の研究　遺芳篇』法藏館、二〇〇四年）
米山孝子『行基説話の生成と展開』（勉誠社、一九九六年）

＊

追塩千尋「片岡山飢人説話と大和達磨寺―古代・中世達磨崇拝の一面」（『新人文学』九、二〇一二年）
荻須純道「聖徳太子と達摩日本渡来の伝説をめぐりて」（『日本仏教学会年報』二九、一九六四年）
蔵中進「聖徳太子片岡説話の形成」（『万葉』六一、一九六六年）
久野昭『日本に来た達磨』（南窓社、一九九八年）
中尾良信「聖徳太子南嶽慧思後身説の変遷」（『花園大学研究紀要』二一、一九九〇年）
同『日本禅宗の伝説と歴史』（吉川弘文館、二〇〇五年）
松本真輔「『元亨釈書』本朝仏法起源譚の位相―達磨と太子の邂逅をめぐって」（『中世文学』四三、一九九八年）

＊

岡崎密乗「善無畏三蔵伝記考」（『密宗学報』二二、一九一五年）
野村清風「善無畏三蔵の来朝について」（『密宗学報』一八九、一九二九年）

三

稲本泰生「優塡王像東傳考―中國初唐期を中心に」（『東方学報』六九、一九九七年）
奥健夫『清凉寺釈迦如来像』（『日本の美術』五一三、至文堂、二〇〇九年）
同『仏教彫像の制作と受容―平安時代を中心に』（中央公論美術出版、二〇一九年）
木宮之彦『入宋僧奝然の研究』（鹿島出版会、一九八三年）
中川真弓「清凉寺の噂―『宝物集』釈迦栴檀像譚を起点として」（『説話文学研究』三八、二〇〇三年）

中島秀典「『宝物集』における嵯峨清凉寺釈迦像縁起譚の考察―その本仏説をめぐって」（『緑岡詞林』一〇、一九八六年）
日本医史学会「清凉寺釈迦像胎内五臓研究特集号」（『日本医史学雑誌』七―一～三、一九五六年）

＊

後藤丹治「三国妖婦伝について」（『学大国文』六、一九六二年）
田川くに子「玉藻伝説と『武王伐紂平話』」（『文藝論叢』一一、一九七五年）
永吉雅夫「三国伝来の狐―玉藻前説話の変容」（追手門学院大学アジア文化研究会編『他文化を受容するアジア』和泉書院、二〇〇〇年）
林幹彌『太子信仰―その発生と発展』（評論社、一九八一年）
藤井由紀子『聖徳太子の伝承―イメージの再生と信仰』（吉川弘文館、一九九九年）
堀誠「『三国悪狐伝』と玉藻前説話の変容」（和漢比較文学叢書七『近世文学と漢文学』汲古書院、一九八八年）
美濃部重克「解説『たまも』」（伝承文学資料集一二『室町物語　二』三弥井書店、一九八五年）
山下琢巳「実録的写本『三国悪狐伝』の成立について」（『読本研究』四、一九九〇年）

＊

追塩千尋『日本中世の説話と仏教』（和泉書院、一九九九年）
大塚紀弘「宝篋印塔源流考―図像の伝来と受容をめぐって」（『日本仏教綜合研究』一〇、二〇一二年）
桜井準也『歴史に語られた遺跡・遺物―認識と利用の系譜』（慶應義塾大学出版会、二〇一一年）
清水紀枝「『感通録』に見える中国の阿育王塔と舎利の関係」（『奈良美術研究』七、二〇〇八年）
同「後白河院政期における「阿育王塔」の制作について」（『奈良美術研究』一一、二〇一一年）
田中重久『日本に遺る印度系文物の研究』（東光堂、一九四三年）

渡邊誠「後白河法皇の阿育王山舎利殿建立と重源・栄西」（『日本史研究』五七九、二〇一〇年）
山川均『石造物が語る中世職能集団』（山川出版社、二〇〇六年）

＊

石崎貴比古「世界図に見る「天竺」認識に関する一考察―16世紀末～18世紀初頭の日本を中心として」（『クァドランテ』一六、二〇一四年）
海野一隆『地図の文化史―世界と日本』（八坂書房、一九九六年）
応地利明『絵地図の世界像』（岩波書店〈岩波新書〉、一九九六年）
同『「世界地図」の誕生』（日本経済新聞出版社、二〇〇七年）
荻野三七彦「法隆寺の天竺図と慶政上人」（『國華』一〇六八、一九八三年→同『日本古文書学と中世文化史』吉川弘文館、一九九五年）
定方晟『インド宇宙誌』（春秋社、一九八五年）
同『インド宇宙論大全』（春秋社、二〇一一年）
室賀信夫・海野一隆「我が国における仏教系世界図の諸本」（『仏教史学』四―三・四、一九五五年）
同「日本に行われた仏教系世界図について」（『地理学史研究』第一集、一九五七年）

四

池上洵一『修験の道―三国伝記の世界』（以文社、一九九九年）
袴田光康「「金峯山浄土」形成の基盤―「日蔵夢記」と五台山信仰」（『明治大学人文科学研究所紀要』五一、二〇〇二年）
廣田哲通『中世仏教説話の研究』（勉誠社、一九八七年）
宮家準『大峰修験道の研究』（佼成出版社、一九八八年）

山本謙治「金峯山飛来伝承と五台山信仰」（『文化史学』四二、一九八六年）
李育娟「金峯山飛来説と大江匡房」（『国語国文』七七―二、二〇〇八年）

＊
伊藤聡「神仏習合理論の変容―中世から近世へ」（『宗教研究』三五三、二〇〇七年）
同「中世の神仏関係から近世へ―特に神本仏迹説をめぐって」（吉田一彦編『神仏融合の東アジア史』名古屋大学出版会、二〇二一年）
井上寛司「中世の出雲神話と中世日本紀」（大阪大学文学部日本史研究室創立50周年記念論文集上巻『古代中世の社会と国家』清文堂出版、一九九八年）
同「「出雲神話」における古代と中世―スサノヲ論を中心に」（『出雲古代史研究』一〇、二〇〇〇年）
川崎剛志『修験の縁起の研究―正統な起源と歴史の創出と受容』（和泉書院、二〇二一年）
北條勝貴「浮動する山／〈孔〉をめぐる想像力―鰐淵寺浮浪山説話の形成にみる東アジア的交流」（『現代思想』四一―一六、二〇一三年）
松本隆信『中世における本地物の研究』（汲古書院、二〇〇二年）
『〔特別展〕もう一つの出雲神話―中世の鰐淵寺と出雲大社』（出雲弥生の森博物館、二〇一三年）

むすび

荒野泰典「天竺の行方―三国世界観の解体と天竺」（木村尚三郎ほか編『中世史講座11　中世における地域・民族の交流』学生社、一九九六年）
伊藤聡『中世天照大神信仰の研究』（法藏館、二〇一一年）
佐藤弘夫『神・仏・王権の中世』（法藏館、一九九八年）

第四章　文字なき国のジレンマ

一

井上光貞「王仁の後裔氏族と其の仏教―上代仏教と帰化人の関係に就ての一考察」（同『日本古代思想史の研究』岩波書店、一九八二年）
請田正幸「フヒト集団の一考察―カハチの史の始祖伝承を中心に」（直木孝次郎先生古稀記念会編『古代史論集　上』塙書房、一九八八年）
大橋信弥「王辰爾の渡来―フヒトの系譜」（平川南・沖森卓也他編『文字と古代日本2　文字による交流』吉川弘文館、二〇〇五年）
岡井愼吾『日本漢字学史』（明治書院、一九三四年）
岡田正之『日本漢文学史　増補版』（吉川弘文館、一九五四年）
小川環樹・木田章義注解『千字文』（岩波書店、一九九七年）
尾形裕康『我国における千字文の教育史的研究』（校倉書房、一九六六年）
久保常晴『日本私年号の研究』（吉川弘文館、一九六七年）
黒田彰・後藤昭雄他編『上野本　注千字文　注解』（和泉書院、一九八九年）
所功『年号の歴史〈増補版〉』（雄山閣、一九八九年）
村井紀『文字の抑圧―国学イデオロギーの成立』（青弓社、一九八九年）

二

阿部秋生『河村秀根』（三省堂、一九四二年）

石川透「山岸文庫蔵『落窪の草子』奥書の真偽—『阿漕の草子』から多田義俊偽作説に及ぶ」（『藝文研究』五二、一九八八年）
小松英雄『いろはうた—日本語史へのいざない』（中央公論新社、一九七九年）
古相正美『国学者多田義俊南嶺の研究』（勉誠出版、二〇〇〇年）
吉沢義則『国語学史』（受験講座刊行会、一九三〇年）

三

伊藤聡「忌部正通『神代巻口訣』と忌部神道」（山下久夫・斎藤英喜編『日本書記一三〇〇年史を問う』思文閣出版、二〇二〇年）
岩根卓史「〈神代文字〉の構想とその論理—平田篤胤の《コトバ》をめぐる思考」（『次世代人文社会研究』四、二〇〇八年）
小倉進平『国語及朝鮮語のため』（ウツボヤ書籍店、一九二〇年）
川口高風「諦忍律師の神代文字論をめぐる論争」（『愛知学院大学教養部紀要』四一—三、一九九四年）
同『諦忍律師研究（上）（下）』（法藏館、一九九五年）
川村湊『言霊と他界』（講談社学術文庫、二〇〇二年〈一九九〇年〉）
久保田収「『旧事大成経』成立に関する一考察」（同『神道史の研究』皇学館大学出版部、一九七三年）
清水豊「平田篤胤の神代文字論」（『神道宗教』一三六、一九八九年）
田中敦子「神代文字考」（『国文目白』二七、一九八七年）
中野三敏『近世新畸人伝』（岩波書店、二〇〇四年〈一九七七年〉）
三ツ松誠「神代文字と平田国学」（小澤実編『近代日本の偽史言説—歴史語りのインテレクチュアル・ヒストリー』勉誠出版、二〇一七年）

山下久夫「平田篤胤・「神代文字」論の主題―生成する〈古代〉像へ」（『金沢学院大学文学部紀要』五、二〇〇〇年）
同「原形志向の古代像と生成の古代像」（福田晃古希記念刊行委員会編『伝承文化の展望』三弥井書店、二〇〇三年）
山田孝雄「所謂神代文字の論（上）（中）（下）」（『藝林』四―一～四―三、一九五三年）
尹朝鉄「【史料紹介】江戸垂加派の神代文字論に関する史料―跡部良顕『和字伝来考』・伴部安崇『和字伝来考附録』」（『日韓相互認識』一〇、二〇二〇年）
吉澤義則『国語学史』（受験講座刊行会、一九三〇年）

四

阿部泰郎「歌う聖―聖人の詠歌の系譜」（阿部泰郎・錦仁編『聖なる声―和歌にひそむ力』三弥井書店、二〇一一年）
荒木浩「沙石集と〈和歌陀羅尼〉説―文字超越と禅宗の衝撃」（同『徒然草への途―中世びとの心とことば』勉誠出版、二〇一六年）
石田瑞麿「和歌陀羅尼論について―空海の『声字実相義』と関連して」（御遠忌記念出版編纂委員会編『弘法大師と現代』筑摩書房、一九八四年）
伊藤聡『中世天照大神信仰の研究』（法藏館、二〇一一年）
同『神道の形成と中世神話』（吉川弘文館、二〇一六年）
岡﨑真紀子『やまとことば表現論―源俊頼へ』（笠間書院、二〇〇八年）
大矢透『音図及手習詞歌考』（大日本図書、一九一八年〔復刊一九六九年〕）
菊地仁「〈和歌陀羅尼〉攷」（同『職能としての和歌』若草書房、二〇〇五年）

高尾祐太「無住に於ける説話の言語――『沙石集』の和歌陀羅尼説をめぐって」（『日本文学研究ジャーナル』一〇、二〇一九年）
竹田鐵仙「五十音図の研究」（『駒澤大學學報』一一、一九四一年）
築島裕『国語の歴史』（東京大学出版会、一九七七年）
橋本進吉「五十音図」（『増補改訂日本文学大辞典』第三巻、新潮社、一九五〇年）
干潟龍祥「仏頂尊勝陀羅尼経諸伝の研究」（『密教研究』六八、一九三九年）
古田東朔・築島裕『国語学史』（東京大学出版会、一九七二年）
前田雅之『古典論考―日本という視座』（新典社、二〇一四年）
馬渕和夫『日本韻学史の研究』（日本学術振興会、一九六五年）
同『五十音図の話』（大修館書店、一九九三年）
同『悉曇章の研究』（勉誠出版、二〇〇六年）
森岡健二『文字の機能』（明治書院、一九八七年）
安國宏紀「難波津の歌の享受史覚書―上代から『古今集』まで」（『書学書道史研究』一九、二〇〇九年）
山田昭全「密教と和歌文学」（『密教学研究』一、一九六九年）
山田孝雄『五十音図の歴史』（宝文館書店、一九三八年）

第五章　武の国「日本」の創造

一

牛尾弘孝「崎門における朱子学と神道――若林強斎の『大学序講義』を中心として」（『九州中國學會報』三一、一九九三年）
オームス、ヘルマン『徳川イデオロギー』（ぺりかん社、一九九〇年〔原著一九八五年〕）
加藤仁平『和魂漢才説』（培風館、一九二六年）
同『菅家遺誡―和魂漢才（日本文化第六十一冊）』（日本文化協会、一九四〇年）
小林健三『垂加神道』（理想社、一九四二年）
斎藤公太「不可視の「神皇」―若林強斎の祭政一致論」（『宗教研究』八七―三、二〇一三年）
斎藤正二『「やまとだましい」の文化史』（講談社〔講談社現代新書〕、一九七二年）
島内景二『大和魂の精神史―本居宣長から三島由紀夫へ』（ウェッジ、二〇一五年）
高野奈未『賀茂真淵の研究』（青簡舎、二〇一六年）
田中康二『村田春海の研究』（汲古書院、二〇〇〇年）
同『本居宣長―文学と思想の巨人』（中央公論新社、二〇一四年）
同「国学者の歴史認識と対外意識―本居宣長『馭戎慨言』をめぐって」（井上泰至編『近世日本の歴史叙述と対外意識』勉誠出版、二〇一六年）
田尻祐一郎「闇斎学派――若林強斎を中心に」（源了圓編『江戸の儒学――『大学』受容の歴史』思文閣出版、一九八八年）
同「二つの「理」―闇斎学派の普遍感覚」（『思想』七六六、一九八八年）
同「儒学の日本化―闇斎学派の論争から」（頼祺一編『日本の近世13　儒学・国学・洋学』中央公論社、一九九三年）
西田長男「近世における日本魂論の源流」（同『日本神道史研究』第七巻・近世編（下）、講談社、一九七八年）

平川祐弘『和魂洋才の系譜―内と外からの明治日本』（河出書房新社、一九七一年）
前田勉『近世神道と国学』（ぺりかん社、二〇〇二年）
南啓治「大国隆正『和魂』考」（『國學院雑誌』七三―六、一九七二年）
森正人『展示される大和魂―〈国民精神〉の系譜』（新曜社、二〇一七年）
亘理章三郎『日本魂の研究』（中文館書店、一九四三年）

二

相良亨『武士道』（講談社〔講談社学術文庫〕、二〇一〇年〔一九六八年〕）
入間田宣夫『武者の世に（集英社版日本の歴史⑦）』（集英社、一九九一年）
氏家幹人『武士道とエロス』（講談社〔講談社現代新書〕、一九九五年）
宇野田尚哉「武士道論の成立―西洋と東洋のあいだ」（『江戸の思想』七、一九九七年）
佐伯真一『戦場の精神史―武士道という幻影』（日本放送出版協会〔ＮＨＫブックス〕、二〇〇四年）
同『「武国」日本―自国意識とその罠』（平凡社〔平凡社新書〕、二〇一八年）
笠谷和比古「武士道概念の史的展開」（『日本研究』三五、二〇〇七年）
柴田純「武士の精神とはなにか」（藤井譲治編『日本の近世3　支配のしくみ』中央公論社、一九九一年）
谷口眞子『武士道考―喧嘩・敵討・無礼討ち』（角川学芸出版、二〇〇七年）
同『近世社会と法規範―名誉・身分・実力行使』（吉川弘文館、二〇〇五年）
同「武士道と士道―山鹿素行の武士道論をめぐって」（『早稲田大学大学院文学研究科紀要〈第4分冊〉』五八、二〇一二年）
中嶋英介「近世武士道論の系譜―山鹿素行『武教全書』を手がかりに」（『日本思想史研究』四九、二〇

一七年）
同『近世武士道論―山鹿素行と大道寺友山の「武士」育成』（東北大学出版会、二〇一九年）
樋口浩造「語りの中の「武士道」―批判的系譜学の試み」（『日本思想史学』三三、二〇〇一年）
平石直昭「近世日本の〈職業〉観」（東京大学社会科学研究所編『現代日本社会4　歴史的前提』東京大学出版会、一九九一年）
古川哲史『武士道の思想とその周辺』（福村書店、一九五七年）
前田勉「兵学と士道論」（『歴史評論』五九三、一九九九年）
同「山鹿素行における士道論の展開」（『日本文化論叢』一八、二〇一〇年）
同「近世日本の「武国」観念」（玉懸博之編『日本思想史―その普遍と特殊』ぺりかん社、一九九七年）
守本順一郎『徳川時代の遊民論』（未来社、一九八五年）

三

鹿野政直『健康観にみる近代』（朝日新聞社、二〇〇一年）
河田光夫「殺生・肉食を善とする説話の成立」（『説話文学研究』二一、一九八六→『河田光夫著作集第二巻・中世被差別民の装い』明石書店、一九九五年）
菊池勇夫『飢饉の社会史』（校倉書房、一九九四年）
同『飢饉から読む近世社会』（校倉書房、二〇〇三年）
喜田貞吉「上代肉食考」（『民族と歴史』二―一、一九一九）→『喜田貞吉著作集』第一〇巻（平凡社、一九八二）
衣笠安喜「近世における身分制思想と貴賤浄穢観」（『部落問題研究』六八、一九八一年）
佐伯有清「殺牛祭神と怨霊思想」（同『日本古代の政治と社会』吉川弘文館、一九七〇年）

阪本是丸『国家神道形成過程の研究』（岩波書店、一九九四年）
笹生衛「古代動物供犠祭祀とその背景」（『神道宗教』一一四、一九八四年）
鈴木善幸「中世殺生観と諏訪信仰―殺生禁断社会における『諏方上社物忌令』の意義」（『大谷大学大学院研究紀要』二一、二〇〇四年）
平雅行「殺生堕地獄譚と動物供犠」（『部落史史料選集第1巻　古代・中世篇』部落問題研究所、一九八八年）
同「日本の肉食慣行と肉食禁忌」（脇田晴子、アンヌ・ブッシイ編『アイデンティティ・周縁・媒介―〈日本社会〉日仏共同研究プロジェクト』吉川弘文館、二〇〇〇年）
千葉徳爾『狩猟伝承研究』（風間書房、一九六九年）
塚本学「肉食の論理と異人感覚」（『月刊百科』二五二、一九八三年→同『近世再考―地方の視点から』日本エディタースクール出版部、一九八六年）
中澤克昭「日本中世の肉食をめぐる信仰と政治―諏訪信仰の展開と武家政権」（『食文化助成研究の報告』一〇、一九九八年）
中村生雄『祭祀と供犠―日本人の自然観・動物観』（法藏館、二〇〇一年）
原田信男『歴史のなかの米と肉』（平凡社、一九九三年）
同「古代日本の動物供犠と殺生禁断」（『東北学』三、二〇〇〇年）
同「殺生罪業観の展開と狩猟・漁撈」（中村生雄ほか編『狩猟と供犠の文化誌』森話社、二〇〇七年）
平林章仁『神々と肉食の古代史』（吉川弘文館、二〇〇七年）
平本嘉助「骨からみた日本人身長の移り変わり」（『月刊考古学ジャーナル』一九七、一九八一年）
藤田雄二「近世日本における自民族中心的思考―「選民」意識としての日本中心主義」（『思想』八三二、一九九三年）

真嶋亜有「肉食という近代—明治期日本における食肉軍事需要と肉食観の特徴」(『アジア文化研究別冊』一一、二〇〇二年)
三橋正「『延喜式』穢規定と穢意識」(『延喜式研究』二、一九八九年)
村山輝志『示現流—薩摩の武芸』(春苑堂出版、一九九五年)
山田光胤「香川修庵」(近世漢方医学書集成65『香川修庵(一)』名著出版、一九八二年)
山本陽子「平安絵画における筋肉表現の受容と転用—武者絵以前の「瓢簞足に蚯蚓描」」(同『絵巻の図像学—「絵そらごと」の表現と発想』勉誠出版、二〇一二年)
若尾政希『安藤昌益の本草学—肉食をめぐって』(『日本文化研究所研究報告』二五、一九八九年)

あとがき

著者は、神道、特に中世神道を主な研究対象にしている者である。だから、今回採り上げたテーマは、専門領域を超えて執筆したものと思われるかも知れない。しかし、自分としては、これまでの問題意識の延長線上で書いたつもりである。

別の本で私は、〈神道〉の基本的性格を、「仮構された〈固有〉性への志向」であると述べたことがある（伊藤聡『神道とは何か—神と仏の日本史』中央公論新社、二〇一二年）。これは、〈神道〉と名指された宗教体系が日本固有の信仰として、太古より連綿と続いてきたものではなく、中国大陸や韓半島を通じて入ってくる外来の宗教・呪術・信仰が日本列島内に定着・浸透する中で、外来ならざる固有の信仰として後天的に形成されてきたものだという見解に基づく。本書は、このことを宗教・思想にだけでなく、国土観、対外意識、言葉と文字、武、といった対象に拡げて考究したものである。

また、本書執筆に至った動機のひとつに、世紀が改まってからとみに顕著になってきた、日本人自身による日本文化に対する、野放図な称賛・美化と、そのことと連動して吐かれる隣国への嫌悪・憎悪の言辞がある。この風潮は、日本という国が確実に衰退しつつあるという今の現実への反応のひとつなのであろう。しかしながら、そのいっぽうで似たような自讃と排他の言辞は、前近代においてもしばしば見られたのであって、今の時代状況のみが生み出したものではない。

この種の言辞の時代を超えて共通する特徴は、誉める場合には結局のところ日本だからという こと以外に確たる根拠はなく、貶す場合には批判する相手を説得する根拠を示せない、というかそのつもりもないという点である。過去の日本文化を研究する者として、私はこの共通性にとても興味を覚えた。その結果が本書という形になったわけである。近世の神道者や国学者の自国文化への手放しの礼賛と他国文化への非難の口吻は、現代の日本賛美者のそれと瓜二つであることは、本書を読まれるとよく分かるだろう。

本書の企画は、二〇一六年に、ＫＡＤＯＫＡＷＡの編集者である伊集院元郁さんに声をかけていただいたことから始まる。目次案を何度も練り直した上で、執筆に取りかかったが、生来怠惰な性分であり、なかなか思うように進まず、結局五年かかってしまった。長い間我慢強く待って下さったことに、心から感謝申し上げる。また、毎度のことではあるが、執筆段階からいろいろと助言・助力してくれた妻の柴佳世乃にも、あらためてありがとうを言いたい。

二〇二一年十月五日

伊藤　聡

人物索引

あ

赤染衛門　387-389
安積澹泊　175
浅見絅斎　180, 182, 183, 184, 392
アショカ王（阿育王）　34, 211, 256, 257, 258, 259, 260, 280, 457
跡部良顕　184, 339
阿倍仲麻呂　104, 108, 128, 135, 138, 139, 140, 318
安倍泰親　254
新井白蛾　324
新井白石　175, 176, 177, 191, 192, 193, 194, 195, 197, 203, 293, 294, 324, 351
安藤為章　323
安徳天皇　31
安然　22, 23, 24, 25, 350, 351, 364, 365

い

石原正明　448
惟肖得巌　150
伊勢貞丈　326
市川団十郎　430
一行　106, 240, 367
一条兼良　169, 300, 314, 335, 380
一条実経　332
伊藤仁斎　445
伊波普猷　194
今川了俊　197
隠元　113
忌部正通　334

う

植松次親　446, 448
宇喜多秀家　93
宇多天皇　43, 109, 117, 381
優塡王　247, 248, 249
卜部兼方　313, 331-333, 335
卜部兼文　332, 333

え

栄海　245
栄西　221, 239
慧遠　27
慧灌　234
慧思　237-239, 251, 252, 350
円珍　24, 351
円仁　24, 122, 136, 233, 257, 315, 351

お

王羲之　111, 290
応神天皇　77, 78, 83, 166, 176, 179, 289, 290, 293-295, 300, 307, 308, 331, 332, 334-336, 352, 372
王辰爾　291, 292
淡海三船　229
欧陽修　143, 144
大江維時　83, 115, 116
大江匡衡　387, 388
大江匡房　76, 128, 130, 132, 300, 309, 310, 383-386
大国隆正　410, 452
大田錦城　447
太安万侶　331

小笠原政清　82
岡本保孝　447
荻生徂徠　421, 422, 427, 453
尾崎雅嘉　446
小野妹子　350

か

何晏　293
貝原益軒　162, 163, 164, 300, 345, 444, 449
香川修庵　445-447
柿本人麻呂　160
覚憲　34
覚賢　349
覚鑁　311, 312
花山院　389
仮名垣魯文　432
亀山上皇　73, 74
鴨長明　50
賀茂真淵　300-302, 345, 352, 372, 374, 398-400, 402
軽大臣　137, 138, 140
河村秀根　325, 328
鑑真　110, 228, 234, 237, 351
桓武天皇　42, 43, 78

き

基　26
鬼一法眼　83
北畠親房　146, 166, 167, 264, 265, 294, 295, 318, 319
北村季吟　379
喜多村信節　294
吉蔵　27
紀斉名　115
吉備真備　4, 83, 104, 108, 124-128, 130-133, 135, 136, 139, 140, 206, 256, 295, 307, 308, 322-325, 328, 336, 351, 353, 354, 372, 456, 460
義本王　198, 199, 200
堯　180, 185
凝然　32, 244
景戒　28
行遍　318
曲亭馬琴　196
許慎　361
清原宣賢　155, 339
清原善澄　385, 386
季歴　165
欽明天皇　27, 69, 78, 292, 296, 297
金龍敬雄　343, 344

く

空海　22, 24, 53-55, 109, 211, 222, 225, 226, 233, 234, 240, 242, 244, 251, 252, 307-309, 313-317, 321, 333, 335, 336, 342, 351, 364, 372, 446
九条稙通　380
九条道家　212
九条良経　212
楠木正成　393
虞仲　165, 176
熊沢蕃山　164, 171, 172, 174, 183, 416, 417, 426
鳩摩羅炎　248
鳩摩羅什　32, 248
久米仙人　242

来目皇子　242

け

慶政　210, 212-214, 216, 217, 222-224, 457
契沖　301, 323, 353
月舟寿桂　194, 322, 336
顕昭　76
玄奘　24, 110, 210, 223, 248, 262, 263, 361
元正天皇　240
顕真　350
源信　35, 310
玄宗　151, 152, 155-157, 161, 207, 240, 243
玄昉　108, 124
元暉　320

こ

後一条天皇　46
皇円　29, 241, 242, 245
公顕　48, 52
孔子　146, 162, 164, 180, 181, 219, 294, 416, 431
孝昭天皇　176
黄石公　82, 83
黄帝　361
光仁天皇　125
孝霊天皇　146, 147, 294, 295
後柏原天皇　317
虎関師錬　234, 239, 241, 242, 245
後白河院　260
呉太伯　4, 105, 162, 165-172, 174-177, 179, 201, 206, 207, 344, 456
小西行長　92
後深草上皇　73
護命　20, 22-25, 34, 264, 313-318, 321, 372
勤操　320
近藤芳樹　432
金春禅竹　156, 220

さ

西笑承兌　98
最澄　20, 22, 24, 25, 28, 109, 233, 234, 241, 315, 318, 320, 321, 372
嵯峨天皇　109, 222, 225
佐藤直方　422, 453
ザビエル　283
三条西実隆　380

し

慈円　46, 359
重明親王　266
重野安繹　199
始皇帝　141, 144, 146, 294
思託　237
司馬光　143
芝山広豊　322, 325, 328
渋川春海　338-340, 408
渋川義俊　87
澁澤龍彦　227
下川兵太夫　99
寂照　259, 438
舜　180, 185, 194, 195, 196, 197, 199, 200
貞慧　136

尚円　198, 199
性空　247
聖冏　315, 319
貞慶　33, 34, 216
浄厳　352, 353
向象賢　193, 194
章帝（後漢）　294
聖徳太子　32, 69, 211, 234-239, 242, 251, 252, 259, 298, 320, 334, 336, 341, 343, 350, 457
称徳天皇　124
少弐満貞　85, 87
聖宝　251, 252
聖武天皇　131, 229, 230, 233, 234, 245, 251, 252, 295
鍾繇　291, 293, 294
徐福　4, 105, 141-147, 149-151, 154, 155, 164, 206, 294, 296, 298, 456
徐葆光　195
白尾国柱　202, 203
白河上皇　44
神功皇后　17, 38, 39, 41, 43, 72-84, 87-90, 98, 99, 101, 121, 123, 161, 293, 295, 331, 347, 456
信瑞　440
信西　34
真如　210, 222, 223, 224, 225, 226, 227, 230, 370, 457
神武天皇　46, 83, 164, 169, 170, 174, 177, 178, 179, 201, 413
親鸞　35, 36

す

推古天皇　69, 78, 131, 236, 298, 334
綏靖天皇　270
菅野真道　291-293
菅原長成　74
菅原為理　388
菅原道真　85, 87, 89, 109, 126, 325, 328, 380-383, 385, 409

せ

井真成　108
成尊　53
世宗　84
宣化天皇　268, 269
銭弘俶　257, 260
媞子女王　45
善珠　24
全長　320, 321
善無畏　34, 211, 234, 235, 240, 241, 242, 243, 244, 245, 457

そ

宗祇　139
蒼頡　361-364
宗貞盛　84
僧祐　362
宗義調　91
宗義智　92

た

太公望　255
醍醐天皇　117, 266, 382
袋中　191, 200, 340, 365
諦忍　320, 341, 343-346, 373

平清盛　112
平忠度　414
平経正　414
平信範　44
平康頼　136, 140
高階積善　115, 158
高島正重　99
高向玄理　136, 138
太宰春台　300, 345
田尻鑑種　99
多田義俊　323, 325-328, 372, 445, 446, 448
橘成季　266
橘守部　352
妲己　255, 256
田中宗清　77
田中道清　77
谷川士清　200, 201, 293, 322, 351, 408, 409
谷重遠　408
玉木正英　393, 395, 396
玉藻前　254, 255, 256, 457
田宮仲宣　421
達磨　211, 234-239

ち

B・H・チェンバレン　205
智光　24
智蔵　234
仲哀天皇　39, 78, 79, 83, 99, 178, 179
紂王　255
中巌円月　166, 168, 170, 171
仲雍 → 虞仲
重源　260
奝然　246, 247, 248, 249, 250
張良　82, 83

つ

津軽耕道　419, 420
津坂東陽　327

て

太宗　84
天武天皇　436

と

道元　34, 35
桃源瑞仙　168, 169
東郷重位　431
道慈　108
道昭　108, 110, 234
道世　257
道宣　257
道詮　22, 222
道璿　228, 229, 351
藤貞幹　177, 179, 201, 203
徳一　24
徳川家康　96, 414
鳥羽天皇（院）　254, 256
伴部安崇　184, 185
豊臣秀次　93, 156
豊臣秀長　91
豊臣秀吉　17, 38, 90-100, 102, 123, 158, 190, 414, 415, 444, 456, 461
鳥居龍蔵　205
頓阿　314

な

中江藤樹　171, 172
中院通勝　380
中大兄皇子　138
南浦文之　194

に

二位の尼　31
日羅　32
日蓮　32, 276
新渡戸稲造　424
仁徳天皇　289, 292

の

能忍　239
野村望東尼　411

は

白居易（白楽天）　105, 148, 152, 153, 158, 159, 160, 161, 206, 365
羽柴秀勝　93
羽田亨　214, 215
ハビアン　169
林鵞峰　171
林羅山　162, 169, 170-172, 174, 175, 179, 321, 427
原念斎　180
婆羅門僧正　34, 210, 228-234, 252-254, 318, 351, 369, 370, 457
班足太子　254-256
伴信友　191, 195-199, 203, 347, 353, 354
万里集九　154

ひ

一柳末安　91
人見必大　443
平賀源内　188
平田篤胤　286, 346-348, 352, 373, 406-408, 410, 449 453

ふ

武王　180, 255
福羽美静　432
夫差　176
藤田東湖　411
伏見宮貞成　86, 87, 88, 89
藤原明衡　115, 132
藤原鎌足　136
藤原清河　108
藤原公任　117
藤原実兼　128, 309
藤原春海　330
藤原資房　29, 44
藤原惺窩　162
藤原隆家　389-391
藤原忠実　383-385
藤原時平　380-383, 385
藤原仲麻呂（恵美押勝）　121, 124
藤原浜成　147
藤原道長　266, 389, 390, 391
藤原宗忠　30
藤原師実　384
藤原行成　44
藤原頼長　44

武宗　24, 122
仏哲　228, 229, 233, 253, 350, 351
フビライ　72
文王　165, 180

へ

平城天皇　222, 224, 225, 252

ほ

宝誌（宝志）　129, 133, 175
北条氏長　426
法然　36
堀景山　422-424, 453

ま

松浦鎮信　98
松岡雄淵　396, 398
松下見林　175, 176, 193
松田道之　199, 204
松浦静山　333, 334
曲直瀬道三　443, 449

み

水戸光圀　171
源為朝　194, 195, 196, 197, 198, 199, 200, 203
源為憲　24
明雲　106
明恵　210, 212, 214, 216-221, 226, 457
明魏　307, 351
明覚　354-357, 359, 368, 373
神王　333

む

無学祖元　145, 146
無住　48, 61, 239, 366, 368
紫式部　126, 387, 399
村瀬栲亭　324
村田珠光　118
村田春海　399

も

孟子　181
毛利輝元　91
本居宣長　179, 186-188, 286, 294, 301-303, 305, 344-346, 353, 372, 374, 400-402, 404, 405, 407, 408, 410, 422, 448, 449, 451
森島中良　198, 201
文雄　322, 351

や

屋代弘賢　193, 200
矢田部公望　329-331
山鹿素行　105, 186, 187, 417-419, 426, 427
山片蟠桃　446
山崎闇斎　105, 175, 179-182, 184-187, 340, 392, 393, 395, 408, 422
山路愛山　199
日本武尊　83, 333, 334
山中長俊　93
山本常朝　425

ゆ

幽王（周）　254, 255

よ

楊貴妃　4, 105, 107, 141, 151-158, 161, 206, 456, 457
吉田兼右　338
吉田兼倶　68, 70, 71, 95, 297, 298, 322, 335, 336, 337, 338
吉田松陰　410
吉野甚五左衛門　98
四辻善成　309, 380

り

マテオ・リッチ　415
李密翳　228
劉備　431
劉邦　82
霊仙　110, 136
了尊　312
良忠　365
良鑁　320
梁武帝　290, 294

れ

蓮剛　22

ろ

老子　23, 300
ジョアン・ロドリゲス　18, 20, 170

わ

若林強斎　392-396, 410
王仁　289, 290, 292, 370

引用図版 出典一覧

PP.56-57 『没一二五〇年記念特別展　行基　生涯・事跡と菩薩信仰』（堺市博物館、1998）
P.59（上）『尊経閣善本影印集成　拾芥抄 上中下』（八木書店、1998）
P.59（下） ColBase（https://colbase.nich.go.jp/）
P.152 『秋季企画展　熱田神宮の伝説と名所』（熱田神宮、2012）
P.155 『東アジア仏教への扉』（神奈川県立金沢文庫、2020）
P.157 『秋季企画展　熱田神宮の伝説と名所』（熱田神宮、2012）
P.173 国史大図鑑編輯所編『国史大図鑑』（吉川弘文館，国立国会図書館蔵、1932-1933）
P.213 『古文書研究』第 21 号（日本古文書学会、1983）
P.217 田中有美編『春日権現験記絵巻』第 17，（国立国会図書館デジタルコレクション、1921）
P.219 『特別展　明恵　故郷でみた夢』（和歌山県立博物館、1996）
P.257 ColBase（https://colbase.nich.go.jp/）
P.262 『天竺へ　三蔵法師 3 万キロの旅』（奈良国立博物館／朝日新聞社、2011）
P.263 『尊経閣善本影印集成　拾芥抄 上中下』（八木書店、1998）
P.278 『特別展　熊野　聖地への旅』（和歌山県立博物館、2014）
P.334 『甲子夜話続篇 8』（平凡社、1981）
P.337 『続抄物資料集成』第 9 巻（清文堂、1981）
P.339 国立公文書館デジタルアーカイブ
P.340（右） 国立公文書館デジタルアーカイブ
P.340（左） 宜野座嗣剛『全訳　琉球神道記』（東洋図書出版、1988）
P.346 『新修平田篤胤全集』第 15 巻（名著出版、1978）
P.350 『特別展　法隆寺献納宝物』（東京国立博物館、1996）
P.431 村上輝志『示現流　薩摩の武芸』（春苑堂出版、1995）

伊藤 聡（いとう・さとし）

1961年、岐阜県生まれ。早稲田大学大学院文学研究科博士課程満期退学（東洋哲学）。博士（文学）。専門は日本思想史。國學院大學日本文化研究所兼任講師、早稲田大学非常勤講師などを経て、茨城大学人文社会科学部教授。『神道とは何か　神と仏の日本史』（中公新書）、『神道の中世　伊勢神宮･吉田神道･中世日本紀』（中公選書）、『中世天照大神信仰の研究』（法藏館、第34回 角川源義賞歴史研究部門受賞）、『神道の形成と中世神話』（吉川弘文館）など多数の著作がある。

角川選書 653

日本像《にほんぞう》の起源《きげん》

つくられる〈日本的《にほんてき》なるもの〉

令和3年11月18日　初版発行

著　者　伊藤《いとう》　聡《さとし》

発行者　青柳昌行

発　行　株式会社 KADOKAWA

東京都千代田区富士見 2-13-3　〒 102-8177

電話 0570-002-301（ナビダイヤル）

装　丁　片岡忠彦　　帯デザイン　Zapp!

印刷所　横山印刷株式会社　　製本所　本間製本株式会社

●お問い合わせ

https://www.kadokawa.co.jp/（「お問い合わせ」へお進みください）

※内容によっては、お答えできない場合があります。

※サポートは日本国内のみとさせていただきます。

※Japanese text only

定価はカバーに表示してあります。

ISBN978-4-04-703605-5 C0321

この書物を愛する人たちに

詩人科学者寺田寅彦は、銀座通りに林立する高層建築をたとえて「銀座アルプス」と呼んだ。
戦後日本の経済力は、どの都市にも「銀座アルプス」を造成した。
アルプスのなかに書店を求めて、立ち寄ると、高山植物が美しく花ひらくように、書物が飾られている。

印刷技術の発達もあって、書物は美しく化粧され、通りすがりの人々の眼をひきつけている。
しかし、流行を追っての刊行物は、どれも類型的で、個性がない。
歴史という時間の厚みのなかで、流動する時代のすがたや、不易な生命をみつめてきた先輩たちの発言がある。
また静かに明日を語ろうとする現代人の科白がある。これらも、
銀座アルプスのお花畑のなかでは、雑草のようにまぎれ、人知れず開花するしかないのだろうか。
マス・セールの呼び声で、多量に売り出される書物群のなかにあって、
選ばれた時代の英知の書は、ささやかな「座」を占めることは不可能なのだろうか。
マス・セールの時勢に逆行する少数な刊行物であっても、この書物は耳を傾ける人々には、
飽くことなく語りつづけてくれるだろう。私はそういう書物をつぎつぎと発刊したい。
真に書物を愛する読者や、書店の人々の手で、こうした書物はどのように成育し、開花することだろうか。
私のひそかな祈りである。「一粒の麦もし死なずば」という言葉のように、
こうした書物を、銀座アルプスのお花畑のなかで、一雑草であらしめたくない。

一九六八年九月一日　角川源義

シリーズ世界の思想
マルクス　資本論
佐々木隆治

経済の停滞、政治の空洞化……資本主義が大きな転換点を迎えている今、マルクスのテキストに立ち返りこの世界の仕組みを解き明かす。原文の抜粋と丁寧な解説で読む、画期的な『資本論』入門書。

1001 | 568頁

978-4-04-703628-4

シリーズ世界の思想
プラトン　ソクラテスの弁明
岸見一郎

古代ギリシア哲学の白眉ともいえる『ソクラテスの弁明』の全文を新訳とわかりやすい新解説で読み解く。誰よりも正義の人であったソクラテスが裁判で何を語ったかを伝えることで、彼の生き方を明らかにする。

1002 | 216頁

978-4-04-703636-9

霊性の哲学
若松英輔

生きることを根源から支える霊性とは何か。仏教者・鈴木大拙、詩人哲学者・井筒俊彦、民藝の発見者・柳宗悦……。生と死の意味を真正面から問うた哲人たちの言葉をたどり、近代日本を貫く霊性の探究を描く。

555 | 256頁

978-4-04-703555-3

〈わたし〉の哲学
オートポイエーシス入門
河本英夫

人間が秘める能力を最大限に活かすオートポイエーシス（自己制作）の哲学の視点から、寺田寅彦など、難局に直面しても躍動感のある精神を保ち、新たな可能性を切り拓いた人々の生涯に自己実現の知恵を探る。

541 | 232頁

978-4-04-703541-6

「ぐずぐず」の理由
鷲田清一
第63回読売文学賞〈評論・伝記賞〉受賞

「のろのろ」「おろおろ」。動作の擬音ではなく、振舞いの抽象としての表現が、なぜぴたりとその様態を伝えるのか。ドイツ語で「音の絵」ともいうオノマトペを現象学的に分析。現代人の存在感覚を解き明かす。

494 | 248頁

978-4-04-703494-5

「待つ」ということ
鷲田清一

現代は待たなくてよい社会、待つことができない社会になった。現代社会が失った「待つ」という行為や感覚の現象学的な考察から、生きること、生きていることの意味に分け入る、臨床哲学からの哲学エッセイ。

396 | 200頁

978-4-04-703396-2

ギリシア神話入門
プロメテウスとオイディプスの謎を解く
吉田敦彦

古代ギリシア人は、神が定めた運命は不変だと考えた。だがペロポネソス戦争を経て、その思想は変わる。神話と史実を行き来し、オイディプス王、プロメテウス神話が暗示する人類の根源的な人間観に迫る。

393 | 304頁

4-04-703393-6

世界神話事典
編 大林太良・伊藤清司・吉田敦彦・松村一男

神話をひもとけば、民族や文化のルーツ、人間の心の深層が見えてくる。世界や死の起源、英雄伝説など、世界に共通するテーマにそって神話を紹介し、地域による特性を解説。読んで楽しい神話事典の決定版。

375 | 496頁

4-04-703375-8